Uni-Taschenbücher 1984

UTB
FÜR WISSEN
SCHAFT

Eine Arbeitsgemeinschaft der Verlage

Wilhelm Fink Verlag München
A. Francke Verlag Tübingen und Basel
Paul Haupt Verlag Bern · Stuttgart · Wien
Hüthig Fachverlage Heidelberg
Verlag Leske + Budrich GmbH Opladen
Lucius & Lucius Verlagsgesellschaft Stuttgart
Mohr Siebeck Tübingen
Quelle & Meyer Verlag Wiesbaden
Ernst Reinhardt Verlag München und Basel
Schäffer-Poeschel Verlag Stuttgart
Ferdinand Schöningh Verlag Paderborn · München · Wien · Zürich
Eugen Ulmer Verlag Stuttgart
Vandenhoeck & Ruprecht in Göttingen und Zürich

Manfred Faßler / Wulf R. Halbach (Hrsg.)

GESCHICHTE DER MEDIEN

Wilhelm Fink Verlag · München

Die Deutsche Bibliothek - CIP-Einheitsaufnahme

Geschichte der Medien / Manfred Faßler / Wulf R. Halbach (Hrsg.).
- München : Fink, 1998
　　(UTB für Wissenschaft: Uni-Taschenbücher, 1984)
　　ISBN 3-8252-1984-4 (UTB)
　　ISBN 3-7705-3219-8 (Fink)

Gedruckt auf umweltfreundlichem, chlorfrei gebleichtem Papier
(mit 50 % Altpapieranteil)

© 1998 Wilhelm Fink Verlag GmbH & Co. KG
Ohmstr. 5, 80802 München
ISBN 3-7705-3219-8

Printed in Germany.
Einbandgestaltung: Alfred Krugmann, Freiberg am Neckar
Herstellung: Ferdinand Schöningh GmbH, Paderborn

UTB-Bestellnummer: ISBN 3-8252-1984-4

INHALT

VORWORT

Manfred Faßler[*] & Wulf R. Halbach[*]

(Alte) Medien werden immer dann von ihren Protagonisten thematisiert, hochbewertet oder mit behaupteten selbsterklärenden Sinnzuschreibungen versehen, wenn die Brüche, die durch die Einführung je „neuer Medien" entstehen, nicht mehr ignoriert werden können. Daß der Computer ein Medium sei, ist viel diskutiert worden. Daß der mit diesem entstandene Medienverbund „Computer-Interface-Netzwerk" Multimedialität als Schlagwort in alle (traditionellen) Medien gebracht hat, ist nicht mehr zu überlesen. Es sind gerade die Möglichkeiten der Multimedialität – als der auf den Medienverbund übertragenen Funktionalitäten der „alten Medien" –, die die Auseinandersetzung mit Medien und ihren Selbstinszenierungen (auch von ihren Geschichten) notwendig machen. Derselbe Dämon Theuth, der nach Sokrates das Brett- und Würfelspiel, die Zahlen, das Rechnen, die Geometrie und die Astronomie erfunden haben soll, soll auch die Schrift erfunden haben. Schon damals fand eine Beurteilung einer jeden dieser Künste durch Thamus dem ägyptischen König dem sie angetragen wurden, statt:

---

[*] Prof. Dr. Manfred Faßler, Auf dem Tummelplatz 8, D - 58239 Schwerte; Fon: ++49-2304-78392; FAX: ++49-2304-755250; E-Mail: 100566.2527@Compuserve.com

[*] Dr. Wulf R. Halbach, Jahnstr. 17, D-10967 Berlin; Fon: ++49-30-69409433; FAX: ++49-30-69409435; E-Mail: whalbach@cybermind.de

Theuth: „Dieser Lehrgegenstand [die Schrift], o König, wird die
Ägypter weiser und gedächtnisfähiger machen; denn als Mittel für
Gedächtnis und Weisheit ist er erfunden worden."
Thamus: „O du Meister der Kunstfertigkeit, Theuth: der eine ist
imstande die Künste hervorzubringen, ein anderer, zu beurteilen
in welchem Verhältnis Schaden und Nutzen sich verteilen werden
für die Leute, die sie brauchen sollen. Auch du hast jetzt als Vater
der Schrift, aus Voreingenommenheit das Gegenteil von dem an-
gegeben, was sie vermag. Denn diese Kunst wird Vergessenheit
schaffen in den Seelen derer, die sie erlernen, aus Achtlosigkeit
gegen das Gedächtnis, da die Leute im Vertrauen auf das Schrift-
stück von außen sich werden erinnern lassen durch fremde Zeichen, nicht von innen heraus durch Selbstbesinnen."[1]

Dieser wohl erste Bericht über eine „Technikfolgenabschätzung" markiert deutlich ein in den Mediengeschichte(n) ständig rekurrierendes Problem. Gesellschaften differenzieren sich
im Laufe ihrer Entwicklung so sehr, daß die entstehende
Komplexität in neuer Weise handhabbar gemacht werden
muß. Andererseits sind es die (technischen) Einrichtungen,
die diese Handhabbarkeit zu garantieren scheinen. Diese Einrichtungen restrukturieren aber jene Gesellschaften so sehr,
daß eine Rückkehr zu dem Zustand von vor ihrer Einführung
nicht mehr möglich ist. Die Theuth zugeschriebenen Erfindungen, also die Zahlen, das Rechnen, die Geometrie und
Astronomie, aber auch Brett- und Würfelspiel, bedeuten einen
solchen drastischen Wissenszuwachs für die Gesellschaft –
und damit auch die Möglichkeiten neuer gesellschaftlicher
Organisationsformen wie Verwaltungs- und Beamtenapparate
–, daß die Schrift als notwendiges kommunikationstechnisches
Pendant entstehen, und weshalb der Mythos alle diese „Künste" auch auf einen Ursprung zurückführen muß. Sokrates berichtet aber weniger über die Einführung der Schrift, als über
die Ängste, die mit der Einführung gleichzeitig aufkommen

---

[1]   Platon, *Phaidros*, Kapitel LIX, St. 274-375, zitiert nach: *Platon.
Sämtliche Dialoge, übersetzt und erläutert von Otto Apelt, Bd. II,
S. 102-103.

und er verabschiedet damit sich und seine Form der Lehre. Nicht „Mittel zur Kräftigung, sondern zur Stützung des Gedächtnisses"[1] sei die Schrift und welche Veränderungen sie herbeigeführt hat, wird allein schon durch die Überlieferung dieses Berichtes selber deutlich. Platon überführt Sokrates Dialog aus einer oralen Kultur in die Schrift und macht sie damit einer schriftdominanten Kultur zugänglich und zugleich auch nutzbar. Sokrates hat die Einführung der Schrift nicht verhindern können. Daß der „Lehrgegenstand" Schrift auch die Lehre verändern würde, war Sokrates so klar, wie das auch mittelalterliche – vorrangig dominikanische – Mönche, vor allem aber ihre Organisationen fürchten mußten. Genau wie die Herren der Rhetorik in oralen Kulturen, hatten sie in Klöstern, an Bischofssitzen und an den im 12. und 13. Jahrhundert aufkommenden Universitäten Lesen und (Hand-)Schreiben, die Buch- und Wissensdistribution, aber auch deren Distribution monopolisiert. Das *trivium*, das mittelalterliche Grundstudium, lehrt in Grammatik, Rhetorik und Logik, allein die Beherrschung des Mediums, um die Kreuzzüge gegen „die Ungläubigen" – die sich als gebildeter herausstellten als das christliche Abendland – mit anderen als militärischen Mitteln (die ja nicht ausgereicht hatten) fortzusetzen. Sokrates Frage, „ob es rühmlich oder schimpflich sei, Reden zu halten oder zu schreiben"[2] ist damit beantwortet. Aus der „Spielerei"[3] Schrift – die Sokrates noch mit dem Säen in sommerlichen Adonisgärtlein vergleicht – ist eine Medium geworden, mit dem die *doctrina christiana* in die Seelen des Morgenlandes gesät werden soll. Der intellektuelle Austausch, der in der Folge aller Kreuzzüge mit jenen Ungläubigen stattfindet, führt zu einem Wissenszuwachs, der in letzter Konsequenz „die neue Art zu schreiben" (*novum scribendi genus*), die Buch- und Wissensproduktion mit beweglichen Lettern als notwen-

---

[1] ibid.
[2] ibid., St. 277, S. 107.
[3] ibid., St. 276, S. 105.

dige Entwicklung erscheinen lassen muß. Wieder zerbricht an einem Medium, das ein spezifisches Denken ermöglicht und einem Denken, das ein spezifisches Medium notwendig macht, ein Wissens- und Organisationsmonopol. Luthers „Sermon von Ablaß und Gnade" – die deutsche Fassung seiner 95 Ablaßthesen –, der zwischen 1518 und 1520 in 23 hoch- und zwei niederdeutschen Fassungen erscheint und seine Flugschrift „An den christlichen Adel deutscher Nation", die am 18. August 1520 mit 4.000 Exemplaren erscheint und innerhalb von fünf Tagen vergriffen ist[1], zeigen, welches Medium die Reformation betrieben und möglich gemacht hat. Von der lateinischen Version „Disputatio pro declaratione virtutis indulgentiarum" von 1517, lassen sich drei Drucke nachweisen, doch hätte für diese die traditionelle handschriftliche Distribution an eine eingeschränkte Leserschaft genügt. Luther will jedoch das Lesen erlauben, weshalb er deutsch schreibt und drucken läßt. Neue Organisations- und Gesellschaftsformen werden durch das Medium, das sie nutzen, ermöglicht und formiert. Selbstredend erfährt auch die Lehre in den in der Folge durchgesetzten Universitätsreformen eine drastische Veränderung.

Die Schrift und „nur die Schrift" (sola scriptura), als unfragliche „Heilige Schrift", als Grenze, als Format der urkundlichen Erzählung einer unbegreifbaren Geschichte, und als Gesetzesformat, war nicht allen Augen zugänglich aber sollte von allen gehört und befolgt werden. Sie war alleiniger Bezug für Zugehörigkeit, anfänglich. Sie wurde zur Referenz einer unhintergehbaren Hierarchie gemacht, zum einzigen, also ausschließenden und einschließenden Format der Wahrheit. Mit ihr bildete sich das bis dato härteste und erfolgreichste Regime von Zugehörigkeit und Ausschluß heraus. Das Niedergeschriebene minderte als „Vorgeschriebenes" oder „Gegebenes" den erklärenden Signalaufwand der mündlichen Erzäh-

---

[1] Davon erscheinen in der Folge weiter 14 hoch- und eine niederdeutsche Fassungen.

lung und der Kommunikation zwischen Anwesenden. Über allem sollte die Erklärungskraft des Textes stehen, vermittelt durch den Mund des Priesters. Über Jahrhunderte gelang es im „video-christlichen Abendland" (de Kerckhove) die Fragen nach den Unbill des Lebens, der Welt, des Alltags, also den Komplexitäten sozialer Strukturen, in der Signalökonomie der Schrift und des kirchlich-erzieherischen Textes zu „binden" und zu „bändigen". Medium war in diesem Zusammenhang immer auch Institution, war identisch mit Ordnung, mit einer festen und sicheren Urschriftlichkeit. Man kann sagen, daß dieses Medienmodell bereits „das Paket" oder „der Behälter" ist, von dem wir heute manchmal vereinfachend pragmatisch, manchmal kritisch reden. Nur, daß „die Schrift" nicht Nachricht war, sondern Weltordnung (re-)präsentierte.

Die Sprache der Schrift (im nicht-orthodoxen Bereich: Latein) definierte anfänglich auch ein Territorium: das „Heilige Römische Reich", später dann: „das Heilige Römische Reich deutscher Nation". Der Anspruch auf Weltherrschaft, der Katholizität, war, nachdem er in Richtung „Osten", gegen Byzanz, gestoppt und in Richtung Norden erfüllt war, ein Anspruch „nach Westen". Das territoriale Schicksal der „abendländischen Schriftkultur" lag von Anbeginn im Westen (lange bevor pionierhaft vom „going west" oder computertechnologisch von der „electronic frontier" gesprochen wurde, auch eine „westwärts" gedachte Expansion). Die wohl organisierte Ausdehnung brachte mit sich, die lingua franca (das Latein) hinter die Sprachvielfalt zurücktreten zu lassen, um das Missionsgeschäft erfüllen zu können. Zugleich aber wurde die so begonnene Kommunikation in den strikten Rahmen der christlich-katholischen Bedeutungsorthodoxie gefügt: andere Länder, andere Sitten: aber derselbe Glaube und dieselbe Institution. Aber gerade an den damit verbundenen reichhaltigen Geschichten zur „Schrift-Mission" läßt sich - bis heute - aufzeigen, daß Kommunikation prinzipiell zur Ausbreitung tendiert, daß sie nicht institutionell abschließbar ist, es sei denn, sie wird „militarisiert". Kommunikation tendiert zum horizontalen Weiterzählen, zur ständigen Veränderung, zum Nebeneinander, zur „Weltkunst" (N.Luhmann).

Die reformatorischen Veränderungen der Bedeutungsorthodoxie bestätigten den Grundsatz der Schriftlichkeit. Sie stärkten keineswegs nicht-schriftliche Überlieferung, sondern paßten die Lehrsprache der alltäglichen Verständigung an. Im Buchdruck fand diese Haltung eine fast „massenmedial" zu nennende strategische Allianz zugunsten der einzelmenschlichen Lesart des Textes, also dem Bruch mit dem Lese- und Deutungsmonopol des Klerus. Mit ihm, so läßt sich sagen, beginnt die langfristig sich durchsetzende Schwächung der Interaktion zwischen Anwesenden. Das bürgerliche freie Individuum „führt Buch" über seine warenwirtschaftlichen Handlungen, und „führt doppelt Buch", um Einsatz und Ertrag errechnen und belegen zu können. Das Buch (rsp. der Buchdruck) wird zum wichtigsten dokumentarischen, kommentierenden, selbstinszenatorischen und propagandistischen „Mittel" der Selbstbeschreibung jener sozialen Gruppierungen, die sich von Institutionen vergangener Kommunikation emanzipieren wollen - bis heute. Mit ihm entstehen Schritt für Schritt abstrakter werdende Beziehungen zwischen den Menschen. Ihre Gefüge bezeichnen wir heute als soziale Systeme. Für ihre Informations- und Zeitökonomien reichen die medialen Funktionen des Buches nicht mehr aus.

War im „Text-Corpus" die Institution präsent, so organisiert sich über den Buchdruck die weltliche Erzählung, der sprachliche Ausdruck und das schriftliche Selbstverständnis von Bevölkerung: diese organisiert sich als Einheit über die orts- und zeitunabhängige Medialität. Das Medium „Buchdruck" liefert die abstrakten Möglichkeiten, verstreute Zeit-, Arbeits-, Lebenserfahrungen über große Distanzen aufeinander zu beziehen und ihre inneren Gesetzmäßigkeiten zu begreifen. Medium, Kompetenz, Kommunikationspolitik stehen demnach in enger Verbindung. In dieser Zeit entsteht allmählich die Sphäre öffentlicher Kommunikation (ob als Literatur, Poesie, Aufklärungsschriften oder Politik).

Mediengeschichte beobachtet unumkehrbare Veränderungen und ist Entstehungs- und Wirkungsgeschichte von Unterscheidungen. Sie kann dies immer nur „im Rückspiegel" leisten, d.h. mit den Mitteln, die eine anschlußfähige und informative „Vergegenwärtigung" ermöglichen. Es kann keine Sieg-, nur Durchsetzungsgeschichte sein. Dies schließt nicht aus, daß Medien als Herrschaftsinstrumente genutzt werden. Bislang sind Medien von Herrschaftsgeschichte gar nicht zu trennen. Gemeint ist hier, daß Medien sich eher in einer horizontalen Geschichte darstellen lassen, als in einer vertikalen. Sie entsprechen damit eher der Offenheit, die der Kommunikation innewohnt, sind Pragmatiken der Verständigung, nicht die Festlegung von inhaltlichem Verstehen. Und: mit der sozialen Verbreitung der Computertechnologien wird Mediengeschichte als Nutzungsgeschichte geschrieben werden müssen, als Archäologie der Interaktion.

80 bis 90 Millionen Nutzer hat die größte Struktur des Medienverbundes „Computer-Interface-Netzwerk" – das Internet – heute und sie wächst mit ca. 17% im Monat. Der PC wird zwar immer noch (halbherzig) als „Spielerei" thematisiert und sein kleiner Bruder, der Taschenrechner ließ vor seiner Einführung in den Schulunterricht auch die Befürchtung laut werden, daß er kein „Mittel zur Kräftigung, sondern zur Stützung des Gedächtnisses" sei, doch wie sehr und wie drastisch sich unsere Gesellschaften mit der Einführung der digitalen Medien verändert haben, wird erst eine zukünftige Mediengeschichte „schreiben" können. Auch wenn aus diesem Grund eine adäquate Technikfolgenabschätzung noch nicht möglich ist, wurde und wird der Medienverbund wieder nach dem Muster „der eine ist imstande die Künste hervorzubringen, ein anderer, zu beurteilen in welchen Verhältnis Schaden und Nutzen sich verteilen werden für die Leute, die sie brauchen sollen" diskutiert. Keiner jedoch hat seine Einführung aufhalten können. Sicher ist aber, daß wieder an einem Medium ein Wissens- und Organisationsmonopol zerbricht. Der Medienverbund subsummiert die Funktionen der „traditionellen" Me-

dien in einem „Gehäuse" und in einer (Netz-)Struktur und er führt unter der EINEN Oberfläche Produktion, Distribution und Rezeption zusammen. Damit ist er eine „Antwort" auf die gesteigerte Komplexität, die durch Globalisierung unserer Gesellschaften hin auf eine Weltgesellschaft entsteht. Globale Gesellschaften benötigen für ihre Organisation und Strukturierung ein globales Mediensystem, das in der Lage ist, seine Nutzer synchron an die Belange der Gesellschaft zu binden. Für IBM u.a. ist dies schon lange offensichtlich und so wirbt sie mit den Worten: „Ist es nicht schön [das neue IBM-Thinkpad]? – Die Technologie, die Menschen verbindet" oder „The Global IBM Network: A Solution for a small planet".

Sokrates hatte noch die Herrschaft über das Frage- und Antwortspiel und damit konnte er bestimmen, welcher seiner Schüler diese Dialoge fortsprechen konnte. Die mittelalterliche Kirche hatte noch die Herrschaft über die Schriften der mittelalterlichen Klöster und Universitäten und erklärte mit der *licentia docendi*, wer sie vorlesen durfte. Luther schreibt deutsch (produziert), läßt drucken/verlegen (distribuiert) und alle lesen (rezipieren). Wer Texte und Bücher schreiben (produzieren und distribuieren) darf, bestimmt immer noch die reformierte Universität. Dieses Monopol haben die traditionellen Broadcastmedien aufgeweicht, der Medienverbund aus Computer, Interface und Netzwerk hat es endgültig zerbrochen, was deutlich wird, wenn man sich die unzähligen Netzpublikationen und unzählbaren „privaten" homepages auf dem Internet anschaut. Daß sich die Lehre verändern wird, ist damit abzusehen; die homepages der Universitäten veröffentlchen schon jetzt Seminarinhalte on-line. (Video-)Konferenzen werden die Studenten und Lehrenden durch das Netz wandern lassen, das weder allgemeine Hoschulreifen überprüft, noch nach Lehrbefugnissen fragt. dennoch ist aber ein neues Wissens-, Lehr- und Lernmonopol antizipierbar, denn weder ist die immer wichtige Frage nach der Partizipation, nach dem Zugang zu diesen Netzen und dem von diesem getragenen und distribuierten Wissen geklärt, noch die nach dem Les,- Sag-, und Denkbaren unter der EINEN formierenden Oberfläche.

Mediengeschichten entstehen immer dann, wenn mediale Brüche unübersehbar werden. Das gilt auch für die vorliegende, die sich, wie alle vor ihr, in dem je alten Mediensystem objektiviert. Sie erzählen Geschichten, die Sinn produzieren sollen. Das tut diese wahrscheinlich auch, auch wenn sie gerade keine sinnhafte (sinntragende) Entwicklung der Medien vorschlagen will. So haben wir bei weitem nicht alle Medien aufgenommen und von jenen, die enthalten sind, nur das erzählen lassen, was Brüche in Mediensystemen und die darauf folgenden Veränderungen aufzeigen kann. Wahrscheinlich entsteht genau in dieser Ordnung wieder Sinn, der sich um Brüche und Kontingenzen herum organisiert. Die am Ende des Buches in Speicher- und Distributionsmedien differenzierte Chronologie, erhebt keinen Anspruch auf Vollständigkeit und soll den Einspruch und die Diskussion ermöglichen. Wenn mediale Brüche Mediengeschichten zur Folge haben, so will diese an alte Brüche erinnern und die momentanen beobachtbar und der Lehre zugänglich machen. Dabei geht es den Autoren im Blick auf die alten und momentanen Mediensysteme wie Martin Luther:

> „Ich habe nichts gemacht, das Wort Gottes [die gedruckte Schrift] allein hat alles ausgerichtet. Es [das Medium] hat gewirkt, wenn ich geschlafen habe oder mit Melanchton beim Bier gesessen habe"[1]

---

[1] Martin Luther, zitiert nach: Michael Welker, *Warum es das Pfarramt heute besonders schwer hat – und warum das nicht so bleiben muß*, in: „Pfälzisches Pfarrblatt", Nr. 6, Juni 1996, 86. Jahrgang, S. 211.

EINLEITUNG IN EINE MEDIENGESCHICHTE

Wulf R. Halbach[*] & Manfred Faßler[*]

Einen Beitrag zu einer Mediengeschichte zu schreiben, bedeutet für alle Beiträge einige Probleme. Als Gregory Bateson 1972 „a bit of information" definierte als „a difference which makes a difference"[1] und damit die kleinste unterscheidungstragende Differenz zur kleinsten Informationseinheit erklärt, war der Begriff „Information" noch nicht zu einem Schlüsselbegriff sich globalisierender Gesellschaften avanciert. Allerdings erzwang die wachsende Bedeutung der informationsverarbeitenden Technologien immer häufiger die humanwissenschaftliche Konzentration auf die eigenen Beobachtungs- und Differenzierungsfähigkeiten. In der Folge der Technikentwicklung ist es aber gerade die Informationsverarbeitung, die jene Beobachtungskapazitäten und die disziplinären Differenzierungsschärfen ob der möglichen Ereignisfrequenzen in Frage stellt. Dies wird umso virulenter, als sich die medial vermittelten und gesellschaftlich erfahrenen Ereignisse immer häufiger an den Ereignisfrequenzen der informationsverarbeitenden Technologien orientieren[2].

[*]   Dr. Wulf R. Halbach, Jahnstr. 17, D-10967 Berlin; Fon: ++49-30-69409433; FAX:++49-30-69409435; E-Mail: whalbach@cybermind.de
[*]   Prof. Dr. Manfred Faßler, Auf dem Tummelplatz 8, D - 58239 Schwerte; Fon: ++49-2304-78392; FAX: ++49-2304-755250; E-Mail: 100566.2527@Compuserve.com
[1]   Gregory Bateson (1972), S. 315.
[2]   Vgl. Wulf R. Halbach (1994), Kap. 4.3.

Gleichzeitig wird offensichtlich, daß es gerade die Diffe-
renzierungschärfe der angesetzten Beobachtung ist, die Ereignisketten bestimmt – eine Differenz muß als Information/als
ein Ereignis vom beobachtenden System verarbeitbar sein. Ein
Ereignis, das nicht beobachtet wird, unterscheidet nichts, bedeutet nichts, ist kein Ereignis. Ereignisketten, mithin Ge-
schichtsschreibungen sind also das Resultat jener Ereignisse,
die beobachtet wurden/werden konnten und aus denen nach
Maßgabe einer vorher angenommenen Kohärenz ein Zusammenhang hergestellt wurde. Und doch ist gleichzeitig die Voraussetzung für die Möglichkeit einer Aussage über zukünftige
Geschehnisse, eine systematische Rückbezüglichkeit auf eine
Datenakkumulation und Informationskompilation, wodurch
eine strukturelle Unschärfe in die Beobachtung von Gegenwart
und in die Prognosen von Zukunft getragen wird.

So hat Geschichtsschreibung traditionell – auch wenn sie
sich um eine nicht-teleologische, sequentielle / „chronologi-
sche" Aufbereitung ihrer Daten bemüht – (neben anderen) ein
grundsätzliches Problem, das in der Auflistung schlüssig gemachter Ereignisfolgen aus einer grundsätzlich zurückblick-
kenden Perspektive besteht und daraus erwächst. Die „Auflistung" von „geschichtlichen Daten" konstruiert schon in der
Erarbeitung einer Sequenzialität eine „Ereignisfolge", bei der
in einem interpretatorischen Akt, aus den Daten *schon ge-
schehene* „Ereignisse" hergestellt wurden. Mit dem Moment
aber, da sich Ereignisse aus den Daten der Geschichte heraus-
kristallisieren, hat sich, fast unbemerkt, ein (noch unbenann-
tes) Erkenntnisinteresse in die Arbeit eingenistet, das genau
dann, da über die Kohärenz und Plausibilität der Sequenzen
nachgedacht wird, zum Problem *wurde*. Es scheint nicht nur
so: die geschichtlich orientierten Wissenschaften (re-)konstru-
ieren in der scheinbar neutralen Auflistung von Ereignisfolgen
jene präetablierte Harmonie, die von Laplace in seiner berühmten Leibnizkritik in den Zusammenhang einer „eigen-

tümlichen und ungezügelten Metaphysik"[1] gestellt wurden.
Denn auch, wenn mit der Aufklärung die Erinnerung und das
Gedächtnis Gegenstand einer sich dem Zwang der objektiven
Wissenschaften unterstellenden Geschichtswissenschaft wer-
den[2], so setzen doch gerade jene Disziplinen auf die Möglich-
keit, daß die je spezifischen Formen der Erinnerung – ob in
Dokumenten oder „oralen" Repräsentationen – eine exakte
Transformation jener „Daten" in Information erlauben.

Ursächlich liegt das Problem in der grundsätzlichen und
unhintergehbaren retrospektivischen Position in der die Chro-
nistin oder der Chronist ihre Arbeit tuen. So wird auch im besten Fall das Datum aufgenommen, als würden es gerade
statthaben, doch seine Fixierung als solches, setzt im Sinne
der Beschreibbarkeit, der Plausibilität und der Kohärenz aller
Daten, auf eine *Vorauserkenntnis* [„pi varrho acute o gamma
nu omega sigma iota varsigma"], mit der das einzelne Datum
zum Ereignis wird. Schnell werden dann "Ursache-Wirkungs-
ketten" sichtbar, die uns helfen Geschichte zu „beobachten",
denn Ereignisse sind nichts anderes als gesetzte Differenzen
zu anderen Ereignissen, oder anders: ohne Ereignisse läßt sich
in der Datenfülle kein Datum beobachten, das nicht mit dem
Moment der Beobachtung schon zum Ereignis würde. Die un-
ausgesprochene Grundlage aller Wissenschaften ist die Annahme einer „vollkommen gut verknüpften Folge"[3], also einer
erkennbaren Ordnung, einer präetablierten Harmonie, ohne
die keine wissenschaftliche Aussage möglich wäre.

Die eigentliche und „besorgniserregenste" Frage in diesem
Zusammenhang hat damit Paul Ricoeur gestellt, als er 1984 in
den Aquinas Lectures fragte: „What do we mean when we say
that something really happend?"[4]. In seiner Antwort auf diese
kritische Frage zieht sich Ricoeur jedoch auf die traditionellen
„Garanten" der historischen Wissenschaften zurück und be-

---

[1] Pierre Simon de Laplace (1932), S. 132.
[2] Vgl. dazu: Wulf R. Halbach (1996), S. 166 – 187.
[3] Gottfried Wilhelm Leibniz (1985), S. 179.
[4] Paul Ricoeur (1984), S. 1.

nennt „documents and documentary proof"[1] als jene Elemente, die die Vergangenheit repräsentieren und durch die der
Historiker gebunden ist an das, „was einst war". Dieser Stell-
vertretercharakter der Dokumente scheint eine Antwort auf
seine Frage zu geben, und so geschah wirklich das, was die
Dokumente aussagen, sie bestimmen/legen fest „what really
happend". Dies allerdings durch eine und in einer Bewegung
des *re-enactments*, welches statthat durch die imaginative Interpretation „dokumentarischen Daten"[2] des Historikers – der
Spuren der Vergangenheit.

Damit stellt er jedoch genau die Position seiner Ausgangs-
frage selber in Frage. „Documents and documentary proof"
geben kaum Aufschluß über die eigentlichen Ereignisse, ihre
Agenten und Verknüpfungen, der erst erlangt werden kann,
wenn der Historiker sich in die Handlung [denkt], um die Gedanken der Agenten wahrzunehmen"[3]. Dieses Verhältnis zwischen dem „Innen und Außen" von Ereignissen, welches historische Handlungen ausmachen und von dem die dokumentarischen Daten nur eine Spur der „Innenseite" legen, ist Ausgangspunkt „historischer Evidenz", durch die interpretative
Verknüpfung der „Innenseite" von Ereignissen und die „Gedanken" der historischen Agenten entsteht. Damit markiert
Ricoeur eine dreifache „interpretative" Konstruktion (re-enact-
ment) von Ereignissen – also (a) auf der Seite der historischen
Agenten und (b) auf der Seite des Historikers, der erst durch
(c) das „Hineindenken" in die historische Handlung, die Gedanken der Agenten wahrnehmen kann. Diese paradoxale
Struktur des re-enactments läßt sich gerade durch die retrospektive Situation der „historischen Aufgabe" nicht auflösen
und geht im alltäglichen Handeln des Nicht-Historikers unter
– besonders dann, wenn jene konstruierten Ereignisse ihre
Virtualität verlieren, da sie an einem späteren Punkt der Zei-

---

[1]   ibid.
[2]   ibid., S. 6.
[3]   Collingwood (1946/1956), S. 213, zitiert nach Paul Ricoeur
(1984), S. 7, [Ü. d. A.].

tachse (später als das eigene Geschehen und später als die Konstruktion) beobachtbare Differenzen/Ereignisse zeitigen. Man möchte fast meinen, daß sich „historische Ereignisse" durch Verkettungen an ein Ereignis auf dem zukünftigen Abschnitt der Zeitachse *„faktifizieren"*. „Jeder lebendige Knoten dieses Geflechts [der Geschichte] reinterpretiert die Vergangenheit, die ihm von den anderen überliefert wird, als müßte sie geradewegs auf die eigene Entscheidung zulaufen, und entwirft eine Zukunft, in der sich seine Operationen geradlinig fortsetzen. Doch diese Zukunft liegt, ebenso wie das Bild der Vergangenheit, wieder in der Hand der nachfolgenden Knoten, und so *ad infinitum*."[1]

Das gilt auch und besonders für den vorliegenden Band, der darum bemüht ist, einen Zusammenhang zwischen Medien, ihrer Nutzung und dem dadurch prädeterminierten Mitteilungsverhalten sichtbar zu machen. Daß dies zu einem Moment geschieht, da sich aus dem – in einer Chronologie gedachtem – „letzten" Medium ein perfekter „Medienverbund" entwickelt, in/unter dem alle bisherigen Medien, mit ihren verschiedenen Angeboten an Wahrnehmung, zu „Interfacemedien" werden ist nicht verwunderlich. Immer sind Kommunikationssysteme bisher – und das hat Michael Giesecke[2] für den Buchdruck der frühen Neuzeit bestens aufgezeigt – ein Netzwerk von normierenden, produzierenden, vertreibenden und rezipierenden Instanzen gewesen, die durch eine Schlüsseltechnologie, ein Schlüsselmedium dominiert wurden. Der Medienverbund von Computer, Interface und Netzwerk aber, den wir gerade in seiner Einführung – die spätestens mit der Entwicklung des World-Wide-Webs [WWW], 1989 und des Webbrowsers MOSAIC von NCSA, 1993 unaufhaltsam wurde – beobachten können, kennt kein dominates Medium, da alle „sekundären" und „tertiären" Medien unter ihm subsumiert

---

[1] Pierre Lévy, (1994), S. 943.
[2] Michael Giesecke (1991), S. 57.

werden.[1] Gleichzeitig aber stellt dieser Medienverbund neue Fragen an das Verhältnis zwischen Welt – die wir nur über und durch Medien kennen und die sich dadurch ständig verändert –, an (historische) Daten – und wie diese zu Informationen und Ereignisse werden – und an die Weisen, wie wir uns Welt mitteilen – einer Welt, die durch unser Mitteilungsverhalten bestimmt wird durch erhöhte Ereignisfrequenzen mit verringerten Mitteilungsdistanzen.

Der in unseren Medien inzwischen populäre Begriff der „*Informationsgesellschaft*" weist auf das gesellschaftliche Phänomen einer umfangreichen Nutzung von informationstechnischen Mitteln hin. Dies ist mitbedingt durch die wachsende Notwendigkeit unserer Gesellschaft, komplexen globalen Problemen durch die Bereitstellung von immer neuen Daten zu begegnen, und zwar in der Hoffnung auf Information, und damit verbunden besseren Möglichkeiten der Entscheidungsfindung. Information wird dabei als Ressource betrachtet. Das „Sammeln" von Daten und Informationen verspricht, die Reaktionsmöglichkeiten und auch – durch das bereits Vorhandensein dieser Informationen – die -geschwindigkeiten zur Lösung dringender Probleme zu steigern. Auch wenn dieses Verfahren der Archivierung und Referenzialisierung von kultur- und gesellschaftsrelevanten Daten eine Tradition durch die gesamte Kulturgeschichte der Menschheit hat, deckt man heute – vielleicht das erste Mal – genau in diesem Verfahren Probleme auf, die eine ähnliche Komplexität aufweisen, wie die Probleme, die man durch den gesteigerten Daten- und Informationspool zu lösen erhofft. Grundsätzlich ergeben sich aus dem Versuch, einer gesteigerten Umweltkomplexität durch wachsende Eigenkomplexität des Systems zu begegnen, mehrere Probleme:

– Da Daten in der Regel noch keine verbindlich nutzbaren Informationen sind, müssen sie mit der Abfrage unter spezifi-

---

[1]   Zu den Begriffen „primäre", „sekundäre" und „tertiäre Medien" vgl.: H. Pross, 1972.

schen Fragestellungen und zwischengeschalteter modellbasierter Weiterverarbeitung erst in Informationen umgewandelt werden.

– Die gesammelten Daten werden unter je verschiedenen Perpektiven und Fragestellungen gesammelt und in den verschiedenen Informationssystemen abgelegt. Da diese Systeme aber selten die Metainformationen zu den gespeicherten Daten mit ablegen, ergeben sich daraus Probleme bezüglich

1. der Form, der Struktur und des Verfahrens des Ablagesystems, da die Perspektive unter der die spezifischen Daten gesammelt wurden, auch die Form und Struktur der Ablage bestimmen,

2. der Transformierbarkeit dieser Daten in Informationen zu neuen Fragestellungen und Problemen,

3. der Validität und Verwertbarkeit dieser Daten unter anderen Fragestellungen.

– Die breite zufällige Nutzung von Informationen ist grundsätzlich darauf angewiesen, daß (Meta-)-Informationen über die jeweiligen Daten, z.B. die Inhalte, Strukturen und adressierbare Fragestellungen schon im Vorfeld der Nutzung bzw. Suche bekannt sind.

Auch wenn Daten bereits durch Netzwerke, CD-ROMs etc. vorhanden sind, ist der Arbeitsaufwand bezüglich der Umwandlung dieser Daten in Informationen, die Antworten auf spezifische Probleme geben, sehr wissens- und zeitintensiv und die Nutzbarkeit der Daten für neue Fragestellungen nach allen bisherigen Erfahrungen sehr eingeschränkt. Eine bloße Vernetzung von Daten ist manchen lange Zeit als prägnant erschienen. Hier entstehen aber sofort neue Probleme, denn je mehr Daten vorhanden sind, desto schwieriger scheint es zu werden, aus dem Vorhandenen relevante Informationen zu filtern.

Für einen menschlichen Beobachter wird ein Datum zur Information, wenn er es beobachtet, i.e. von anderen Daten unterscheidet und damit interpretatorisch verarbeitet. Die Informationen eines Beobachters sind für einen zweiten Beobachter zuerst also immer nur Daten. Die "Unterscheidung, die einen Unterschied" macht, ist also von einem externen Verarbeitungsprozeß abhängig, der dem Datum nicht eingeschrieben ist und auch später der Information zwar anhängig, aber nicht aus dieser zu gewinnen ist. Dadurch bleibt der Transformationsprozeß von Daten in Information ein unendlicher. Das gilt auch in der Komplexitätsreduktion, die er durch die Medien erfährt, die uns ja immer – so heißt es – schon „Informationen" zur Verfügung stellen. Durch diese (er-)kennen wir Welt, die – durch einen Transformations- oder Verarbeitungsprozeß den niemand kontrolliert – die unsere wird.

Ist der Unterschied zwischen Daten bei analogen Medien zumindest durch Zeitunterschiede noch beobachtbar, so unterscheidet sich in digitalen Medien ein Datum nicht von dem Befehl, der es verarbeitet. Die 1946 von John von Neumann vorgeschlagene Architektur eines Universalrechners – i.e. die Struktur des Rechners ist unabhängig von dem Problem, das es zu bearbeiten gilt – differenziert in der Speicherzuweisung nicht zwischen Programmen, Daten, Zwischen- und Endergebnissen. Aus dem Ergebnis eines digital verarbeitenden Prozesses lassen sich weder die Komponenten, deren ursprüngliche Zustände, noch die verarbeitende Prozesse selber ablesen. Selbst der (Transformations) Prozeß und die vorgängigen Zustände der Systeme auf denen er geschieht, lassen sich spätestens mit der Einführung der Interfaces und der Microsoftisierung[1] nicht mehr beobachten. Damit wird einem Beobach-

---

[1]   Es sollte vielleicht überlegt werden, ob der im Zusammenhang mit der Einführung der datenverarbeitenden Technologien so oft gebrauchte Begriff der *Alphabetisierung* gegen eine *computer illiteracy* nicht gegen den der *Microsoftisierung* ausgetauscht werden sollte. Denn grundsätzlich geht es ja eher um das Trainierung von Wahrnehmungs- und Handlungsstandards, die von Microsoft etabliert wurden, als um eine Alphabetisierung zur Wahrnehmung von Welt durch Schrift/Literatur und zur schriftorientierten Handlung in dieser. Die Bemühungen im Bereich der Stimmerkennung

ter allerdings auch die Möglichkeit der Handhabe von Differenzen genommen, um die Datenereignisse unterscheidungs-
reich zu beobachten. Dies zumindest soweit als das Interface
die beobachtbaren Differenzen standardisiert. Ein Ereignis –
im geringsten Fall der Wechsel eines Systems von einem Zustand in einen anderen – wird also zuerst durch das Interface
als solches bestimmt, bevor es beobachtet werden kann. Was
eine „vollkommen gut verknüpfte Folge" ist, die erkennbare
Ordnung also, wird durch die Schnittstelle des Medienverbundes definiert. Damit ist auch die Aufgabe eines Historikers eine andere geworden. Weder kann er die Entstehung der Dokumente einsehen, noch sich in die Gedanken der Agenten
„eindenken", zumal nicht entschlüsselt werden kann, ob es
sich um menschliche oder „intelligent Software-" Agents handelt.[1] Die Ereignisse lassen sich also nicht mehr in einem Prozeß des „re-enactments" verfolgen.

Auch die „documents and documentary proof" und in der
Folge dann das, was zu Geschichte wird, wird etwas anderes.
Der Medienverbund Computer – Interface – Netzwerk schreibt
seine eigene Geschichte und dokumentiert diese auf eine er-
staunlich transparente Weise in seinen Strukturen und Funktionen. Sie verweisen selbstreferenziell auf die Entstehungs-
und Normierungsgeschichte, wobei die relevanten „Dokumente" als Metadaten in diesem und durch diesen Verbund archiviert sind. Als Steve Crocker im April 1969 den ersten „Request for Comment" [rfc] als internes, nichtoffizielles Arbeitspapier der Network Working Group (NWG)[2], die gerade dabei

---

werden auch die dominanten keyboardorientierten (QWERTY/
QWERTZ) Handlungen verdrängen. Daß das World Wide Web
ohne Nutzung des Keyboards genutzt werden kann, ist ein erster
Schritt in diese Richtung und spricht für den Begriff des Inter-
facemediums.

[1] Zum Stand der Forschung im Bereich intelligenter Software-
Agents vgl.: Fah-Chun Cheong (1996).

[2] Zu diesem Zeitpunkt bestand die Network Working Group aus
Steve Carr, Utah, Jeff Rulifson und Bill Duvall, SRI, Steve Crok-

war das Standardprotokoll zum Datenaustausch zwischen den ersten Netzrechnern zu definieren, verfaßte, war ihm nicht klar, daß „diese Notizen sich durch dasselbe Medium verbreiten würden, daß in diesen Notizen diskutiert wurde."[1] Inzwischen gibt es fast 1500 RFCs und mehrere hundert Memos, die keine Standards festlegen, aber über diese informieren (For Your Information [FYI]).[2]

Aber nicht nur die technischen Normierungen, auch die sprachlichen Besonderheiten und diskursiven Strukturen werden in ihrer Entstehung dokumentiert. Mit der 1975 von Raphael Finkel am Stanford AI Lab compilierten *Jargon File*, die den „Hacker Jargon" der Technokulturen am MIT AI Lab, am Stanford AI lab (SAIL) und der alten ARPANET AI/LISP/PDP-10 „Gemeinden", (Bolt, Beranek and Newman (BBN), Carnegie-Mellon University (CMU), Worcester Polytechnic Institute (WPI) et. al.) dokumentierte ist über die Jahre eine Art Handbuch der (Netz-)Sprache und des -verhaltens entstanden, das inzwischen auch als „Hardcopy" zu einem Bestseller geworden ist [3] und sich versteht als „gemeinschaftliches

---

ker und Gerard Deloche, UCLA, deren Aufgabe die Standardisierung der Host-Software, die Festlegung der Strategien der Netzwerknutzung und die Durchführung der ersten Experimente mit dem Netzwerk war. Vgl. dazu: Steve Crocker (1969). In diesem Memo ist besonders interessant, daß es keinen technichen Standard im eigentlichen Sinne, sondern die Dokumentation – und damit die diskursive Formierung der Standards standardisiert.

[1] Steve Crocker, (1987), [Ü. d. A.].

[2] Grundsätzlich können diese Memos heute von allen Netzteilnehmer vorgeschlagen werden; ob sie in die Liste der relevanten RFCs aufgenommen werden entscheidet für die NWG Jon Postel am USC Information Science Institute (postel@isi.edu).

[3] Guy Steele (1983). Die ursprüngliche Datei (AIWORD.RF[UP, DOC]) hat seit 1975 vielfältige „Herausgeber" gehabt und ihre Geschichte ist als Vorspann jeder neuen Version aktualisiert. Vgl.: The Project Gutenberg Etext (1992).

Erbe der Hackerkultur[1], als "umfassendes Kompendium des Hackerslangs, das viele Aspekte der hackenden Tradition, ihrer Folklore und ihres Humors beleuchtet" und die Sprache dokumentiert „die die Hacker untereinander zum Spaß, zur sozialen Kommunikation und für technische Debatten nutzen"[2]. Wichtig ist festzuhalten, daß dieses Handbuch tatsächlich als eine Art „Manual" der Sprache und des sozialen Verhaltens im Netz ständig zitiert wird.

Wie sehr zum Beispiel das „Hacker' Dictionary" diskursbestimmend funktioniert wird sehr deutlich, wenn man das rückbezügliche Verhältnis zwischen der inzwischen berühmten *Neuromancer-Trilogie* von William Gibson[3] und dem „Dictionary" selber betrachtet. William Gibson schreibt sich in den Medienverbund Computer – Interface – Netzwerke ein, indem er die Kernthemen der Bemühungen um Künstlichen Intelligenz (K.I. / A.I.), der Interfaceentwicklung im Bereich virtueller Realitäten (V.R.) und der Netzwerktechnologie aufgreift. Diese Themen werden mit Hilfe vieler Begriffe aus der „jargon file" umgangssprachlich vorgestellt, wodurch die Romane eine sehr große Resonanz aus den Reihen der Informatiker etc. erfahren haben. Gleichzeitig aber prägt Gibson den Begriff „Cyberspace", der nicht nur – mit vielen anderen seiner Umschreibungen und Metaphern – von der „Netzgemeinde" angenommen und in die nächste Version der „jargon file" aufgenommen wird, sondern auch zu einem von den traditionellen Medien akzeptiertem Begriff für den immateriellen Raum der durch Netzwerke angebotenen Daten avanciert. Daß dadurch eine vorschnelle Vermischung zwischen den The-

---

[1]   Hier ist wichtig anzumerken, das der Begriff „Hacker" nicht pejorativ gebraucht wird, sondern eine Person mit hohem technischem Geschick bezeichnet. Vergleiche dazu den gleichnamigen Artikel im *Hacker's Dictionary.* Zur Geschichte des Begriffs und der „Hackerkultur" vgl. das in diesem Umfeld auch sehr häufig zitierte: Steven Levy (1984).

[2]   Jargon10.txt [Ü. d. A.].

[3]   William Gibson (1982), ders., (1986), ders., (1988).

menbereichen VR und Netzwerke stattfand, war kaum zu verhindern.[1]

Was wie die Folklore und Mythen einer neuen Priester-
schaft anmutet, hat zuerst einmal die Funktion die Beobacht-
barkeit von hoch-komplex dynamischen Systemen, also von
ungleichartig verteilten Systemen der Netzwerke zu retten.
Nur mit der exakten Dokumentation der Hard- und Software-
history lassen sich die Veränderungen in den Möglichkeiten
der Systemzustände wenigstens annähernd verfolgen. Daß diese Dokumentationen, die wenigstens einer Entwicklungs- und
Standardisierungsgeschichte der Interfacemedien hilfreich
sind, mit dem Moment da die Setzung der Standards in pri-
vatwirtschaftliche Hand übergehen, aus dem Zugriff des Historikers verschwinden, war zu erwarten:

> Our strategy is to build networking into the operating system. So-
> me of the services will not be in the same box but they will have
> been designed, evangelized, implemented and tested as part of
> each system release. What this means is that we will define ope-
> rations on and attributes of entities like files, users, machines,
> mail, printer or services that users or applications can have access
> to directly inside the system software.[2]

Mit dem Moment, da die Standards nicht mehr zwischen „En-
titäten wie Dateien, Nutzer [sic!], Maschinen, Mail, Drucker
oder Diensten"[3] unterscheiden, hat auch der Historiker keine
Chance mehr die Prozesse und Dynamiken dieses Kommuni-
kationssystems – wie noch Michael Giesecke für den Buchdruck der frühen Neuzeit – zu beobachten. Die alten RFCs und
FYIs etc. dienen in der Folge nur noch der „Evangelisierung"
einer „virtual community"[4].

---

[1] John S. Quaterman (1990).
[2] Bill Gates (1991).
[3] ibid. [ü. d. A.].
[4] Vgl. Howard Rheingold (1993) und Manfred Faßler; Wulf R.
     Halbach (1994).

Wie für jeden Versuch Zusammenhänge über historische Sequenzialisierungen und Verweise darzustellen, gilt also umso eher:

> Die Geschichte der [Medien] deckt sich nicht im mindesten mit der Verwirklichung eines Planes, eines Projekts oder gar eines Traumes, wäre es auch der Traum eines Leibniz, Babbage oder Turing – einfach weil sie eine Geschichte ist.[1].

Sucht man nach einem Kennzeichen gegenwärtiger industrieller Kulturen, so wird man sich rasch darauf einigen können, daß sie als aufwendige und scheinbar nie enden wollende Vermittlungsprozesse beobachtbar sind. Was aber ist Vermittlung und vor allem, wie findet sie statt? Es geht uns in diesem Buch um die Rahmenbedingungen für z.B. Erfahrung, Handlung, Lernen, Vergessen, Sich-mit-anderen-Austauschen, die über Medien bereitgestellt und bereitgehalten werden. Und es geht uns um den Aufbau, die soziale Ausdehnung und die Nutzung von Medien. Medien befördern nicht nur Mitteilung, sie bringen sie sozusagen durch ihre Nutzung zur Erscheinung. Sie bestimmen auch die Form, in der die Vermittlung stattfindet. Unsere Stimme reicht nicht sehr weit, auch wenn wir noch so sehr schreien. Um Reichweite herzustellen, kann die Stimme elektronisch verstärkt, oder der Schall mittels einer trichterförmigen „Flüstertüte" gelenkt werden. Oder aber man schweigt, und schreibt das zu Sagende auf, reicht es weiter, läßt es transportieren. Auf dem Papier kann dann ein Liebesbrief, eine Dienstanweisung, ein Gedicht, ein Gesetz, ein Bild- oder Hausentwurf zu sehen sein. Die damit verbundene Handlung kann schöpferisch-ästhetisch, administrativ, sehnsüchtig-verlangend oder intuitiv-flüchtig sein. Bereits zu diesen Formen kommunikativen Handelns gehört die Fähigkeit, sich zu äußern, ein Medium entsprechend seiner Materialität und Formbarkeit zu nutzen und es so an einen Adressaten zu richten, daß dieser die Nachricht wahrnimmt. Fähigkeit, Material und

---

[1] Pierre Lévy (1994), S. 944.

Zielsetzung bilden also einen engen Zusammenhang. Wenn man nur für sich selbst eine Erinnerungsnotiz schreibt, ist die Angelegenheit noch einigermaßen überschaubar, es sei denn, man kann seine eigene Handschrift nach Tagen oder Monaten nicht mehr lesen oder man kann sie lesen, weiß aber nicht mehr, was man meinte. Richtet sich die Notiz an einen anderen Menschen, wird die Sache ziemlich schwierig. Ob und wie die gesprochene, gedachte, geschriebene, gedruckte, bebilderte Mitteilung hergestellt wird und wie sie verbreitet wird (durch Boten, als Druck, als Buch, als Film, als Microchip) hängt vor allem daran, ob der Empfänger mit der Materialität des Nachrichtenträgers und der zeichenhaften Form der Nachricht etwas anfangen kann. Eine Fremdsprache bleibt inhaltlich fremd, wenn man sie nicht übersetzten kann oder es niemanden gibt, der einem die Übersetzung abnimmt. Damit ist in wenigen Sätzen die Spannbreite von Material, Form, Nutzungsmöglichkeiten und medialen Fähigkeiten (wie Lesen, Schreiben, Bilder verstehen) angesprochen, die hier zu betrachten sind. Zugleich sind verschiedene Situationen und Formen angesprochen, in denen Vermittlungen erfolgen.

Um die Dinge in einem ersten Schritt auseinanderzuhalten, greifen wir (wie vorne schon angesprochen) auf eine Medien-Einteilung zurück, die H. Pross 1972 vorschlug, und die heute in mancher Hinsicht sehr hilfreich ist. Er unterschied zwischen primären, sekundären und tertiären Medien. Mit *primären Medien* beschrieb er die „menschlichen Elementarkontakte"[1]. Damit erfaßte der non-verbale Sprache der Körperhaltung, der Bein- und Kopfstellung, der Mimik und Gestik und nicht zuletzt auch die verbale Sprache in ihren Facetten der Aussage, Auskunft, Wahrheit, des Spiels, des Gesanges usw. Diese Leiblichkeit des Mediums erfaßt nicht nur die familiären, kollegialen, freundschaftlichen oder anonymen Gesprächs-Zusammenhänge. Sie ist ebenso wichtig für Tanz und Theater. Für die in dem vorliegenden Band behandelten The-

---

[1]   Helge Pross (1972), S. 10.

men ist es wichtig, daß zwischen Sender und Empfänger kein Gerät geschaltet ist und die Sinne der Menschen zur Produktion, zum Transport und zum Konsum der Botschaft ausreichen"(145). Mit *sekundären Medien* beschrieb H. Pross jene, die auf Seiten des Senders Geräte für die Produktion der Mitteilung an andere erforderlich machen. Flaggensignale, Grenzsteine, Rauchzeichen oder die Schreib- und Druckkunst sind senderseits an Geräte gebunden. Empfänger bedürfen aber keines Gerätes, sondern müssen den Stein, das Buch, das Plakat, das Flaggensignal oder die Signalabfolgen „lesen" können. Tertiäre Medien schließlich beschreiben all jene Vermittlungsprozesse, die technische Erstellung, technische Sender und technische Empfänger erfordern. Hierzu gehören z.B. Rundfunk, Telefon, Telegramm, Television, Schallplatte, Video, Computer. Diese Medien können nicht ohne „Geräte auf der Empfänger- wie auf der Senderseite" funktionieren (224). Wir halten diese Einteilung aus mehreren Gründen für sehr hilfreich. Sie ermöglicht zwischen der als Ürform der Kommunikation" verstandenen angesichtigen Vermittlung, und den gerätegestützten oder durch Geräte verstärkten Vermittlungsprozessen zu unterscheiden. Zugleich wird hierdurch deutlich, daß die Verläßlichkeit, die wir allgemein der Angesichtigkeit entgegen bringen, durchaus auf Geräte übertragen werden kann. Wir müssen sie nur als Teile einer sozial anerkannten Mitteilungsordnung verstehen und handhaben, – und mit dem Telefon, dem Radio, dem Fernsehen, dem Buch usw. tun wir dies tagtäglich. Gerade dies weitet das Geräte-Konzept aus. Denn es ist nicht mehr nur ein Instrument, um die Schallwellen zu verstärken oder über hunderte von Kilometern zu transportieren (wie bei Kabeln). Der Verbund von technischem Sender und Empfänger wird zu einem eigenwertigen Darstellungs- und Erklärungszusammenhang, wird Medium. Je häufiger Vermittlung durch diese gerätetechnische Medialität genutzt wird und je selbstverständlicher ihr Gebrauch als Realitätsdarstellung, – erklärung und -erzeugung „kultiviert" wird, umso schwächer wird die Bedeutung der angesichtigen

Kommunikation. Nicht, daß sie durch gerätetechnische oder mediale Bedingungen ersetzt wird. Allerdings wird der Reichtum an Daten, Informationen und Inhalten immer mehr an die technischen Speicher, Sender und Empfänger gebunden.

Für das Vorhaben einer Mediengeschichte bedeutet dies, die leibgebundenen Geschichten und die gerätegebundenen Geschichten zu erzählen sowie – vor allem - die mit ihnen in verschiedener Weise verbundenen sozialen, individuellen und kulturellen Fähigkeiten darzustellen. In allen Fällen geht es um die gleichzeitige Geschichte von (a) den menschlichen Sinnen des Hörens, Sehens, Tastens, Riechens und des Wahrnehmens, Überlegens, Reflektierens oder Entwerfens und (b) den i.w.S. bedeutungsgebundenen oder sinnorientierten Interpretationen.

Sinnlichkeit und Sinn bilden ein vielfältiges und mit jedem Lernprozeß neugefügtes Ensemble menschlicher Wahrnehmung. In der Entwicklung unterschiedlichster Medien sind jeweils verschiedene Weisen sinnlicher und kategorialer Wahrnehmung eingeschrieben. Mediengeschichte(n) erzählen also von den aneinander gebundenen Entwicklungen von Sinnen und Medien. Vorgelegt werden allerdings keine „großen Erzählungen", keine Meisterpläne der Medienentwicklung. Zwar sind die Angebote verführerisch wenn man liest, Fernsehen sei ein Jahrhundertmedium, Bild und Sprache seien Menschheitsmedien, Buch ein Modernemedium oder gar Computer ein Zukunftsmedium. Dies alles stimmt auf den ersten Blick und auch als grundlegend ordnende Aussage. Aber abgesehen davon, daß es auch andere Zuordnungsmöglichkeiten gibt, beziehen sich solche Aussagen nicht auf die Vermittlungsweisen, ihre Störfälle, ihre Kontingenzen und Emergenzen. Es sind summarische Bezeichnungen, die von einem vermeintlichen End- oder Anfangspunkt über andere Zeiten berichten. Gleichwohl zeigen solche Konstruktionen einen wichtigen Aspekt auf: nämlich, daß es durchaus massive Medienformen geben kann, die über lange Zeiträume das Vermittlungsgeschehen innerhalb von sozialen Systemen prägen und festlegen.

Wenn über europäische Gesellschaften als Schriftkulturen gesprochen wird, so zeigt dies auch die oftmals enge und schwer
veränderbare Verknüpfung von Medium – Normativität –
Identität – Kultur.

Dies ermöglicht, eine dritte wichtige Ebene zu benennen.
Neben den engen Verflechtungen von Gerät und Medium und
denen von Sinnlichkeit und Sinn, ist zu betonen, daß Medien
(hier sind sekundäre und tertiäre Medien gemeint) ihre eigenen Wirkungsformen entwickeln. Man kann auch sagen, daß
sie einen eigenen „Lehrplan" aufweisen, den jeder Nutzer bedienen muß, um etwas durch das jeweilige Medium zu erfahren. Ob man in das Kino geht, „es sich vor dem Fernseher",
„neben dem Radio gemützlich macht", „sich mit einem guten
Buch zurückzieht" oder „durch das Netz surft": jede Medialität belegt den menschlichen Körper mit anderen Anforderungen.

D.h.: Medien sind nicht nur die „materiellen Hülsen" für
Vermittlung und Kommunikation. Sie bilden auch den Charakter einer Instanz in sich aus. da sie die Systemteile sind, in
denen die Verabredungen über Zeichenordnungen, Ausle-
gungs- und Verwendungsweisen und Bedeutungsbreiten enthalten und erhalten sind. Insofern sind Medien nicht nur in
einem einfachen Sinne Teil der Kultur; sie sind Ebenen sozialer Verfassung und funktionieren auch nur so. Dieser Zusammenhang wird umso eindrücklicher, je zahlreicher und mate-
rial-unterschiedlicher Medien in die Prozesse der Selbstbeschreibung sozialer Systeme mit einbezogen werden. Und dies
betrifft nicht nur das schon angesprochene Buch und die
Schrift; dies betrifft Fernsehen, Rundfunk, Videos, e-mail, Video-konferenzen, um nur einige Ausprägungen anzusprechen.
Die wachsende Bedeutung der Vermittlungsinstanz Medien
hängt u.a. damit zusammen, daß die herkömmlichen Institutionen der Überlieferung (Familie, Schule, Berufsausbildung,
Universität) nicht mehr in der Lage sind, die Dynamiken der
Wissensentwicklung und -verbreitung, die Zeitformen der
Nachrichtennutzung oder die Geschwindigkeiten zu bedienen,

in denen Neuordnungen des Wissens erfolgen. Ein anderer, massiver Grund besteht darin, daß die Computertechnologien längst dahingehend entwickelt sind, für alle bisherigen sozialen Sendemedien die entsprechenden funktionalen Entsprechungen aufzuweisen. Computer als integrales Medium verschärft die Diskrepanz zwischen den Ordnungs- und Vermittlungsweisen innerhalb der Systeme kultureller Selbstbeschreibung. Die Vermittlungsinstanz Medium gerät in einen strukturellen Konflikt mit der Integrationsaufgabe von Institutionen.

Für Medienkritiker ist dies eine tiefgreifende Bedrohung sozialer Integration, eine Art „Amtsanmaßung" der Medien. Für eine sich letztlich doch historisch zuordnende Systemtheorie ist dies der Beleg dafür, daß Arbeit, Produktion und Warenmarkt in ihrer Bedeutung und institutionellen Absicherung verlieren und Kommunikation ihre Aufgabe der Vermittlung, Verbreitung und Bestandssicherung erfüllt. N. Luhmann sieht in der Dualität von System-Umwelt den kommunikative Ablösung von Arbeit-Kapital. Ohne dies vertiefen zu müssen, ist die Dringlichkeit erkennbar, sich mit der Normalität oder der Amtsanmaßung zu beschäftigen, die darin besteht, daß Medien die herkömmlichen Institutionen mit eigenen Zeitstrukturen, Informations- und Entscheidungsweisen sowie Kulturformen konfrontieren. In diesem Vorwort wollen wir die Frage nach der Stellung von Medien und ihrer kritisch-ablehnenden oder kritisch-befürwortenden Diskussionen etwas vertiefen, da diese Aspekte in den einzelnen Beiträgen nicht so geordnet behandelt werden.

Mit Medium verband sich immer die Frage, welchen Realitäts- oder Wahrheitsstatus die Inhalte haben, die „über" ein Medium vermittelt, den Sinnen des Menschen nahegebracht wurden. Dabei oblag dem „Medium" zumeist die Aufgabe, die Botschaft einer nicht-verfügbaren Welt dem einzelnen Menschen nahezubringen. Es lassen sich folgende Konzepte modellhaft unterscheiden:

Vermittlung von einer unerfahrbaren, göttlichen oder religiös gefaßten „Außenwelt" nach „Innen"
  — Vermittlung zwischen „Wirklichkeit" und „Schein", Wahrheit und Trug: das oft beispielhaft zitierte Bild ist das des platonischen Höhlenmodell
  — Medium ist ein kulturell abhängiger Teil sozialer Selbstbeschreibung: hierzu gehört die methodische Grundposition, daß alles, was wir wissen, durch unsere Wahrnehmung und deren Überführung in Erkenntnis und Wissen entstanden ist, daß alles, über das wir verfügen und nicht verfügen „Konstruktionen" sind.
  — Medium ist ein autonomes System der scheinhaften Realitätserzeugung: hierzu gehören die Theorien, die vor allem im 20.Jh. kritisch bis ablehnend die Entwicklung, Verbreitung und Etablierung der Medien-Macht Zeitung, Film, Radio und Fernsehen untersuchten.[1]

Solche modellhaften Unterscheidungen werden sicher nicht den jeweiligen Teilargumenten gerecht. Ihr Funktion besteht hier darin zu zeigen, welche doch relativ großen Realitätsentwürfe mit den Bedeutungen verbunden sind, in denen Medien als Handlungsebene, als Wahrheitsträger oder als Machtzentrum benannt werden. Dies müssen wir bei unseren Darstellungen immer mit berücksichtigen: Medien sind immer zugleich Geräte, Instanzen und Kernstücke von Weltbildern. Medium kann nicht schlüssig von seiner Verwendung getrennt werden, d.h. es ist prinzipiell nicht lösbar von den sozialen Festschreibungen der zu verwendenden Codierungssysteme (Alphabet, numerische Systeme, bildhafte Zeichensysteme, sprachlich symbolische Ordnungen), von den zeitlichen Verfahren, in denen sie genutzt werden können (z.B. Bücher in Schulen, Aufsätze in wissenschaftlichen Zusammenhängen, Erzählungen in lebensgeschichtlichen Überlieferungen), von den konkreten raum-zeitlichen Ereignissen, in denen Ver-

---

[1] Manfred Faßler (1997).

mittlung mit Gegenwärtigkeit, Anwesenheit, mit konkretem
Bedarf oder Entspannung zu tun hat.

Das Phänomen, daß sich soziale Systeme darüber beschreiben, welche Geräte und Medien sie wie auf sich anwenden, ist
historisch relativ jung. Noch jünger (vielleicht erst vier Jahrzehnte alt) ist die wachsende Spannung zwischen Institutionen
und Medieninstanzen. Bis in das späte 18. Jh. galten absolutis-
tische, klerikale, ständestaatliche und zünftige Ordnungen. Sie
begründeten sich entweder durch eine „Gabe", durch „göttliche Berufung", durch Geburt oder durch sehr enggezogene
Kompetenzhierarchien. In ihnen war die Verfügung über die
symbolische und funktionale Selbstthematisierung (N. Luhmann) streng reglementiert. Ebenso war nicht nur die Anrede
streng zwischen den Geschlechtern, den Meistern und Gesel-
len, den Bürgern und Adeligen usw. geregelt. Auch die
sprachliche, gestalterische oder ästhetische Darstellung waren
katalogartig festgelegt. Die Überlieferung der Lese- und
Schreibefähigkeit war auf Mönche, den Adel und auf ein klö-
sterlich gebildetes städtisches Bürgertum begrenzt. Herolde,
Verkünder von Bekanntmachungen, Nachtwächter, die die
Zeit ausriefen usw. sowie das lizensierte gedruckte Wort waren Teil der hoheitlichen Medienrealität.[1] Mit dem 19. Jh.
verloren die überlieferten Ordnungen ihre Bedeutung. Arbeit,
Produktion, Warenmarkt, Manufaktur und Fabrik überlagerten
die alten Reproduktionsregeln; das gedruckte Wort wurde allmählich zu einem nach-hoheitlichen Medienbereich, zu einem
begrenzt-freien Gut individueller Autoren, sozialer Gruppen
oder entstehender politischer Parteiungen. Interessant ist dabei, daß in Verbindung mit dem sich festigenden humanistischen Bildungsverständnis, Sprache und Wissen in das Welt-
lich-Geistige überführt wurden. Bildung als Medium erhielt
die Funktion, die volle Entwicklung des Menschen zu ermöglichen. Befreit von den Krusten der alten Ordnungen schien
der sich selbst aufklärende Geist-Mensch die Versöhnung zwi-

---

[1]   Michael Giesecke (1991).

schen Wissen und Leben herzustellen. (G. F. Hegel; I. Kant) Die Vollständigkeit des Wissens sollte die Freiheit des Geistes und die unbehinderte Entwicklung des Menschen garantieren. Parallel hierzu – und quasi der historische Kontrapunkt – festigte sich das Konzept der Arbeit als der zentralen dialektischen Vermittlung von Wirklichkeit und Entwicklung. Die tätig-materiale Aneignung, die vermittelnde Aneignung, die handwerkliche, manufakturelle oder fabriktechnische Arbeit galten als der klassenspezifische (für die Arbeiterklasse) und der evolutionäre-antibürgerliche Vermittlungskontext. K. Marx (1890) sprach sogar von dem Arbeitsprozeß als dem ünmittelbaren Produktionsprozeß", aus dem die historische Entwicklung zum Kommunismus vermittels des Proletariats als Trägerklasse entstünde. Der Zielpunkt sollte die Verbindung von giestiger und körperlicher Arbeit sein, von Kopf- und Handarbeit. Diesen und anderen Vermittlungs-Konzepten war die *enge Verbindung von Körperlichkeit-Fähigkeit-Gegenständlichkeit* eingeschrieben. Vermittlung konnte nicht als eine gesonderte Funktion aus diesem, nennen wir es einmal: „intimen" Verhältnis von *Sinnlichkeit und Sinn* entlassen werden. Sicherlich bedeutete die Mächtigkeit des abstrakten Warenverhältnisses, die sich in der stabilen und unabweisbaren Struktur des Geld-Kapitals darstellte, daß *Sinnlichkeit sich auf Abstraktion einstellen* mußte. Und in einem gewissen Sinn kann man auch sagen, daß die *Geld-Waren-Zirkulation* einen sozialisatorischen Vorläufer für die *Medien-Information-Struktur* liefert. Das „Erlernen" der Geldfunktion ist also im Rückblick verstehbar als Dispositiv für des Erlernen der Informationsfunktion. Aber die Abstraktionsleistungen, die das Geld „fließen" lassen, sind doch von denen des „Informationsflusses" verschieden und zwar in dem entscheidenden Punkt: Geld reproduziert nicht die Sinnlichkeit der Welt; allenfalls entwickelt man ihm gegenüber eine besondere „Sinnlichkeit" („Geld arbeiten lassen"; „Geld bewegen"; „die Erotik des Großen Geldes" ...).

Der Übergang in eine Mediengesellschaft erfolgte unter drei miteinander verbundenen Szenarien:

– die erfindungsreiche Entwicklung im Bereich der angewandten Elektrizität und der allmählichen *Etablierung einer Elektrosphäre für Fernkommunikation* (Morse, Telegraph, Telegramm, Telephon, Rundfunk)

– die fast vollständige Alphabetisierung der jeweiligen Bevölkerungen und die dem folgende *Kommerzialisierung des „Schriftgutes"* (Zeitungen, Broschüren, Romane, sog. „Trivialliteratur") und der Politisierung des Zeitungssektors

– die medien-technische Reproduktion nicht nur der Schrift (was ja seit Gutenberg geläufig war), sondern der Bilder, der Bewegung (Cinemascope), der Farben, des Tons usw. und der *Etablierung einer Mediosphäre*, die eng mit der Elektrosphäre verbunden ist.

Anfang des 20. Jahrhunderts erfolgte die erste umfangreiche Debatte um die Bedeutung und Wirkung von Medien. Die Vorzeichen waren Krieg, Propaganda und Massenlenkung, – übrigens sind dies Vorzeichen, die eine gelassenere Mediendiskussion bis heute erschwert. Die großen theoretischen Debatten Anfang des 20 Jh. bezogen sich auf die Fragen, als was denn die großen Gruppen zu verstehen seien, die als unqualifizierte Industriearbeiterinnen und Industriearbeiter, als Landproletariat, als städtische Arme usw. Ballungszentren bevölkerten? Neben den Begriffen der Klasse, mit denen noch spezifische integrative Kulturen verbunden wurden, wurde der Begriff der „Masse" eingeführt. Er wurde gleichlautend den Worten der Massenproduktion, des Massenkonsums, der Massenware gebildet. Unklar war und ist bis heute, was denn eine unbegrenzbare soziale Gruppe als „Masse" sei, was soziale Massen zusammenhielt oder welche Bedeutung sie im Gefüge der sozialen Systeme haben. Wichtige Sozialtheoretiker wie G. Simmel, Le Bon, R. Michels, Th. Geiger, R. Sombart, A. Vierkandt beschäftigten sich mit diesem Thema. S. Freud veröffentlichte 1928 seine Schrift „Massenpsychologie und

Ich-Analyse". „Masse" wurde von Th. Geiger als eine „Verfallserscheinung" gedeutet und stellte für viele Theoretiker eine Bedrängnis, wenn nicht eine Bedrohung von „Kultur" dar. Sie war zwar eingebunden in die „Epoche der Warenproduktion" (G. Simmel). Dennoch schien für sie ein spezieller Vermittlungsmodus erforderlich zu sein. „Masse" schien abgetrennt von - institutionell festgefügter Kulturvermittlung („Bürgertum" / leitende Angestellte), - oder politisch idealisierter Kultur-Gemeinschaft / Gemeinschafts-Kultur („Arbeiterklasse" / facharbeitende Angestellte und Verwaltungsangestellte). Die *Verbindung von Masse und Nachricht* tauchte zuerst im Ersten Weltkrieg auf, in dessen Verlauf über die nationalistische Propaganda vor allem von Deutschland und England das Weltnachrichtenkartell vom 1.2.1870 unterlaufen wurde. Jeder Staat, jedes Militär entdeckte „seine Masse". Der Bedarf an journalistisch-professioneller Verteilung politisch-militärischer Legitimation wuchs in den ersten Jahrzehnten des 20. Jh.s. Medien wurden als Teil der instrumentalen Politik bestätigt. Zugleich vertieften sich vor allem in den USA und Deutschland die Interessen an *Massenkommunikation*. Mit ihr etablierte sich Medienwirkungsforschung. Ihre Grundidee bildete ein Ömnipotenzmodell"[1], d.h. der Gedanke, „Medien" (hier: die Verbindung von Nachrichteninteresse, Manipulationsabsicht, Verbreitungsgrad und fragloser Übernahme des Gesendeten) könnten direkt Meinungen und Haltung erzeugen; es war eine Ausprägung des stimulus-response-Konzeptes des Behaviorismus. In Deutschland wurde dies radikalisiert durch nationalisozialistische Propaganda und durch Kriegspropaganda. Vermittlung wurde auf befehlsförmige Instruktion eingeschränkt. In der propagandistischen Politik der nationalistischen und faschistischen Gruppierungen schien der Modus der Vermittlung gefunden zu sein: die zentralistische Propaganda; die manipulierende Einwegversorgung durch Zeitungen und – ab den 1930ern – durch Rundfunk sowie

---

[1] Friedrich Dröge (1991).

Propaganda- und Spielfilm. Die Basis für eine theoretisch folgenreiche Verkoppelung war geschaffen: die zwischen gegen-
aufklärerischer, menschenverachtender Massenlenkung und
modernen Medien. Die historische Entstehung des Wortes
„Massenmedien", das heute immer wieder verwendet wird, um
einen großen Verbreitungsgrad inhaltlich identischer Nachrichten zu kennzeichnen, ist also kritisch zu bedenken. Vor
allem aus zwei Gründen: zum einen werden Medien wie Zeitungen, Rundfunk und Fernsehen über die Auflagenhöhe oder
die potentiellen Empfängergeräte quantitativ zu „Massenmedien" gemacht. Dadurch entfällt eine detailreiche Betrachtung
der verwendeten Medialität. Zugleich wird so getan, als gäbe
es noch mediale Bereiche, die, wenn nicht der Kommerzialisierung entzogen, so doch nicht an „Masse" (als unklar struk-
turierte, aber weitgehend ungebildete Bevölkerungsgruppe)
gerichtet und nicht Masse (im Sinne einer inhaltlichen Ödnis)
seien.

Auf den ersten Blick nimmt sich der angelsächsische Begriff des „broad-casting" demgegenüber so aus, als sei er näher an der Materialität des Mediums formuliert. Bezieht man
ihn auf die frühen Medien- und Fernsehwissenschaften so
wird deutlich: Medium wurde als black box entworfen. In
Anwendung der schlichten aber ungemein verbreiteten Skin-
ner'schen verhaltenstheoretischen Idee, daß ein bestimmter
Reiz zu einer Reaktion (zu „effects" = Einstellungs- und Ver-
haltensänderungen) führt, wurden Medien zum Beeinflus-
sungskern. Masse und Medien verband der „Kanal", die stö-
rungsfreie Übernahme des Gesendeten. H. D. Lasswell (1948)
formulierte dies: „Who says what in which channel to whom
with what effect". Medium ist hier, fern aller Fragen der Über-
tragungsarten, der Inszenierungen, der Dramaturgien, der
nicht-interaktiven Spektakel oder der Nutzerbeteiligung usw.
auf Wirkung bezogen. Aber dies war Ende der 1940er schon
nicht ausreichend. Weder der eindeutige Propaganda-Manipu-
lations-Effekt, noch die ungestörte Rezeption ließen sich belegen. Forschungen verlagerten sich auf den üses-and-gratifica-

tion"-Ansatz. Mit ihm sollte nicht die Sender-Wirkungs-Linie, sondern die Nutzen-Rezeptions-Linie gezogen werden. Untersucht wurde das Auswahlverhalten der Rezipienten oder die Einflußvariablen im Wirkungsprozeß Auswahl bezog sich auf die Fülle der Angebote und bedeutete nicht die Selbstständigkeit des Umgangs mit diesen. Die stimulus-response-Beziehung wurde umgekehrt zu response-stimulus-Beziehung. In die sog. Mittlerfunktion von Medien mußte die vielfältige, in sich sehr variable Rezeption aufgenommen werden. Ihr Maß war der Nutzen. Diese mikrosoziologischen Forschungen wurden durch makrosoziologische erweitert, in denen die Funktionen von Medien für den Bestandserhalt sozialer Systeme erfragt wurde. Masse konnte nicht mehr als – in seiner Undurchsichtigkeit – homogenes Gebilde beibehalten werden, sondern mußte zumindest verhaltens- und rezeptionstheoretisch unterscheidungsreicher entworfen werden. Merkwürdig genug, daß dennoch Masse(n)-Kommunikation ein Begriffstandard blieb. Festzuhalten ist auch, daß nicht nach dem „Stoff der Manipulation" gefragt wurde oder genauer: nach dem „wie". Obwohl alle Ansätze ausdrücklich oder verdeckt mit dem Sender-Empfänger-Modell arbeiteten, besaßen sie kein ausdrückliches Informationskonzept. Dies war medien- und sozialtheoretisch noch nicht in Sicht, obwohl es mathematisch und informatisch schon vorlag (Shannon/Weaver; Turing). Erst mit der sozialen Durchsetzung der Computertechnologie beginnt die Neuformulierung von Medien über den Gebrauch von Kommunikation, über die Nutzung von Information als eine individuelle aber sozial integrative Handlung. Theorie- und begriffsgeschichtlich markant ist die Tatsache, daß Masse, Medien und Kommunikation in den ersten Jahrzehnten des 20. Jh.s die Abgrenzungsbegriffe für Kultur, Zivilisation und Tradition bildeten. „Massenkommunikation" und „Massengesellschaft" führten zur „einsamen Masse" (D. Riesmann); Sendboten, Selbstdarstellung und Wiedererkennen waren gerade für die Kritiker auf die sich ausdehnende elektronische Medienwelt bezogen. Begriffsgeschichtlich verstärkt sich die kritische Haltung gegenüber neuer Mediosphäre im Rahmen der Forschungen, die das in die USA emigrierte Frankfurter Institut für Sozialforschung, vor allem Th. W. Adorno und M. Horkheimer, durchführten. Unter dem Eindruck der kommerzialisierten Fernsehsendungen (1953/1954), der Nutzungsdichte, der propagandistischen Wirkungen und der intellektuellen Schlichtheit von „soap operas" usw. entwickelte Th. W. Adorno das Konzept der „Kulturindustrie". Dieser Begriff bezeichnete nicht vorrangig die industriellen Produktionsarten von Kulturbereichen, sondern die errechnete, durchkalkulierte und variationsarme Wirkung der Produkte. Kultur wurde also durchaus noch in einem umfangreichen Sinne verwendet, allerdings als Erscheinungseinfalt der Nutzungschancen. Der Begriff der Kulturindustrie spricht über den (Fernseh-Rundfunk-) Medienbegriff, wie M. Kausch es formuliert, eine „nach-autonome Kultur" an. Sie ist nicht mehr hohe Kunst, noch Volkskunst. Sie ist prozessierende Medialität, die nach dem Muster reiner Vermittlung abläuft. Hierdurch entsteht ein innerhalb des Medialen nicht mehr aufzudeckender „Verblendungszusammenhang". Die bezogene Gegenwelt waren das Buch, das natürlich-sprachliche Gespräch, die Aura der Ästhetik, das „wahre" Bewußtsein. Dies prägte gerade die deutsche Medien- und Kulturdiskussion der 1960-1980er.

Schauen wir uns die Medienkritiken, die nicht selten Kulturkritiken sind, kurz etwas näher an. Welche Konzepte lassen sich unterscheiden? Ohne einen Anspruch auf Vollständigkeit gehen wir hier auf folgende Theoriebereiche kurz ein: die *Zerfallsthese*; die Integrationsthese; die Schematheorie; die These von der Thematisierungsfunktion der Medien und die These von der Populärkultur. Was besagen sie?

(a.)   Die *Zerfallsthese* ist ein häufig angeführtes Argumentationsmuster. Die These geht zunächst davon aus, daß die medial hergestellte Wirklichkeit nicht nur von den Rezipienten übernommen wird, um dann in die anderen Erfahrungen eingebunden zu werden. Zuschauen oder Zuhören würde die mediale Wirklichkeit kopieren, sie allerdings wegen ihrer fehlenden Übersetzung auch rasch wieder vergessen rsp. durch nachrückende Bilder, Informationen usw. ersetzen. Diese erste Wirkung zieht eine zweite nach sich, die darin besteht, da diese Reihenfolge momentaner Wirklichkeiten auf die vorher realtiv stabilen zusammenhängende Wissens- und Kulturbestände wirke. Die, wie wir oben schon andeuteten, überlieferten Institutionen würden quasi infiziert durch die anschlußlose Geschwindigkeit der medialen Impressionen. überlieferte soziale und kulturelle Deutungen würden nicht mehr ergänzt, nicht mehr angepaßt. Sie verlören ihren Realitätsgehalt weil er ihnen durch die Medien `verweigert' würde. Diese Überlegungen lassen sich in einer großen Bandbreite und in unterschiedlichen Ausprägungen bei N. Postman, P. Virilio, D. Kamper u.v.a. nachlesen, um nur einige aktuelle Autoren zu benennen. In der These ist die Befürchtung enthalten, die Instanz Medium könnte die Institution allmählich auflösen, also die überprüfbaren Verfahren und die Zeiten sowie die Fähigkeiten der menschlichen Reflexion unterlaufen. 1990 schrieb F. Vester in IBM-Nachrichten: „Die Kommunikation zwischen uns und der Welt liegt im Argen. Und da sich jeder aus diesem unzusammenhängenden Sammelsurium sein eigenes Weltbild basteln kann, liegt auch die zwischenmenschliche Kommunikation – sobald es um die Interpretation der Wirklickeit geht – im Argen."(7) Durch den vermuteten Verlust der normativeindeutigen Aussage darüber, `wo es lang geht`, scheint auch die Fähigkeit erschwert zu werden, selbst Verabredungen über die Wirklichkeit und die Wahrheit herzustellen. Man kann auch sagen, da die Zerfallsthese der „Gegenwart" und den u wenig zutraut, oder der Medialität zu viel Macht beimißt. Rezeptionstheoretisch und aus dem Zusammenhang der Medienwirkungsforschung ist diese Befürchtung weitgehend aber nicht belegbar[1]

---

[1] Werner Früh (1992).

(b.)   Die Integrationsthese stützt sich auf die Überlegung, daß durch die Mediennutzung nicht nur zwischen Sender und Empfänger eine beobachtbare Beziehung entsteht, sondern die Nutzung des Mediums zugleich eine Übernahme von dargestellten Inhalten befördert. Es findet also keine Kopie statt, wie wir bei der Zerfallsthese skizzierten, sondern eine Übernahme jener Wirklichkeitsangebote, die im zeitlichen Umfeld der Mediennutzung (also in einer überschaubar kurzen Zeit) in das subjektive Weltverständnis einbezogen werden können. Übernahme ist also einerseits Anpassung an die Angebote, aber zugleich Integration dieser in das subjektive Verständnis. Indem dies gelingt, vermitteln sich die gesendeten Inhalte (Nachrichten, Feuilletons, Wissenschaftskollegs, Shows, politische Magazine, Unterhaltungsfilem, Romane) als empfangene und prägen weiteres Verhalten. Der Oberbegriff für diese Überlegungen ist die Rezeption, die immer einen einzelmenschlichen Verhaltensspielraum mit bedenkt.

(c.)   Eng mit diesem Forschungansatz verbunden ist die *Schematheorie*. Sie beschäftigt sich mit den Fragen, wie die Wahrnehmung und damit die Rezeption von medialen Wirklichkeiten erfolgt. Sie geht dabei, wie beschreibt, von der Annahme aus, daß jeder Mensch durch seine gesellschaftlich geprägte lebensgeschichtlichen Erfahrung, also durch seine Sozialisation, bestimmte Auswahlverfahren gelernt hat, um sich in der Masse von Eindrücken zurecht zu finden. Jene Auswahlverfahren, die zu Geschmacksurteilen, Normalitätsverständnissen, Überraschungsabwehr oder Neugier führen, begründen formale, und sich beim Subjekt immer wieder vordrängende Elemente der Selbstverständigung: sog. Schemata. Die Überlegung geht auf J. Piaget[1] zurück, der in seinen Arbeiten über frühkindliche Sozialisation den Prozeß einer Normalitätsbildung durch die Festschreibung aufdeckte und verschiedene individuelle Schemata beschrieb. Schemata helfen aber nicht nur, die Welt als gewesene Erfahrung in Ordnung

---

[1]   J. Piaget (1975).

zu halten. Sie ermöglichen auch eine einigermaßen großzügige Anerkennung neuer Informationen und neuen Wissens und eine ebenso großzügige Ablehnung, die P. Winterhoff-Spurk (1983) kommentierte: „Nichts Neues in den Nachrichten, alles schon dagewesen." S. J. Schmidt und S. Weischenberg[1] führen dieses subjektbezogene Modell konstruktivistisch weiter und sprechen von „Medienschemata" mit denen wir umgehen, um uns in der Gattungsfülle von Texten, Bildern, Musiken, Bewegungen, letztlich von Repräsentationen unterscheidungsfähig verhalten zu können. Was diese Schematisierungen allerdings bedeuten, hängt von den „denkenden und handelnden Menschen in sozialen Kontexten" (212) ab.

(d.)   Im Gegensatz zu den bisherigen Forschungsrichtungen, in denen nachgefragt wurde, *wie* (Massen-) Medien beeinflussen können, *was* die Nutzer und Nutzerinnen denken sollen oder *warum* diese bestimmte Medienpräferenzen haben, sagt die These von der *Thematisierungsaufgabe der Medien* etwas anderes: sie behauptet, Medien (und vor allem Massenmedien) steuerten, *worüber* nachzudenken sei. Es geht in diesem Ansatz nicht darum, Stimulus-Response-Ideen zu bekräftigen. Diese werden abgelehnt. Es geht um die Wahrnehmungslenkung, um die Zielbildung von Aufmerksamkeit. Was durch Medien „auf die Tagesordnung gesetzt" ist, ordnet die Aufmerksamkeiten. Deshalb wird dieser Ansatz auch „agenda-setting"-Theorie genannt. Was als eine einfache Beschreibung erscheint, hat es aber in sich. Wenn M. E. McCombs und D. L. Shaw (1972) schrieben, daß die Massenmedien die Tagesordnung für politische Kampagnen (Wahlen z.B.) bestimmen und daß sie die „Hervorhebung von Haltungen" (salience of attitudes) gegenüber politischen Themen beeinflussen, so steckt hinter diesem Denken doch ein Modell der Beeinflussung. „Worüber" wird mit „Wie" eng verbunden, worauf R. Ehlers (1983) aufmerksam machte. Vor kurzem wurde dieser

---

[1]   Siegfried J. Schmidt u. Siegfried Weischenberg (1994).

Ansatz auf sein mögliches Gewicht für eine Theorie der Öffentlichkeit ausgelotet[1].

(e.) Ein anderer Ansatz, industrielle Kulturentwicklung und Medialität anzusprechen und beobachtbar zu machen, ist das Konzept „Populärkultur"/ popular culture von L. Löwenthal (1972). In diesem Modell geht es nicht mehr um die reine Abgrenzung von Kultur/Zivilisation, Hoher-/Volkskultur. Vielmehr geht es um Lokalisierung, vorläufige Positionierung, bei denen die Medien helfen. *Perspektivierung* ist das eine Stichwort hierfür; *Massenmedien* das andere; *Kommunikation* das dritte. Man brauche nur „die Organisation, den Inhalt und die sprachlichen Symbole der Massenmedien zu untersuchen", um über die „typischen Verhaltensweisen, die gängigen Glaubensvorstellungen, Vorurteile und Sehnsüchte einer großen Zahl von Menschen" (12) zu erfahren. Schaut man sich die Forschungsliteratur der 1970er und 1980er an, so fällt auf, daß es eher theoretische Wechselbäder sind. H. M. Kepplinger (1975) unterscheidet Realkultur von Medienkultur, womit noch ein Unterschied zwischen „wahr-falsch", „real-täuschend" ähnlich zum theoretischen Ausgangspunkt genommen wird. E. J. Epstein (1974) weitet die Mediale am Beispiel des Fernsehen aus in „news from nowhere", als sei Nachricht kein kulturelles Produkt. J. Fiske (1987) zieht dann mit einigen anderen Theoretikern einen Schluß aus der medialen Durchdringung und spricht von „television culture". Damit wird anerkannt, daß viele sozialen Handlungszusammenhänge von den Informationen durch Television geprägt werden und Television ein eigener kultureller Handlungsverlauf geworden ist. Allerdings fehlt hier auch noch die Bestimmung einer Tele-Kultur, wie sie M. McLuhan in „Magische Kanäle" beschrieb.

Aus diesen Kurzbeschreibungen ist erkennbar geworden, daß es sehr unterschiedliche Ausgangspunkte und Ziele bei der

---

[1]   Friedhelm Neidhardt (1994).

Bestimmung und Untersuchung von Medien gibt. Insgesamt versuchen aber alle Hypothesen, das Innenleben der sekundären und tertiären Mediengefüge zu bestimmen und herauszufinden, wieso eigentlich Medien heute eine solche herausragende Bedeutung haben, obwohl sie weder die Angesichtigtkeit „repräsentieren" können, noch selbst auf einer inhaltlichen und geschlossenen Dauerhaftigkeit beruhen. Gerade diese Grundspannung, daß Medien weder Institution noch eigenständiger Sozialisationsrahmen sind, entspann sich in den 1960ern und 1970ern eine intensive Debatte um das Verhältnis von Medien und Kommunikation. Aus diesen Debatten und vor allem aus den Entwicklungen, die mit der Kybernetik und der Informatik verbunden sind, entsteht am Wechsel von 1960-1970 ein neuer Diskussionsschwerpunkt, der hier nur angedeutet werden kann: Kommunikation. Im Zentrum der zum Teil grundlagentheoretischen Kontroversen stehen die immensen Probleme:

können makrosoziale Medien Sinn erzeugen, erhalten und weitergeben (Systemtheorie) oder können diese nur vorinterpretierte Reservoirs sein, deren Sinn oder Un-Sinn erst im angesichtigen (mikrosozialen) Kommunikationsprozeß benannt und mit Bedeutung belegt werden?

Letztlich geht es um die Frage, in welchem Verhältnis menschliche und nicht-menschliche Kommunikationsbedingungen zueinander stehen. Hier seien nur zwei in sich kontroverse Theorieforen benannt: die Frage nach der systemischen oder subjektiven Nutzung von Medien prägt die Debatte zwischen J. Habermas und N. Luhmann; die Frage nach der Verbindung von Medien und Gegenständlichkeit zu kognitiven Lernprozesse prägt die Debatten zwischen H. v. Foerster, P. Watzlawik, H. Maturana, F. Varela, H. U. Gumbrecht u.a. Zunehmend wird theoretisch berücksichtigt, daß die Vermittlungs- und Kommunikationsfunktionen von Medien mit den Bedeutungsbildungen zu tun haben, die der einzelne Mensch bei Gebrauch von Medien herstellt. Immer mehr rücken in den letzten Jahren auch Fragen nach den Dienstleistungsfunktionen (Unterhaltung und Information), den Integrationsleistungen und dem Handlungsbezug von Medien in den Vordergrund. Entsprechend den systematischen Ausdifferenzierungen werden Fernseh-, Radio-, Musik-Theorien entwickelt oder die Transformation des Computers vom Gerät zu Medium untersucht. Dabei wird immer deutlicher, daß die Mediengeschichten als eine gleichzeitige Erzählung von sozialen, materialen und wissenschaftlich-ingenieurstechnischen Anteilen sowie von Medienkompetenz, ökonomischen Nutzungschancen und politischen Manipulationsinteressen sind.

Dieser kurze Einblick in den Reichtum der Theoriebildung läßt notgedrungen einige Forschungsbereiche außer Acht. Obwohl wir das Verhältnis von Institution und Instanz ansprachen, ist Institution als Medium hier nicht weiter ausgeführt. Dasselbe gilt für das Geld, das auch als Vermittlungsinstanz innerhalb der vorgängigen Gesellschaften etabliert ist. Ausgespart – und einer anderen gründlichen Untersuchungen vorbehalten – bleibt die enge Verbindung von Medien-Öffentlichkeit-Politik. Da es bei den Diskussionen um Medien nicht nur um verschiedene Ausprägungen von Medialität, sondern auch um unterscheidbare Mediengattungen und Nutzungsmöglichkeiten geht, haben wir für die Darstellungen sehr unterschiedlichen Sprachen Platz zur Argumentation gegeben. Die Zielsetzung war dabei, einen einprägsamen Facettenreichtum zu erreichen und vor allem die sehr dünnen Grenzlinien zwischen den wissenschaftlichen Unterscheidungsordnungen zu verdeutlichen.

Literaturverzeichnis

[1]   Adorno, Th. W. (1953), *Prolog zum Fernsehen*. In: „Rundfunk und Fernsehen", Frankfurt a. M. (hier: ders.: Eingriffe, 1971)

[2]   Adorno, Th. W. (1954), *Fernsehen als Ideologie*, Frankfurt a. M. (hier: ders.: Eingriffe 1971)

[3]   Adorno, Th. W. (1976), *Resumé über Kulturindustrie*, in: Pro-
        kop, D. (Hrsg.), „Massenkommunikationsforschung" Bd.1.,
        Frankfurt a. M.

[4]   Bateson, G. (1972), *Steps to an Ecology of Mind. Collected
        Essays in Anthropology, Psychiatry, Evolution and Epistemology*,
        San Fransisco

[5]   Blumer, J. G./Katz E. (1974), *The Uses of Mass Communicati-
        ons*, Beverly-Hills, London

[6]   Bolz, N., Kittler, F., Tholen, Ch. (Hrsg.) (1994), *Computer als
        Medium*, München

[7]   Brosius, H.B. (1991), *Schema-Theorie – ein brauchbarer An-
        satz in der Wirkungsforschung?*, in: „Publizistik" 3, S. 285-297

[8]   Cassirer, E. (1987), *Zur modernen Physik*, Darmstadt

[9]   Cheong, Fah-Chun (1996), *Internet Agents. Spiders, Wande-
        rers, Brokers, and Bots*, Indianapolis

[10]   Churchman, C.W. (1969), *Realtime Systems and Public Infor-
        mation*, Internal Working Paper, No 144 UCLA, Los Angelos

[11]   Collingwood (1946/1956), *The Idea of History*, posthum, hrsg.
        von T.M. Knox, Oxford

[12]   Crocker, St. (1969), *RFC-3, Documentation Conventions*,
        Network Working Group

[13]   Crocker, St. (1987), *The Origins of RFCs*, in: J. Reynolds, J.
        Postel, „RFC-1000, The Request for Comments Reference Gui-
        de", Network Working Group

[14]   Deutsch, K.W. (1966), *Politische Kybernetik. Modelle und
        Perspektiven*, Freiburg i. Breisgau

[15]   Dröge, F. (1974), *Medien und gesellschaftliches Bewußtsein*,
        in: Baacke, D. (Hrsg.), „Kritische Medientheorien", München

[16]   Dröge, F. (1991), *Massenkommunikation*, in: Kerber,
        H./Schmieder, A. (Hrsg.) „Handbuch Soziologie", Reinbek b.
        Hamburg

[17]   Eckert, G. (1953), *Die Kunst des Fernsehens*, Emsdetten

[18]   Ehlers, R. (1983), *Themenstrukturierung durch Massenmedien.
        Zum Stand der empirischen Agenda-Setting-Forschung*, in: Bur-
        kart R. (Hrsg.) (1992): Wirkungen der Massenkommunikation,
        Wien

[19]   Epstein, E.J. (1974), *News from nowhere. Television and the
        news*, New York

[20]   Etzioni, A. (1967), *Soziologie der Organisationen*, München

[21] Faßler, M./ Halbach, W.(Hrsg.) (1992), *Inszenierungen von Information. Motive elektronischer Ordnung*, Gießen

[22] Faßler, M.; Halbach, W.R. (1994), *Cyberspace. Gemeinschaften – Virtuelle Kolonien – Öffentlichkeiten*, München

[23] Faßler, M. (1996), *Mediale Interaktion*, München

[24] Faßler, M. (1996b), *Privilegien der Ferne*, in: ders., J.Will, M.Zimmermann (Hrsg.): Gegen die Restauration der Geopolitik, Gießen

[25] Faßler, M. (1997) Was ist Kommunikation, München

[26] Fiske, J./Hartley, J. (1978), *Reading television*, London New York

[27] Fiske, J. (1987), *Television culture*, London New York

[28] Flavell, J.H. (1985), *Cognitive development*, Englewood Cliffs.

[29] Flichy, P. (1994), *TELE. Geschichte der modernen Kommunikation*, Frankfurt a. M.

[30] Förster, H.v. (1985), *Das Konstruieren einer Wirklichkeit*, in: Watzlawik P.(Hrsg.): „Die erfundene Wirklichkeit“, München, Zürich

[31] Früh, W. (1991), *Medienwirkungen*, Opladen

[32] Gates, B. (1991), *Challenges and Strategy*, ES, Microsoft Confidential, 16. May 1991

[33] Gehlen, A. (1961), *Anthropologische Forschung*, Reinbek b. Hamburg

[34] Geiger, T. (1926), *Die Masse und ihre Aktion*, Stuttgart

[35] Giesecke, M. (1991), *Der Buchdruck der frühen Neuzeit*, Frankfurt a.M.

[36] Gibson, W. (1982), *Neuromancer*

[37] Gibson, W. (1986), *Count Zero*

[38] Gibson, W. (1988), *Mona Lisa Overdrive*

[39] Glaser, H./ Werner Th. (1990), *Die Post in ihrer Zeit. Eine Kulturgeschichte menschlicher Kommunikation*, Heidelberg

[40] Gumbrecht, H. U./ Pfeiffer, K. L. (Hg) (1988), *Materialität der Kommunikation*, Frankfurt a. M.

[41] The Project Gutenberg Etext (1992), *The Hackers' Dictionary*, jargn10.txt, The jargon file, version 2.9.10

[42] Habermas, J. (1981), *Theorie des kommunikativen Handelns*, 2 Bde., Frankfurt a. M.

[43] Halbach, W. R. (1994), *Interfaces. Elemente einer medien- und kommunikationstheoretischen Interfacetheorie*, München

[44] Halbach, W. R. (1996), *Virtualität und Ereignisse*, in: Rudolf Maresch (Hrsg.), „Medien und Öffentlichkeit. Positionierungen, Symptome, Simulationsbrüche", München, S. 166 – 187

[45] Herder, J. G. (1952), *Abhandlung über den Ursprung der Sprache*, in: ders., Zur Philosophie der Geschichte, hrsg. v. W.Harich, Berlin

[46] Hickethier, K./ Schneider, I., (Hrsg.) (1992), *Fernsehtheorien*, Berlin

[47] Horkheimer, M./ Adorno, Th.W. (1975), *Kulturindustrie: Aufklärung als Massenbetrug*, in: diess.: „Dialektik der Aufklärung", Frankfurt a. M.

[48] Hovland, C. J. (1959), *Effects of Mass Media of Communication*, in: Lindzey, G. (Hrsg.), „Handbook of Social Psychology", Bd. 2, Reading (Mass.) London

[49] Simon de Laplace, P. (1932), *Philosophischer Versuch über die Wahrscheinlichkeit*, hrsg. von R. v. Mises, Leipzig, reprint 1986

[50] Le Bon, G. (1895/1919), *Psychologie des Foules*, Paris/Leipzig

[51] Leibniz, G. W. (1985), *Die Theodizee von der Güte Gottes, der Freiheit des Menschen und dem Ursprung des Übels*, in: ders., „Philosophische Schriften", Bd. II, Darmstadt

[52] Lévy, P. (1994), *Die Erfindung des Computers*, in: Michel Serres (Hrsg.) „Elemente einer Geschichte der Wissenschaften", übers. von Horst Brühmann („Éléments d'histoire des sciences", Paris 1989.), Frankfurt a.M.

[53] Levy, St. (1984), *Hackers. Heroes of the Computer Revolution*, New York

[54] Luhmann, N. (1980), *Gesellschaftsstruktur und Semantik*, Bd. 1., Frankfurt a. M.

[55] March, J. G., Simon, H. A. (1958), *Organizations*, New York, London

[56] Maturana, H. R./ Varela, F. J. (1990), *Der Baum der Erkenntnis. Die biologischen Wurzeln des menschlichen Erkennens*, Bern München

[57] McLuhan, M. (1992), *Die magischen Kanäle. Understandig Media*, Düsseldorf, Wien, New York, Moskau

[58] McLuhan, M. (1995), *Die Gutenbeg-Galaxis. Das Ende des Buchzeitalters*, Bonn, Paris, Reading Mass.

[59] Meyrowitz, J. (1985), *No Sens of Place*, Oxford

[60]   Kausch, M. (1988), *Kulturindustrie und Populärkultur. Kritische Theorie der Massenmedien*, Frankfurt a. M.

[61]   Kepplinger, H.M. (1975), *Realkultur und Medienkultur*, Freiburg, München

[62]   Kiefer, M. L. (1987), *Massenkommunikation 1964-1985*, in: „Media Perspektiven"

[63]   Lasswell, H. D. (1948), *The structure and function of communication in society*, in: Bryson, L. (Hrsg.), „The communication of ideas", New York

[64]   Löwenthal, L., (1972), *Literatur und Gesellschaft*, Neuwied, Berlin

[65]   Luhmann, N. (1975), *Soziologische Aufklärung 2*, Opladen

[66]   McCombs, M. E. / Shaw, D. L. (1972), *The Agenda-Setting Function of Mass Media*, in: „Public Opinion Quaterly" Vol. 36/1972, S. 176-187

[67]   Merten, K. (1977), *Kommunikation. Eine Begriffs- und Prozeßanalyse*, Opladen

[68]   Michels, R (1926), *Psychologie der antikapitalistischen Massenbewegungen*, in: „Grundriß der Sozialökonomik", Abt. IX, Teil 1, Tübingen

[69]   Nake, F., Hopp, A. (1995), *Das allmähliche Auftauchen des Computers als Medium. Ergebnisse einer Delphi-Studie*, Uni Bremen – Fachbereich Mathematik und Informatik, Bremen

[70]   Neidhardt, F. (Hrsg.) (1994), *Öffentlichkeit, Öffentliche Meinung, Soziale Bewegungen*, Kölner Zeitschrift f. Soziologie und Sozialpsychologie, Sonderheft 34, Opladen

[71]   Piaget, J. (1975), *Der Aufbau der Wirklichkeit beim Kinde*. in: ders. „Gesammelte Werke", Bd.2, Stuttgart

[72]   Postman, N. (1988), *Die Verweigerung der Hörigkeit*, Frankfurt a. M.

[73]   Postman, N. (1992), *Das Technopol*, Frankfurt a. M.

[74]   Pross, H. (1972), *Medienforschung*, Darmstadt

[75]   Pross, H. (1977), *Kommunikationspolitik und neue Medien*, in: Reimann/Reimann (Hrsg.), „Information", München

[76]   Quaterman, J.S. (1990), *The Matrix: Computer Networks and Conferencing Systems Worldwide*, Bedford

[77]   Rammert, W. /Böhm, W. u.a. (1991), *Vom Umgang mit Computern im Alltag. Fallstudien zur Kultivierung einer neuen Technik*, Opladen

[78] Regehly, Th./ Bauer, Th. (Hrsg.) (1993), *Text-Welt. Karriere und Bedeutung einer grundlegenden Differenz*, Gießen

[79] Rheingold, H. (1993), *The Virtual Community – Homesteading on the Electronic Frontier*, Menlo Park

[80] Ricoeur, P. (1984), *The Reality of the historical Past*, Milwaukee

[81] Scheidgen, H. (Hrsg.) (1990), *Information ist noch kein Wissen*, Weinheim, Basel

[82] Schmidt, S. J. (1994), *Kognitive Autonomie und soziale Orientierung*, Frankfurt a. M.

[83] Schmidt, S. J./Weischenberg, S. (1994), *Mediengattungen, Berichterstattungsmuster, Darstellungsformen*, in: Merten/ Schmidt/Weischenberg (Hrsg.), Opladen

[84] Simmel, G. (1908), *Soziologie. Untersuchungen über die Formen der Vergesellschaftung*, Leipzig

[85] Steele, G. (1983) *The Hacker's Dictionary*, New York

[86] Sombart, W. (1913), *Der Bourgeois; zur Geistesgeschichte des modernen Wirtschaftsmenschen*, München, Leipzig

[87] Thomas, F. (1996), *Telefonieren in Deutschland*, Franfurt a. M.

[88] Tully, C. J. (1994), *Lernen in der Informationsgesellschaft*, Opladen

[89] Varela, F. J. (1990), *Kognitionswissenschaft – Kognitionstechnik*, Frankfurt a. M.

[90] Vester, F. (1990), *Vernetztes Denken*, in: „IBM-Nachrichten", Mai 1990

[91] Vierkandt, A. (1931), *Kultur des 19.Jh.s und der Gegenwart*, in: „Handwörterbuch der Soziologie", Stuttgart

[92] Vleugels, W (1930), *Die Masse. Ein Beitrag zur Lehre von sozialen Gebilden*, München

[93] Völz, H. (1994), *Information verstehen. Facetten eines neuen Zugangs zur Welt*, Braunschweig, Wiesbaden

[94] Weingarten, R. (Hrsg.) (1990), *Information ohne Kommunikation*, Frankfurt a. M.

[95] Winterhoff-Spurk, P. (1983), *Fiktionen in der Fernsehnachrichtenforschung*, in: „Media Perspektiven" 10/1983 S. 722-727

Zimmermann, D. A./Zimmermann, B. (1988), *Bildschirmwelt. Die neuen Informationstechniken und ihre Folgen*, München

SCHRIFT UND KULT

Jan Assmann

1. Die Schrift im Kult: Der Priester mit der Buchrolle

Frühe Schriftfunktionen

Alle bisherigen Daten zur frühen Schriftentwicklung deuten darauf hin, daß die Schrift in wirtschaftlichen und politischen, aber nicht in kultischen Funktionszusammenhängen erfunden wurde. Aufgeschrieben werden mußte das, was im natürlichen Gedächtnis nicht sicher genug aufbewahrt war. Im alten Orient, in China und Ägypten entstand die Schrift in engster Ko-evolution mit komplexen politischen und ökonomischen Organisationsformen. Der Schreiber war der Beamte, schreiben und verwalten waren Aspekte ein und derselben Kompetenz. Die Schrift entstand als ein Medium der Datenkontrolle und nicht etwa der Kommunikation. Sie entlastet nicht die Stimme, sondern das Gedächtnis, sie war ein Instrument des Überblicks und der Speicherung. Die Mythen, Kultlieder, magischen Formeln und was es sonst an Gattungen kultischer Sprachen gegeben haben mag, hatten ihren angestammten und sicheren Ort im Gedächtnis. Hierfür brauchte man Schrift nicht; allenfalls verwendete man Gedächtnisstützen, wie Knotenschnüre und dergleichen vor-schriftliche Notationssysteme. Kultische Sprache war in der Regel so eng an inszenatorische Zeichenkomplexe wie Handlungen, Kulissen, Requisiten, Musik, Rhythmus, Gestik usw. eingebunden, daß ihre Isolation in Form einer schriftlichen Aufzeichnung nicht nahe lag. Es gab sogar Traditionen, die den Kult programmatisch von der Schriftlichkeit fernhielten, besonders bei Indern und Kelten.

Nur in Ägypten war es anders. Schon der griechische Ausdruck „Hieroglyphen" verweist auf die sakrale Funktion der Schrift: „Heilige Bildzeichen". Glyphen sind in Stein geschnittene Siegelbilder, „hieros" heißt heilig. Das ägyptische Wort für Hieroglyphen ist sogar noch eindeutiger. Übersetzt heißt dieser Ausdruck „Gottesworte".

In der Tat stoßen wir bereits in den ältesten Darstellungen, die wir überhaupt von ägyptischen Kulthandlungen kennen, auf den Priester mit der Buchrolle, auch „Vorlesepriester" genannt, ägyptisch *hrj-h3b.t*, „Träger der Festrolle". Er trägt eine Schärpe über der Brust und eine lange Strähnenperücke. Seine Aufgabe ist die Rezitation heiliger Texte im Kontext des königlichen und nichtköniglichen Totenkults. Er ist der bevollmächtigte Sprecher, der die heiligen Formeln, äg. „Gottesworte", am richtigen Ort, zum richtigen Zeitpunkt in richtiger Intonation ausspricht, so daß sie ihre performative Kraft entfalten. Kultische Sprache ist performativ, indem sie sich nicht auf die Wirklichkeit bezieht, sondern sie im Vollzug der Rezitation herstellt. Die Schrift ist also nicht darauf angelegt, gelesen, sondern vollzogen zu werden, nicht anders als eine musikalische Partitur. Die Analogie zu Notenschrift und Konzert ist fast perfekt. Für das Konzert selbst ist es völlig unerheblich, ob die Musik von Noten oder auswendig gespielt wird. Die Hauptsache ist, daß sie erklingt. Genau dasselbe gilt für die ägyptische Kultrezitation. Aber hier scheint es dazu noch darauf anzukommen, daß die Schriftrolle präsent ist. Auswendigkeit ist unnötig und unerwünscht. Die „Partitur" gehört hier unabdingbar dazu und verstärkt die Authentizität der Aufführung. Es gibt sogar Texte, die ausdrücklich vorschreiben, daß der Kult sich an die Schrift halten und nicht etwa improvisiert werden soll:

Verrichtet den Dienst nicht nach eurem Belieben, sondern schaut in die Bücher und in die Vorschrift des Tempels, die ihr als Lehre euren Kindern weitergeben sollt.[1]

Magische Sprache und die Fremdsprachlichkeit der heiligen Texte

Was ist ein heiliger Text, und warum bedarf er der Schriftform? Die Texte, die man diese Vorlesepriester auf den Darstellungen rezitieren sieht, werden „Verklärungen" genannt, ägyptisch *s3ḥw*, die Kausativ-Form des Stammes *3ḥ*, der „leuchten" und davon abgeleitet „Geist sein" heißt.[2] Allein schon die Kausativbildung dieser Gattungsbezeichnung zeigt, daß wir es hier mit wirkungsvollen Texten zu tun haben, deren Rezitation eine Transformation - nämlich in den Zustand *3ḥ* - bewirkt. Diese Texte sind „performativ" und „transformativ" in dem Sinne, daß sie unter den genau festgelegten Umständen des Rituals, dann nämlich, wenn sie zur rechten Zeit am rechten Ort von einem dazu bevollmächtigten und rituell vorbereiteten („reinen") Sprecher mit richtiger Intonation und Betonung wortlautgetreu rezitiert werden, den Sachverhalt, den sie sprachlich bezeichnen, also „Verklärtheit", transformativ herzustellen vermögen - im Sinne z. B. der priesterlichen Taufe oder der richterlichen Verurteilung.

Anders als etwa die indischen Brahmanen scheinen die Ägypter, was die wortlautgetreue Bewahrung dieser Texte angeht, der Schrift mehr vertraut zu haben als dem Gedächtnis. Weil so viel vom exakten Wortlaut abhing, und um hier keine Fehler zu machen, haben sie sich schon früh auch in diesem Bereich der Schrift bedient. Zwar entfaltet der Text seine ver-

---

[1] Émile Chassinat, *Le temple d'Edfou*, III 361-62.

[2] Vgl. hierzu Verf., *Ägypten. Theologie und Frömmigkeit einer frühen Hochkultur*, Stuttgart 1984, 4. Kapitel; ders., Art. „Verklärung", in: *Lexikon der Ägyptologie* VI, Wiesbaden 1986, 998-1006.

klärende Wirkung nur im Rahmen der kultischen Aufführung
als gesprochenes und nicht als geschriebenes Wort. Trotzdem
ist auch hier die Schrift dabei. Sie ist nicht nur Prothese, Ge-
dächtnisstütze des Priesters, sondern sein Attribut. Sie gehört
zu ihm wie zum Dirigenten der Taktstock. Er hält die Papyrusrolle in der Hand zum Zeichen der Authentizität und Pro-
fessionalität seiner Rezitation.

Der Vorlesepriester ist kein Schamane, kein Charismatiker,
kein Ekstatiker. Sein Kontakt mit den höheren Mächten beruht einzig auf der Kenntnis der Schrift und seiner Fähigkeit
zur präzisen Rezitation. Er vermag zu bewirken, daß exakt
derselbe Text zu exakt derselben Zeit im Rahmen derselben
rituellen Gelegenheit erklingt und dadurch Handlung, Sinn
und zeitlicher Ablauf zur Deckung kommen. Wir sehen den
Priester mit seiner Schriftrolle in den Pyramidentempeln und
Beamtengräbern des Alten Reichs agieren und finden ihn in
gleicher Tracht und Ausrüstung 2500 Jahre später in den
Tempeln der griechisch-römischen Zeit wieder. Wir finden
sogar unter den Texten, die in diesen späten Tempeln rezitiert
werden, manche Pyramidentexte wieder, die sich in kulti-
schem Gebrauch mehr oder weniger unverändert über zwei-
einhalb Jahrtausende und mehr erhalten haben. So gibt es z.B.
im Berliner Museum einen Papyrus aus frühptolemäischer Zeit
mit einer Sammlung von Kultrezitationen.[1] Dieselbe Textzu-
sammenstellung findet sich schon auf Särgen des frühen 2.
Jahrt., und die einzelnen Texte stehen bereits in den Pyramiden der 6. Dynastie (24. Jahrh. v. Chr.). Die Textüberlieferung
ist verblüffend gut. Hier ist eine Liturgie im Rahmen der rituellen Schriftlichkeit über 2000 Jahre und mehr hinweg ge-
treulich gespeichert und im Kult immer wieder wortlautgetreu
zur Aufführung gebracht worden.

---

[1] Georg Möller, *Über die in einem späthieratischen Papyrus des
Berliner Museums enthaltenen Pyramidentexte*. Berlin 1900.

Während dieser Zeit ist der Abstand zwischen der Sprachgestalt der heiligen Texte und der tatsächlich gesprochenen Form des Ägyptischen gewachsen. Zur Zeit des Alten Reichs, als wir den Vorlesepriester zum ersten Mal mit seiner Schriftrolle in den Kulträumen der Pyramidentempel und Beamtengräber agieren sehen, gab es diesen Abstand noch kaum. Der Bruch zwischen normalem gesprochenen und geschriebenen Ägyptisch und dem in den Schriftrollen der Vorlesepriester bewahrten Sprachstadium läßt sich schwer datieren. Es handelt sich dabei zweifellos um einen langsamen Prozeß kontinuierlicher Auseinanderentwicklung. Lange Zeit hat man den Unterschied zwischen Kultsprache und Alltagssprache gewiß nur als dialektale Variante empfunden. Spätestens nach der Amarnazeit (um 1350 v. Chr.) wird den Ägyptern klar, daß sie es mit zwei verschiedenen Sprachen zu tun haben. Nun wird die alte Schriftsprache eigens in der Schule erlernt.[1] In der Spätzeit ist die Kenntnis dieser Sprache zum Exklusivbesitz der Priester, und diese Sprache selbst zur exklusiven Kultsprache geworden, ebenso wie die Hieroglyphenschrift und deren Buchkursive, das Hieratische, in der sie geschrieben wird. In dieser Zeit dürfte sich die alte Bezeichnung für die Hieroglyphen, „Göttersprache" (*mdt ntr*) auch auf das darin aufgezeichnete Alt- und Mittelägyptisch ausgedehnt haben. Die heilige Schrift wurde zur Fremdsprache, wie das Lateinische in den katholischen Ländern, wie das Hebräische bis zu seiner Wiederbelebung im modernen Israel, wie das Sanskrit in Indien und wie auch schon das Sumerische vom Anfang des 2. Jahrt. bis zu seinem Untergang im Hellenismus. Die Fremdsprachlichkeit der heiligen Texte ist ein sehr typisches Phänomen, das mit der schrift- oder gedächtnisgestützten Wortlautfixierung zusammenhängt. Diese Wortlautfixierung beruht ihrerseits auf der Heiligkeit der Texte, das heißt ihrer perfor-

---

[1] Vgl. Friedrich Junge, „*Sprachstufen und Sprachgeschichte*", in: *Zeitschr. d. dt. Morgenländischen Ges., Suppl. VI, XXII. Deutscher Orientalistentag*, Stuttgart 1985, 17-34.

mativen und transformativen Wirksamkeit, die eine Sache des
Klanges - und nicht des Sinnes - ist.

Asema onomata: Göttersprache als Fremdsprache

Die explizitesten Ausführungen zur Fremdsprachlichkeit des
Heiligen finden sich in einem griechischen Text zur Spätantike, der seit der Antike - und sicher mit Recht - dem neuplato-
nischen Philosophen Jamblichus zugeschrieben wird und von
Marsilio Ficino unter dem Titel *De mysteriis Aegyptiorum* in
lateinischer Übersetzung publiziert wurde. Es handelt sich um
den Antwortbrief eines ägyptischen Priesters und Theologen
an den Philosophen Porphyrius, der sich unter anderem auch
nach der Bedeutung der *onomata asema*, der „sinnlosen (bzw.
asemantischen) Ausdrücke" in den heiligen Gebetsformeln der
Ägypter erkundigt hatte und Anstoß an der Tatsache genommen hatte, daß es hier offenbar nur auf den Klang und nicht
auf den Sinn ankomme.[1] Der „Hörer", hatte Porphyrius geschrieben, „achtet doch auf den Inhalt (*ta semainomena*), so
daß es nur darauf ankommt, daß dieser erhalten bleibt, was
immer der jeweilige Ausdruck (*onoma*) sein mag". Dem hält
Jamblich sein Konzept der heiligen Sprache entgegen, das
nicht auf Sinn und Verstehen beruht, sondern auf Performanz,
Vergegenwärtigung und Energie: „Weil nämlich die Götter
die gesamten Sprachen der heiligen Völker wie der Ägypter
und Assyrer für heilig erklärt haben, sind wir der Ansicht, daß
unser mündlicher Verkehr mit den Göttern sich in jener Ausdrucksweise abwickeln müsse, die den Göttern verwandt ist.
Auch ist diese Form der Aussprache mit den Göttern derart
die ursprünglichste und älteste.... Deshalb also halten wir an
dem Gesetze ihrer Überlieferung unerschütterlich fest, da diese Form den Göttern eignet und ihnen angepaßt ist." (VII. 4)

---

[1]   Jamblichus, *De mysteriis* VII. 4, ed. E. des Places, Collection Bu-
      dé, Paris 1989, 191f.

„Man muß also die altehrwürdigen Gebetsformeln wie die heilige Asyle behüten, immer als die gleichen und in gleicher Weise, während man weder irgend etwas von ihnen wegnimmt, noch ihnen irgend etwas von anderswo zusetzt." (VIII. 5). Die Griechen, so fährt er fort, sind neuerungssüchtig, „haben nichts Festes in sich und bewahren nichts so, wie sie es von irgendwem erhalten haben... Die Barbaren dagegen bleiben stets standhaft bei denselben Formeln, da sie von konservativem Charakter sind; eben deshalb aber sind sie sowohl den Göttern lieb als auch bringen sie den Göttern Formeln dar, die ihnen angenehm sind. Diese Formeln aber zu verändern, ist keinem Menschen unter gar keinen Umständen erlaubt."[1]

Der heilige Text ist wortlautgebunden, unübersetzbar und unveränderbar. Er „bezeichnet" nicht das Heilige mit Hilfe „konventioneller" Zeichen, sondern ist selbst heilig, d.h. dem Heiligen wesensverwandt. Er vermag es deshalb im Sinne der performativen Sprechakte, d.h. unter den Bedingungen des rechten Zeitpunkts, des Kontexts und der Autorisierung, zu vergegenwärtigen, zu „präsentifizieren".[2] Das ist der Sinn des theurgischen Gebets. Es kommt nicht darauf an, diesen Text zu verstehen. Nicht das Herz, der mitvollziehende Intellekt und das vom Heiligen ergriffene Gemüt werden hier gefordert, sondern allein die präzise Aussprache, die in allen Einzelheiten korrekte Aus- und Aufführung der Vorschrift.

Die gleiche Anschauung über den performativen Charakter der Heiligen Sprache vertritt auch das Corpus Hermeticum. Im Eingang zu Traktat XVI geht es um das Problem der Übersetzbarkeit heiliger Texte aus dem Ägyptischen ins Griechische. Die heiligen Texte sind nicht übersetzbar, weil sie ihre theurgische „Energie" nur in der Ursprache entfalten können.

---

[1] Jamblichus VII 5, ed. Des Places, 194.
[2] J. P. Vernant, „De la présentification de l'invisible à l'imitation de l'apparence", in: Image et Signification, Rencontres de l'école du Louvre (1983) 25ff., 293ff.

Er sagte, daß die Leser meiner Bücher (Hermes Trismegistos spricht) glauben werden, daß sie klar und schlicht geschrieben seien, während sie doch ganz im Gegenteil unklar sind und die Bedeutung der Worte verhüllen und vollkommen dunkel sein werden, wenn eines Tages die Griechen sie aus unserer Sprache in die ihre übersetzen wollen, was zur vollständigen Verzerrung und Verdunkelung des Textes führen wird. In der Orginalsprache bringt der Text seine Bedeutung klar zum Ausdruck, denn die reine Lautqualität und die Intonation der ägyptischen Worte enthalten die Kraft der gemeinten Sache.

Laß diesen Text daher unübersetzt, damit diese Geheimnisse den Griechen entzogen bleiben und damit ihre freche, kraftlose und schwülstige Redeweise die Würde und Kraft unserer Sprache und die Energie der Namen nicht zum Verschwinden bringt. Denn die Griechen haben nur leere Reden, gut zum Imponieren, und ihre Philosophie ist bloß geschwätziger Lärm. Wir dagegen, wir gebrauchen nicht Wörter, sondern Laute voller Energie (*phonais mestais ton ergon*).[1]

Die energetische Theorie der Sprache ist magisch. Die magische Kraft der Zaubersprüche liegt in ihrer Lautgestalt. Der Laut, die sinnliche Klangqualität der Sprache ist es, die die Macht hat, die göttliche Sphäre zu erreichen. Diese energetische Dimension der Sprache ist unübersetzbar. Man muß sie in der Orginalgestalt reproduzieren. Jamblich geht so weit, zu behaupten, daß die heiligen Texte um so „erhabener" sind je unverständlicher und sinnferner sie dem Menschen erscheinen. „Wenn der Sinn uns unverständlich bleibt, dann ist gerade dies das Allererhabenste an ihnen".[2]

Alle Handlungen, die im Kult vollzogen werden - das ist der Grundgedanke dieser Idee einer götterweltlichen Angemessenheit bzw. „Kompatibilität" und sakramentalen Wirksamkeit liturgischer Rezitationen - werden auch in der Götter-

---

[1] Corpus Hermeticum XVI ed. A. J. Festugière, A. D. Nock II. 230; Garth Fowden. *The Egyptian Hermes. An historical Approach to the Late Pagan mind*, Cambridge 1986, 37.

[2] VII. 4, des Places, 192. 11-13.

welt vollzogen. Wie im Himmel, so auf Erden, lautet das Prinzip.[1] Hätte Isis nicht ihren Gatten Osiris mit ihren Klagen erweckt und mit ihren Verklärungen zu einem machtvollen unsterblichen Geistwesen gemacht, dann wären auch alle irdisch-kultischen Handlungen und Rezitationen in dieser Hinsicht zwecklos. Würde der Sonnengott nicht Tag für Tag den Chaosdrachen Apopis besiegen, der ihn mit Finsternis und Stillstand bedroht, dann hätten auch die Schutzriten, die täglich in den Tempeln zur Abwehr der inneren und äußeren Feinde Pharaos und zur Erhaltung der Ordnung und Wohlfahrt des Staates durchgeführt wurden keine Wirkung. Daher faßt man die Texte auch unter einem sehr bezeichnenden Gattungsnamen zusammen: sie heißen *b3w R'w*, „die Machterweise des Re", weil man annimmt, daß sich in ihrer Rezitation die Macht des Sonnengottes selbst ereignet, mit der er in seinem täglichen Umlauf um die Erde die kosmischen Widerstände überwindet.

Man denkt sich den Kosmos und die ihn verkörpernde Götterwelt als ein Drama und versteht die kultischen Handlungen als Abbildungen götterweltlicher Interaktion. Der Kult wird also nicht im Sinne einer Kommunikation zwischen Mensch und Gott vollzogen, sondern als die Inszenierung eines inner-götterweltlichen Dramas zwischen Gott und Göttern. Dieses Prinzip war übrigens auch Jamblich noch vollkommen bewußt und er wird nicht müde, es mit immer neuen Formulierungen zu beleuchten, um den Vorwurf zu entkräften, der Theurg wolle den Göttern drohen, sie zwingen oder sonstwie nach seinem Willen beeinflussen. Seine Argumentation beruht auf dem Gedanken, daß er ja nicht als Mensch den Göttern gegenübertritt, sondern von einer ekstatischen Position aus spricht, die am Göttlichen Anteil hat. Er zieht die Götter nicht zu sich herab, sondern vielmehr sich zu den Göt-

---

[1] Zu „descensio" und „translatio" als den Grundprinipien des ägyptischen Kults im Sinne einer irdischen Abbildung himmlischer Vorgänge vgl. *Corpus Hermeticum*, Asclepius 23ff. und dazu Verf., *Ägypten*, 50-67.

tern empor ("denn eine solche Anrufung zieht ja keineswegs die Unbeeinflußbaren und Reinen in die Sphäre der Affekte und Unreinheit hinab, sondern macht vielmehr im Gegenteil uns Menschen, die wir durch die Geburt den Affekten unterworfen wurden, rein und über den Affekt erhaben" (I 12).[1] Daher besteht er darauf, „daß das Wirken der Götter nicht gewirkt wird, während zwei einander gegenüberstehende und voneinander verschiedene Parteien einander gegenüberstehen (Mensch und Gott), sondern daß vielmehr diese Art göttlichen Wirkens in Übereinstimmung, Einheit und Einverständnis vollbracht wird" (IV 3).[2]

„Der Theurg gibt den kosmischen Mächten infolge der Kraft der geheimen Symbole seine Befehle nicht mehr als Mensch und auch nicht mehr als über eine menschliche Seele verfügend, sondern erteilt, als gehöre er jetzt zur Rangklasse der Götter, Befehle, die kräftiger sind als seine ihm tatsächlich zustehende Wesenheit" (VI 6).[3] Deutlicher kann man den Grundgedanken auch der altägyptischen Ritualistik nicht umschreiben. Diese „theurgische" Prinzip gilt für die Handlung und es gilt insbesondere für die von diesem Handeln nicht zu trennende Sprache. In den die Handlungen begleitenden Rezitationen liegt die verwandelnde, verklärende Kraft der Begehung. Deshalb ist stets der Priester mit der Schriftrolle dabei. Er verwaltet die sprachliche Seite der Begehung, die Rezitation, die im Mund des Priesters und im Augenblick der kultischen Handlung zur Götterrede wird. Wenn der Priester spricht, spricht ein Gott zum Gott und die Worte entfalten ihre verwandelnde, performative und präsentifikatorische Kraft. Das ist die Aufführung. Was der Vorlesepriester in der Hand hält, ist die Partitur.

---

[1]   Nach Jamblichus, *Über die Geheimlehren*. Ed. Th. Hopfner, Bibliotheca Hermetica II, Schwarzenburg 1978, 26.

[2]   Hopfner, 121f.

[3]   Hopfner, 159f.

Die heilige Rezitation ist also ihrem Sinn und ihrem Wesen nach Götterrede, gespeichert im Medium der Schrift und realisiert im Kontext des kultischen Rollenspiels. Der Priester äußert sie nicht in eigener Sache, er tritt damit nicht als Mensch vor ein Götterbild. Er schlüpft vielmehr in eine Rolle im Zusammenhang einer götterweltlichen „Konstellation". Kultsprache ist Göttersprache.[1] Göttersprache ist aber auch Götterschrift. Die Nichtunterscheidung zwischen Schrift und Sprache in dem Ausdruck *mdt ntr* „Gottesworte" für die Hieroglyphenschrift ist sehr bezeichnend für den engen Zusammenhang zwischen Schrift und Kult im ägyptischen Denken. Sie bleibt auch für die Hieroglyphentheorien der Neuzeit maßgeblich. Giordano Brunos Konzept der Hieroglyphen ist deutlich von Jamblich inspiriert:

Von dieser Art waren die ... Hieroglyphen oder „Heiligen Charaktere" bei den Ägyptern, bei denen anstelle der einzelnen bezeichnenden Zeichen [*designanda*] bestimmte Bilder aus den Dingen der Natur oder aus anderen Teilen genommen wurden. Solche Schriften und Sprachen kamen in Gebrauch, da durch sie die Ägypter Unterredungen mit den Göttern zum Zwecke der Ausführung wunderbarer Dinge anstrebten. Danach sind durch Teut oder einen anderen die Buchstaben erfunden worden der Art, wie wir sie noch heute in anderer Absicht verwenden. Dadurch ist der größte Schaden am Gedächtnis, an der göttlichen Wissenschaft und an der Magie entstanden.[2]

---

[1] Vgl. hierzu auch die treffenden Bemerkungen von Herman te Velde, „Some Remarks on the Mysterious Language of the Baboons", in: J. H. Kamstra, Hrsg., Funerary Symbols and Religion, Kampen 1988, 129-136, bes. 134f.

[2] Giordano Bruno, *De Magia* (Op. Lat., vol. III, 411-412), zitiert nach Elisabeth von Samsonow, *Giordano Bruno*, Köln 1995, 127f vgl. Frances Yates, *Giordano Bruno and the Hermetic Tradition*, Chicago 1964, 263. Bruno bezieht sich hier offensichtlich auf Jamblich und seine Theorie der Hieroglyphen als der von den Göttern für die kultische Kommunikation mit ihnen eingesetzten Sprache, sowie auf eine Notiz bei Rufin, daß die Christen den

Die Wende wurde allerdings nicht, wie Bruno meint, mit
der Erfindung der Alphabetschrift herbeigeführt, sondern mit
der Umpolung der heiligen Texte vom Klang auf den Sinn,
von der Ausdrucks- auf die Inhaltsseite, von der rituellen Performanz auf die lebenspraktische Beherzigung und von der
kultischen Theatralik auf die Hermeneutik. Um diese Wende
geht es auch in dem Briefwechsel zwischen Porphyrius und
Jamblichus, wobei der Ältere schon von diesseits, der Jüngere
dagegen noch von jenseits der Schwelle her argumentierte.

Schrift und Geheimnis: kultische Kryptogrammatik

Die Schrift dient dem Zweck, den heiligen Text vor Veränderung zu schützen und ihn in seinem Wortlaut zu bewahren.
Damit ist aber der Schutzbedürftigkeit des Heiligen Textes
noch keineswegs Genüge getan. Zur Schrift tritt als zweite
Schutzmaßnahme die Geheimhaltung hinzu. Das Geheimnis
gehört in Ägypten zum Begriff des Heiligen. Das Heilige ist
für den Ägypter eo ipso geheim. Man kann die das Heilige
umgebende Aura des Geheimnisses nur mit der Nuklearphysik
vergleichen, und der Grund ist auch beide Male derselbe. Die
Ägypter gingen nämlich davon aus, daß heilige und magische
Texte ungeheure Auswirkungen kosmischen Ausmaßes auslösen könnten und ihre Profanation bzw. ihr Mißbrauch dement-
sprechende Katastrophen zur Folge haben müßte. Auch darauf
geht Porphyrius in seinem Brief an Anebo ein und ist skanda-
lisiert von dieser Idee, der Priester könnte mit seiner Rezitation den Kosmos affizieren wollen: „Denn der Rezitierende
droht, das Firmament zu zerschmettern, die Geheimnisse der
Isis offenbar zu machen, das im Abgrunde (der Welttiefe)

Tempel von Kanopus zerstört hätten, weil dort unter dem Vor-
wand des Unterrichts in Hieroglyphen eine Schule der Magie betrieben worden sei (*ubi praetextu sacerdotalium litterarum /ita
elenim appellant antiquas Aegytiorum litteras) magicae artis erat
paene publica schola*; Rufinus, *Hist. Eccles.* XI 26)

Verborgene aufzuzeigen, die Barke zum Stehen zu bringen, die Glieder des Osiris dem Typhon hinzustreuen oder überhaupt etwas dieser Art zu tun"[1]. Präziser kann man die Vorstellungen der Ägypter von der Macht der kultischen Sprache nicht wiedergeben. Porphyrius verfügt über authentische Informationen. Er denkt an Drohungen, wie sie tatsächlich in ägyptischen Zaubertexten dutzendfach vorkommen. Viel allgemeiner jedoch ist damit die performative Energie der kultischen Sprache überhaupt umrissen. Die heiligen Texte vermögen solche Wirkungen zu entfalten - und entsprechende Auswirkungen muß man auch befürchten, wenn sie profaniert werden, in falsche Hände geraten, ihr Geheimnis gelüftet wird. Diese Folgen, wie manche Texte sie ausmalen, entsprechen genau den von Porphyrius angesprochenen Drohungen und lassen sich am besten als eine Umweltkatastrophe globalen Ausmaßes charakterisieren. Sie werden ausgelöst durch die Profanierung von Heiligtümern und die Enthüllung von Kultgeheimnissen. Die Bedeutung, die man der Heiligkeit und dem Schutz dieser Geheimnisse beimaß, läßt sich daher am ehesten mit den Sicherheitsvorkehrungen und Sicherheitsvorschriften, Geheimhaltungen und Zugangserschwernissen vergleichen, mit denen nach heutiger Vorstellung die Nuklearenergie umgeben ist. Wenn diese Schutzzonen um das Heilige niedergerissen werden, fällt der Himmel auf die Erde herunter, wandelt sich Meer- in Süßwasser und wird alsobald ausgetrunken, steigen Flammen aus dem Ozean auf und verzehren das Feuer, trocknen die Flüsse und Seen aus.

O weiche zurück im Ansturm,
damit sich die Sonne nicht verfinstert auf der Sandbank des Zweimessersees,
damit der Himmel nicht den Mond verschluckt am *Mspr*-Fest in Heliopolis
damit die Schildkröte nicht den Nil aussäuft und die Gewässer austrocknen,

---

[1]   De mysteriis VI. 5 (nach Hopfner, 159).

damit nicht eine Flamme herauskommt inmitten des Ozeans und
die eine Flamme durch die andere verbrennt,
damit nicht bekannt werde das Stromab- und Stromauffahren der
Sonne,
der an Wegen reichen beim Queren des Himmels,
damit sich die beiden Himmel nicht auf einmal drehen,
damit der Himmel sich nicht mit der Erde vereinige,
damit nicht die Lade in Heliopolis geöffnet werde,
und erblickt wird, was in ihr ist,
damit das Gewand in Memphis nicht gelöst werde
und der Arm des „So-und-so" erblickt wird,
damit die Lampe nicht erlischt in der Nacht des Bösen,
zu jener Zeit, die nicht geschehen mögen,
damit nicht das Meer süß werde
und sein Wasser ausgetrunken wird,
damit nicht die vier Sprüche in Heliopolis bekannt werden,
und der Himmel herabstürzt, wenn er sie hört,
damit sich nicht blutig färbe die Götterwohnung inmitten von
Sptptrtj,
und das Gericht in diesem Lande nicht aufhört,
(die Wohnung), in der der Allherr sitzt, jener Gott, gegenüber
dem es keinen Zweiten gibt,
in der sie gerichtet werden,
damit nicht das Loch, das in Pharbaitos ist, freigelegt werde und
der Himmel ihm gegenüber luftlos (?) wird,
damit nicht das Siegel des Anubis gelöst,
und der Ton des Ptah gebrochen wird,
damit nicht das Gebüsch, das als Versteck dient, abgeschnitten
werde,
um den zu vertreiben, der sich in ihm verborgen hält,
damit sich kein Geschrei erhebe
und niemand da ist, um gegen den Mundaufsperrer in Babylon
anzugehen,
damit nicht der Esel die Katze erschrecke
und die gegen ihn ihr Hinterteil entblößt,
damit das Krokodil nicht auf den Schwimmenden losschieße
in der Mündung des *'ntj*-Gewässers.[1]

---

[1] pLouvre 3129 J, 38-57; pBM 10252, 11, 3-34 ed. S. Schott, *Urkunden des ägyptischen Altertums* VI, Leipzig 1939, S. 120-129.

Die Auswirkungen, die man der Profanierung der heiligen
Texte zuschreibt, stellt man sich derartig katastrophal vor,
weil auch die Heilswirkungen, die man mit der kultischen Rezitation der Texte unter genauer Beobachtung der Vorschriften
und im geschützten Rahmen der Tempelmauern verbindet,
von kosmischer Kraft sind. „Macht des Re" ist, wie gesagt, der
Sammelname für „Heilige Texte", und zwar eben diejenigen
heiligen Texte, die geschützt und geheimgehalten werden
müssen, weil sie das kosmogonische Wissen enthalten, dessen
rituelle Rezitation die Welt in Gang hält, indem sie einstimmt
in das kosmische Werk des Sonnenlaufs. Ein Heiliger Text
galt in Ägypten als ein sprachliches Gefäß des Heiligen und
unterlag denselben Zugänglichkeitsbeschränkungen und
Schutzvorschriften wie das Kultbild. Die Rezitation eines Heiligen Textes bewirkte ebenso die Präsentifikation des Göttlichen wie das heilige Bild. Diese Literatur war geheim, weil sie
zu den Kultgeheimnissen gehörte, zu dem, was vor der Außenwelt, vor Profanation und Entmächtigung zu schützen war.
Das Entweihte vermöchte das Göttliche nicht mehr zu präsentifizieren.

2. Lesemysterien: Vom Kult zur Schrift

Die Nachschriftlichkeit der Totenliteratur

In Bezug auf die kultische Aufführung erfüllt die Schrift nun
aber nicht nur die Funktion einer Vorschrift, nach der sich die
kultische Rezitation ebenso zu richten hat, wie eine Konzertaufführung nach dem Notentext, sondern auch die einer Nachschrift, die das im Kult Aufgeführte für alle Zeit festhält. Die
Schriftrolle des Vorlesepriesters ist also, um im Bild zu bleiben. Partitur und Schallplatte zugleich. Diese eigentümliche
Doppelfunktion der Schrift liegt einem Phänomen zugrunde,
daß es in diesem Umfang nur in Ägypten gibt und das ein
ganz besonders kennzeichnendes Licht auf das einzigartige

Verhältnis von Schrift und Kult wirft, mit dem wir es hier zu tun haben. Ich meine das Phänomen der Totenliteratur.

Die Totenliteratur entsteht aus der Idee, sich die Schriftrollen des Vorlesepriesters ins Grab mitzunehmen. Hier sollen sie aber offenbar nicht die Funktion einer Vorschrift oder Partitur, sondern die einer Nachschrift oder Schallplatte erfüllen. Sie sollen die Aufführung selbst auf Dauer stellen, entzeitlichen, verstetigen und den Toten für immer einbetten in den Zuspruch der im Kult rezitierten Worte. Das vermögen die Schriftrollen aus sich heraus natürlich ebensowenig zu leisten wie eine Schallplatte aus sich heraus die Konzertaufführung wieder zum Klingen bringen kann. Die Schallplatte muß abgespielt werden. Dazu bedarf es eines technischen Apparats. Um nun die Schriftrollen des Vorlesepriesters in eine Daueraufführung für den Toten umzusetzen, schreibt man sie auf die Wände der Grabkammern, nicht mit Pinsel und Tinte, sondern mit Hammer und Meißel, in Stein eingegraben und farbig ausgemalt. Jede einzelne der viele Hunderte von Zeilen, mit denen die inneren Grabkammern der Pyramiden bedeckt werden, beginnt mit dem Vermerk: „Worte sprechen:". Damit ist der ganze Text in eine Dauerrezitation umgesetzt. Die Umsetzung aus der Handschriftlichkeit in die Inschriftlichkeit bedeutet also eine Umsetzung aus der Vorschriftlichkeit in die Nachschriftlichkeit im Sinne der verstetigten, auf Dauer gestellten Kultaufführung. Im Medium der Inschrift gelten die Texte nicht als bloß gespeichert, sondern als aufgeführt im performativen Sinne. So kommt es zu den Pyramidentexten, dem ältesten Korpus religiöser Literatur in der Geschichte der Menschheit.

Pyramiden können sich nur Könige bauen. In den Genuß der inschriftlich verstetigten Kultrezitationen will aber jeder kommen. Im Mittleren Reich lassen sich die Ägypter, die sich das leisten können, solche Texte auf die Innenwände ihrer Holzsärge schreiben. Vermutlich hat man dafür immer noch die Schriftrollen der Tempelarchive herangezogen. Im Neuen Reich aber hat sich die Totenfunktion zu einer Gattung sui generis ausdifferenziert. Das Textkorpus versteht sich nicht mehr als Nachschrift eines Rituals, das dadurch auf Dauer gestellt wird, sondern als Wissensvorrat für den Verstorbenen, der damit für seine Jenseitsreise ausgerüstet werden soll. Der Kultbezug geht verloren. Daher muß auch kein Text mehr umgesetzt werden; auf Inschriftlichkeit im Sinne einer fiktiven Daueraufführung kann man jetzt verzichten. So entsteht das ägyptische Totenbuch, eine Papyrusrolle mit Sprüchen, die man den Toten mitgibt.

Die Totenliteratur entsteht aus dem Wunsch einer Verstetigung des Rituals. Vom ägyptischen Totenglauben aus gesehen, ist das ein plausibles Konzept. Der Tote bleibt so auf Dauer in den „verklärenden" Zuspruch des Vorlesepriesters einbezogen, ohne daß die Macht des kultischen Worts veralltäglicht und sein Geheimnis profaniert wird.

Lesemysterien und intellektuelle Rituale

Bernhard Lang hat den Begriff des „intellektuellen Rituals" geprägt.[1] Ausgehend von der These R. R. Marretts, daß „primitive Religionen mehr getanzt als gedacht" werden, macht er auf einen grundlegenden Wandel aufmerksam, der von den getanzten Riten zu solchen führt, in denen „nur noch das Wort tanzt", während die Teilnehmer sich dem Rezitieren und Auslegen, Zuhören und Beherzigen des Wortes widmen. Seine These ist, daß dieser Wandel im Frühjudentum in der Situation des babylonischen Exils eintrat und sich von diesem Ursprung ausgehend in der ganzen Alten Welt verbreitete, mit einer Vorgeschichte in der prophetischen Ablehnung orgiastischer Kulte und sakramentaler Magie und einer langen Nachgeschichte in der Religion der „Buchhalter" (Lorenzer).[2] Mo-

---

[1] Bernhard Lang (Hrsg.), *Das tanzende Wort. Intellektuelle Rituale im Religionsvergleich*, München 1984.

[2] Alfred Lorenzer, *Das Konzil der Buchhalter. Die Zerstörung der Sinnlichkeit. Eine Religionskritik*, Frankfurt 1984.

ses Zorn beim Anblick des orgiastischen Tanzes ums Goldenen Kalb fängt diesen Gegensatz mit der Prägnanz einer Urszene ein. Die Schrift in seinen Händen (die Tafeln mit den Zehn Geboten) und die Szene vor seinen Augen erweisen sich als inkompatibel. *Diese* Schrift und *dieser* Kult bilden einen unversöhnlichen Gegensatz.

Zu dieser Umpolung der Religion ist es im Alten Ägypten nie gekommen, obwohl der Kult hier immer mehr Schrifttum produzierte, so daß er schließlich eine ganze Bibliothek heiliger Schriften in und um sich versammelt hatte. Clemens Alexandrinus beschreibt nicht nur Aufbau und Zusammensetzung einer solchen Bibliothek, sondern schildert auch die Form ihrer kultischen Integration in Gestalt einer Bücher-Prozession, die man als die typisch ägyptische Form eines „intellektuellen Rituals" einstufen möchte. Er spricht von 42 unabdingbaren (*pany anagkaioi*) Büchern, die den Grundbestand einer Tempelbibliothek ausmachten, von den Priestern in Prozessionen herumgetragen wurden und sämtlich von Thot-Hermes verfaßt sein sollten. Die Gliederung dieses 42-er Kanons in verschieden Abteilungen ergibt sich aus der Prozessionsordnung:[1]

> Der *Sänger* trägt:
> 1 Buch mit Hymnen an die Götter
> 1 Buch mit dem Bericht über das Leben des Königs
> Der *Horoskopos* trägt:
> 4 Astrologische Bücher
> über die Anordnung der Fixsterne
> über die Stellung von Sonne, Mond und den 5 Planeten
> über die Konjunktionen und Phasen von Sonne und Mond
> über die Aufgangszeiten der Sterne
> Der *Hierogrammateus* trägt:
> 10 Hieroglyphische Bücher über Kosmographie und Geographie,
> Ägypten und den Nil, Tempelbau, Landbesitz der Tempel, Versorgung und Ausstattung der Tempel

---

[1]   Clemens Alex, Strom. VI. Cap. IV, §§35. 1-37, vgl. G. Fowden, *The Egyptian Hermes. A Historical Approach to the Late Pagan Mind*, Cambridge 1986, 58f.

Der *Stolist* trägt:
10 Bücher über Erziehung und Opferkunst, handelnd von Weisheit und Frömmigkeit, Opferriten, Erstlingsopfer, Hymnen, Gebete, Prozessionen und Feste
Der *Prophet*[1] trägt:
10 Hierarchische Bücher über Gesetze, Götter und das Ganze der priesterlichen Bildung.[2]

Bis hierher ist die Liste klimaktisch angeordnet. Der Prophet bekleidet den höchsten, der Stolist den zweiten, der Hierogrammateus den dritten Rang usw.
Darüber hinaus gibt es nach Clemens:

6 Medizinische Bücher
  – über den Bau des Körpers
  – über Krankheiten
  – über Organe
  – über Drogen
  – über Augenkrankheiten
  – über Frauenkrankheiten

Die überlieferten Bücherkataloge der Tempelbibliotheken von Edfu und Tod, sowie gelegentliche Funde bestätigen diese Gliederung.[3] Die Tendenz zur Abgrenzung und Verbindlich-

---

[1] Der griechische Titel *prophetes* überträgt den ägyptischen Titel *hm-ntr* „Gottesdiener" = Hohepriester, hat also nichts mit dem hebräischen Begriff des Propheten zu tun.

[2] Der ranghöchste Priester trägt die Bücher mit dem höchsten Verbindlichkeitsgrad, vermutlich weil er als einziger zu ihrer Auslegung befugt und berufen ist.

[3] Zu den Bücherkatalogen vgl. A. Grimm, „Altägyptische Tempelliteratur. Zur Gliederung und Funktion der Bücherkataloge von Edfu und et-Tod", in *SAK* Beiheft 3, 1988, 168f. D.B. Redford, *Pharaonic Kinglists, Annals and Daybooks: A Contribution to the Egyptian Sense of History*, Mississauge 1986, 214ff. Aus Tebtunis stammen z.B. Rituale, Götterhymnen, Kosmographische und Geographische Bücher, Astronomie, Magie, Weisheitstexte, Traum-

keit ist in diesem Aufbau deutlich sichtbar, auch in der heiligen Zahl 42, die der Zahl der Gaue Ägyptens entspricht, sowie
in Judaea die Zahl 22 bzw. 24 der Zahl der hebräischen bzw.
aramäischen Buchstaben. Aus der Form und Struktur eines
Kanons ist alle Beliebigkeit ausgeschlossen. Die 42 Gaue und
die 22 bzw. 24 Buchstaben sind Symbole der Ganzheit, Welt-
formeln, wenn man so will. Indem der Kanon diese Weltfor-
mel verwirklicht, wird er zur Welt in Buchform.

Lern- und Kultgemeinschaften

Diese kanonisierte Bibliothek setzt sich nun in Ägypten nicht
an die Stelle des Kults, wie im frühen Judentum, indem sie die
Kultgemeinschaft in eine „Lerngemeinschaft" (Lohfink)[1] verwandelt, sondern sie „tanzt" im Kult einfach mit. Übrigens
gibt es auch im Judentum ein Ritual, in dem man in ganz ana-
loger Weise mit der Tora tanzt, anstatt sie zu verlesen und
auszulegen, nämlich beim Fest der „Tora-Freude" (*simhat torah*) zum Ende des Laubhüttenfests.

Wir stoßen hier auf einen sehr charakteristischen Zusammenhang von Schriftlichkeit und Gruppenbildung, auf den
Brian Stock hingewiesen hat. Er hat gezeigt, daß die häreti-

---

bücher, Medizin, Bücher über die Tempelverwaltung, Onomastica
u.a. (W. J. Tait, *Papyri from Tebtunis in Egyptian and in Greek*.
London 1977; E. Reymond, *From the contents of the libraries of
the Suchos temples in the Fayyum 2: from ancient Egyptian Hermetic Writings*. Wien 1977; Fowden, The Egyptian Hermes).

[1] Georg Braulik OSB, „Das Deuteronomium und die Gedächtnis-
kultur Israels, Redaktionsgeschichtliche Beobachtungen zur Ver-
wendung von *lamad*", in: G. Braulik, W. Groß, S. McEvenue
(Hgg.), *Biblische Theologie und gesellschaftlicher Wandel* (Fs.
Norbert Lohfink SJ), Freiburg 1993, 9-31, im Anschluß an
N. Lohfink, „Der Glaube und die nächste Generation. Das Gottes-
volk der Bibel und Lerngemeinschaft", in: N. L., *Das Jüdische am
Christentum*, Freiburg 1987, 144-166.

schen Bewegungen des Mittelalters sich auf autoritative Texte
stützten, deren Bestand und/oder deren Interpretation ihnen
eigen war. Sie konnten ihren Bruch mit der offiziellen Tradition und ihren Sonderweg nur legitimieren, indem sie auf einen Text verweisen konnten, dessen Autorität und normative
Ansprüche als allen traditionellen und institutionellen Ansprüchen übergeordnet dargestellt werden konnte. Dissidenz
setzt Literalität voraus. Brian Stock hat daher auf diesen Typ
von Bewegungen den Begriff der „Textgemeinschaft" geprägt
(textual communities).[1] Viele der herausgestellten Kennzeichen dieser Bewegungen des 11. und 12. Jahrh. gelten bereits
für die Gemeinde von Qumran und für zahlreiche ähnliche
Gruppierungen wie Orphiker, Pythagoräer, Gnostiker, Ur-
christen, Hermetiker usw., die sich im Hellenismus und in der
Spätantike typischerweise auf der Basis eines Grundbestands
normativer Literatur zusammenschlossen.[2] Kennzeichen einer
textual community ist einerseits die identitäts-definierende Bedeutung eines solchen Grundtexts, zum anderen die Struktur
von Autorität und Führerschaft, die sich aus der Kompetenz
im Umgang mit Texten ergibt. Philologische und politische
Kompetenz fallen hier zusammen. Die Führung gebührt dem,
der die umfassendste Kenntnis und die einleuchtendste Deutung der Texte besitzt. Schließlich gehört zur *textual community* die Ausbildung von „intellektuellen Ritualen" bzw. „Lese-
mysterien" (Reitzenstein), in denen sich die Gruppe der identi-
tätsstiftenden Kraft ihrer Texte vergewissert.

Bis zu einem gewissen Grad trifft Ähnliches bereits auf die
spätägyptische Situation zu. Die ägyptischen Priester der
Spätzeit sondern sich ab von der hellenisierten Kultur, aber
auch von anderen Tempeln. Jeder Tempel entwickelt seine eigene Lehre und sogar sein eigenes Schriftsystem. Ungleich

---

[1] Brian Stock, „Textual Communities", in: *The Implication of Literacy. Written Language and Models of Interpretation in the
Eleventh and Twelfth Centuries*, Princeton 1983, 88-240.

[2] Vgl. hierzu E. P. Sanders, *Jewish and Christian Self-Definition*,
3 Bde., Philadelphia 1980, 1981 und 1984.

schärfer verlaufen jedoch die Konflikt- und Kontrastfronten in
Judaea. Im antiken Judentum muß man zwischen inneren und
äußeren Konfrontationen oder Kontrastfronten unterscheiden.
Auf der einen Seite haben wir die inneren Konflikte zwischen
Gruppierungen wie Hasmonäern, Sadduzäern, Pharisäern, Es-
senern usw., auf der anderen Seite die äußere Konfrontation
zwischen Judaismos und Hellenismos (2 Makk 2.21)[1] oder
zwischen Israel und den Völkern, Jews and Gentiles.[2] Ich
möchte die These wagen, daß ohne normative Schriftlichkeit
die Ausbildung solcher kollektiver Sonderwege und alternati-
ver Lebensformen in Konfrontation zur allgemeinen und offiziellen Kultur nicht denkbar ist. Auch der ägyptische Tempel
wird in der Spätzeit zum Gehäuse einer alternativen Lebens-
form, die durch Askese und Kontemplation gekennzeichnet
ist.[3]

In Israel kommt es im Gegensatz zu Ägypten zu einer
durchgreifenden Umkehrung des Verhältnisses von Schrift
und Kult. Eine typische Szene, die ebenfalls Anspruch erhe-
ben kann, als eine Urszene dieses Umschlags zu gelten, überliefert Nehemia im 8. Kapitel seiner Memoiren. Am Wassertor
von Jerusalem läßt Ezra die gesamte Torah vor allem Volk
nicht nur vorlesen, sondern zugleich auch Abschnitt für Abschnitt auslegen. Damit schlug, wie der jüdische Historiker Y.
H. Yerushalmi sich ausdrückt, nicht nur die Geburtsstunde der
Schrift, sondern auch die der Exegese. „Und Esra schlug das
Buch vor den Augen des ganzen Volkes auf..., und als er es
aufschlug, erhob sich das ganze Volk. (...) So las man denn

---

[1]   S. dazu H. G. Kippenberg, „Die jüdischen Überlieferungen als
      patrioi nomoi", in: R. Faber, R. Schlesier (Hg.), *Restauration der
      Götter. Antike Religion und Neo-Paganismus*, Würzburg 1986,
      45-60.

[2]   S. hierzu C. Colpe, „Die Ausbildung des Heidenbegriffs von Israel
      zur Apologetik und das Zweideutigwerden des Christentums", in:
      Faber/Schlesier, *Restauration*, 61-87.

[3]   So beschreibt ihn Porphyrius, *De abstinentia*, im Anschluß an ein
      Buch des Chaeremon.

aus dem Buche des Gesetzes Abschnitt für Abschnitt und er-
läuterte es, so daß die Leute auf die Vorlesung achthatten"
(Neh 8, 5; 8). Heiliger Text und Gesetzbuch sind hier zum er-
sten Mal eins geworden. „Zum ersten Mal in der Geschichte",
schreibt Yerushalmi, „hört ein heiliger Text auf, das exklusive
Gut der Priester zu sein und wird Gemeinbesitz des Volkes.
Hier haben wir die Geburtsstunde der Schrift und zugleich die
Geburtsstunde der Exegese."[1]

So hatte schon Josia im Jahre 622 das im Tempel zufällig
aufgefundene *sefer ha-berit* oder *sefer-ha-torah* vor allem
Volk verlesen lassen. Aber damals war die Situation anders.
Josia herrschte als König über das Reich Juda. Zur Zeit des
Ezra ist die Figur des Königs verschwunden. Jetzt vollzieht
sich die Restitution des Gesetzes in einem weitgehend entpoli-
tisierten Raum. Das „Gesetzbuch" wurde jetzt zur heiligen
Schrift ausgebaut. Vorbedingung des Kanons ist das Ende der
Prophetie.[2] Prophetie hat in einem entpolitisierten Raum der
Provinz Jehud keinen Ort mehr, die ein Teil der Satrapie

---

[1] Y. H. Yerushalmi, „Réflexions sur l'oubli", in: *Usages de l'oubli*,
Colloques de Royaumont, Paris 1988, 7-21, hier S. 15.

[2] J. Blenkinsopp, *Prophecy and Canon*. Notre Dame 1977; B. Lang,
„Vom Propheten zum Schriftgelehrten. Charismatische Autorität
im Frühjudentum", in: H. v. Stietencron. *Theologen und Theolo-
gien in verschiedenen Kulturkreisen*, Düsseldorf 1986, 89-114;
vgl. auch S. Z. Leiman, *The Canonization of Hebrew Scripture:
The Talmudic and Midrashic Evidence*, Hamden 1976; O. H.
Steck, *Der Abschluß der Prophetie im Alten Testament. Ein Versuch zur Vorgeschichte des Kanons*, Neukirchen-Vluyn 1991.
Zum Ende der Prophetie vgl. Josephus Flavius, *Contra Apionem* I
§§38-41:
Die Geschichte von Moses bis Artaxerxes schrieben die Propheten in 13 Büchern. Die restlichen 4 Bücher enthalten Hymnen an
Gott und Vorschriften für die Führung des menschlichen Lebens.
Von Artaxerxes bis in unsere Zeit existiert eine Überlieferung,
die aber nicht die gleiche Wertschätzung genießt, weil die Folge
der Propheten abriß. Nur was diese uns hinterließen, verehren wir
in Schriften.

Transeuphratene geworden ist. Die Propheten reden im Auf-
trage Jahwes zu König und Volk; jetzt ist schon der Satrap
weit weg, wieviel weiter der König. An die Stelle des Propheten tritt der Schriftgelehrte, der die Überlieferung kodifiziert,
kanonisiert und auslegt.

Die Schrift als Tempel

In letzter Konsequenz ersetzt die Schrift nicht nur den König,
sondern auch den Tempel. Der Kanon verwandelt den Tempel
in Schrift. Im Judentum kehrt sich, wie wir gesehen haben,
das Verhältnis von Schrift und Kult um. Hier ist die Schrift
nicht mehr Vor- bzw. Nachschrift des kultischen Vollzugs.
Die Schrift ist das Eigentliche. Der kultische Vollzug reduziert sich auf den Nachvollzug der Schrift, in Form gemeinsamer Lesung, Erinnerung, Beherzigung und Auslegung. Das
kommt einer vollständigen Umpolung gleich. Die Schrift ver-
stetigt nicht das Ritual, sie tritt an seine Stelle.

Es ist eine der merkwürdigsten Koinzidenzen der Geschichte, daß der jüdische Tempel genau in dem Moment zerstört
wird, als er aus der inneren Entwicklung der Religion heraus
überflüssig geworden war. Die Schrift hatte sich bereits an
seine Stelle gesetzt und den Sinn der Rituale von innen heraus
ausgehöhlt, als Titus den Tempel im Jahre 70 zerstörte. Die
Jesus-Bewegung war eine von vielen jüdischen Strömungen,
die die Grundidee des Kults, nämlich das blutige Opfer, die
rituelle Tötung, durch Sublimation, Ethisierung und Verinnerlichung aufzuheben strebten. Hätte Titus den Tempel nicht
zerstört, hätte man ihn schließen müssen - oder es wäre nie
zum Judentum und damit auch nie zum Christentum und Is-
lam gekommen. Der Tempel war gewissermaßen hinfällig,
denn der Kult hatte seinen Tod längst in der Schrift gefunden.

Vieles spricht dafür, daß der jüdische Schritt in die Schrift -
man möchte fast von einer Auswanderung, einem Exodus,
sprechen - mit dem prophetischen Monotheismus, dem Prinzip

der Offenbarung und mit dem aus diesem Prinzip entwickelten und sich immer mehr steigernden Abscheu gegen traditionelle Formen des Kultes zusammenhängt. Das Bildverbot erwächst aus der Überzeugung, daß nichts Geschaffenes den Schöpfer zu offenbaren vermag, sondern allein die Schrift als eine verbindliche Offenbarung zu gelten hat. Das Verbot, sich ein Bild zu machen, betrifft z.b. in keiner Weise die luxurierenden Anthropomorphismen der biblischen Texte, die Gott als Bräutigam, als König, als Vater und Richter, Hirten und Gärtner ausmalen. Solange die Bilder sprachlicher Art sind, ist nichts an ihnen auszusetzen.[1] So kommt es zu einer sprachlichen Engführung des kultischen Sinns. Alles was in die Schrift keinen Eingang findet, scheidet aus dem kulturellen Sinnhaushalt aus. In letzter Konsequenz ersetzt die kanonisierte Schrift der Kunst, das öffentliche Leben, tendenziell die Welt. Die Welt wird als solche zum Gegenstand der Idolatrie erklärt und diskreditiert. Die sich an den Schöpfer wendende Anbetung darf sich nicht im Geschaffenen verfangen. Der radikalen Außerweltlichkeit Gottes entspricht die radikale Schriftlichkeit seiner Offenbarung.

Damit berühren wir einen Zusammenhang zwischen Schrift und Transzendenz, den Friedrich Kittler auf eine Formel von unnachahmlicher Prägnanz gebracht hat: „ohne Kulturtechniken... wüßte niemand, daß es noch anderes gibt, als was es gibt. Der Himmel wäre einfach Himmel, die Erde Erde und die sogenannten Menschen schlichte Männer und Frauen. Aber die Offenbarungen des Heiligen führen zum Wissen oder (um es genauer und englisch zu sagen) zur artificial intelligence."[2] Kittler bringt die „Künstlichkeit" der Schrift, in der sich das Heilige offenbart, mit dem Prinzip der Asemantizität der heiligen Texte in Verbindung, das wir im Rückgang auf

---

[1] Vgl. Moshe Halbertal, Avishai Margalit, *Idolatry*, Cambridge HUP 1992, 37-66.

[2] Friedrich Kittler, „Die Heilige Schrift", in: D. Kamper, Ch. Wulf (Hrsg.), *Das Heilige. Seine Spur in der Moderne*, Frankfurt, 154-162, Zitat S. 154.

Jamblichus behandelt haben. Auch Kittler denkt hier an die
onomata asema der graeco-aegyptischen Zaubertexte.[1] Allerdings werden hier genau die Unterschiede verwischt, auf die
es mir ankommt. Die heiligen Texte, von denen Jamblich
spricht, sind von ganz anderer Art als die Bibel und der
Qoran, an den Kittler denkt, und die Grenze, die zwischen
diesen Welten verläuft, ist die Frage des Sinns. Bei Jamblich
spielt es keine Rolle, weil die Texte nicht von Menschen, sondern von Göttern verstanden werden sollen und um so göttlicher sind, je weniger sinnvoll sie den Menschen erscheinen.
Bei der Bibel und beim Qoran dagegen spielt der Sinn die zentrale Rolle. Daher gibt es keine Kommentare der ägyptischen
„Verklärungen" und „Machterweise der Sonne", aber eine
umfangreiche bis uferlose Kommentartradition im Anschluß
an die Bibel und den Qoran. Darum gibt es auf der einen Seite
Priester und Kultgemeinschaften, und auf der anderen Seite
Lehrer (Rabbis, Mullas) und Lerngemeinschaften. Bibel und
Qoran haben sich nicht aus Kultformeln heraus entwickelt,
sondern aus Gesetzen und Geschichten. Ihre Normativität ist
im ursprünglichsten Kern nicht theurgisch, sondern moralisch
und juristisch. Sie fundieren Lebensführung, nicht Kultvoll-
zug. Dieser Art ist die Schrift, die sich dem Kult entgegenge-
stellt und ihm ein Ende gemacht hat.

---

[1]   S. 159. Kittler meint, daß das Verfahren der *onomata asema*
schon auf ägyptische Texte der späten Ramessidenzeit (um 1150
v. Chr.) zurückgeht, und verweist hier auf F. Dornseiff, *Das Alphabet in Mystik und Magie*, 1925, 52f,. der seinerseits auf E.
Meyer, *Geschichte des alten Ägypten*, 1887, verweist. Aber hier
scheint eine Verwechslung vorzuliegen. Ohne das gelegentliche
Vorkommen barbarisch anmutender Eigennamen und Ausdrücke
in syllabischer Schreibung grundsätzlich bestreiten zu wollen,
halte ich das für ein ganz marginales Phänomen, das mit Jam-
blichs Theorie der heiligen Sprache und ihrer Asemantizität nichts
zu tun hat. Von Haus aus ist die Hieroglyhenschrift zur Wiedergabe asemantischer Lautfolgen (*voces inarticulatae* in der antiken
Sprachtheorie) nicht in der Lage.

Trotzdem möchte ich Kittler zustimmen, was die schriftge-
stützte „Artefizialität" der Offenbarung angeht. Ohne die Kulturtechniken der Schrift und der Hermeneutik wäre das, was
man im 18. Jahrhundert „positive Religion" nannte und der
„natürlichen Religion" als etwas Artefizielles gegenüberstellte,
nicht denkbar. Dem prophetischen Monotheismus mangelt es
an natürlicher Evidenz; er wandelt, wie Paulus sagt, nicht in
der Schau, sondern im Glauben. Der Glaube stützt sich auf die
Schrift, auf den verbrieften Bund und das Gesetz. Der Kult
stützt sich auf den Akt, den Vollzug, die Schau. Die Schrift
führte zu einer Entritualisierung und Enttheatralisierung der
Religion.

MEDIUM LITERATUR

Hans Ulrich Gumbrecht

Literatur als Medium? - die Frage mag ihre Berechtigung haben. Denn zumindest in der deutschen Alltagssprache gebraucht man das Wort „Medium" ja vornehmlich für technische Vorrichtungen, die zur Ermöglichung von Kommunikation über räumliche und manchmal auch zeitliche Distanz verwendet werden: Radio und Fernsehen (typischerweise genannt), gedrucktes Buch oder die antiken Wachstäfelchen (nach einigem Überlegen folgend). Es gibt aber wohl keinen alltagssprachlich oder wissenschaftlich gängigen Begriff von „Literatur", dessen Referenzgegenstände sich alle mit einem und nur einem Medium im eben umschriebenen Sinn assoziieren ließen und andererseits deckungsgleich mit den Referenzgegenständen dieses Mediums wären. Nicht alle Texte zum Beispiel, die wir „Literatur" nennen, waren primär in Buchform gedruckte Texte, und nicht alle gedruckten Bücher nennen wir „Literatur".

Aber wenn man die Frage, ob Literatur ein Medium sei, als eine berechtigte Frage ansehen kann, so ist es doch auch zutreffend, daß sie eine potentiell müßige Frage ist. Denn natürlich lassen sich die beiden Begriffe, die zur Diskussion stehen, „Medium" und „Literatur", etwas gegen den Strich der vorherrschenden Bedeutungen so festlegen, daß „Literatur" als ein „Medium" erscheint. Im Fall dieses Sammelbandes zur Geschichte von Medien haben die Herausgeber die potentiell müßige Frage, „ob x ein Medium sei", für die Autoren in eine Eingangsaufgabe verwandelt, indem sie einen - eher exzentrischen (aber dennoch plausiblen) - Medien-Begriff vorgegeben haben. Individuelle Medien sollen bestimmt werden durch die

Konvergenz eines je bestimmten Typs von „Fernanwesenheit" mit einem je bestimmten Bündel von „Zusicherungs-Verhältnissen". Das heißt wohl, um diese beiden komplexen Konzepte in ganz vorläufiger Weise zu illustrieren, daß - erstens - was immer „Medium" genannt werden soll, räumlich und zeitlich Abwesendes in je besonderer Weise gegenwärtig macht, und daß - zweitens - solche Modi des Gegenwärtig-Machens gekoppelt sind an gewisse (meist stillschweigende) Annahmen über die Verläßlichkeit und Verwendbarkeit des so gegenwärtig Gemachten.

Die Frage, mit der ich zunächst konfrontiert bin, heißt also nicht - um es ein letztes Mal zu betonen - ob Literatur ein Medium sei, sondern welchen Begriff (und letztlich auch: welche Geschichte) von „Literatur" man mit einer solchen Konzentration auf „Fernanwesenheit" und „Zusicherungsverhältnisse" modelliert. Beginnt man, wie das ja nicht unüblich ist beim Geschichten-Erzählen mit dem Ende, das heißt mit den (nicht notwendig akademischen) Begriffen von Literatur, die in unserer Gegenwart vorherrschen, so steht am Anfang der Befund, daß das Wort „Literatur" als klassifizierende Bezeichnung heute kaum mehr verwendet wird. Der New York Times Book Review unterscheidet zwischen „Fiction" und „Nonfiction", wobei die Rubrik „Fiction" nicht (wie es eine Konvention der englischen Sprache erwarten ließe) auf narrative Texte beschränkt ist - und dennoch in der Zahl der besprochenen Titel immer weiter hinter „Nonfiction" zurückfällt. Analoges gilt wohl für die entsprechende deutsche Unterscheidung zwischen „Belletristik" und „Sachbuch". Was aber erwarten wir Leser von den Büchern, die unter „Fiction" und „Belletristik" besprochen werden? Vielleicht sollte man zuerst betonen, daß wir nichts sehr Genaues erwarten. Mit anderen Worten: die in der Gegenwart unserer Kultur vorherrschenden Begriffe von Literatur (und ihre Substitute) sind eigentümlich vage Begriffe. Wenn man dann aber versucht, ihren vorbewußten und halbbewußten Assoziationen etwas Prägnanz zu geben, so wird deutlich, wie erhellend die Perspektiven „Fernanwesenheit" und „Zusicherungsverhältnisse" sind. Denn ohne Zweifel setzen wir als Leser - erstens - auf eine spezifische Nähe zu den Autoren von Literatur, auf ein Verhältnis von (imaginierter) Vertraulichkeit. Vielleicht ergibt sich ein solcher Eindruck von Nähe und Vertraulichkeit nur daraus, daß wir nicht damit rechnen, von einem literarischen Autor zu irgend etwas überredet oder über irgend etwas anderes definitiv belehrt zu werden, daß mithin kein gemeinsames Referenzobjekt zwischen Autoren und Lesern steht. Die Nähe zwischen den Autoren und den Lesern von Literatur ergäbe sich aus der Abwesenheit alltagspraktisch relevanter Interessen auf beiden Seiten. Weil weder der Autor noch der Leser, so hat Jean-Paul Sartre diesen Sachverhalt vor mittlerweile fast einem halben Jahrhundert in seinem Essay "Was ist Literatur?" beschrieben, einen zwingenden oder auch nur wichtigen Grund haben, sich füreinander zu interessieren und zu engagieren, kann das zwischen ihnen existierende Verhältnis als ein „Pakt der Großherzigkeit" charakterisiert werden. Leser von Literatur sind - zweitens - bereit, die im Alltag meist notwendige und oft obsessive Frage auszusetzen, ob die von einem Text präsentierten Welt-Referenzen verläßlich seien. Dies genau - und durchaus nicht in allen Fällen eine „Referenzlosigkeit" - ist es, was im Englischen als „willing suspension of disbelief" umschrieben wird und worauf wir uns beziehen, wenn wir (zumindest im Deutschen) „Fiktionalität" als eine zentrale Komponente von Literatur benennen. Für unser Verhältnis zu literarischen Texten spielt es also keine Rolle, ob uns ihre Autoren Weltreferenz und mithin Verläßlichkeit in einem pragmatischen Sinn zusichern. Eine - dritte - gegenüber Literatur gehegte und von Literaten gerne bestätigte Erwartung hat eine potentiell paradoxale Struktur. Wir schreiben literarischen Texten - gegenüber allen anderen Diskursen - einen (kaum je näher bestimmten) Mehrwert zu, aber unsere einzige Gewißheit gegenüber diesem Mehrwert liegt darin, daß er sich nicht in einen alltagspraktisch relevanten Mehrwert umsetzen läßt, während es unklar bleibt, worin er sich begründen soll. Die meisten Leser und Literatur-Spezialisten gehen davon aus, daß er in bestimmten Form-Qualitäten liege, und tragen dann gerne zu seiner weiteren Mystifizierung dieses „Mehrwerts" bei, indem sie sogleich betonen, daß es zur Wahrnehmung solcher Form-Qualitäten eines besonders ausgebildeten Geschmacks bedürfe. Gerade weil dieses Kriterium so vage bleibt, führt es seitens der Leser oft zu dem Ehrgeiz, durch möglichst blindes Vertrauen in seine Gültigkeit Vertrautheit mit Literatur unter Beweis zu stellen. Schließlich (und vielleicht erstaunlicherweise) hat sich über viele Jahrhunderte die Hoffnung oder Befürchtung als unausrottbar erwiesen, daß Literatur „transgressiv" sei oder „subversiv", jedenfalls in der einen oder anderen Weise für die jeweils Herrschenden gefährlich. Ob und wie sich diese Attribution je erfüllt, ist gar nicht die Frage gegenüber dem Medium „Literatur". Wichtig ist es allein zu betonen, daß diese letztlich ethisch motivierte Erwartung immer wieder Stimmen des Protests auf den Plan zu ruft, welche Literatur zu ihrer „eigentlichen" Bestimmung auf Transgressivität zurückführen wollen, wenn immer sie sich allzu deutlich von dieser Funktion entfernt.

Imaginierte Nähe zwischen Lesern und Autoren, Fiktionalität als Aussetzen von systematischer Skepsis, Mehrwert der Textform und gesellschaftliche Transgressivität - das ist ein Bündel von Einstellungen und Zusicherungen, von dem wir nicht notwendig erwarten (aber auch nicht mit Notwendigkeit ausschließen) können, daß es außerhalb der westlichen Kulturen je in dieser Weise zusammengekommen ist oder zusammenkommen wird. Und selbst innerhalb der westlichen Kultur hat diese Konfiguration eher den Stellenwert einer unsere Gegenwart repräsentierenden Momentaufnahme als den einer langfristig stabilen institutionellen Struktur. Die Geschichte des Mediums „Literatur" ist also weder eine transkulturelle Geschichte noch eine Geschichte, in der es bloß um Modalisierungen einer Struktur mit metahistorischem Status geht. Ich glaube jedoch, daß sich ausgehend vom medialen Status der „Literatur" in unserer Gegenwart eine Reihe von Transformationsschritten bis ins Mittelalter zurückverfolgen läßt, die wir (mit einigem guten Willen) als eine Kontinuität ansehen und als eine Geschichte erzählen können. Diese Geschichte scheint weder von einem spezifischen Grundprinzip getrieben zu sein noch auf ein bestimmtes Ziel zugeordnet. Sie ist nichts als historische Genealogie, als das Dokumentieren einer Kontinuität, deren einzelne Stationen nicht einmal notwendig auf so etwas wie einen „gemeinsamen Nenner" verweisen. Die Stationen in der Genealogie des Mediums „Literatur", die ich auf den folgenden Seiten kurz beschreiben möchte, sind das frühe 12. Jahrhundert, die Jahrzehnte einer ersten Institutionalisierung der Druckkunst im späten 15. Jahrhundert, die politisch-ethischen Funktionalisierung der Literatur in der Aufklärung, die Romantik und die Hoch-Zeit der literarischen Avantgarden im frühen 20. Jahrhundert. Daß diese Genealogie im Mittelalter beginnt, impliziert nicht die These, daß vor dem Mittelalter - vor allem in der griechischen und römischen Antike - nicht Texte existiert hätten, die unserem Begriff vom Medium „Literatur" nahe kamen oder entsprachen. Aber wenn man sich, ausgehend von den Gegenwart, durch die Transformationen dieses Mediums in die Vergangenheit zurückführen läßt, stößt man bekanntlich am Anfang des Mittelalters auf einen historischen Moment, wo die Kontinuität dieser Traditionen aussetzt. Dieser Hiat ist der Ausgangspunkt unserer Geneologie.

**

Die meisten jener volkssprachlichen Texte, die wir dem 12. Jahrhundert - und sehr vereinzelt: früheren Jahrhunderten - zuschreiben, sind uns in Manuskripten des späten Mittelalters überliefert, aus denen die Philologen (vornehmlich des 19. Jahrhunderts) ihre Literaturgeschichte des Hochmittelalters extrapoliert haben. Textformen, die uns in modernen Editionen begegnen (einschließlich der Attributionen von Texten auf bestimmte Autornamen) haben also durchaus hypothetischen Status, und wir können nie sicher sein, wie lange vor den ersten uns überlieferten Zeugnissen die schriftliche Übermittlung einer Texttradition begann. Doch selbst wenn man sich all diese Kautelen im Bewußtsein hält, bleibt es interessant, daß unter den in den volkssprachlichen Manuskripten erwähnten Autorennamen derjenige mit der frühesten chronologischen Referenz einem historischen Protagonisten gehört, nämlich Wilhelm IX., dem Herzog von Aquitanien (1071-1127), der nach konvergierender Überlieferung der lateinischen Geschichtsschreibung zeit seines Lebens in Konflikt mit der geistigen und geistlichen Autorität der Kirche stand. Diese Tatsache ist so interessant, weil es außer Frage steht, daß wer immer die Wilhelm IX. zugeschriebenen Texte erfand und vortrug, sich damit nicht nur außerhalb der von der Kirche umschriebenen Moral stellte, sondern auch für sich jene spezifische Kompetenz in der Herstellung von Texten beanspruchte, welche die Kirche für sich reserviert halten wollte. Bis in die frühe Neuzeit hinein reklamierte die Kirche ja die exklusive Kompetenz auf allen Gebieten, die wie heute als „intellektuelle Produktion" umschreiben würden, so daß die Texte Wilhelms IX. transgressiv nicht nur deshalb waren, weil sie ganz explizit Sexualität außerhalb der Bande der Ehe verherrlichten, sondern auch (und vielleicht sollte man sagen: vor allem) durch ihre bloße Existenz als besonders elaborierte Textformen in kultureller Nähe der Schwelle zur Verschriftlichung - aber außerhalb der sonst institutionalisierten Grenzen der Schriftlichkeitskompetenz. Beide Tabus, das der sexuellen und das der kulturellen Kontrolle, scheinen die Wilhelm zugeschriebenen Lieder ganz bewußt und geradezu programmatisch brechen zu wollen, indem sie die für Verschriftlichung sonst zentrale Frage ignorieren, ob der Inhalt von bestimmten Texten den Aufwand an Pergament und Arbeitszeit einer Transkription verlohne. Den höchsten Grad der Provokation gegenüber dem kulturellen Führungsanspruch der Kirche verkörpert ein Text Wilhelms IX., welcher auf sich selbst als inhaltslos und auf das textimmanente Ich als schlafend (und später als verzaubert) verweist:

Ich werde ein Lied über nichts machen:
es wird weder von mir noch von anderen Leuten handeln,
weder von Liebe noch von Jugend
noch von irgend etwas anderem;
es wurde im Schlafen gedichtet
auf dem Rücken eines Pferdes.

Ich weiß nicht, wann ich geboren wurde:
ich bin weder fröhlich noch wütend,
ich bin weder fremd noch vertraut,
aber ich kann auch nichts anderes sein,
denn ich wurde des nachts
auf einem hohen Berg verzaubert.[1]

Der Begriff und die Modalität der Fiktion scheinen in der mittelalterlichen Kultur noch kaum entwickelt gewesen sein, denn es gibt - jedenfalls auf der expliziten Ebene der uns überlieferten volkssprachlichen Texte - kein Drittes gegenüber der Unterscheidung zwischen Wahrheit und Lüge. Doch ein sich-Zurücknehmen des Sängers (des textimmanenten Ichs: eine Autoren-Rolle im Sinn schriftlicher Textproduktion ist gewiß noch nicht besetzt), wie wir es bei Wilhelm IX. beobachten, kann sehr wohl die Funktion der Fiktionsmodalität erfüllt haben, indem es jegliche Verbindlichkeit für die vom Text präsentierten Inhalte aufhob. Was in den Texten und in den Situationen um die Texte vor sich geht, war ein Spiel, oft wohl ein provokantes Spiel mit dem Feuer, ein Spiel, das sich privilegierte Adlige wie Wilhelm von Aquitanien glaubten leisten zu können - und es war jedenfalls nie religiöser oder alltäglicher Ernst, der sich vollends der Kritik kirchlicher Moral aussetzte.

In den meisten der neun Wilhelm von Aquitanien zugeschriebenen Liedern wendet sich der Sänger an seine Hörer als Vertraute oder als „Kumpane" (das ist wahrscheinlich die Bedeutung, welche dem provanzalischen „companho" am nächsten kommt). Wenn sich schon darin ein Gestus von Vertrau-

---

[1] Übersetzt nach der Ausgabe von Alfred Jeanroy (1964), S. 6.

lichkeit manifestiert, so erscheint in diesem Korpus auch zum erstenmal eine Formel der Fernanwesenheit, die charakteristisch für die Minnelieder werden wird. Der Text soll in verschriftlichter Form durch einen Boten (manchmal ist der Bote ein Vogel) einer in der Ferne des textimmanenten Ichs lebenden Geliebten zugestellt werden und so der Geliebten das Ich gegenwärtig machen. In dem bereits zitierten Lied werden die Konturen dieser textimmanente Widmung allerdings ebenso verwischt wie jeglicher Verbindlichkeits- oder Verläßkeitsanspruch des Sängers: Gedichtet ist mein Lied - und ich weiß nicht worüber; und ich werde es einem geben, der es an jemand anderen da unten in Anjou weitergeben wird; und von dem Etui jener Person erbitte ich den Schlüssel.

Die sexuellen Konnotationen dieser Zeilen gehören zu dem, was man von provenzalischen Minneliedern im 12. Jahrhundert stets erwarten kann - und was wohl vor allem ihren Provokationswert ausgemacht hat. Wenn wir davon ausgehen, daß trotz des zusätzlichen Provokationswertes ihrer Verschriftlichung, die Minnelieder immer für vielfältige Aufführungen bestimmt waren, so kann man sich leicht vorstellen, wie dieses Potential an Zotigkeit szenisch ausgekostet und ausgespielt wurde. Wir entdecken also in diesen sehr frühen volkssprachlichen Texten Anspielungen auf Fernanwesenheit, Relativierungen der Text-Verbindlichkeit, Ansprüche auf einen in formaler Kompetenz begründeten textuellen Mehrwert und - vor allem - vielfache Gesten der Transgression, insgesamt eine erstaunliche Breite von Phänomenen, die an das Medium „Literatur" in unserer Gegenwart erinnern. Auf der anderen Seite ist nicht klar, ob die Fernanwesenheit des Minnegesangs schon als eine Form psychischer Nähe erfahren wurde, ob die Relativierung ihres Wahrheitsanspruches tatsächlich mit unserem Fiktionsbegriff verglichen werden kann, und ob der den Texten immanente formale Qualitätsanspruch bereits als ein von den Rezipienten anzuerkennender Wert verstanden wird.

Die Provokationsgesten des Minnesangs jedenfalls werden - und das mag eine in der Geschichte der Literatur wiederkehrende Entwicklung sein - innerhalb weniger Jahrzehnten domestiziert. Als im dritten Viertel des 12. Jahrhunderts Erec, Cliges, Yvain, Lancelot und Perceval, die höfischen Versromane Chrétiens de Troyes entstehen, sind die Plots auf Versöhnung zwischen dem Ideal höfischer Liebe und der christlichen Institution der Ehe gestellt - auch wenn diese Versöhnung in einigen Fällen (Lancelot, Perceval) nicht gelingt. In langen „poetologischen" Einleitungen jedenfalls versuchen diese Texte, ihren ethischen Wert so stark zu machen, daß Verschriftlichung nicht mehr notwendig wie eine Durchbrechung des kirchlichen Exklusivitätsanspruchs auf intellektuelle Produktion erfahren werden muß.[1]

***

Mit der Institutionalisierung des Buchdrucks ab der zweiten Hälfte des 15. Jahrhunderts verändert sich das Beziehungsgefüge um in Schrift fixierte Texte so grundlegend, daß der Vorschlag gemacht worden ist, den Beginn der historischen Kontinuität des Mediums „Literatur" erst hier - und nicht schon in der höfischen Literatur des Mittelalters - beginnen zu lassen.[2] Entscheidend scheint gewesen zu sein, daß gedruckte Buchstaben und Wörter im Gegensatz zu Manuskripttexten nicht mehr als Spuren einer Körperbewegung des Schreibers (oder Autors) angesehen werden können und daß diese Veränderung konvergiert mit einer neuen Einstellung auf der Seite der Rezipienten, gedruckte Texte immer weniger als Anweisungen auf mündliche Rezitation aufzufassen. Mit einer Metapher -

---

[1] Vgl. die ausführlichere und breit dokumentierte Version der in diesem Abschnitt präsentierten historischen Beobachtungen in Hans Ulrich Gumbrecht (1990), S. 117-142.

[2] Vgl. etwa die Beiträge zu dem von Gisela Smolka-Koerdt/Peter M. Spangenberg/Dagmar Tillmann-Bartylla herausgegebenen Sammelband (1988).

und vielleicht auch ganz unmetaphorisch - läßt sich also sagen, daß die Einführung der Druckpresse den Körper des Schreibers und die Körper der Rezipienten aus der medialen Situation verdrängt, welche sich um das neuzeitliche Buch entfaltet. Erst jetzt setzt sich auch im Bezug auf die zeitgenössische Textproduktion die Figur des Autors durch - als eine Konkretisation frühneuzeitlicher Subjektivität. In der Autorenrolle wird der rein geistige Akt der Textproduktion als Texterfindung scharf abgesetzt von der schriftlichen Fixierung des Textes und von seinem mündlichen Vortrag. Das Autor-Subjekt als geistiges Subjekt wird gleichgesetzt mit der vom Autor intendierten Textbedeutung, die nun für Leser und Autoren zum Maßstab für gelungene Lektüre wird. Leser suchen aktiv nach der Autoren-Intention und zugleich wird es zu einer Obsession für die Autoren, ihre Intentionen von den Leser-Subjekten eingelöst sehen zu wollen (obwohl die Leser durch das Medium des gedruckten Buchs für die Autoren zunehmend anonym werden) - so daß sich am Ende eine neu Hierarchie im Verhältnis zwischen Autoren und Lesern herausbildet. Sie verschränkt sich mit einer anderen, meist implizit bleibenden Hierarchie, welche das, was man „in der Seele" oder „im Innern" des Autors liegend vermutet, favorisiert gegenüber der „bloßen textuellen Oberfläche", auf der sich dieses Innerste manifestiert. In solchen Kontexten wird es während des 15. und 16. Jahrhunderts zu einer zunehmend selbstverständlichen Implikation des erst jetzt von einer Metapher zu einem Standardbegriff werdenden Worts „Ausdruck", daß die - gesprochene oder geschriebene - Textoberfläche niemals dem, was ein Subjekt „zu sagen hat", voll gerecht werden könne. Das erst macht auf der anderen Seite „Interpretation" zu einer (wie wir im 20. Jahrhundert sagen würden) existentiellen Notwendigkeit. Erst die Interpretation, welche im Idealfall die Ausdrucksmöglichkeiten des Textes überbietet, erreicht wieder das und löst das wieder ein, was die Seele des Autors immer schon enthält - ohne daß es sich über den Körper des Autors oder in einem Text vollends artikulieren könnte.

Die Druckpresse scheint sich aber nicht nur - mit so weit-reichenden Folgen - zwischen den Körper der Schreibers und den schriftlich fixierten Text geschoben zu haben. Sie hat auch die (für uns und für die klassische Antike so selbstver-ständliche) Vorstellung gestützt, daß Texte „der Welt" gegen-überstehen, daß sie „Abbildungen der Welt" seien. Nicht zu-fällig vollzieht sich in den ersten beiden Jahrhunderten der Geschichte des gedruckten Buchs eine höchst einflußreiche Rezeption der auf den Begriff der „Mimesis", der Wirklich-keitsnachahmung zentrierten Poetik des Aristoteles. Während die Texte der höfischen Kultur des Mittelalters als Elemente eines auf Provokation abgestellten Spiels Teil einer Lebens-form und mithin Teil einer gesellschaftlichen Welt waren, er-warten neuzeitliche Leser, daß Texte der Welt - oder den Wel-ten - gegenüberstehen und sie abbilden. Erst unter diesen Be-dingungen eröffnet sich für die Kategorie der Fiktion ein insti-tutioneller Ort und eine Funktion, denn erst jetzt beginnt die Zusicherung von Weltreferenz seitens der Autoren und Texte eine Rolle zu spielen. Nur weil eine solche Zusicherung von Weltreferenz für Autoren und Leser nun belangvoll geworden ist, gibt es einen Ort für Fiktion als bewußtes Aussetzen der gegenüber dieser Zusicherung gehegten Skepsis. Wie die Ka-tegorie der Fiktion scheint auch die neuzeitliche Praxis des Leser-Identifikation von der Entzweiung zwischen wirklicher Welt und Text-Welt abzuhängen. Ob die Sänger von Minne-liedern „literaturspezifische" Rollen übernahmen oder nur das spielten, was sie gesellschaftlich ohnehin schon immer waren, bleibt - vielleicht für immer - eine offene Frage. Hingegen glauben wir zu wissen, daß Cervantes mit seinem Helden Don Quijote eine Parodie auf den identifikationsbereiten Leser von gedruckten Büchern erfunden hat, der sich vornehmlich in solche Rollen und Welten versetzen läßt, welche ihm in sei-nem Alltag unzugänglich bleiben.

Die uns vertrauten Begriffe von Autorschaft, Autorintention und Lektüre, Weltabbildung, Fiktion und Identifikation sind also Größen, die erst seit der frühen Neuzeit konstitutiv für das Medium „Literatur" werden. Wir können hier nur einige Folgen dieser strukturellen Revolution erwähnen. Die Erwartung einer spezifischen Nähe zwischen den Produzenten und Rezipienten von Literatur zum Beispiel wird erst jetzt zur Projektion einer spezifisch psychischen Nähe zwischen Individuen, die de facto einander weniger vertraut sind als je zuvor (zum Topos der Autoren gegenüber ihren „lieben Lesern" und zum Topos vom Autor als „Seelenverwandten" des Lesers), weil erst jetzt - anders als etwa im Minnesang - die Dimension räumlicher Ferne und Nähe vollkommen ausgeblendet ist. Zugleich sehen sich die Autoren bei ihrer Textproduktion zunehmend dem Druck moralischer Verantwortung ausgesetzt. Es ist nicht mehr genug, solche Texte aufzuschreiben und zu rezitieren, in denen sich standesspezifische Lebensformen vollziehen - Texte sollen nun einem vagen Kriterium von „Nützlichkeit" gehorchen. Manifestiert sich darin der für das Medium „Literatur" spezifische Mehrwert-Erwartung (Literatur soll ihre Leser erfreuen und zugleich gebrauchsrelevant sein), so mag die wachsende Betonung dieses Aspekts erklären, warum die provokativen Töne von Literatur in der frühen Neuzeit deutlich gedämpft erscheinen. Die Autoren können es sich nicht mehr leisten, nicht belehrend zu sein. Weit mehr als in den vorausgehenden Jahrhunderten achten sie darauf, daß ihre Texte eine prägnante narrative oder argumentative Struktur haben, die als Träger - als Allegorie - einer positiven Sinngestalt identifiziert werden kann. Weil die Leser solche Strukturen und Sinngestalten nun als Ausdruck einer Autorenintention sehen - und durchaus auch schon als geistiges Eigentum des Autors - sollen Texte in ihrer sprachlich-materiellen Gestalt nicht mehr beständig den Konventionen je neuer Rezipientengruppen angepaßt werden. Sie bleiben stabil und laden sich so langfristig mit Konnotationen von Historizität auf, die dann zurück auf die Situationen ihrer Entstehung verweisen.

Im Zeitalter des gedruckten Buchs wird Kommunikation zunehmend verstanden als Zirkulation von mehr oder weniger komplexen Bedeutungsgestalten - und das gilt für das Medium

„Literatur" ebenso wie für alle anderen Modalitäten sprachlicher Interaktion. Damit aber tritt eine Funktion von Kommunikation in den Hintergrund, welche im Mittelalter so selbstverständlich gewesen war, daß sie kaum je erwähnt wurde. Mittelalterliche Kommunikation war - in einer von dem Gedanken göttlicher „Realpräsenz" beherrschten Kultur - immer, wenigstens zu einem Teil Produktion von körperlicher Präsenz. Das galt durchaus auch für den Austausch von Manuskripten, deren Schrift ja unvermeidlich die Spur von Körperbewegungen war. Wo das Medium „Literatur" an dieser Funktion der Produktion von Präsenz festhält, wird es institutionell ausgegliedert und nun (ganz im neuzeitlichen Sinn des Begriffs) als „Theater" verstanden, als jene Sonderform von Literatur, für die Körperpräsenz konstitutiv ist. Retrospektiv bedeutet das aber, daß wir mit einem „mittelalterlichen Theater" im äquivalenten Sinn nicht rechnen können, weil ja jeder Akt von Kommunikation in der mittelalterlichen Kultur zugleich und unvermeidlich ein Akt der Produktion körperlicher Präsenz war. Es ließe sich ohne Schwierigkeit zeigen, daß auch das neuzeitliche Theater in wenigen Jahrzehnten auf Kommunikation als Zirkulation von Bedeutungsgestalten als seine Hauptfunktion umstellt. Die Körper der Schauspieler verweisen dann nicht mehr auf sich und ihre Präsenz, sondern auf komplexe Bedeutungen, in Bezug auf welche Konfigurationen von Rollen und Körpern den Status von zu entziffernden Zeichen („signifiants") haben.

Auf der anderen Seite entwickelt sich in gedruckter Literatur die Unabhängigkeit der Texte gegenüber ihrer Einbettung in bestimmte Situationsmuster (und dazu gehört immer die Präsenz derer, die sie als Medium der Kommunikation benutzen) zu einem besonders hohen Grad. Weit deutlicher als zum Beispiel Lehrbücher, Sammlungen von Rechtsentscheiden oder Repertoires von Liedern werden literarische Texte (um einen von Niklas Luhmann geprägten Begriff zu benutzen[1])

---

[1]   Niklas Luhmann (1986), S. 620-672, hier S. 628.

zu „Kompaktkommunikation". Das heißt, die Leser können
von den Texten nun Verweise auf jene Vollzugssituationen erwarten, welche sie sich als Rahmen für den Gebrauch dieser
Texte vorstellen sollen. An die Stelle des Liedvortrags im Angesicht der angebeteten Dame (sollte dies je wirklich ein höfischer Brauch gewesen sein) tritt nun als gedrucktes Buch eine
Sammlung von „Gedichten für Liebende", deren Vers- und
Strophenform sich noch über Jahrhunderte durchhalten wird,
obwohl ihre Texte schon bald zum Gegenstand vornehmlich
stiller Lektüre werden. Ein Buch mit hundert Novellen und
einer Rahmenerzählung ersetzt jene gesellige Runde (vielleicht war sie nichts ist als ein Produkt sentimentalischer Li-
terarhistoriker-Imagination!) von Freunden, welche, um einen
Tisch versammelt, kuriose und erbauliche Geschichten zum
Besten geben. Das neuzeitliche Medium „Literatur" lehrt seine
Leser, nicht mehr allein Textbedeutungen zu imaginieren sondern selbst noch die Präsenz des Gebrauchs dieser Texte.

***

Es gibt durchaus plausible Gründe, den Namen „Literatur"
allein für jene medialen Formen zu gebrauchen, die sich um
das gedruckte Buch kristallisieren. Im Gegensatz zu mittelalterlichen Medien sind für diese Medien die Rolle der Autors
(einschließlich der Autoren-Intention) und die Rolle des einsamen Leser konstitutiv, eine Nähe zwischen Autor und Lesern, welche ausschließlich psychische oder intellektuelle Nähe ist, und die Annahme, daß Texte immer als Darstellung
von Welt (im fiktionalen und nicht-fiktionalen Modus) fungieren. Doch auch wenn man, wie ich es vorgeschlagen habe, den
Begriff des Mediums „Literatur" öffnet für spezifische Formen
von Kommunikation im Rahmen der mittelalterlichen Kultur,
läßt sich die These vertreten, daß seine spezifischen Möglichkeiten einer idealtypischen Ausprägung nie näher kamen als
im 18. Jahrhundert, dem Jahrhundert der Aufklärung - welches kulturgeschichtlich auch das Zeitalter der maximalen

Dominanz des Geistes über den Körper war. In keinem früheren und in keinem späteren Stadium der westlichen Kultur war Literatur eindeutiger zentriert auf die Konstitution von Bedeutungen, auf ihre Validierung als Darstellung von und auf ihre Zirkulation als Wissen über die Welt. Für einige Jahrzehnte öffnete sich der Begriff von Literatur so in der Tat auf die Breite all jener Texte und Textgattungen, von denen Leser - unter welchen spezifischen Modalitäten auch immer - den Mehrwert einer Erweiterung und Komplexifizierung ihres Wissens über die Welt erwarten konnten.

Dabei verstärkte sich der in der frühen Neuzeit zunächst eher gedämpfte Anspruch der Literatur, transgressiv zu sein, unter einer doppelt paradoxalen Konstellation von Bedingungen. Unser Begriff von Aufklärung ist noch immer bestimmt durch den traditionellen Anspruch, daß das von ihrer Literatur transportierte neue Wissen immer weniger ein Wissen war, welches sich aus der Überlieferung ständischer Institutionen speiste und der Legitimation dieser Institutionen diente. Darin lag sein Provokationswert - Wissen im Dienste von Veränderung und Innovation zu sein. Auf der anderen Seite aber war das Wissen der Aufklärung bemerkenswert blind gegenüber seiner eigenen Positionalität. Fast ausnahmslos präsentierte es sich als Entsprechung „kosmischer" oder „rein menschlicher" Natur, und geradezu selbstverliebt behaupteten seine Produzenten (etwa in dem Artikel "Philosophe" der von Diderot und d'Alembert ab 1756 herausgegebenen Encyclopédie ou Dictionnaire Raisonné des Arts et des Métiers), daß ihre Distanz, ja ihre Isolation von der Gesellschaft eine Garantie für die Objektivität des von ihnen produzierten Wissens sei. Paradoxalerweise vollzog sich deshalb die Transgressivität der Aufklärungsliteratur in ihrer Selbstinszenierung als Natur und als Menschlichkeit, und ihr Objektivitätsanspruch beruhte auf einer Subjektivität, die sich nicht selten als Individualität, das heißt als Exzentrizität einer von der unmenschlich gewordenen Gesellschaft verfolgten Tugend inszenierte.

Fiktionalität als Aufhebung der Unterscheidung zwischen „wahr" und „falsch", Fiktionalität als Aussetzen einer grundlegenden Skepsis gegenüber jeglichem Wissen war eine Einstellung, die sich eine so sehr auf die Weltadäquanz des in ihr zirkulierenden Wissens verlassende Literatur wie die der Aufklärung nur in Maßen erlauben konnte. Die Standard-Erwartung gegenüber ihren Texten war deshalb in der Prämisse fundiert, daß sie durchaus wahre Sachverhalte präsentierten, daß diese wahren Sachverhalte jedoch oft in erfundenen Geschichten oder „Fabeln" artikuliert seien. Ob wirklich je ein junger Mann namens Candide und ein weiser Jude namens Nathan gelebt hatten, war, das wußten die Leser, nicht von Belang. Um so mehr waren sie bereit, eine Botschaft als „Wahrheit" ernst zu nehmen, in der Voltaires conte philosophique und Lessings Drama konvergierten, die Botschaft nämlich, daß jeder einzelne - nicht zuletzt im eigensten Interesse - verpflichtet sei, jene Gaben zu pflegen, mit denen die Natur ihn ausgestattet habe. Im Sinne dieses Typs von Verstehen war die Literatur des 18. Jahrhundert zu einem hohen Grad allegorisch - und das heißt auch: abhängig von der Möglichkeit, eine eindeutige Unterscheidung zu machen zwischen dem Wissen, das ihre Autoren zu vermitteln intendierten, und den literarischen Verfahren und Formen, welche zu diesem Zweck benutzt wurden.

Die für das Medium „Literatur" charakteristische „Fernanwesenheit", die konstitutive Nähe zwischen Autoren und Lesern konkretisierte sich während der Aufklärung vor allem in der pauschalen Annahme, daß die Autoren zum Wohl ihrer Leser - und den Bedrohungen von Zensur und Repression trotzend - ein neues und von allen Vorurteilen gereinigtes Wissen zur Verfügung stellten. Komplementär dazu gewann eine literarische Gattung, der Briefroman, ungeahnte Beliebtheit und tränenreiches Prestige, indem er den Lesern Zugang zu den subjektivsten und exzentrischsten Gefühlen der in ihm korrespondierenden Protagonisten bot. Je mehr eine Briefschreiberin dem opportunistischen Treiben der Gesellschaft entrückt sei, das war die Prämisse, an die sich Bestseller wie Richardsons Clarissa Harlowe oder Rousseaus Nouvelle Héloïse hielten, desto höher sei ihre Fähigkeit zur Selbstreflexion entwikkelt, und je höher ihre Fähigkeit zur Selbstreflexion, desto deutlicher sei die Heldin gegenüber der Gesellschaft moralisch im Recht. In diesem Sinn ist der Briefroman der Aufklärung eine geradezu hyperbolische Entfaltung des seit der frühen Neuzeit institutionalisierten Paradigmas von Literatur als - stets unvollkommenem - „Ausdruck" einer „tiefen" Innerlichkeit, welcher die Texte nie ganz entsprechen könnten, weshalb sie eben der Interpretation bedürfen. Aber es war es gerade die materielle „Äußerlichkeit" der so immer etwas verachteten Texte, welche dem moralischen Anspruch von Selbsttransparenz und Selbstreflexion einen Streich spielen konnte. Denn wenn sie einmal in gedruckten Büchern veröffentlicht waren, unterlagen die warmherzigen Briefe der tugendreichen Heldinnen nicht mehr der Kontrolle ihrer fiktionalen und wirklichen Autoren. Man konnte dann - und man kann noch heute - in diesen Texten Julies und Clarissas machtvollen Willen zur Manipulation entdecken, ihren Egozentrismus und vor allem die Grenzen jener Selbsttransparenz, auf die sich der Objektivitätsanspruch des exzentrischen Individuums der Aufklärung gründete. Nichts war prekärer für das Selbstverständnis der Aufklärungsliteratur als solche Inkonsistenz-Entdeckungen seitens ihrer Leser, auch wenn diese Inkonsistenzen und diese Entdeckungen ebensowenig „wirklich" waren wie die Gefühle und Reflexionen ihrer Protagonistinnen.

***

Diese Unvereinbarkeit zwischen Positionen der Subjektivität und Ansprüchen auf Objektivität wird zum epistemologischen Leitmotiv des 19. Jahrhunderts. Sie motiviert jene um 1800 heraufziehende „Krise der Repräsentation", die Michel Foucault immer wieder - manchmal in etwas melodramatischen Tönen - beschrieben hat. Sie läßt sich - mit Niklas Luhmann -

erklären als Folge einer Komplexifizierung jener Perspektive,
von der aus westliche Kultur die Welt beobachtet: in dem
Maß, wie diese Perspektive selbstreflexiv wurde, produzierte
sie zugleich mit dem Wissen über die Welt ein Bewußtsein
seiner Standortgebundenheit. Vor allem aber steht die Prämisse von der Unvereinbarkeit zwischen Subjektivitäts-Position
und Objektivitäts-Anspruch hinter Hegels These vom „Ende
der Kunstperiode" in der Epoche zunehmend subjektiv „romantischer" Kunstproduktion.

Dies alles ist in unserem Zusammenhang zum einen deshalb bemerkenswert, weil die neue epistemologische Situation
als eine Umkehrung des Epistemologie des 18. Jahrhunderts
gesehen werden kann, in der die durch Exzentrizität zu gewin-
nende „Vorurteilsfreiheit" des Subjekt die wichtigste Bedingung seiner Objektivität war (im 19. Jahrhundert hingegen
wirkte jegliche Exzentrizität immer schon „allzu exzen-
trisch"). Vor allem aber wurde es nun zur - manchmal programmatischen, manchmal vorbewußten - Obsession all jener
Literatur der Epoche, die wir „realistisch" nennen, eben die
Krise der Repräsentation zu überwinden. Das allerdings geschah unter sozialhistorischen Rahmenbedingungen, die sich
in den Jahrzehnten der bürgerlichen Reformen und Revolutio-
nen dramatisch verändert hatten. Unter Regierungen, die daran gebunden waren, ihre Politik als Verwirklichung reforma-
torischer oder revolutionärer Ideale zu präsentieren, trat zum
erstenmal die Erfahrung gesellschaftlichen Alltags in Kontrast
zu den kollektiv vermittelten Idealvorstellungen von sozialem
Leben. Als eine Sphäre der Vermittlung zwischen gesellschaftlichem Alltag und normativem Bild der Gesellschaft
entwickelte sich ein - nun prinzipiell allen gesellschaftlichen
Gruppen offen stehendes - Feld der Freizeitbeschäftigungen.
Freizeitbeschäftigungen ermöglichten (unter spezifischen Bedingungen und zeitlichen Restriktionen) die Erfüllung jener
Wünsche, welche das normative Bild der Gesellschaft schon
immer versprochen hatte, ohne daß der gesellschaftliche Alltag diese Versprechungen einlösen konnte; Freizeitbeschäfti-

gungen lenkten in vielfältiger Weise ab von dem Eindruck eines Hiatus zwischen gesellschaftlichem Alltag und gesellschaftlichem Ideal - und beides gelang ihnen, indem sie als Kompensation (für im gesellschaftlichen Alltag nicht erfüllte Erwartungen) oder als Versöhnung (mit diesem Alltag) fungierten. Da aber Akte der Kompensation und Akte der Versöhnung nur dann wirksam sein können, wenn sie sich nicht als solche präsentieren (wer würde mit einer Befriedigung von Bedürfnissen vorlieb nehmen wollen, die sich als Kompensation präsentiert?), ging die Entwicklung des sozialen Felds der Freizeit einher mit einem raschen Verschwinden jener langen Absichtserklärungen und Funktionszuweisungen, die gerade im 18. Jahrhundert kommunikative Handlungen so oft begleitet hatten.

Literarische Rezeption wurde im 19. Jahrhundert, das nach unseren statistischen Kenntnissen die große Zeit nicht-zweckorientierter einsamer Lektüre war, zu einem zentralen Bereich im Feld der Freizeitbeschäftigungen, und eben von dieser Einbindung kam das zunächst als Ehrentitel verstandene neue Selbstverständnis von Literatur als „funktionslos" (das in unserer historischen Retrospektive nicht verwechselt werden darf mit einem faktischen Mangel an sozialer Funktion). Gerade an diesen Schein von Funktionslosigkeit war nun die traditionell vage Erwartung gebunden, daß Literatur für ihre Rezipienten einen besonderen Mehrwert bereit halte, der sich nicht in alltagsrelevanten Funktionen verrechnen ließ. Dieser Mehrwert wurde oft assoziiert mit dem Beitrag der literarischen Texte zur Ausbildung eines normativen Bildes von gesellschaftlichem und individuellem Leben - eine Sicht, welche literarische Lektüre in die Position einer Quasi-Religion erhob und, so ist zu vermuten, deshalb entscheidend wurde für den Entschluß von Kultuspolitikern in verschiedenen europäischen Nationalstaaten, eine der Literatur gewidmete akademische Disziplin einzurichten und zu finanzieren. Zugleich waren es über das gesamte 19. Jahrhundert vor allem die Werke literarischer Autoren (denken wir an Balzac und Dickens, Manzoni,

Pérez Galdis oder Tolstoj), welche den epistemologisch problematisch gewordenen Glauben an die Möglichkeit objektiver
Welterfassung und Weltdarstellung aufrecht hielten. Darin
bestätigte sich zugleich der quasi-transzendentale Status von
Literatur und ihre Rolle als Vermittlerin zwischen dem normativen Bild der Gesellschaft (das an der Objektivität des in
ihr präsentierten Wissens festhielt) und gesellschaftlicher All-
tagserfahrung (die das Festhalten an solcher Objektivität immer problematisch erscheinen ließ). Diese - vorübergehende -
Rettung des Glaubens an Repräsentation und Objektivität mag
ein Hauptgrund dafür gewesen sein, daß - zumindest im Umfeld des realistischen Romans - Begriffe wie Fiktion oder Imagination zeitweilig zurücktraten hinter jenen Anspruch von
„Funktionslosigkeit", der sich ohne weiteres mit „Vorurteils-
losigkeit" und „Objektivität" verbinden ließ.

Aber konnte ein Medium „Literatur", das nun so stark mit
einem quasi-transzendentalen Status und mit der Funktion der
Wissensstabilisierung assoziiert war, seine - gegenläufige - traditionelle Assoziation mit Transgression und Transgressivität
aufrechterhalten? All seine (teilweise neuen) Funktionen und
Assoziationen kamen zusammen in einem Bild von der Rolle
des literarischen Autors, das nie vor und nie nach dem 19.
Jahrhundert eine ähnlich prononcierte Stellung einnahm. Es
war auf der einen Seite für die Literaten des 19. Jahrhunderts
durchaus kein Tabubruch, sich selbst die Stellung von Priestern und Vermittlern des Transzendentalen zuzuschreiben,
wie sie den neuen, quasi-religiösen Funktionen der Literatur
entsprach. Auf der anderen Seite war diese priesterliche Distanz des Autors gegenüber den Trivialitäten des Diesseits zugleich eine im Vergleich zu der Situation des 18. Jahrhunderts
ins Ekstatatische gesteigerte Distanz des heroischen Individuums, das sich selbst - nicht ohne Stolz - als von der Gesellschaft marginalisiertes und verfolgtes Genie feierte. Wenn
Charles Baudelaire 1857 in der Widmung seiner Gedicht-
sammlung "Les fleurs du mal" den „heuchlerischen Leser -
meinen Doppelgänger, meinen Bruder" anspricht, denn liegt

die Solidarität zwischen Autor und Rezipienten, auf die er anspielt, in der selbstgewählten, alle moralischen Konventionen zurückweisenden Distanz der Individuuen von der Gesellschaft. Doch der Leser ist für Baudelaire - wie der Autor - ein „Heuchler", weil er diese aggressive Distanz immer auch als würdevolle Distanz des Priesters und Sehers inszeniert. Schließlich wird die vom Medium „Literatur" produzierte Nähe zu seinen Lesern in den Texten des 19. Jahrhunderts vor allem zelebriert als die wechselseitige Nähe exzentrischer Individuen - und das heißt als eine doppelte Exzentrizität, die angesichts der Popularität literarischer Lektüre gerade im 19. Jahrhundert pardoxalerweise zu einem Massenphänomen wird. Ein spezifischer Modus, in dem sich die Transgressivität und Exzentrizität des Autor-Individuums realisiert, ist der Zwang zur Innovation. Seit dem Beginn des 19. Jahrhunderts wird von jedem literarischen Text erwartet, daß sein Inhalt und seine Form noch nie dagewesen seien. Das rückt Literatur zunehmend außerhalb des sozialen Bereichs möglicher Institutionalisierung - und langfristig in Distanz zur Verstehenskompetenz immer größerer Gruppen von Lesern.

***

Man kann die - von einer anglo-amerikanischen Wortprägung so genannte - „hoch-moderne" Literatur des frühen 20. Jahrhunderts in Europa und Nordamerika, die Literatur der Joyce und Pound, Döblin und Marinetti, Artaud und Breton als Produkt einer Konvergenz von verschiedenen Krisen ansehen, die bereits im Medium „Literatur" des 19. Jahrhunderts angelegt waren. Vor allem scheint spätestens um 1920, am Ende einer sich immer hektischer beschleunigenden Serie von Innovationen, eine Reihe von einflußreichen Literaten die Hoffnung aufgegeben zu haben, mit den spezifischen diskursiven Techniken ihres Mediums die nun schon ein Jahrhundert lang in Frage gestellte Möglichkeit der Weltdarstellung wiedergewinnen zu können. Damit war in der Tat, wenn auch verspätet, die Prognose vom „Ende der Kunstperiode" erfüllt - zumindest für solche Beobachter, die mit Hegel den Gesamt-Begriff der Kunst an die Funktion der Repräsentation zu binden bereit waren. Als eine zugleich gängige und extrem esoterische Reaktion auf diese Erfahrung spielte sich der Gestus ein, die Darstellungsfunktion von Texten (und, denken wir nur an „gegenstandslose" Malerei: auch die Darstellungsfunktion von nicht-textuellen ästhetischen Medien) durch Unterlaufen der semantischen Gestaltbildung auf ihrer Inhaltsebene aktiv zu erschweren und letztlich unmöglich zu machen. Solches Blockieren der Inhaltsebene und der traditionellen Darstellungsfunktion wird zum Prinzip von künstlerischen Bewegungen wie Dadaismus und Surrealismus. Zugleich mit der technischen Selbst-Marginalisierung des Mediums „Literatur" verliert der nun schon konventionelle Gestus gesellschaftlicher Selbstmarginalisierung unter den Literaten jene Ironie und Doppelbödigkeit, die ihn über viele Jahrzehnte lebbar gemacht hatte. Für Autoren wie Hart Crane, Louis-Ferdinand Céline oder Zora Neale Hurston wird der Eindruck unaufhebbarer Exzentrizität so sehr zur überwältigenden existentiellen Erfahrung, daß ihre Haltung gegenüber den Lesern oft in Misanthropie umschlägt. Zu solcher Bitternis gehört dann auch der wachsende Glaube an die „Funktionslosigkeit" des Mediums „Literatur", die tatsächlich nicht mehr ist als ein Vorzeichen, ein Tabu, hinter dem sich die kompensatorischen und versöhnenden Wirkungen literarischer Texte erfüllen können. Insgesamt aber war das Medium „Literatur" nun endgültig gegenüber seinen potentiellen Rezipienten in eine Situation geraten, wo - wie es Niklas Luhmann einmal formuliert hat[1] - die Bedingungen der Inklusion in literarische Kommunikation angesichts ihrer Komplexität de facto zu Bedingungen der Exklusion geworden waren. Literatur wird im 20. Jahrhundert endgültig als ein esoterisches Medium wahrgenommen.

---

[1]　Niklas Luhmann (1981), S. 245-266

Zugleich mit solchen exzessiven, verzweifelten und höchst provokanten Gesten der Hoch-Moderne entstehen während der zwanziger Jahre - vor allem in jenen nationalen Kulturen, in denen die selbstdestruktiven Trangressionen von Bewegungen wie dem Surrealismus eher die Ausnahme blieben: in Italien und Deutschland etwa, oder in Argentinien und Spanien - neue (mit dem Realismus des 19. Jahrhunderts brechende) Formen von Weltdarstellung und Weltdeutung, die sich auf der Ebene der Selbstreferenz oft als „magischer Realismus" präsentieren. An diese junge Tradition haben im letzten Drittel unseres Jahrhunderts Autoren aus Lateinamerika, Asien, Nordamerika und Europa angeschlossen, die - oft erfolgreich - darum bemüht waren, der Literatur die Funktionen der Weltdarstellung und der Sinnstiftung - vor allem aber: ihre Leser - zurückzugewinnen. Aber trotz der Achtungserfolge des magischen Realismus oder bestimmter postmoderner Gattungen und Diskurse sollte man die Frage nicht mit einem Tabu belegen, ob das Medium „Literatur", dessen Kontinuität in der westlichen Kultur ihren historischen Beginn gehabt hat, nicht mittlerweile in die Nähe ihres historischen Endes gelangt sein könnte. Denn einige jener Komponenten, die sich über die Jahrhunderte als identitäts- und funktionsprägend für die Literatur herausgebildet haben, scheinen in der Kultur unserer Gegenwart ihre außerliterarischen Bezugspunkte verloren zu haben. Die westlichen Gesellschaften haben sich so weitgehend gegenüber verschiedenen Formen von Transgression desensibilisiert, daß wirkliche Provokation nur noch von „Spezial-Effekten" mit einer Intensität ausgehen kann, die ein an einsame Lektüre gebundenes Medium nicht produzieren kann. Fiktionalität als bewußtes Aussetzen von Skepsis setzt eine Welt voraus, in der jegliche Erfahrungen mit den Binarismen „wirklich / unwirklich" und „wahr / falsch" ausgewertet werden - denn Fiktion ist nichts anderes als das vorübergehende Suspendieren dieser Binarismen. Wenn es aber zutrifft, daß die heute von Film und Fernsehen produzierten Bilder immer weniger als „wirklich / unwirklich" oder als „wahr / falsch" klassifiziert werden und daß die Wahrnehmung der Differenz zwischen TV-Bildern und primärer visueller Erfahrung zunehmend schwindet, dann läßt sich auch das Obsoletwerden von Fiktionalität als pragmatischer Dimension voraussehen. Schließlich haben die seit dem Ende des 19. Jahrhunderts neu institutionalisierten technischen Medien Standards in der Produktion von Fernanwesenheit eingeführt, mit denen in Büchern gedruckte Texte kaum konkurrieren können. Auf mehreren Ebenen der Perzeption lassen sie im Raum abwesende Personen über einen Bildschirm körperlich präsent werden - ohne daß diese Personen gegenüber den traditionellen Medien an intellektueller Präsenz verlieren.

Vielleicht hängt für das Überleben des Mediums „Literatur" alles davon ab, ob sich die klassische - und seit jeher vage - Vermutung eines ihr inhärenten Mehrwerts in neue Richtungen der Assoziation und der Funktionalisierung verschieben läßt. Könnte Literatur etwa in einem gegenüber dem 19. Jahrhundert intensivierten und konkretisierten Sinn zu einem Substitut für Religion werden? Hier spätestens stellt sich dann auch die Frage nach dem Preis, um den das Überleben des Mediums „Literatur" zu haben wäre.

Literaturverzeichnis

[1]   Gumbrecht, Hans Ulrich (1990): *The Transgression(s) of the First Trobador*, in: „Stanford French Review 14" , S. 117-142.

[2]   Jeanroy, Alfred (1964): *Les chansons de Guillaume IX, Duc d'Aquitaine (1071-1127)*, 2. Auflage, Paris, S. 6.

[3]   Luhmann, Niklas (1981): *Ist Kunst codierbar?*, in: „Soziologische Aufklärung", Bd. 3.Opladen, S. 245-266.

[4]   Luhmann, Niklas (1986): *Das Kunstwerk und die Selbstreproduktion der Kunst*, in: Hans Ulrich Gumbrecht, K. Ludwig Pfeiffer (Hrsg.), „Stil. Geschichten und Funktionen eines kulturwissenschaftlichen Diskurselements", Frankfurt / M., S. 620-672, hier S. 628.

[5]   Smolka-Koerdt, Gisela, Peter M. Spangenberg und Dagmar Tillmann-Bartylla (1988): *Der Ursprung von Literatur. Medien, Rollen, Kommunikationssituationen zwischen 1450 und 1650,* München.

OHREN UND AUGEN - SCHRIFT UND BILD ZUR MEDIALEN TRANSFORMATION KÖR- PERLICHER WAHRNEHMUNG IM MITTELALTER

Horst Wenzel

„Déconstruction" und „posthistoire" sind Leitbegriffe der aktuellen Theoriediskussion;[1] die traditionellen Epochenbegriffe
haben ihren Glanz verloren.[2] Eine produktive Antwort darauf
könnte auf der Frage aufbauen, wie die alten und die neuen
Möglichkeiten, Wissen zu bewahren, die Modi der Sinnkonsti-
tution bedingen.[3] Körpergebundene Erinnerung, Schrift,
Druck und elektronische Datenverarbeitung sind Medien, die
nicht nur Wissen transportieren, sondern auch das Denken
selbst bedingen und verändern. Diese Problemstellung rückt
zunehmend ins Blickfeld der Historiker und ist zu einem leitenden Paradigma der Kulturwissenschaften geworden.

Zu dem Gegenstandsbereich der Mittelalterforschung gehören demzufolge Fragen nach dem Verhältnis von Mündlichkeit und Schriftlichkeit, nach den Leistungen der Manuskriptkultur und der Einführung des Buchdrucks. Dabei darf der
Gegensatz der leitenden Begriffe und der Wechsel der Kulturtechniken nicht zu einseitig betont und zu konträr gefaßt werden. Der gesamte Gegenstandsbereich gewinnt seine Komplexität gerade aus der Tatsache, daß sich ein Medium nicht

---

[1]   Hans Ulrich Gumbrecht und Karl Ludwig Pfeiffer (Hrsg.) (1988);
vgl. Joachim Bumke (1991).

[2]   Hans Ulrich Gumbrecht und Ursula Link-Heer (Hrsg.) (1985);
Reinhart Herzog und Reinhart Koselleck (Hrsg.) (1987); Rainer
Rosenberg (1987), S. 216-235.

[3]   Niklas Luhmann (1985), S. 11-33.

schon völlig ausgebildet an die Stelle eines anderen setzt. Es scheint sich als Regel zu erweisen, daß jedes neue Medium sich zunächst dem alten Medium unterordnet und erst langsam seine eigenen Möglichkeiten entwickelt. Das gilt schon für die Ergänzung der Manuskriptkultur durch die Leistungen des Buchdrucks,[1] denn der Buchdruck zielt ursprünglich darauf ab, die Graphie handschriftlicher Manuskripte zu normieren und zu überbieten, also einen hohen ästhetischen Anspruch an die Kalligraphie zu standardisieren. Das gilt ähnlich für die Einführung mechanischer Schreibtechniken, während der Computer zunächst so verwendet wird wie eine verbesserte Schreibmaschine. Für die Anfänge der volkssprachlichen Literaturproduktion stellt sich unter medienanthropologischer Perspektive das Problem der Verwendung vor- und außerliterarischer, an den Körper oder an die Körperglieder gebundener Memorialtechniken, die durch das Medium der Schrift gestützt und propagiert werden.

Körpergebundene Kommunikation und Schriftlichkeit

Die Einführung der Schrift ist für das antike Griechenland ebenso untersucht worden[2] wie für Ägypten[3], für die römische Antike[4] und das deutsche Mittelalter,[5] für Afrika wie für Chi-

---

[1] Jan-Dirk Müller (1988), S. 203-217; Horst Wenzel (1988), S. 178-202. Der hier vorgelegte Beitrag ist angelehnt an ders. (1993), S.101-121.

[2] Eric A. Havelock (1963); ders. (1976); ders. (1986); Wolfgang Rösler (1983), S. 109-122.

[3] Jan Assmann (1992).

[4] Gregor Vogt-Spira (Hrsg.) (1990).

[5] Brian Stock (1983); ders. (1984), S. 13-29; Henry John Chaytor (1967); Walter J. Ong (1984/85), S. 1-12; ders. (1982). Dennis Green (1986), S. 143-153; ders. (1987), S. 1-20; ders. (1990), S. 267-280; ders. (1994); Walter Haug (1983), S. 141-157; Horst Wenzel (1995).

na.[1] Demnach hat es den Anschein, daß sich dieser Übergang im Laufe der Kulturgeschichte nicht nur einmal, sondern immer wieder neu vollzieht, und damit verbindet sich die Aufgabe, die jeweils spezifischen Konstitutionsbedingungen besonders hervorzuheben. Die mittelalterlichen Verhältnisse erweisen sich als außerordentlich komplex, weil wir einerseits die Kontinuität der lateinischen Literatur und ihrer Träger zu bedenken haben, andererseits die Volkssprache zum erstenmal verschriftet wird. In der Anfangsphase ist diese Verschriftung hinorientiert auf die Kirche, auf das Gebrauchsinteresse und die Aufgaben der Seelsorge. Hier sind auch die volkssprachlichen Texte selbst weitgehend am Latein orientiert. Im 12. Jahrhundert allerdings entwickelt sich eine eigene, volkssprachliche Literaturproduktion, die vom Latein relativ unabhängig ist. Schon Burdach[2] und noch Zumthor[3] vertreten die These, daß das Deutsche bis zum 15. Jahrhundert an der Mündlichkeit orientiert bleibt, volkssprachliche Texte eine Stützfunktion und Bewahrungsfunktion für die mündlich zu realisierende Rede (für den Vortrag) haben. Das leuchtet besonders ein, wenn man bedenkt, daß die Volkssprache als Muttersprache in primären Sozialbeziehungen angeeignet wird, das Latein aber mit Hilfe der Grammatik aus schriftlichen Texten erlernt werden muß. In der Muttersprache bilden sich die komplexen Strukturen der vis-a-vis-Kommunikation, der Kommunikation von Angesicht zu Angesicht, relativ deutlich ab, in der lateinischen Sprache ist vielfach ein höherer Grad der Abstraktion erreicht. Besonders interessant ist es deshalb, wenn lateinkundige Autoren sich der Volkssprache bedienen und im Wissen um die spezifischen Möglichkeiten und Grenzen der volkssprachlichen Adressaten über die Modi der Mündlichkeit nachdenken und die vorschriftlichen Mnemotechniken zu nutzen suchen.

---

[1] Hanna Vollrath (1981), S. 571-594; Jack Goody, Ian Watt (1968), S. 27-68; ders. (1977).

[2] Konrad Burdach (1903), S. 1-62.

[3] Paul Zumthor (1985), S. 359-375; ders. (1986), S. 483-496; ders. (1986), S. 703-713.

Der Einsatz der Schrift bedeutet nicht, wie Luhmann nachdrücklich hervorhebt, „daß zunächst nur mündlich und dann nur schriftlich kommuniziert wird." Vielmehr stehen mit der Einführung der Schrift „beide Kommunikationsmöglichkeiten zur Wahl, sie erklären sich wechselseitig und können in je ihrer Art verfeinert werden, so daß die Wahl der Form und ein etwaiges Zusammenwirken reguliert werden müssen."[1] Die Assimilation der Schrift an die Kommunikationsprozesse der Oralität manifestiert sich besonders daran, daß der Informationsaspekt vom Beziehungsaspekt nicht getrennt wird. Die Schrift erscheint als mediale Erweiterung und Fortsetzung von personellen Möglichkeiten, als Garant einer Aura, die das Körperschema des Menschen bewahrt. Diese Bindung an das Körperschema hat sich in den toten Metaphern des Buchwesens bis heute erhalten. Ein Buch ist ein Korpus mit Kopfzeile und Fußnoten, das uns den breiten oder schmalen Rücken zukehrt, wenn wir es beiseite stellen. Diese Metaphorik weist darauf zurück, daß die Schrift als Repräsentation der Rede lange nicht abstrakt gedacht wurde. „Das kollektive Gedächtnis bedarf zu Beginn der Schriftentwicklung keines Bruches mit seiner traditionellen Bewegung",[2] heißt es bei Leroi - Gourhan, der berechtigt davon ausgeht, daß der Stoff der antiken und mittelalterlichen Handschriften aus Texten besteht, die vorgetragen und vom Gedächtnis aufgenommen werden sollen. So bildet die Schrift in den Frühphasen der Manuskriptkultur bevorzugt Kommunikationsprozesse ab, die außerschriftlich vorgegeben sind. Sie propagiert in diesem Sinne immer noch die Ausrichtung der Jugend an vorbildlichen Traditionsträgern.

Dementsprechend fordert der „Wälsche Gast", die erste mittelhochdeutsch überlieferte Erziehungslehre, die Thomasin von Zerclaere 1215 aufgeschrieben hat,[3] der Heranwachsende möge *sehent, hoerent* und *gedenkent* Sprache und Verhalten

---

[1] Niklas Luhmann (1985), S. 20.
[2] André Leroi-Gourhan (1980), S. 324.
[3] Heinrich Rückert (Hrsg.) (1965); Thomasin von Zerclaere (1984/85).

erfahrener Leute nachahmen und sich durch teilnehmendes Lernen die Regeln der Gesellschaft aneignen:

> ein ieglîch edel kint mac
> sich selben meistern alle tac.
> *sehende, hoerende,* ob er wil,
> und *gedenkent* lernt man vil
> er sol ouch haben den muot,
> merke waz der beste tuot,
> wan die vrumen liute sint
> und suln sîn *spiegel* dem kint.
> (W.G. v. 613 ff.)

(Jeder adlige Jüngling soll sich selbst alltäglich erziehen. *Sehend, hörend* und *erinnernd* lernt man viel. Er soll auch darauf achten, was der Beste tut, denn die tüchtigen Leute sind ein *Spiegel* für die Heranwachsenden.)

Was man von anderen Personen sehen, hören und fühlen kann, ist die sinnlich-leibliche Basis des sozialen Handelns. Die Wirksamkeit dieses Verfahrens wird gesteuert durch positive und negative Sanktionen, durch Tadel und Strafe oder durch die Zuteilung von Anerkennung und Prestige. Das Verhalten wird von außen her, von oben vorgegeben. Das Kind, nicht anders aber der Erwachsene, imitiert besonders Handlungen, die bereits Erfolg hatten, und zwar besonders bei Personen, die Autorität besitzen und Autorität ausüben. In diesem Sinne fordert Thomasin die Komplexität der Lernsituationen durch die Orientierung an einem ausgewählten Vorbild zu vereinfachen. Dauerhaftigkeit und Stabilität gewinnt ein solches Vor-Bild allerdings erst durch die Unterstützung der Memoria. Der Spiegel der Erinnerung vergegenwärtigt das, was war: das Bild eines handelnden Menschen. Dieses Bild ist somit keine Abstraktion, sondern formgebende Erinnerung, ein Memorialbild, worin komplexe Sinnesempfindungen und Affekte ganz genauso eingebunden sind wie rationale Wahrnehmungen.

Vor Schrift und Bild ist das Gedächtnis Medium der Erinnerung und Garant dafür, daß das kollektiv geteilte Wissen,
körperlich gebunden und personal vermittelt, von Generation
zu Generation weitergegeben wird. „Körperlich gebunden"
meint gebunden durch alle Sinne, aber primär wird das Hören
als Wahrnehmung von Sprache mit dem Sehen gekoppelt.

Für die höfische Erziehung (*kindes zuht*) nennt Walther von
der Vogelweide drei zentrale Regeln, die neben einer schönen
Sprache (*zunge*) vor allem die Kontrolle der Augen (*sehen*)
und der Ohren (*hoeren*) betonen:

> Hüetent iuwer *zungen:*
> daz zimt wol den jungen.
> stôz den rigel für die tür,
> lâ kein boese wort dar für.
>
> Hüetent iuwer *ougen*
> offenbâr und tougen,
> lânt si guote site spehen
> und die boesen übersehen.
>
> Hüetent iuwer *ôren*,
> oder ir sînt tôren.
> lânt ir boesiu wort dar in,
> daz gunêret iu den sin.
> (L. v. 87,9 ff.)[1]

(Hütet eure *Zungen*, das steht der Jugend wohl an. Schiebt den Rie-
gel vor die Tür, laßt kein böses Wort heraus. Hütet eure *Augen* in der
Öffentlichkeit wie in der Heimlichkeit. Laßt sie das Gute beobachten
und das Schlechte übersehen. Hütet eure *Ohren*, oder ihr seid Toren.
Laßt ihr böse Worte herein, so entehrt das euer Herz.)

„Da unser Auge von Natur taub, und unser Ohr blind ist," gehören Hören und Sehen für das sprachliche Handeln notwendig zusammen, heißt es noch bei Hamann,[2] und ähnlich hat

---

1   Karl Lachmann (Hrsg.) (1965).
2   Johann Georg Hamann (1967), S. 199-212, hier S. 208.

auch Herder im anthropologisch-empirischen Teil seiner Antwort auf die „Preisfrage nach dem Ursprung der Sprache" gegen die Isolierung eines Sinnes die notwendige Koordination aller Sinne und den besonderen Vorrang von Gesichtssinn und Gehör ins Feld geführt.[1] Dementsprechend ist die formelhafte Verbindung von *hoeren* und *sehen* auch als Bezeichnung der sensorischen Wahrnehmung in der Vielzahl aller ihrer Dimensionen zu verstehen.

In der Tradition oraler Kulturen gibt es kein Wissen und kein Gedächtnis außerhalb menschlicher Körper. Stets sind es Personen, die sich erinnern, indem sie erzählen und handeln, sind es Personen, die lernen, indem sie andere sehen und hören. In der Vortragssituation wird das veräußerlichte Wissen - der Text - wieder in einen oralen, körperlichen Kommunikationszusammenhang gebracht. Dabei ist es der Körper des Vortragenden, sind es Stimme und Gesten, die die schriftliche Vorlage mit Leben füllen und im Kontext der höfischen Repräsentationsästhetik dem Publikum sinnlich erfahrbar machen. Bei Richart de Fournival (gest. 1260) heißt es, „ke toute escripture si est faite pour parole monstrer et pour che ke on le lise; et quant on le list, si revient elle a nature de parole" (daß alle Schrift gemacht ist, um die Worte darzustellen und um sie zu lesen; und wenn man sie liest, erhalten sie die natürliche Form des Wortes zurück).[2]

Die Notwendigkeit, daß sich der Vortragende dem vorgegebenen Text unterordnet, daß er ihm seine Stimme und seinen gesamten Körper leiht, kommt in dem bekannten Bild aus der Johannes-Apokalypse (Off. 10,19ff.) archetypisch zur Darstellung, wonach sich der Apostel das Buch einverleibt, es materiell verschlingt, um dann die „fremden Wörter" aus dem eigenen Inneren heraus zum Erklingen zu bringen. Ähnlich schildert Hesekiel bereits im Alten Testament seine Berufung zum Propheten Israels, die ihm von der Stimme Gottes mitgeteilt wird:

---

[1]　Johann Gottfried Herder (1960), S. 1-87.
[2]　Documenti di Filologia 2 (1957), S. 6 f.

Du aber, Menschensohn, höre, was ich zu dir sage [...] Öffne deinen Mund, und iß, was ich dir gebe. Und ich sah: Eine Hand war ausgestreckt zu mir; sie hielt eine Buchrolle. Er rollte sie vor mir auf. Sie war innen und außen beschrieben, und auf ihr waren Klagen, Seufzer und Weherufe geschrieben.
Er sagte zu mir: Menschensohn, iß, was du vor dir hast. Iß diese Rolle! Dann geh, und rede zum Haus Israel! Ich öffnete meinen Mund, und er ließ mich die Rolle essen. Er sagte zu mir: Menschensohn, gib deinem Bauch zu essen, fülle dein Inneres mit dieser Rolle, die ich dir gebe. Ich aß sie, und sie wurde in meinem Mund süß wie Honig.
Er sagte zu mir: Geh zum Haus Israel, Menschensohn, und spricht mit meinen Worten zu ihnen! (Hes. v. 2,8 ff.)

In der lateinischen und in der volkssprachlichen Dichtung des Mittelalters findet sich die Rezeption der Schrift als eine sensorische Aneignung des Wortes dargestellt, die alle körperlichen Sinne einbegreift. So hofft der Priester Wernher für seine Mariendichtung,

> daz si ez alle muosen *lesen*,
> die gotes chint wellen wesen,
> unt ouch mugen *schouwen*
> laien unde frouwen,
> *smechen unt ergrunden*
> von dem frônen chinde
> (Pr. W. v. 141 ff.)[1]

(daß alle, die Gottes Kinder werden wollen, Laien und auch Frauen, lesen/hören mögen und schauen, schmecken und ergründen, was von dem Sohn geschrieben wurde.)

Der Nachklang einer ganzheitlichen sensorischen Wahrnehmung, der in der Terminologie der Zeitgenossen faßbar wird, scheint für den Umgang mit dem geschriebenen Wort und für die Aneignung des Wortes aus der Schrift grundsätzlich von großer Bedeutung: Die Wahrnehmung der Zeichen mit den

---

[1] Carl Wesle (Hrsg.) (1969).

Augen, die Aufnahme des Tones über die Ohren, der Nachvollzug des Sprechens mit den Lippen, die Sensomotorik des
Körpers im Rhythmus der Wortfolge und die Internalisierung
des Blickes im Prozeß des Nachsinnens kennzeichnen das
ganzheitliche Erfassen eines Schriftwerkes, das sehr viel mehr
ist als die bloße Aufnahme von Information.

Als Vorgang der Meditation galt das Lesen geistlicher
Texte zugleich als Akt der *ruminatio*, als körperlicher, moto-
risch gestützter Prozeß des Wiederkäuens, der mit dem Aus-
sprechen und Hören der Worte verbundene Empfindungen re-
aktivierte. In diesem Sinne heißt es bei Leclerq:

> „Für die Alten heißt meditieren einen Text lesen und ihn „par
> coeur" - in der stärksten Bedeutung dieses Ausdrucks - lernen, al-
> so mit seinem ganzen Wesen - mit seinem Leib, weil die Lippen
> ihn aussprechen, mit dem Gedächtnis, das ihn festhält, mit dem
> Verstand, der seinen Sinn begreift, mit dem Willen, der ihn in die
> Tat umzusetzen verlangt."[1]

„Meditieren", sinnerfassendes Lesen und Schreiben, heißt
nicht nur, sich streng an den Satz zu halten, sondern auch alle
Worte einzeln abzuwägen, abzuschmecken, um ihren Sinn
ganz zu ergründen. Ist das Schreiben ein abwägendes Sprechen, das eine akustische Wahrnehmung in visuell sichtbare
Zeichen umsetzt, so ist das Lesen ein abwägendes Hören, das
die Sprache aus dem Bild des Textes neu reaktiviert. Indem
man vor sich hinsagt, was man liest, hört man die Sätze mit
den Ohren, die man mit den Augen sieht, die *voces pagin-
orum*.[2] Die Sensomotorik des Sprechens und der akustische
Eindruck des gehörten Wortes prägen sich dem Gedächtnis
leichter ein als der bloße visuelle Eindruck des geschriebenen
Wortes. Memoria und Imaginatio verknüpfen die gehörten
Worte und Sätze mit erinnerten Worten und vorgestellten Bildern zu einer Gesamtwahrnehmung, die den Akt des Lesens
zugleich zu einem Vorgang der Betrachtung werden läßt. Der

---

[1]   Jean Leclerq (1963), S. 26.
[2]   Paul Saenger (1982), S. 367-414.

Meditierende macht sich den Inhalt eines Textes ganz zu eigen, indem er ihn aufnimmt und im Wiederkäuen sich vergegenwärtigt, welche Fülle der Wahrnehmung sich mit dem Wort verbindet. Die Memorierbarkeit traditioneller Wissensbestände bleibt derart gebunden an die körperliche Einspeisung und Wiedergabe. Solange eine Theorie dieses Verfahrens fehlt, beschreiben einprägsame und bildkräftige Metaphern den Prozeß der Wissensspeicherung und Überlieferung. Augustinus bezeichnet das Gedächtnis als Magen der Seele (*venter memoriae*), in dem die geistlichen Worte gekaut werden müssen, damit sie ihren Geschmack vollständig entfalten, und schon Quintilian (30-96 n. Chr.) begründet die Vorzüge der Lektüre gegenüber der wörtlichen Rede mit der Möglichkeit des Zurückgreifens, der Wiederholung, des sorgfältigen Auskostens und Einverleibens:

lectio libera est nec actionis impetu transcurrit, sed repetere saepius licet, sive dubites sive memoriae penitus adfigere velis, repetamus autem tractemus et, ut cibos mansos ac prope liquefactos demittimus, quo facilius digerantur, ita lectio non cruda, sed multa iteratione mollita et velut confecta memoriae imitationique tradur.

(Die Lektüre ist unabhängig und läuft nicht mit dem Ungestüm der vorgetragenen Rede ab, sondern sie kann immer wieder zurückgreifen, falls man Zweifel hat oder man es dem Gedächtnis fest einprägen will. Zurückgreifen aber wollen wir und grundsätzlich es immer wieder neu vornehmen, und wie wir die Speisen zerkaut und fast flüssig hinunterschlucken, damit sie leichter verdaut werden, so soll unsere Lektüre nicht roh, sondern durch vieles Wiederholen mürbe und gleichsam zerkleinert unserem Gedächtnis und Vorrat an Mustern zur Nahrung einverleibt werden.)[1]

Der Gebrauch der Speisemetaphorik reicht über die Renaissance hinaus und ist bis in die Gegenwart in erstaunlicher Vielfalt lebendig geblieben. Beispiele finden sich bei Shake-

---

[1]   Marcus F. Quintilianus (1975), X, 1,19.

speare und Erasmus, aber auch bei Nietzsche und bei Herder.
Wer einen PC besitzt, benutzt sein Menü, um Daten einzu-
speisen oder füttert seinen Rechner und läßt sich die Ergebnisse auswerfen.

Die weite Verbreitung der Speisemetaphorik macht ein-
dringlich klar, wie stark die Inkorporation des Wissens durch
Hand, Augen und Ohren, wie sehr Wort, Bild und Schrift miteinander verbunden waren. Auf die Inkorporation (Inkarna-
tion) verweist das deutsche Wort „Er-Innerung", auf die Ex-
korporation (Exkarnation) die Begriffe „äußern" oder „Äuße-
rung". Die Eingabe in den Körper und die Freigabe aus dem
Körper sind dementsprechend auch mit den Metaphern der
Zeugung und des Gebärens verbunden worden.

Thomasin von Zerclaere (um 1215) arbeitet, wie er selbst
uns mitteilt, zehn Monate an seinem Werk, und dies ist kaum
eine konkrete, sondern eher eine symbolische, aber deshalb
ganz besonders symptomatische Zeitangabe im Hinblick darauf, daß Maria ihren Sohn zehn Monate, *wol vierzec wochen
und niht mê*, wie es bei Walther von der Vogelweide heißt (L.
5,37), im Leib getragen hat, bis er das Licht der Welt erblick-
te.[1] Die zeitweilige Ausgliederung aus der Gesellschaft, die
Thomasin mit der Austragung seines Werkes auf sich nimmt,
ist zugleich eine Handlung für *rîter und vrouwen*, zu deren
Nutzen seine Worte aufgezeichnet werden. Thomasin bezeichnet das Werk, das er nach seiner geistigen Schwangerschaft an

---

[1]   In der Antike ist die Erzeugung von Büchern direkt als ein "Äquivalent der Kinderproduktion" angesehen worden. Als mutterlose
Parthenogenese versteht Ovid im dritten Buch der Tristien (Tristia III, 14 f.) den Prozeß, der seine Werke hervorbringt: *Palladis
exemplo de me sine matre creata/ carmina sunt; stirps haec pro-
geniesque mea est* (Meine Gedichte sind nach Pallas' Vorbild ohne
Mutter aus mir entsprungen: sie sind meine Kinder, meine Nach-
kommenschaft). Schon im Prolog bezeichnet er sich als Vater,
seine verschiedenen Bücher als Brüder, später legt er sie wie Kinder einem Vormund an das Herz, weil er sie als Vater nicht mehr
schützen könne (Tristia III, 14,8). Vgl. Jochen Hörisch (1990), S.
546- 553.

die Öffentlichkeit bringt,[1] als „Welschen Gast": *Mîn buoch heizt der welhisch gast, wan ich bin an der tiusche gast* (W.G. 14681f.). Das Buch erscheint derart als metonymischer Stellvertreter seines Erzeugers, und für seine Suche nach dem adäquaten Leser gibt Thomasin dem „Welschen Gast" Ratschläge auf den Weg wie ein Vater seinem scheidenden Kind:

> und hüet durch mînen willen vast
> daz du komest ze herberge niht
> zuo deheinem boesewiht,
> und ob du im komest zuo,
> son sitze niht, wan du tuo
> datzu du schiere komest dan,
> wan dich sol ein biderbe man
> müezeclîchen an gesehen:
> sitze ûf sîn schôz, daz hab ze lêhen.
> (W.G. v. 14686 ff.)

(Und mein Wunsch ist es, daß du dich vorsiehst, nicht bei einem bösen Menschen einzukehren, wenn dir das aber doch passiert, so halte dich nicht auf, sieh besser zu, daß du bald davon kommst, denn dich soll ein tüchtiger Mensch in seiner Mußezeit anblicken: Setze dich auf seinen Schoß, den habe zum Lehen.)

Die Formulierung *sitze ûf sîn schôz* spielt auf einen Rechtsbrauch an, auf eine zeichenhafte Handlung zur rechtlichen Begründung einer Adoption. Die „Schoßsetzung" oder „Kniesetzung" kennzeichnet ein Ritual, „bei dem der zu Adoptierende auf dem Schoße des Annehmenden [...] Platz nimmt."[2] Folgerichtig fürchtet Thomasin, daß seine Schrift, sein alter ego, in falsche Hände geraten könnte, in die Hände eines *boesewihtes: sô wirfet er dich in ein schrîn* (W.G. v. 14703). Hier zeigt sich ein Ablösungsvorgang, den der Autor mit der Weitergabe seines Werkes an die Öffentlichkeit einerseits anstrebt, anderseits fürchtet, weil er ihn nicht mehr steuern kann. Einerseits

---

[1] Zur Metaphorik der geistigen Schwangerschaft vgl. Peter Dinzelbacher (1994), S. 3-36.

[2] W. Ogris (1990). Bd. 4, Sp. 1485 f.

will er durch seine Dichtung wirken, Einfluß nehmen auf die Adressaten seiner Schrift, anderseits muß er damit rechnen, mißverstanden oder ignoriert zu werden. Es ist die Preisgabe des Buches an die unbekannte, nicht zu kalkulierende Öffentlichkeit, die den Autor hier bekümmert. Er sorgt sich um die Ausfahrt seiner Schrift, die er als Ausfahrt seines Sohnes darstellt, der zwar sein eigenes *lêhen* gewinnen könne, aber durch die Hände eines Bösewichts ein schlimmes Ende finden mag. Die Beziehung von Autor und Buch erscheint so als ein Verhältnis der Vaterschaft, die dadurch problematisch wird, daß das Buch aus dem Hause soll und muß.

Die Metapher der geistigen Schwangerschaft, die aus der Perspektive der gender studies besonders aufschlußreich erscheint für die geschlechtsspezifische Aufspaltung von männlichem Geist und weiblichem Körper,[1] ist nicht nur ein mittelalterlicher Sonderfall. Als Goethe daran ging, die Ausgabe seiner Schriften vorzunehmen, die 1787 bei Göschen erschienen ist, nahm er auch den Werther, wie er an Knebel schreibt, „in seinen Mutterleib zurück",[2] um den Roman so zu überarbeiten, daß der Leser Literatur und Leben, das Medium und die Botschaft, nicht mehr wie zuvor verwechseln konnte.

Das Mittelalter tut sich schwer mit dieser medialen Differenz. Die überlieferten Erzählungen bieten die Vergegenwärtigung einer prägnanten Reihe vorbildlicher Körper, die von der Schrift vermittelt werden, aber anschaubar sein sollen als „*spiegel*" für die Selbstwahrnehmung der höfischen Adligen.[3] Zahlreiche Zeugnisse aus der Epik und der höfischen Spruchdichtung bestätigen diesen Befund. Thomasin schlägt somit

---

[1] Christina von Braun (1993), S. 83ff.

[2] Sophien-Ausgabe (1991), S. 205-235; hier S. 214.

[3] Für ein Hörer-Publikum binden sich die Stoffe aus Literatur und Geschichte ununterscheidbar an Personen. Die höfischen Epen werden wahrgenommen als Erzählungen von hervorragenden Frauen und Männern, die als Identifikationsfiguren handlungsleitend und orientierend wirksam sind, weil sie als Gedächtnis- und Vorstellungsbilder vergegenwärtigt werden können wie die Bilder lebender Personen auch.

vor, „die skriptographischen Informationsspeicher zu nutzen wie die „alten" Medien oraler Gemeinschaften",[1] nämlich durch Nachahmung und Partizipation an den Handlungen und Haltungen ihrer ausgezeichneten Repräsentanten: *dâ von si nemen mügen bilde und guote lêre* (W.G. 1030f.). Der Sinn haftet noch immer an den Körpern, an Sichtbarkeit und Hörbarkeit, auch wenn diese Körper durch den „epischen Blick" der Schrift geschildert werden.

Körpergebundene Erinnerung und Manuskriptkultur: Hören und Sehen - Schrift und Bild

In der Auseinandersetzung mit den expandierenden Bildmedien der Gegenwart[2] setzt sich langsam die Einsicht durch, daß der technisch vermittelten Audiovisualität der elektronischen Medien eine Geschichte der audiovisuellen Wahrnehmung vorausgeht, die alle früheren Epochensequenzen umfaßt und auf dem Zusammenwirken von Hören, Sehen und Erinnerung beruht.[3] Schon McLuhan, der sein Buch über die Guten-

---

[1]   Haiko Wandhoff (1996), S. 313; vgl. Jan-Dirk Müller (1988), S. 219 ff.

[2]   Auf die Globalisierung der Kommunikation, die mit einer Dominanz der Bildmedien einhergeht und die literarisch dominierte Nationalphilologie relativiert, hat besonders Flusser hingewiesen: "Je weniger wichtig die Sprache wurde und je wichtiger Bilder, desto mehr verwässerten die nationalen Kulturen, die ja immer schon ein schiefer Begriff waren. Sie verwässern, es entsteht eine eigenartige Massenkultur, die Grenzen zerfallen. Vilém Flusser (1993), S. 69-80; hier S. 76. Flusser sieht, wie schon in seinem Hauptwerk 'Ins Universum der technischen Bilder' (6. Aufl. 1992) die Zukunft von technisch produzierten Bildern ungeheurer Intensität beherrscht und versteht von daher die Beziehung zwischen den technischen Bildern und den Menschen als *das* Zentralproblem künftiger Kulturkritik." Christian W. Thomsen (1993), S. 396-405; hier S. 397.

[3]   Michael Curschmann (1984), S. 218-257; ders. (1992), S. 211-229.

berg-Galaxis ausdrücklich als Ergänzung und Fortsetzung der Untersuchungen von Albert B. Lord zur Oral Poetry einstuft,[1] verweist auf diesen Zusammenhang: „Das gesprochene oder gesungene Wort, zusammen mit dem visuellen Bild des Sprechers oder Sängers ist [...] auf dem besten Wege, durch die Elektrotechnik seine alte Bedeutung wiederzugewinnen."[2] Primäre und sekundäre Oralität, die historische Erforschung von körpergebundenen, visuell betonten Kommunikationsformen und die Analyse neuer Wort- und Bildmedien treten derart miteinander in Beziehung.

Für die Manuskriptkultur des Mittelalters ist die Bildseite der Schrift (Farbabstufungen, Initialen, Zierleisten, Miniaturen) genauso zu berücksichtigen wie die Schriftseite der Bilder (schriftliche Devisen, Titel, Namen), die erzählerische Dimension der Malerei (die Narrativik von Einzelbildern und Bildfolgen) ebenso wie die ausmalende Kraft der Sprache (bildhafte Tableaus, Memorialbilder, Allegorien, Metaphern).

Die breite Schilderung von Festen, von Kämpfen, Waffen und Kleidern demonstriert die Aufgabe der Texte, mit der Schrift als Repräsentation der Sprache zugleich den szenischen Vollzug eines idealen höfischen Lebens vorzustellen. Dabei treten jedoch neben die agierenden Personen die „Verbildlichungen" vorgestellter Sachverhalte, die für die Vermittlungs- und Darstellungsleistung von Literatur besonders charakteristisch sind und die „historischen" Erzählungen ergänzen um die anschauliche Darstellung wichtiger Wissens- und Vorstellungsbereiche: gezeigt werden die Tugenden, die Laster, die Künste und die Jahreszeiten. Die Personalisierung von Abstrakta (*frou minne, frou êre, frou huote*), bildhafte Tableaus, Metaphern und Allegorien bestätigen das Prinzip der szenischen Vergegenwärtigung und damit die Fähigkeit der Schrift, das Kollektivgedächtnis zu entlasten. Die Wahrnehmung des „inneren Auges" kann die symbolische Weltdeutung sehr viel prägnanter und umfassender gestalten als die

---

[1]   Albert B. Lord (1965).
[2]   Albert B. Lord (1965), S. 11; vgl. Marshall McLuhan (1962).

Augenwahrnehmung im höfischen Zeremonialzusammenhang
das ermöglichen würde. Die Literatur erweist sich so als vor-
zügliches Medium zur Vergegenwärtigung sozialer Verhältnisse und zur Darstellung elementarer Lehren über die Welt
und den Menschen.

Korrespondierend dazu ist die Bildwahrnehmung der *illite-
rati* keine distanzierte Musterung, sondern involvierte Teilha-
be - im Modus der Gegenwart ablaufende Kommmunikation.
Bilder führen vor Augen, was in Geltung steht, wie etwa die
Taten der Heiligen, deren Leben und Sterben als gegenwärti-
ges Leiden beeindrucken.[1] Der französische Alexanderroman
erzählt von der Wirkung solcher Bilder, daß sie den Betrach-
tern wie lebendig erscheinen:

> cou est vis á tous caus qui bien les esgardoient
> que fust cose vivant la painture que voient.
> (AL. 445,7 f.)[2]

(Das ist sichtbar für all jene, die gut hinschauten, daß die Malerei,
die sie sehen, eine lebendige Sache war.)

Charakteristisch erscheint das Verschmelzen von intramenta-
ler und extramentaler Wahrnehmung, von äußeren Bildern
und inneren Bildern, das Involviertsein anstelle der ästhetischen Distanz, die dem Kunstwerk einen Kunstraum *sui generis* konzediert. Das ist zugleich Bedingung für das Zurücktreten der medialen Differenz von Wort und Bild, für eine
spezifische Nähe von sprachlichen und nichtsprachlichen Bildern.

Dem könnte man entgegensetzen, daß ein adäquater Terminus, der die Bildhaftigkeit der Sprache und die Narrativik
der Bilder gemeinsam bezeichnen könnte, offensichtlich fehlt.
Das war jedoch keineswegs immer so. Der Begriff des Textes
(oder der Textur) war ursprünglich offen für die angemessene
Bezeichnung dieses Zusammenhanges, und er wäre dafür im-

---

[1] David Freedberg (1989), S. 161 ff.
[2] Otto Söhring (1900), S. 491- 640; hier S. 600 f.

mer noch geeignet, wäre er nicht durch die Buchkultur seiner ursprünglichen Bedeutung weitgehend entfremdet. Das lat. Verb *texo, texere*, von dem die germanischen und romanischen Sprachen das jeweilige Äquivalent des Textbegriffes abgeleitet haben, meint ursprünglich „weben" oder „fertigen" und in einem weiteren, eher sekundären Sinn auch „entwerfen" und (schriftlich) abfassen.[1] Die mittelalterliche Teppichkunst scheint diesen Konnotationen ganz besonders zu entsprechen. Den Teppich von Bayeux, der in einem ungewöhnlich ausdifferenzierten Bildprogramm die normannische Eroberung von England zeigt und die bildliche Darstellung mit schriftlichen Devisen verbindet, hat Richard Brilliant als „mixed media" interpretiert, „incorporating elements of language in the form of inscription inserted into their essentially pictorial repertory of persons, places and actions."[2] Mit der Bestimmung als mixed media ist jedoch bereits eine grundsätzliche Trennung von Bild und Schrift vorausgesetzt, die für das Mittelalter nicht im selben Maße gilt wie in der Neuzeit.

Im „Lexer" (II, Sp. 795) findet sich eine eigene Kategorie für mhd. *schrîben* im Sinne von „zeichnen" oder „malen".[3] Das Deutsche Wörterbuch nennt „schreiben" auch als „kunst vom anbringen farbiger oder zeichnerischer striche", schränkt dies jedoch ein durch die Bemerkung „nur in alter sprache".[4] Damit ist ein gemeinsamer Funktionsraum von Bild und Schrift angedeutet und zugleich auf eine späte Ausdifferenzierung der beiden Bereiche verwiesen. In Übereinstimmung damit sind die früheren Sprachzeugnisse besonders aufschlußreich. Im Gotischen heißt mέljan direkt „schreiben" (bleibt das Schreiben noch ein Malen), und auch das ahd. *mâlon* kann noch *scribere* und *pingere* bedeuten. Umgekehrt findet sich mhd. *mâlen* im Lexer (I, Sp. 2017) auch in der Bedeutung „schreiben" oder „aufzeichnen" belegt. Die besondere Nähe und partielle Überschneidung der Begriffe erstreckt sich je-

---

[1]   Gerhart von Graevenitz (1992), S. 229-257.
[2]   Richard Brilliant (1991), S. 98 -126.
[3]   Matthias Lexer (1970).
[4]   Jacob und Wilhelm Grimm (1899).

doch bezeichnenderweise nicht nur auf die beiden Termini *schrîben* und *mâlen* selbst, sondern auf ein ganzes Begriffs-feld, zu dem neben den Substantiven *schrift* und *gemeld* auch *bild* und *buochstabe, entwerfen, tihten* und *getiht* gehören.

Schon in den Textwerkstätten der antiken Rhetoriker wer-den schildernde und deskriptive Einspeicherungsverfahren mit der Option entwickelt, die Sichtbarkeit von Körpern und Din-gen auch im Medium von Sprache und Schrift zu simulieren und so die Sehkraft ihrer Zuhörer und Leser zu erweitern. *Descriptio* bedeutet dabei die lebendige Schilderung eines Ge-schehens in einem Bericht, der die Zuhörer glauben macht, es werde ihnen nicht berichtet, sondern vor Augen gestellt.[1] Die erzählenden Texte höfischer Epik konstruieren bevorzugt die Perspektive der Autopsie[2] und bauen entsprechende Dialoge und Schauräume auf (bei Heinrich von Melk, im „Nibelungen-lied", im „Erec", „Tristan" oder „Parzival").[3] Sie schildern Gemälde, Skulpturen und Bauwerke[4], reich verzierte Sättel, Satteldecken, Mäntel, Helme, Hauben, Schilde, Schalen, um über das Medium der Sprache ganze Bildprogramme zu ver-mitteln, zeigen eine hochentwickelte Szenenregie oder Schau-bildtechnik,[5] nutzen aber auch die Möglichkeit der Sprache, unsinnliche Sachverhalte sprachlich so vor Augen zu führen, als wären sie sinnlich wahrnehmbar.[6] Der Bildhaftigkeit der Sprache korrespondiert in vielen bedeutenden Handschriften die Narrativik der Bilder. Bei aller Kraft sprachlicher Schilde-rung bleibt die durch Imagination vermittelte Anschauung je-

---

[1] Heinrich Lausberg (1973), S. 400.
[2] Heinrich Lausberg (1973), S. 400.
[3] Horst Wenzel (1991), S. 57-82; ders. (1994).
[4] Mary J. Carruthers (1993), S. 881-904; dies. (1990).
[5] Zur Schaubildtechnik Hugo Kuhn (1952), S. 279-306; vgl. Joa-chim Bumke (1960), S. 1-38. Horst Wenzel (1992), S. 321-343.
[6] "Der ganze Komplex der gesellschaftlichen Bedeutung von Sehen, Hören, Bewegen und Sprechen in der höfischen Kommunikation bedarf noch gründlicher Erforschung." Joachim Bumke (1994), S. 105-121; hier S. 108, Anm. 7. In Zukunft Wandhoff (1996). Cor-nelia-Epping Jäger (1995).

doch ebenso diffus wie die Anschauung der Bilder ohne prä-
zisie Begriffe. Deshalb sieht noch Dürer die vollkommene
Nachahmung in der wechselseitigen Ergänzung beider Künste:

> Ein idlich ding, das du sichst, das ist dir gelaublicher, denn das du
> hörst. So aber beede, gehört und gesehen würd, fass wir das dest
> kräftiger und beleibt uns beständiger. Deshalb will ich das Wort
> und das Werk zusammentun, auf daß mans dest baß merken
> müg.[1]

Post scriptum

Die Nähe von Schrift und Bild verweist auf ein Problem der
Perzeption, das sich nicht erschöpft in der Untersuchung von
Text und Miniatur (extramentale Bilder), sondern auch die
schriftlich vermittelten Simulationen optischer Erfahrung einbegreift (intramentale Bilder). Ein entsprechendes For-
schungsprogramm hätte die Frage nach der Visualisierung
symbolischer Sinnwelten in Schrift und Bild zu stellen, nach
der Bildhaftigkeit der Erinnerung und der Transformation von
räumlichen Vorstellungen in zeitliche Erzählverläufe, nach
den Strategien des Erzählens selbst und nach der graphischen
Anlage und Ausstattung von Handschriften. Für eine solche
Forschungsperspektive ergibt sich eine Reihe vordringlicher
Aufgaben, die in der Altgermanistik ähnlich wie in der Neu-
germanistik gestellt werden, so daß sich unter einer mediengeschichtlichen Perspektive die verschiedenen Bereiche unseres
Faches wieder anzunähern scheinen. Das betrifft bereits die
Frage nach dem Zusammenhang von Erinnerung und Verge-
genwärtigung,[2] die eng verbunden ist mit der aktuellen Dis-

---

[1] Albrecht Dürer (1984), S. 159.
[2] Vgl. Hedda Ragotzky, Horst Wenzel (Hrsg.) (1990); Jan-Dirk
Müller (1996).

kussion um das kulturelle Gedächtnis.[1] Die Erinnerung unter den Bedingungen der Oralität ist überwiegend dinglich, körperlich, multisensorisch, und die Texte fügen sich in diese Kultur ein, bevor sie ihre genuinen Möglichkeiten voll entwickeln. Manuskripte (Codices) sind häufig selbst charakterisiert durch ihre sinnlich wahrnehmbare Materialität, und sie bilden die multisensorische Wahrnehmung einer körpergebundenen Erinnerungskultur noch lange ab. Daraus resultiert die Frage nach den Strategien der Texte, multisensorische, vor allem aber bildhafte Wahrnehmung zu simulieren[2] und nach der begleitenden resp. unterstützenden Funktion der optischen Ausstattung von Handschriften für die aufgezeichneten Texte.[3]

---

[1]   Vgl. zusätzlich zu den bereits genannten Titeln von Aleida Assmann, Jan Assmann und Mary Carruthers (1993) auch M.T. Clanchy (1979); Jan Assmann, (1988); Otto Gerhard Oexle (1984), S. 384-400; Anselm Haverkamp, Reinhart Herzog, Renate Lachmann (Hrsg.) (1993); Patrick J. Geary (1994).

[2]   Die Verbindung von extramentalen und intramentalen Bildern (Ekphrasis) findet sich besonders bei Stephen G. Nichols (1980), S. 535-544; ders. (1989), S. 7-23; ders. (1991), S. 818-851; ders. (1993), S. 617-637; ders. (1992), S. 133-167. Vgl. Christopher Collins (1991). Vgl. Gottfried Boehm, Helmut Pfotenhauer (Hrsg.) (1995).

[3]   Zu den wichtigsten Sammelbänden gehören Christel Meier, Uwe Ruberg (Hrsg.) (1980); Wolfgang Harms (Hrsg.) (1990). Wichtige Einzeluntersuchungen verbinden sich mit den Namen von Michael Curschmann (1984 und 1992) und Norbert H. Ott (1984), S. 449-474; ders. (1992), S. 187-212; ders. (1993), S. 53-70. Vgl. auch Volker Schupp (1993), S. 34- 69; ders. (1993), S. 149-157. Volker Schupp, Hans Szklenar (1996). Vgl. James A. Rushing Jr. (1995). Eckart Conrad Lutz (1996), S.3-47. Von kunsthistorischer Seite besonders zu erwähnen sind Wolfgang Kemp (1987). Hans Belting (1989), S. 23-64; ders. (1990). Lieselotte Saurma-Jeltsch (1988), S.41-59, S. 173-184; dies. (1987), S. 41-70. Für die amerikanische Diskussion ist auf die Zeitschrift Word & Image zu verweisen, die sich ihrem programmatischen Namen entsprechend zu einem Forum für die Diskussion auch und gerade mittelalterlicher Text-Bildrelationen entwickelt hat. Vgl. etwa Michael Ca-

Diese Diskussion hat sich zunehmend ausdifferenziert aus dem weiteren Rahmen der Schriftlichkeitsforschung und leitet über zu der Frage nach der Zeigfähigkeit gedruckter Texte und ihrer Illustrationen, nach der Veränderung der Textstruktur, der Planbarkeit des Textes auf ein bestimmtes, reproduzierbares Erscheinungsbild hin (Titelblatt, Satzspiegel, Glossen, Signalwert der verwendeten Lettern etc.), nach der Planung von reproduzierbaren Text-Bild-Beziehungen durch den Autor, Techniken der Bildreproduktion und ihrer Anwendung in den verschiedenen Bereichen des gesellschaftlichen Lebens.[1]

Für die frühneuzeitliche Gesellschaft hat die Durchsetzung des Buchdrucks, die typographische Erfassung und Verbreitung des überlieferten Wissens weitreichende Konsequenzen. Der Buchdruck verantwortet eine Umwälzung von Wahrnehmung und Erkenntnis und eine neue Verteilung sozialer Chancen, die an Schriftkenntnis gebunden sind und den Anschluß an das neue standardisierende Informationsverarbeitungs- und verteilungsnetz von gedruckter Literatur erfordern. Es setzt die erste große Verknüpfung von Märkten und Benutzern ein. Mit der schnellen und effizienten Verbreitung durch den Druck wird das geschriebene Wort zum „wahren" Wort. Wissen selbst scheint nur noch in gedruckter Schriftsprache von allgemeiner Gültigkeit, die Pergamenthandschriften treten immer mehr zurück. Anstelle der unfesten Miniaturen, die von Handschrift zu Handschrift variieren, tritt ein Archiv von Holzschnitten und Drucken, die auf sehr unterschiedliche Weise mit dem Text verbunden werden, grundsätzlich die manuelle Kombination von Bild und Schrift ablösen, aber sie

---

mille (1985), S. 133-148; ders. (1985), S. 26-49; ders. (1989). Ders. (1992). Helen Solterer (1989), S. 131-147. Celia M. Chazelle (1990), S. 138-153. Stephan G. Nichols (1992), S. 965-992. Laura Kendrick (1992) S. 835-890. Ivan Illich (1991).

[1]   Grundlegend Michael Giesecke (1991). Ders. (1994), S. 15-32. Vgl. jetzt Sven Birkerts (1995). Vgl. Lucien Febvre, Henri-Jean Martin (1958). Elizabeth L. Eisenstein (1983). Sandra Hindman (1991). Umfassend K. Merten, S. J. Schmidt, S. Weischenberg (Hrsg.) (1994).

zugleich auch fortsetzen als mediale Repräsentation des Hörens und Sehens.

Der Medienumbruch von der Handschrift zum Buchdruck weist voraus auf das Zeitalter nach Gutenberg. Die Auseinandersetzung mit den neuen Medien und der „neuen Visualität" könnte uns dazu verhelfen, die Repräsentation der audiovisuellen Wahrnehmung im Mittelalter und der frühen Neuzeit als einen Zusammenhang des bildhaften Erzählens und erzählender Bilder zu verstehen und die systematische Abgrenzung von Kunst- und Literaturgeschichte als historisches Zwischenspiel, das von den neuen Medien neu relativiert wird.

Literaturverzeichnis

[1]   Assmann, Jan (1992): *Das kulturelle Gedächtnis. Schrift, Erinnerung und politische Identität in frühen Hochkulturen*, München.

[2]   Assmann, Jan und Tonio Hölscher (1988) (Hg.): *Kultur und Gedächtnis*, Frankfurt a. M. 1988.

[3]   Belting, Hans (1989): *Das Bild als Text. Wandmalerei und Literatur im Zeitalter Dantes*, in: 1-15 Belting, Hans, Blume, Dieter, Hg., „Malerei und Stadtkultur in der Dantezeit. Die Argumentation der Bilder", München, S. 23-64.

[4]   Belting, Hans (1990): *Bild und Kult. Eine Geschichte des Bildes vor dem Zeitalter der Kunst*, München.

[5]   Birkerts, Sven (1995): *The Gutenberg Elegies. The Fate of Reading in an Electronic Age*, New York.

[6]   Boehm, Gottfried und Helmut Pfotenhauer (Hg.) (1995): *Beschreibungskunst-Kunstbeschreibung. Ekphrasis von der Antike bis zur Gegenwart*, München.

[7]   Brilliant, Richard (1991): *The Bayeux Tapestry. A Stripped Narrative for the Eyes and Ears*, in: „Word & Image 7", S. 98-126.

[8]   Bumke, Joachim (1960): *Die Quellen der Brünhildfabel im „Nibelungenlied"*, in: „Euphorion 54", S. 1-38.

[9] Bumke, Joachim (1991): *Geschichte der mittelalterlichen Literatur als Aufgabe*. Rheinisch-Westfälische Akademie der Wissenschaften, Vorträge G 309, Opladen.

[10] Bumke, Joachim (1994): *Geschlechterbeziehungen in den Gawanbüchern von Wolframs „Parzival"*, in: „Festschrift für Hansjürgen Linke. Amsterdamer Beiträge zur Älteren Germanistik 38-39", S. 105-121.

[11] Burdach, Konrad (1903): *Bericht über Forschungen zum Ursprung der neuhochdeutschen Schriftsprache und des deutschen Humanismus*, in: „Sitzungsberichte der Königl. Preuss. Akad. d. Wiss. Phil.-hist. Abh.", Berlin, S. 1-62.

[12] Camille, Michael (1985): *The Book of Signs: Writing and Visual Difference in Gothic Manuscript Illuminations*, in: „Word & Image 1", S. 133-148.

[13] Camille, Michael (1985): *Seeing and Reading. Some Visual Implications of Medieval Literacy and Illiteracy*, in: „Art History 8", S. 26-49.

[14] Camille, Michael (1989): *The Gothic Idol. Ideology and Image-Making in Medieval Art*, Cambridge University Press, Cambridge.

[15] Camille, Michael (1992): *Image on the Edge. The Margins of Medieval Art*, Harvard University Press, Cambridge Mss..

[16] Carruthers, Mary J. (1990): *The Book of Memory. A Study of Memory in Medieval Culture*, in: „Cambridge Studies in Medieval Literature 10", Cambridge u. a.

[17] Carruthers, Mary J. (1993): *The Poet as Master Builder: Composition and Locational Memory in the Middle Ages*, in: „NLH 24", S. 881-904.

[18] Chaytor, Henry John (1967): *From Script to Print. An Introduction to Medieval Vernacular Literature*, New York.

[19] Chazelle, Celia M. (1990): *Pictures, Books, and the Illiterate: Pope Gregory I's Letters to Sereneus of Marseilles.*, in: „Word & Image 6", S. 138-153.

[20] Clanchy, M.T (1979): *From Memory to Written Record. England 1066-1307*, London.

[21]   Collins, Christopher (1991): *Reading the Written Image. Verbal Play, Interpretation and the Roots of Iconophobia*, The Pennsylvania State University.

[22]   Curschmann, Michael (1984):   *Hören-Lesen-Sehen. Buch und Schriftlichkeit im Selbstverständnis der volkssprachlichen literarischen Kultur Deutschlands um 1200*, in: „PBB 106", S. 218-257.

[23]   Curschmann, Michael (1992):   *Pictura laicorum litteratura ? Überlegungen zum Verhältnis von Bild und volkssprachlicher Schriftlichkeit im Hoch- und Spätmittelalter bis zum Codex Manesse*, in: Keller, Hagen, Klaus Grubmüller und Nikolaus Staubach (Hgg.) „Pragmatische Schriftlichkeit im Mittelalter. Erscheinungsformen und Entwicklungsstufen. Akten des Internationalen Kolloquiums 1989", Münstersche Mittelalter-Schriften 65, München, S. 211-229.

[24]   Dinzelbacher, Peter (1994): *Die Gottesbeziehung als Geschlechterbeziehung*, in: Brall, Helmut, Barbara Haupt und Urban Küsters (Hgg.) „Personenbeziehungen in der mittelalterlichen Literatur" Studia humaniora Bd. 25, Düsseldorf, S. 3-36.

[25]   Documenti di Filologia 2 (1957): *Li bestiaires d'amour die maistre Richart de Fornival e li response du bestiaire*. A cura di Cesare Segre, Milano, Napoli.

[26]   Dürer, Albrecht (1984): *Speis der Malerknaben,* in: Ullmann, Ernst (Hg.) „Schriften und Briefe", Berlin.

[27]   Eisenstein, Elizabeth L. (1983): *The Printing Revolution in Early Modern Europe*, Cambridge University Press.

[28]   Epping-Jäger, Cornelia (1995): *Die Inszenierung der Schrift. Der Literalisierungsprozeß und die Entstehungsgeschichte des Dramas - Eine mediengeschichtliche Untersuchung des Spannungsfeldes von Text und Applikation*. Diss., Düsseldorf .

[29]   Febvre, Lucien und Henri-Jean Martin (1958): *L'Apparition du Livre*. Paris. Engl.: The Coming of the Book. The Impact of Printing 1450-1800. Translated by David Gerard, London, New York 1990.

[30]   Flusser, Vilém (1993): *Die Informationsgesellschaft als Regenwurm*, in: Kaiser, Gert und Dirk Matejovski, Jutta Fedrowitz (Hgg.) „Kultur und Technik im 21. Jahrhundert", Frankfurt, New York, S. 69-80.

[31] Freedberg, David (1989): *The Power of Images. Studies in the History and Theory of Response*, University of Chicago Press.

[32] Geary, Patrick J. (1994): *Phantoms of Remembrance. Memory and Oblivion at the End of the First Milennium*, Princeton University Press.

[33] Giesecke, Michael (1991): *Buchdruck in der frühen Neuzeit. Eine historische Fallstudie über die Durchsetzung neuer Informations- und Kommunikationstechnologien*, Frankfurt a. M.

[34] Giesecke, Michael (1994): *Die typographische Konstruktion der „Neuen Welt"*, in: „Gutenberg und die Neue Welt", Hg. Horst Wenzel in Zusammenarbeit mit Manfred Schneider und Friedrich Kittler, München, S. 15-32.

[35] Goody, Jack und Ian Watt (1968): *The Consequences of Literacy*, in: Jack Goody (Hrsg.) „Literacy in Traditional Societies", Cambridge, S. 27-68.

[36] Goody, Jack und Ian Watt (1977): *The Domestication of the Savage Mind*, Cambridge.

[37] Green, Dennis (1986): *The Spread of Literacy. An Aspect of the Twelfth Century Renaissance in Germany*, in: „Res Publica Litterarum 9", S. 143-153.

[38] Green, Dennis (1987): *Über Mündlichkeit und Schriftlichkeit in der deutschen Literatur des Mittelalters. Drei Rezeptionsweisen und ihre Erfassung*, in: Ludger Grenzmann (Hg.) „Philologie als Kulturwissenschaft. Studien zur Literatur und Geschichte des Mittelalters. Festschrift Karl Stackmann", Göttingen, S. 1-20.

[39] Green, Dennis (1990): *Orality and Reading: The State of Research in Medieval Studies*, in: „Speculum 65", S. 267-280.

[40] Green, Dennis (1994): *Medieval Listening and Reading. The primary reception of German literature 800-1300*, Cambridge.

[41] Grimm, Jacob und Wilhelm Grimm (1899): *Deutsches Wörterbuch*. Bd. 9, Leipzig.

[42] Gumbrecht, Hans Ulrich und Karl Ludwig Pfeiffer (Hgg.) (1988): *Materialität der Kommunikation*, Frankfurt a. M.

[43] Gumbrecht, Hans Ulrich und Ursula Link-Heer (Hgg.) (1985): *Epochenschwellen und Epochenstrukturen im Diskurs der Literatur- und Sprachtheorie*, Frankfurt a. M. (stw 486).

[44] Hamann, Johann Georg (1967): Zwey Scherflein zur neuesten deutschen Litteratur, in: Josef Simon (Hg.) „Schriften zur Sprachphilosophie", Frankfurt a. M., S. 199-212.

[45] Harms, Wolfgang (Hg.) (1990): *Text und Bild, Bild und Text*, DFG Symposium 1988, Stuttgart.

[46] Haug, Walter (1983): *Schriftlichkeit und Reflexion. Zur Entstehung und Entwicklung eines deutschsprachigen Schrifttums im Mittelalter*, in: Assmann, Aleida, Jan Assmann und Christof Hardmeier (Hgg.) „Schrift und Gedächtnis. Beiträge zur Archäologie der literarischen Kommunikation I", München, S. 141-157.

[47] Havelock, Eric A. (1963 Repr. 1982): *Preface to Plato*, Cambridge.

[48] Havelock, Eric A. (1976): *Origins of Western Literacy*, Toronto.

[49] Havelock, Eric A. (1986): *The Muse Learns to Write. Reflections on Orality and Literacy from Antiquity to the Present*, New Haven/London.

[50] Haverkamp, Anselm, Reinhart Herzog und Renate Lachmann (Hgg.) (1993): *Memoria - Vergessen und Erinnern*, (Poetik und Hermeneutik XV), München.

[51] Herder, Johann Gottfried (1960): Abhandlung über den Ursprung der Sprache, in: Heintel, Erich (Hg.) „Sprachphilosophische Schriften", Hamburg, S. 1-87.

[52] Herzog, Reinhart und Reinhart Koselleck (Hgg.) (1987): *Epochenschwelle und Epochenbewußtsein*, (Poetik und Hermeneutik XII), München.

[53] Hindman, Sandra (1991): *Printing the Written Word. The Social History of Books circa 1450-1520*, Cornell University Press, Ithaca, New York.

[54] Hörisch, Jochen (1990): *Die Armee, die Kirche und die Alma Mater. Eine Grille über Körperschaften*, in: "Merkur 44", S. 546-553.

[55] Illich, Ivan (1991): *Im Weinberg des Textes. Als das Schriftbild der Moderne entstand. Ein Kommentar zu Hugos „Didascalion"*, Frankfurt a. M.

[56] Kemp, Wolfgang (1987): *Sermo corporeus. Die Erzählung der mittelalterlichen Glasfenster*, München.

[57] Kendrick, Laura (1992): *The Monument and the Margin*: in: "The South Atlantic Quarterly 91", S. 835-890.

[58] Kuhn, Hugo (1952): *Über nordische und deutsche Szenenregie in der Nibelungendichtung*, in: Hermann Schneider (Hg.) „Edda, Skalden, Saga. Festschrift F. Genzmer", Heidelberg, S. 279-306.

[59] Lachmann, Karl (Hg.) (1965): *Die Gedichte Walthers von der Vogelweide*, 13. Auflage, aufgr. der 10. von Carl von Kraus bearb. Ausgabe neu hrsg. von Hugo Kuhn, Berlin.

[60] Lausberg, Heinrich (1973): *Handbuch der literarischen Rhetorik. Eine Grundlegung der Literaturwissenschaft*, 2 Bde., München.

[61] Leclerq, Jean (1963): *Wissenschaft und Gottverlangen. Zur Mönchstheologie des Mittelalters* (Übertr. von Johannes und Nicole Stöber), Düsseldorf.

[62] Leroi-Gourhan, André (1980): *Hand und Wort. Die Evolution von Technik, Sprache und Poesie* (Übers. von Michael Bischoff), Frankfurt a. M.

[63] Lexer, Matthias (1970): *Mittelhochdeutsches Wörterbuch*. Zugleich als Supplement und alphabetischer Index zum Mittelhochdeutschen Wörterbuch von Benecke-Müller-Zarncke, Leipzig 1872-1878, Repr. Stuttgart.

[64] Lord, Albert B. (1960): *The Singer of Tales*, Harvard University Press. (Dt. (1965): Der Sänger erzählt. Wie ein Epos entsteht, München.)

[65] Luhmann, Niklas (1985): *Das Problem der Epochenbildung und die Evolutionstheorie*, in: Gumbrecht, Hans Ulrich und Ursula Link-Heer (Hgg.) (1985), S. 11-33.

[66] Lutz, Eckart Conrad (1996): *Verschwiegene Bilder - geordnete Texte. Mediävistische Überlegungen. In:* „DVJs 70", S. 3-47.

[67] McLuhan, Marshall (1968): Die Gutenberg-Galaxis. Das Ende des Buchzeitalters, Düsseldorf und Wien.

[68] McLuhan, Marshall (1962): *The Gutenberg Galaxy*. Toronto.

[69] Meier, Christel und Uwe Ruberg (Hrsg.) (1980): *Text und Bild. Aspekte des Zusammenwirkens zweier Künste in Mittelalter und früher Neuzeit*, Wiesbaden. "Littérature et peinture en France. Revue d'histoire littéraire de la France 80".

[70]   Merten, K., S. J. Schmidt und S. Weischenberg (Hgg.) (1994): *Die Wirklichkeit der Medien. Eine Einführung in die Kommunikationswissenschaft*, Opladen.

[71]   Müller, Jan-Dirk (1988): *Der Körper des Buches. Zum Medienwechsel zwischen Handschrift und Druck*, in: Gumbrecht, Hans Ulrich und Karl Ludwig Pfeiffer (Hgg.), S. 203-217.

[72]   Müller, Jan-Dirk (1996): *„Aufführung" und „Schrift" in Mittelalter und früher Neuzeit*, DFG-Symposion 1994, Stuttgart, Weimar

[73]   Nichols, Stephan G. (1992): *Commentary and/as Image*, in: „Commentary as Cultural Artefact. The South Atlantic Quarterly 91,4", S. 965-992.

[74]   Nichols, Stephen G. (1980): *The Light of the Word: Narrative, Image and Truth*, in: „New Literary History 11", S. 535-544.

[75]   Nichols, Stephen G. (1992): *Ekphrasis, Iconoclasm, and Desire. Rethinking the Romance of the Rose*. Text, Image, Reception. Ed. by Kevin Brownlee and Sylvia Huot, University of Pennsylvania Press, Philadelphia, S. 133-167.

[76]   Nichols, Stephen G.(1989): *The Image as Textual Unconscious: Medieval Manuscripts*, in: „L'Esprit Créateur 29", S. 7-23.

[77]   Nichols, Stephen G.(1991): *Seeing Food: An Anthropology of Ekphrasis, and Still Life in Classical and Medieval Examples*, in: „MLN 106", S. 818-851.

[78]   Nichols, Stephen G. (1993): *Picture, Image, and Subjectivity in Medieval Culture*, in: „MLN 108", S. 617-637.

[79]   Oexle, Otto Gerhard (1984): *Memoria und Memorialbild*, in: „Memoria. Der geschichtliche Zeugniswert des liturgischen Gedenkens im Mittelalter", Hrsg. von Karl Schmid, Joachim Wollasch, München (Münstersche Mittelalter-Schriften 48), S. 384-400.

[80]   Ogris, W. (1990): *Schoßfall, -setzung, -wurf*, in: Erler, Adalbert und Ekkehart Kaufmann (Hgg.) unter philolog. Mitarbeit von Ruth Schmidt-Wiegand „Handwörterbuch zur deutschen Rechtsgeschichte", Berlin, Bd. 4, Sp. 1485 f.

[81]   Ong, Walter J. (1982): *Orality and Literacy. The Technologizing of the Word*, London (Dt. 1987: Oralität und Literalität. Die Technologisierung des Wortes. Opladen)

[82] Ong, Walter J. (1984/85): *Orality, Literacy, and Medieval Textualization*, in: „NLH 16", S. 1-12.

[83] Ott, Norbert H. (1984): *Epische Stoffe in mittelalterlichen Bildzeugnissen,* in: Mertens, Volker, Ulrich Müller (Hgg.) in: "Epische Stoffe des Mittelalters", Stuttgart, S. 449-474. „Epische Stoffe des Mittelalters", hrsg. von Volker Mertens, Ulrich Müller. Stuttgart, S. 449-474.

[84] Ott, Norbert H. (1992): *Pictura docet. Zu Gebrauchssituation, Deutungsangebot und Appellcharakter ikonographischer Zeugnisse mittelalterlicher Literatur am Beispiel der Chanson de geste*, in: Hafn, Gerhard, Hetta Rugotzhy (Hgg.), "Grundlagen des Verstehens mittelalterlicher Literatur", Stuttgart, S. 187-212.

[85] Ott, Norbert H. (1993): *Bildstruktur statt Textstruktur. Zur visuellen Organisation mittelalterlicher narrativer Bilderzyklen*, in: Klaus Dirscherl (Hg.): Bild und Text im Dialog. Passau, S. 53-70.

[86] Quintilianus, Marcus F. (1972): *Ausbildung des Redners.* Zwölf Bücher (hrsg. und übers. von Helmut Rahn). (Teil I (Buch I-VI) Darmstadt 1972; Teil II (Buch VII-XII), Darmstadt 1975) X, 1,19.

[87] Ragotzky, Hedda und Horst Wenzel (Hgg.) (1990): *Höfische Repräsentation. Das Zermoniell und die Zeichen*, Tübingen.

[88] Rosenberg, Rainer (1987): Epochengliederung. Zur Geschichte des Periodisierungsproblems in der deutschen Literaturgeschichtsschreibung, in: „DVJs 61".

[89] Rösler, Wolfgang (1983): *Schriftkultur und Fiktionalität. Zum Funktionswandel der griechischen Literatur von Homer bis Aristoteles*, in: Assmann, Aleida, Jan Assmann und Christof Hardmeier (Hgg.) „Schrift und Gedächtnis. Beiträge zur Archäologie der literarischen Kommunikation I", München, S. 109-122.

[90] Rückert , Heinrich (Hg.) (1965): *Der Wälsche Gast des Thomasin von Zirclaria.* Mit einer Einleitung von Friedrich Neumann, Berlin.

[91] Rushing Jr., James A. (1995): *Images of Adventure. Ywain in the Visual Arts.* University of Pennsylvania Press. Philadelphia.

[92] Saenger, Paul (1982): *Silent Reading. Its Impact on Late Medieval Script and Society*, in: Viator 13, S. 367-414.

[93] Saurma-Jeltsch, Lieselotte (1987): *„zuht und wicze": Zum Bildgehalt spätmittelalterlicher Epenhandschriften*, in: „Zeitschrift des dt. Vereins für Kunstwissenschaft 41", S. 41-70.

[94] Saurma-Jeltsch, Lieselotte (1988): *Textaneignung in der Bildersprache: Zum Verhältnis von Bild und Text am Beispiel spätmittelalterlicher Buchillustration*, in: „Wiener Jahrbuch für Kunstgeschichte 41", S.41-59, S. 173-184.

[95] Schupp, Volker (1993a): *Pict-Orales oder: Können Bilder Geschichten erzählen*, in: „Poetica 25", S. 34- 69.

[96] Schupp, Volker (1993b): *„Scriptoralisches" zum Malterer-Teppich*, in: „Festschrift" Besch. Hrsg. von Klaus J. Mattheier, Klaus Peter Wegera u.a., Frankfurt a. M., Berlin u.a., S. 149-157.

[97] Schupp, Volker und Hans Szklenar (1996): *Ywain auf Schloß Rodenegg. Eine Bildergeschichte nach dem „Iwein" Hartmanns von Aue*, Sigmaringen.

[98] Söhring, Otto (1900): *Werke bildender Kunst in altfranzösischen Epen*, in: „Romanische Forschungen 12", S. 491- 640.

[99] Solterer, Helen (1989): *Letter Writing and Picture Reading: Medieval Textuality and the „Bestiaire d'Amour"*, in: „Word & Image 5", S. 131-147.

[100] Sophien-Ausgabe: Bd. XIX, S. 328. Nach Wolf Kittler: Literatur, Edition und Reprographie, in: „DVjs 65" (1991), S. 205-235, hier S.214.

[101] Stock, Brian (1983): *The Implications of Literacy. Written Language and Models of Interpretation in the Eleventh and Twelfth Centuries*, Princeton.

[102] Stock, Brian (1984): *Medieval Literacy, Linguistic Theory and Social Organization*, in: „New Literary History 16", S. 13-29.

[103] Thomsen, Christian W. (1993): *Das Universum der technischen Bilder oder die totale Entropie des Realen*, in: Kaiser, Gert und Dirk Matejovski, Jutta Fedrowitz (Hgg.) „Kultur und Technik im 21. Jahrhundert", Frankfurt, New York, S. 396-405.

[104] Vogt-Spira, Gregor (Hg.) (1990): *Strukturen der Mündlichkeit in der römischen Literatur,* ScriptOralia 4, Tübingen.

[105] Vollrath, Hanna (1981): *Das Mittelalter in der Typik oraler Gesellschaften*, in: „Historische Zeitschrift 233", S. 571-594.

[106] von Braun, Christina (1993): *Nicht Ich: Logik. Lüge. Libido*, 3. Aufl. Frankfurt a. M.

[107] von Graevenitz, Gerhart (1992): *Contextio* und *conjointure, Gewebe und Arabeske. Über Zusammenhänge mittelalterlicher und romantischer Literaturtheorie*, in: Haug, Walter und Burghart Wachinger (Hgg.) „Literatur, Artes und Philosophie", Fortuna vitrea 7, Tübingen, S. 229-257.

[108] von Zerclaere, Thomasin (1984/85): *Der Welsche Gast*, Hg. von Friedrich Wilhelm von Kries. 4 Bde, Göppingen.

[109] Wandhoff, Haiko (1996): *Der epische Blick. Eine mediengeschichtliche Studie zur höfischen Literatur*, Philologische Studien und Quellen H. 141 Ms, Berlin.

[110] Wenzel, Horst (1988): *Partizipation und Mimesis. Die Lesbarkeit der Körper am Hof und in der höfischen Literatur*, in: Gumbrecht, Hans Ulrich und Karl Ludwig Pfeiffer (Hgg.) (1988), S. 178-202.

[111] Wenzel, Horst (1991): *Imaginatio und Memoria. Medien der Erinnerung im höfischen Mittelalter*, in: Assmann, Aleida und Dietrich Harth (Hgg.) „Mnemosyne. Formen und Funktionen der kulturellen Erinnerung", Frankfurt a. M., S. 57-82.

[112] Wenzel, Horst (1992): *Szene und Gebärde. Zur visuellen Imagination im Nibelungenlied*, in: „ZfdPh 111", S. 321-343.

[113] Wenzel, Horst (1993): *Schrift und Bild. Zur Repräsentation der audiovisuellen Wahrnehmung im Mittelalter*, in: Janota, Johannes (Hg.) „Vorträge des Augsburger Germanistentags 1991. Bd. 3: Germanistik, Deutschunterricht und Kulturpolitik", Tübingen, S.101-121.

[114] Wenzel, Horst (1994): *Hören und Sehen. Zur Lesbarkeit von Körperzeichen in der höfischen Literatur*, in: Brall, Helmut, Barbara Haupt und Urban Küsters (Hgg.) „Personenbeziehungen in der mittelalterlichen Literatur", Studia humaniora Bd. 25, Düsseldorf.

[115] Wenzel, Horst (1995): *Hören und Sehen. Schrift und Bild. Kultur und Gedächtnis im Mittelalter*, München.

[116] Wesle, Carl (Hg.) (1969): *Priester Wernher. Maria. Bruchstücke und Umarbeitungen*, Halle a.d. Saale 1927. 2. Aufl. bes. durch Hans Fromm, Tübingen (ATB 26).

[117] Zumthor, Paul (1985): *Die orale Dichtung. Raum, Zeit, Periodisierungsproblem*, in: Gumbrecht, Hans Ulrich und Ursula Link-Heer (Hgg.) (1985), S. 359-375.

[118] Zumthor, Paul (1988): *Körper und Performanz*, in: Gumbrecht, Hans Ulrich und Karl Ludwig Pfeiffer (Hgg.) (1988), S. 703-713.

[119] Zumthor, Paul (1986): *Mittelalterlicher „Stil". Plädoyer für eine „anthropologische" Konzeption*, in: Gumbrecht, Hans Ulrich und Karl Ludwig Pfeiffer (Hgg.) „Stil. Geschichten und Funktionen eines kulturwissenschaftlichen Diskurselements", Frankfurt a. M., S. 483-496.

BILDENDE KÜNSTE. EINE MEDIEN GESCHICHTE

Hans Ulrich Reck

1 Medien und Regeln

Bilder sind biologisch weder vererb- noch speicherbar. Sie sind künstliche Produkte einer absichtsvollen Herstellung und werden in unterschiedlichen Vorgängen im Gehirn zu Gegenständen der Wahrnehmung, zuweilen auch zu Anreizen für Vorstellungen. Sie eröffnen sich im lebendigen Vollzug oder bewähren sich in Automatismen, bleiben in diesem Falle also unbewußt. Aus solchen einfachen, naturgeschichtlichen Tatsachen leitet sich ab, daß Bilder nur kulturell gespeichert werden können. Kulturelle Speicher sind immer technisch geformt, auch wenn sie nicht aus Apparaten bestehen, sondern in rhetorischen Merkfiguren oder, als lebendig Archive, in Erzählungen. Immer geht es dabei um die bestmögliche Stabilisierung von Traditionen. Individuell oder kollektiv entwickelte visuelle Formen - Sichtweisen, Darstellungen, Bilder der Vorstellungskraft, spezifische Erwartung, Ritualisierung des Bildergebrauchs - können nur über verbindliche kulturelle Zeichengebungen überliefert werden. Umgekehrt kann der dafür entscheidende Speicher insoweit Kultur genannt werden, als Kultur der einzige Bereich ist, in dem individuell erworbene Leistungen mittels medialer Vergegenständlichung an nachfolgende Generationen weitergegeben werden können.

Medium der Bilder sind ganz allgemein imaginäre und soziale Geflechte von Regeln. Dazu rechnen die Speicher- und Übermittlungsmedien ebenso wie die Ausbildung eines Diskurses, in dem bildende Kunst im Unterschied zu technischen Bildern oder den „mechanischen Künsten" als eine Leistung eigener Art herausgehoben wird [1]. Bilder im Sinne einer mediatisierenden Form sind Instrumente kollektiver Erinnerung. Als Artefakte, künstliche Gebilde, sind sie von Menschen mit Hilfe stofflich wirksamer, physikalisch gegründeter Medien erzeugt. Die Erzeugungs- und Vermittlungsregeln sind festgelegt. Das gilt auch für künstlerische Kommunikationsformen vor der Entstehung der modernen Kunst, der einzigen bisher bekannten autonomen Kunstform [2]. So ist beispielsweise im Mittelalter die Festlegung verbindlicher Gestaltungsregeln für Architektur, Portalsplastik und Apsis-Bilder eine bewußt eingesetzte, theologisch kontrollierte massenmediale Strategie zur Kontrolle der Einbildungskraft. Bilder als Medien sind nie zu trennen von der Verkörperung der äusseren Bezüge der Bilder. Das Imaginäre ist ein mediales Kommunikationssystem, das Stoffe und Energie braucht. Die reine innere Vision ist deshalb aus den medientheoretischen Überlegungen der Bilder ebenso auszuschliessen wie die Auffassung vom Genie, die seit der Romantik mit der Denkfigur geheimnisvoll verschlossener, undurchdringlicher Gabe und Intuition alles Mediale aus der bildenden Kunst ausgrenzt. Medialisierung bewirkt unweigerlich Durchsichtigkeit, Einsehbarkeit. Die Durchsetzung von gleichbleibenden Bildern in einer verbindlichen visuellen Kommunikation ermöglicht die Gleichförmigkeit des Bewußtseins mittels einer über weite Räume ausgedehnten Gleichzeitigkeit der Inhalte. Ihre mediale Leistung ist die Anerkennung der Gleichheit durch Mustervorgaben. Bilder sind Instrumente der Vermittlung von Fernanwesenheit durch Festlegung der für eine ganze Kultur bedeutsamen symbolischen Inhalte. Diese werden durch visuelle Unterweisung, medial, eingeübt. Die

---

[1] Zu den sozialen und kunsttheoretischen Hintergründen sowie zur Aktualität des Paragone-Modelles im Zeitalter technischer Medien s. Reck (1991 a).

[2] Vgl. Belting (1990), Belting (1995).

Stofflichkeit und Veränderbarkeit der Medien ist eine bloß technische Rahmenbedingung und verweist immer auf eine die christliche Heilsgeschichte nie erreichende Wirklichkeit des Irdischen. Medien sind in der christlichen Imaginations- als Medienpolitik Funktionalisierungen des Visuellen im Sinne einer Ausblendung der Affektreize zugunsten einer gehaltvollen symbolischen Anbindung des visuellen Scheins an kognitive Kenntnisse: die Deutungsmuster der Welt benutzen das Medium des Bildes, um die intrinsischen Ambivalenzen des Bildes zu kontrollieren, das nur ontogenetisch erworben werden kann, dessen Referenzialitäten jedoch als kollektive Konfirmierung gelesen werden müßen. Die Möglichkeit affektiv wirksamer Bilder ist in der Entwicklungsgeschichte der Kultur nur insofern an Medien gebunden, als die wesentlichen Merkmale einer notwendig diffusen Wirkung im Bild auch wirklich regelhaft diffus gehalten werden müssen. Affektbilder wie generell visuelle Artefakte sind ohne komplizierte Lernprozesse nicht entwickel- oder einsetzbar. Bildwirkungen sind Leistungen der Mediatisierung innerhalb des künstlerischen Prozesses. Nur in dieser Hinsicht kann die Rede vom „Bild als Medium" benutzt werden, die ansonsten nichts besagt ausser eine Hoffnung, das Bild sei gerade kein Medium, nämlich unvergleichlich und durch nichts ausserhalb seiner selbst zu benennen. [1]

Medial entscheidend sind demgegenüber die Erzeugungsregeln der Bilder - die durch Schulung und rhetorische Diszipli-

---

[1] Diese Haltung ist bei einigen Leitfiguren einer Kunstgeschichte populär, die über die spezifische Anschaulichkeit und phänomenale Evidenzen, d.h. ausserhalb einer erkenntnis- oder wissenschaftstheoretischen Begründung der eigenen Theoriebildungen, das Bild als abgeschlossene Totalität, anti-medial, vorab festsetzt, um dann in seinen Eigenschaften, scheinbar empirisch, vermeintlich substanzielle oder essentialistische Resistenzen gegen eine Mediatisierung des Bildes ausmachen zu können; ich verweise für diesen Zusammenhang auf die bisher jüngste einschlägige Publikation: Boehm (1994), hier S. 29-36.

nierung von Mimesis wie Poiesis erreichbare Isotopie von
Darstellung und Rezeption -, aber nicht die technische Mediatisierung des Medientransportes. Regeln des Bilderherstellens
und Kunstgeschichte sind verbindliche Medien des Bildes selber. Ob diese Mediatisierung durch Maschinen ermöglicht und
übertragen wird, ist sekundär. Kunstgeschichte als Medium
des Bildes ist eine Rekonstruktion der visuellen Leistungen
der bildenden Künste mit einer entscheidenden Zäsur: griff die
erst im 19. Jahrhundert durchgesetzte akademische Institutionalisierung auf einen integrationistischen Ansatz, der eine szi-
entistische Spiegelung ihres Lieblingsthemas, der szientistischen Renaissance war, so ist das Medium der Kunstge-
schichts-Schreibung im Hinblick auf die Differenzierungspro-
zesse der Gesellschaft seit dem 18. Jahrhundert und v.a. gegenüber den technischen Reproduzierbarkeiten der Bilder immer segregierender und eklusiver geworden. Ihr Anspruch an
eine genuin wissenschaftliche Kunst tritt hinter normative
Läuterungen der individuell heterogenen Kunstpraktiken zurück, deren Artikulation auf handwerkliche Eigenheiten, Ma-
niera und Stil, reduziert werden und insofern, in kontra-kom-
pensatorischer Anstrengung, einen systematischen Sinn-Auf-
besserungs-Anspruch für die aus der Hierarchie relevanter Aktivitäten strukturell ausgeschlossene Kunst stellen. [1]

2 Medium und Form

Aktueller systemtheoretischer Anregung zufolge gilt als Medium die jeweils lockere Koppelung von Elementen eines spezifischen Bereichs, als Form die jeweils signifikante und enge
Koppelung. Für die - natürlich auf der Kontrastfolie des neu-
zeitlich-europäischen Kunst-Konzeptes instrumentalisierten -
medialen Ansprüche von visueller Referenz und Darstellung
sei im folgenden unter „Medium" die systemtheoretisch enge

---

[1]   Vgl. Bredekamp (1993 a); Bredekamp (1993 b).

Koppelung der Elemente als Form verstanden. Die Gegebenheit der Lichtwellen als „Medium", die komponierende Flächendifferenzierung mittels Farben und Linien als „Form" zu bezeichnen, macht keinen Sinn. Das ist an der Doppelung des Wortgebrauchs „Bild" zu überprüfen: Bild als struktureller Sachverhalt ist ein Medium, Bilder als einzelne und signifikante existieren nur kraft Verweises auf Formen. Dennoch kann, was das Medium „Bild" ist, nicht aus der Fülle der einzelnen Bilder induktiv herausdestilliert werden. Unter „Bild" ist hier immer die enge Koppelung derjenigen Elemente als Medium/ Form zu verstehen, zu der sich bestimmte Referenzen, Interpretationen und Anschaulichkeitsbehauptungen als für kollektive Identität und Wirklichkeits-Deutungen substanzielle Darstellungen zusammenfügen. Das Bild ist identisch mit dem Medium, in dem seine formbestimmenden Elemente organisiert werden. Es ist ein Raum, der gekennzeichnet ist durch Unterscheidungen. Die Markierung in einem umarkierten Raum ist wegen des gestaltpsychologisch konfigurierten Dichtegrades des Bildes nicht als eine Abspaltung eines Beobachtungsraums von einem vorausgesetzten Anlehnungskontext zu verstehen, der gegenüber den Funktionsregeln extern bliebe. Auch geht es nicht um die kohärente Formung unverbundener Elemente oder die Absetzung einer systembezogenen Funktonslogik von einer Umgebung oder Umwelt. Die Markierung des Unterscheidens ist untrennbar nicht nur mit den medialen Voraussetzungen, sondern auch der Form verbunden. Das macht den Bildraum aus. Ein Bild ist ein Prozessieren unzähliger Unterscheidungen, beginnend mit einer Markierung im unmarkierten Raum, die eine grundlegende Differenz bezeichnet. Jede Distinktion ist in diesem Prozeß formalisierbar als eine Unterscheidung, welche einen Raum abspaltet. Die Form der Unterscheidung kann als dieser abgespaltene Raum mitsamt seinem Inhalt definiert werden.[1] Insofern ist unter „Bild" immer der Prozeß einer Mediatisierung der Dar-

---

[1] Vgl. Brown (1969); Baecker (1993) S. 44 ff.

stellungen und der Differenzierung von Medien visueller
Kommunikation zu verstehen. Bildende Künste sind ein, historisch besonders organisierter und spezifisch geregelter Teil
der visuellen Kommunikation. Das bestimmende Merkmal ist
ein doppeltes. Unter „bildender Kunst" ist, mindestens bis zur
Schwelle maschineller Bildtechnologien, zum Unterschied von
darstellender Kunst eine Raumkunst gemeint, die nicht dyna-
misch-sequenziell, sondern topographisch-strukturell entfaltet
wird[1]. Zwar haben verschiedene Sparten daran Teil - mindestens Malerei, Bildhauerei und Architektur sowie deren genetische und konzeptuelle Instrumente: Skizze, concetto, boz-
zetto, Zeichnung -, das entscheidende ist jedoch der durch einen sozialen Diskurs und eine regelgeformte Semantik definierte Status: „Kunst" ist ein ästhetisches Leitsystem mit hoher Intensitätserwartung und hochcodierten intellektuellen
Anlehnungskontexten, in denen ein ursprünglich mythologi-
sches Bildergut bereits als disziplinierender Text für eine zi-
vilisatorisch nutzbare Moral verarbeitet worden ist. Mit diesem Textkorpus als regelhaft generierbare Bilderwelt entsteht
in der Epoche der Renaissance typischerweise das, was wir
überhaupt „Kunst" nennen: ein Darstellungssystem eigener
Art, das sich durch die spezifisch imaginäre Modellierung der
gesamten sozialen Tatbestände auszeichnet und das demnach
gerade in seiner Autonomie auf die Bestände des Kollektivbe-
wußtseins ausgerichtet ist. [2] Entscheidendes Merkmal für die

---

[1]   Dazu in unterschiedlicher Akzentuierung die semiotischen Analy-
      sen von Lessing und Shapiro (1970), S. 487-501, sowie die Unter-
      schung von Butor, der in der Signatur des Küstlers die bisher
      letzte attributive Spur eines als Topographie der Heiligen organi-
      sierten Bildraums sieht.

[2]   Vgl. Mukarovsky (1974), S. 31-65; Mukarovsky (1989), S. 139-
      172; die systemtheoretisch strapazierte Selbstreferentialität, der-
      gemäß Kunst nur bearbeitet, was Kunst erzeugt, verbleibt inner-
      halb des spezifisch ästhetischen Funktions-Dispositivs, ohne zu
      bemerken, daß gerade diese intrinsische Regulierung der imagi-
      nären Dispositive die Kommunikationsrhetorik der Bezüge auf so-

„bildenden Künste" ist eine spezifische Regulierung des Imaginären als ein Medium sozial gebundener, intentional kontrollierter Symbolbildung. Die von Hegel erstmals auch philosophisch formulierte Medientheorie der Kunst reduziert den theoretischen Zugang dagegen auf die stofflichen Eigenheiten und benutzt einen physikalischen und biologischen Medienbegriff, der, wie wohl bekannt, in vielfältigen Verästelungen die einschlägige Einstellung zu Formen und Materialien als den genuinsten Medien künstlerischer Tätigkeit und Gestaltkraft geprägt und verfestigt hat. Die Funktionalitätsbehauptung der „guten Form" oder der „Materialgerechtheit" in Architektur und Design ist vom Bauhaus bis zur Hochschule für Gestaltung Ulm und die Verpflichtung der Werkbünde auf internationale Produktion nach dem zweiten Weltkrieg ebenso eine Auswirkung davon wie die, gegen Hegels ursprüngliche Intention gewendete, apriorische, oft geradezu religiös sich gebärdende Wertung der stofflich-werkenden, der handlichen Medienaspekte des Kunstprozesses. Diese Auffassung ist bis heute sowohl im Bereich der Institutionen der Ausbildung wie denen der Produktion, Rezeption und Interpretation der Kunst ungebrochen wirksam geblieben als das entscheidende Leitmodell künstlerischer Semantik. Die typologische Medialisierung der Kunst mit Produktionskonzepten funktionalisiert Kunst als Residuum eines archaischen, beansprucht ganzheitlichen Sinnrückhalts gegen eine technisch instrumentalisierte und segregativ differenzierte Gesellschaftsentwicklung - mit je spezifischen Regeln für partiell autonome, nämlich selbstreferentielle Subsysteme -, innerhalb der Kunst als Korrektur-Instanz für das verschwundene Ganze kompensatorisch eingesetzt wird.

---

ziales Bewußtsein und Mentalitäten als den entscheidenden medialen Aspekt einschließt. Vgl. Luhmann (1994).

3 Bild als Medium

Insofern das Medium der bildenden Künste wesentlich die
Form des Bildes ist, ist diese Form generativ wie strukturell in
einem starken Sinne analog mit den sozialwirksamen Kontext-
regelungen der Kunst. Panofskys kanonische Methodenaufsät-
ze [124, 127] meinen denn aus diesem Grunde auch, die re-
ferenziell-sinnbildhafte Funktion der Kunst mit den intrinsischen Bedeutungen einer in der Gesellschaft sich verstoffli-
chenden Tendenzen des menschlichen Geistes homolog setzen
zu können. Nichts anderes versteht, im Unterschied zur dialektischen Anthropologie seines Lehrers Aby Warburg [153,
154], Panofsky unter Ikonologie. Eine ganze Reihe von Untersuchungen haben in einer diese Ansätze differenzierenden
Nachfolge im inneren Gefüge von Kunstwerken die Struktur-
gleichheit von Bildaussage und gesellschaftlichem Kontext
auszumachen versucht, ohne auf die marxistische Tradition
der Kunstsoziologie [1] oder auf eine gattungstypologische
„Kunstgeschichte der Aufgaben" [2] zurückgreifen zu müssen.
Dazu rechnen etwa Settis Analyse von Giorgione [144], Ginz-
burgs Betrachtungen zu Piero della Francesca [61], Wittko-
wers [163] , Kleins [105] und Gombrichs Untersuchungen [67,
68] zu den Formgesetzen der Renaissancekunst.

Diese gegenstandsreferenziell orientierten Arbeiten bilden
den methodischen Hintergrund für zahlreiche, vom provokativen Programm der Futuristen ausgehende Beschreibungen einer Bildform, die durch Dynamisierung der Formgesetze oder
durch die Technisierung der Produktionsmedien in einen autonomen syntaktischen Zusammenhang gestellt werden. Dazu
rechnen die Arbeiten von Kepes [100, 101] , Gauthier [55],
Kern [102], Kemp [98], Bryson [32] , Moholo-Nagy [116] und
Gibson [59, 60]. Sie ergänzen die strukturellen Überlegungen

[1]   Vgl. Hauser (1953), Hauser (1974).
[2]   Zur perspektivischen Diskussion dieses Jacob Burckhardtschen
      Programms s. Janson (1982).

der Gestaltpsychologie und ihrer schon früh, parallel zu Piagets genetischer Epistemologie entwickelten konstruktivistischen Wahrnehmungstheorie, die von der selbstorganisierten Aktivierung neuronaler Konfigurationen ausgeht und die sich anbietenden Wahrnehmungsmuster nicht als Abbild einer visuellen Illusion, sondern als Aktivierung kognitiver Deutungsschemata erklärt. Die syntaktische Selbstreferenzialität des Bildes erhält hier im Medium der Neurologie eine starke, nicht nur die künstlerische Imagination, sondern deren naturgeschichtliche Grundlage betreffende Begründung. Aus ihr lassen sich Schlüsse ziehen für das Programm der sogenannten konkrete Kunst beispielsweise eines Piet Mondrian, dessen Bilder nicht mehr als Äquivalente einer sichtbaren Welt oder gar als Visualisierungen eines gedanklichen Konzeptes zu lesen sind, sondern das, was die Bilder repräsentieren sollen, durch die Aktivierung entsprechender Elemente in der Bildgestaltung selber generieren. Diese Bilder stehen nicht mehr für eine Sicht der Welt, sondern bieten die universalen Kategorien einer ausserkünstlerischen Referenz - u.a. neoplastische Kultur, Allgemeinheit, Zurückdrängen der Affekte - als Form des Bildes selber dar. Das Bild ist ein Medium der selbstreferenziellen, konstruktivistischen Artikulation des Denkens in der Binnenlogik des Erkenntnismediums „Bild". Es meint nicht einen gedanklichen Bezug, sondern führt dessen plastisches Arrangement vor. Allerdings bleibt die Benennbarkeit der spezifischen Syntax eine Voraussetzung für die intrinsische Koppelung der Repräsentationen an die formalen Bildlemente.

Einer medientheoretischen Perspektive der Imagination - Bild als Form gesellschaftlicher Kommunikation - sowie des Imaginären - Bild als Steuerungsmedium aller eine Mentalität an deren blindem Fleck konstituierenden Vorstellungen - grundsätzlicher verknüpft sind die Untersuchungen Aby Warburgs [153, 154] und Pierre Francastels [49, 50, 51, 52, 53]. Versucht der eine eine nicht unproblematische Historisierung der Archetypologie in Bezug auf den Affektraum der Bilder und seine Interferenz mit der Distanzierungskraft des Denkens in dessen historischen Pendelschlägen und Wanderwegen, so versteht der andere die Genesis einer spezifischen Bildorganisation nicht nur als Voraussetzung der von der Kunstgeschichte über Gebühr herausgestellten Ikonographie neuzeitlicher Kunst, sondern auch als strukturelles Medium einer insgesamt neuen visuellen Sprache. Diese läßt sich, wie schon Burckhardt gezeigt hat [1], ohne Einbezug der darstellenden Kontexte einer Gesellschaft - Gestik, Mimik, Theatralisierung, Ritual, Festivitäten - nicht verstehen. Ähnlich wie Baxandall [15] die Ikonographie der frühneuzeitlichen Kunst in ein praktisches Verweissystem alltäglichen Handelns stellt - Formen ergeben sich durch Umrechnungen von Volumina auf translokalen Märkten, für die entscheidend ist, daß die Maßsysteme noch nicht normiert worden sind - und die Bildregie als Ausdruck einer standardisierten rhetorischen Ausbildung der Prediger als der Botschafter eines Massenkommunikationssystems Kunst nachweist, so geht Francastel [51] davon aus, daß die vermeintlich formale oder technische Logik der Bilder sich als rhetorisch gehaltvolle Kommunikation innerhalb einer gemeinen Topologie erweist. Die formalen Aspekte überwiegen bloß in einer bestimmten szientistischen Interpretation der Bilder, wohingegen die massenkulturellen Voraussetzungen der Eingewöhnung in eine Ikonographie wegen des hierarchischnormativen Aufbaus der gesellschaftlichen Kommunikation unter dem Leitmedium kognitiver Wissensverarbeitung in seiner normativen Bedeutung, nicht aber in seiner faktischen Macht zurücktritt. Baxandall hat deshalb einsichtigerweise vorgeschlagen, die „patterns of intention" [2] als die in einem Akt der Gestaltung Werk werdende Verbindung von Problembestimmung einer Kultur, von Problemlösungsvisionen der Künstler und der jeweiligen medialen Konventionen einer Werkgattung zu bestimmen. An die Stelle einer bloß subjektiv von der Instanz des Autors her gedachten Intentionalität tritt

---

[1]   Burckhardt (1985), S. 245-300.
[2]   Baxandall (1990).

bei ihm die Ostensivität einer künstlerischen Sprache [1], die zugunsten einer je präsentischen Konstruktion formwerdender Gestaltung die mechanische Linearität des Traditionsbegriffs im Sinne einer Weitergabe und Weiterwirkung von Einflüssen zurückweist.

4 Zentralperspektivität - ein Medienparadigma

Die Medien der bildenden Kunst sind in gewisser Weise die Bilder selbst, nicht nur die Regelsysteme ihrer Produktion, Distribution, Zirkulation und Rezeption. Das neuzeitliche Bild ist selber eine aktive Mediatisierung medialer Dispositive. Es wirkt seinerseits ein auf materielle Voraussetzungen, den öffentlichen Diskurs und die mentale Repräsentation. Die neue Form der Kunst ist zu Recht und mit Nachdruck in der Erfindung der Zentralperspektive ausgemacht und in ihrer Innovationskraft paradigmatisch bewertet worden. Allerdings bleiben die kanonischen Würdigungen [2] an einer entscheidenden Schwelle stehen. Das zentralperspektivisch von der Regel der symbol- und zeichenhaften Fläche auf das Modell des als Schnitt durch die Sehpyramide konstruierten Fensters umgestellte Bild ist in allen funktionalen Konsequenzen schon damals in einer Weise theoretisch formuliert worden [3], die sich bewußt vom Formvokabular der älteren Kunst abgrenzt. Diese Abgrenzung entspricht der damals zeitgeschichtlich geschaffenen Diskurssemantik, aus der 120 Jahre später die erste Geschichtsschreibung der Kunst, Giorgio Vasaris „Vite", mit ständigem Rekurs auf die Schwellengestalt Giotto hervorgehen wird. Dieser Zusammenhang ist konstitutiv für den bildwissenschaftlichen Anspruch der Kunst und auch einer bestimmten Wissenschaftlichkeit ihrer Historiographie. Die drucktech-

---

[1] Baxandall (1990), S. 34 ff.
[2] Panofsky (1985), S. 99-204, Boehm (1969).
[3] Alberti (1972).

nische Veröffentlichung mythologiefähiger Künstlerbiographien und die Vermessung eines orthogonalen und vektoriellen Bildraumes sind zwei Momente einer generell gewandelten epistemischen Struktur. Die Kunstgeschiche hat diese epistemische Struktur im Bild der Zentralperspektive als Rationalisierungsschub der Bilder in ihrer künstlerischen wie ausserkünstlerischen, beispielsweise wissenschaftlichen Dimension hoch bewertet. Bilder werden zu Medien einer aktiven Säkularisierung und damit zu Beispielgebungen für eine spätere mathematische Formulerung des infinitesimalen, homogenen und isotopischen Raumes. Zudem erscheint die Zentralperspektive als Medium eines meßbaren Formwandels im Verhältnis von Subjekt und Objekt, Kultur und Natur. Die instrumentierende Gleichförmigkeit eines identifizierenden Sehens und eines nüchtern kontinuierenden Blicks ist als Organisationsform des Illusionsbildes formbestimmend. Die neue Funktionalität der Bildillusion - Bilder scheinen natürlicher auszusehen als die Natur selbst - ist durch den Distanzgewinn gerechtfertigt. Die Welt wird entzaubert und als Säkularisat zurückgedrängter Bildmagie legitimiert. Daß sich daraus zu einseitige Bilder der Renaissance als Epoche der Aufklärung, der Geschichtsmächtigkeit, der grossen welthistorischen Individuen ableiten liessen, macht die formale Diagnose zunächst nicht falsch[1]. Der Distanzierungszuwachs wird nicht allein als Organisationsprinzip des neuen Bildmediums benutzt - das in seinem universalen Geltungsanspruch die Nachfolge der imperialen und expansiven christlichen Bilderpolitik antritt, die eine Medialisierung der Nachrichtenströme im Hinblick auf eine durch Jenseitsaffirmation koordinierte Weltskepsis gewesen ist[2] -, sondern im Sinne der Eliasschen Zivilisationstheorie[3] als symbolischer Ausdruck universal gewandelter Subjekt-, Kultur- und Naturverhältnisse gedeutet. Die Zentralper-

---

[1] Wind (1981).

[2] Sloterdijk (1993), S. 67ff.

[3] Elias (1969).

spektive ist jedoch nicht nur eine Neuorganisaton des Bildraumes, sie produziert nicht nur eine neue Symbolik des Sub-
jekt-Objekt-Verhältnisses, ermöglicht nicht nur eine veränderte Paradigmatik des Bildes und erzwingt nicht allein die Erzeugung neuer Standards. Sie ist vielmehr auch ein höherstu-
figeres Medium für die bildnerisch autonome Aktivierung neu-
organisierter Wissensarchive, jener enzyklopädischen Epistemologie der Neuzeit, die auf technische Speicherung abzielt.
Gerade der enzyklopädische Anspruch erzwingt die Einsicht,
daß die Medientechnologie der frühen Neuzeit partikulari-
stisch funktioniert. Nationalsprachen, Buchdruck und Lese-
kommunikation sind ausgezeichnet durch endliche Codes mit
einer abgeschlossenen Zahl von Elementen [1]. Deshalb setzen
die Künstler darauf, daß nur das Bild eine universale „lingua
franca" sein könne. Die in der Renaissance, erst recht im Manierismus [2] grassierenden Verstrickungen in das Faszinations-
potential des Hieroglyphischen, bilden einen äussert komplexen Hintergrund für die viel beschworene, medienstrate-
gisch aber meist negativ besetzte und entsprechend dämoni-
sierte Idolatrie als kompensatorischer Gegenwelthoffnung des
säkularisierten Individuums in der modernen Massengesellschaft [3]. Seit der Beispielhaftigkeit des Illusions-Bildes als eines neuen Mediums im Sinne einer „Perspektive als symbolische Form" und dem Aktivierungspotential des Mediums
„neues Bild" ist die Artikulation von Bildern eine unentwegt
gesteigerte Medialisierung der visuellen Repräsentationslei-
stungen - dies gilt zumindest bis an die Schwelle der technischen Reproduzierbarkeit der Bilder und der mit der Fotografie beginnenden notorisch „neuen" Technologien, die zunehmend Bilder als Medien speicherbarer Informationen und

---

[1] Vgl. Assmann (1994); Innis (1950).
[2] Vgl. Hocke.
[3] Vgl. Reck (1995).

Kommunikationsakte betrachten [1]. Die Universalisierung des Bildes hat jedoch, zum Unterschied von den Hoffnungen auf eine lingua franca als einer unmittelbaren Encodierung von Gedanken ohne den Umweg über partikularistische Sprachen und Kulturen, nur in Bezug auf die künstlerische Selbstreferenzialität stattgefunden. Für die Universalität der Bildsprache stehen heute die alles andere als selbstverständlichen Piktogramme, für die Universalität der geistigen Programmansprüche des Bildes als einer plastischen Verstofflichung des Denkens typisch ist eine strukturelle Abkoppelung von Zeichen und Bedeutung geworden.

5 Die mediale Abkoppelung von Zeichen und Bedeutung am Beispiel Malewitsch

Moderne Kunst besteht - mindestens in ihren klassisch-europäischen Konturen bis an die Schwelle von, sachlich, Fluxus und „nouveau réalisme" und, zeitlich, der 60er Jahre - in der Darstellung des Nicht-Darstellbaren, dem Sichtbarmachen des Nicht-Sichtbaren. Das Kunstwerk wird zu einem Moment im Erfahrungsprozeß der Kunst, welche die „Bildlosigkeit des Absoluten" [2] erfährt. Das Werk kann nicht länger als Anschauungsgegenstand oder Medium von Repräsentation gelten. Es wird zu einem Ausdruck problematisierender Erfahrungen, die im Hin-und-Her zwischen Betrachter und Bild, welches nicht mit seinem stofflichen Äquivalent, dem Kunstwerk und Bild als Zeichenträger zusammenfällt, das, was Aussage werden oder als solche soll anerkannt werden können, erst im Hinblick auf den Abzug der Signifikate aus den Signifikanten entwickeln. Das Scheitern der Darstellung des Absoluten wird nicht allein zur anstoßenden Bewegung des Be-

---

[1] Dies die noëmatische Repräsentationsstruktur der Fotografie in Barthes (1985).

[2] Picht (1987), S. 74.

trachters im Hinblick auf das Bild, sondern zu deßen imma-
nenter Dynamik, die dem Bild einen Betrachter sucht, das seine Aussage vollendet [1]. Diese Vollendung der Aussage aus
dem Blick eines Betrachters, den das Bild selber dem Auge
leiht, ist das Organisationsprinzip der modernen bildnerischen
Syntax. Der zunächst restlose - später im Namen einer revolu-
tionären Ästhetik der Macht aus dem Blick der bildnerischen
Universalgrammatik wieder rückgängig gemachte - Bruch mit
der Bildallegorese, den Kandinsky in „Über das Geistige in
der Kunst" aus Nietzsches Übermenschen, dem individuellen
und transzendenzlosen Entwurf des Menschen aus sich selbst,
durch das singuäre innere Reich des einzelnen Künstlergenius
begründet hat, führt nicht allein zum Primat der Bildsyntax
und der intrinsisch verschlossenen Welt personaler Expressi-
vität, sondern zu einer Analogisierung aller Künste mit dem
Modell des musikalischen Prozeßes [2]. Denn nur in ihm gibt es
eine prototypische Aufspaltung zwischen der Bedeutung des
ideell konfigurierten Kunstwerks und den medialisierenden
Eigenreizen der spezifischen Syntax, des künstlerischen
Stoffs. Die innere Geistigkeit, der innere Klang der Musik, ist
zunächst eine Abstraktionsleistung, die mit dem Medium
kompositorischer Notation zu tun hat. Die „allographischen"
Künste verfügen über ein allgemeines Notationssystem, wel-

---

[1] Das ist das Prinzip des "offenen Kunstwerks", das sich zwar pri-
    mär im Hinblick auf neue musikalische Experimente und die "arte
    informale" der 50er Jahre definiert, das aber eine grundsätzliche
    Verschiebung im Signifikantensystem meint, die auf moderne
    Kunst gerade wegen der paradigmatischen Nichtdarstellbarkeit
    und prozeßualen Erfahrungsorientiertheit der Künste verweist, in
    der Literatur seit Mallarmé, Rimbaud und Proust, der Malerei seit
    Cézanne, der Musik seit Debussy, der Architektur seit Loos, der
    Skulptur seit dem späten Rodin. Zum Begriff des "offenen
    Kunstwerks" s. Eco (1973).

[2] Vgl. von Maur (1980); de la Motte (1990); Zur "écriture" als dem
    Schnittpunkt des Konvergierens von Malerei und Musik: Adorno
    (1978).

ches das Werk als Gegenstand seiner sinnlichen Rezeption vom „autographischen" Akt seiner primären, gestaltsetzenden Hervorbringung trennt [1]. Die autographische Malerei lehnt sich an die allographische Musik deshalb an, weil die Trennung der Aisthesis als einer selbstbezüglichen, prozessorientierten und explikativen Wahrnehmung von der syntaktischen Autonomie der Kunst nicht allein die Erfahrungsbedingung des kunstinteressierten Rezipienten und die Autonomie des Kunstwerks begründen soll, sondern weil sich hier die äußerst folgenreiche Trennung der Zeichen von den Bedeutungen sowohl am Stoff des Kunstwerks wie am Modell seiner Analysierbarkeit durch eine bis zur Willkürlichkeit frei werdende Rezeption ausarbeiten läßt - als eine die traditionelle Kunstgeschichtsschreibung, die sich gänzlich der Metapher der räumlichen Topographie verschrieben hat, problematisierende Überführung des Räumlichen ins Zeitliche. Der Bruch mit der Vorstellung einer Bildtopographie ist der Bruch mit der Allegorese überhaupt. Die Musikalität und damit die Aufspaltung in eine Autographie der inneren Konfiguration - deren Technik Kandinsky als Bildtypus und Zeichenverfahren unter dem Titel der „Improvisation" beschrieben hat [2] - und eine Allographie der syntaktischen Rezeption aufgesprengter, entzogener, verweigerter und unsichtbar gemachter Signifikanten belegt das prototypisch musikalische Verfahren der modernen Kunst und eine wirklich innovative Paradimatik der bildenden Kunst als, entgegen Lessing [3], nicht mehr Raum-, sondern Zeitkunst [4]. In direkter Zeitgenoßenschaft zur konzeptuellen Erneuerung des expressionistischen Formimpulses, der vehement auf diese Aufspaltung hingearbeitet hatte, notierte Ernst Bloch:

---

[1] Goodman (1973).

[2] Kandinsky (1952), S. 142.

[3] Lessing (1988), S. 104 ff.

[4] Picht (1987), S. 267 ff, 426 ff.

„... das rein Malerische, das wiedergefunden zu haben den unklaren Stolz vieler Impressionisten bildete, tritt vor dem Zwang zur Aussage notwendig zurück" [1].

Die Entkoppelung von Zeichen und Bedeutung, Syntax und Aussage, bildnerischer Universalgramatik und Repräsentation resultiert aus der Intensivierung einer Farbgebung, welche nunmehr im Dienst eines apodiktischen Subjekts steht. Die Farbe wird dramatisiert. Analog dazu wird die Bilderzählung eine dramatische Erzählung. Dramaturgie wie Paradigmatik der Bilder verschieben sich auf Musikalität. Der Raum wird verzeitlicht, Bedeutung entspringt dem Prozess des Sich-Einlassens auf die Gehalte des Kunstwerkes, nicht mehr der Topographie der Motive, Ikonographien und Symbole. Der Ton wird innerlich, der Klang der Bilder entwirft sich als Zeitreise in die Gespanntheit einer aufbrechen wollenden Seele. Kontemplation ist den Bildern nicht mehr angemessen.

„Wenn aber das, was der Ton sagt, von uns stammt, sofern wir uns hineinlegen und mit diesem grossen, makanthropischen Kehlkopf sprechen, so ist das nicht ein Traum, sondern ein fester Seelenring, dem nur deshalb nichts entspricht, weil ihm draußen nichts mehr entsprechen kann, und weil die Musik als innerlich utopische Kunst über alles empirisch zu Belegende im ganzen Umfang hinausliegt (...) Die Domestikentür bloßer Kontemplation ist gesprengt, und ein anderes als das allegorische Symbol erscheint, wie es menschenfremd, zum mindesten halb außermenschlich war, das uns, wenn es gänzlich sichtbar geworden wäre, gleich dem ungemilderten Zeus erdrückt, verbrannt hätte, und dessen im Sichtbaren, uns Zugeneigten immer noch ungelöste transzendente Unfaßbarkeit gerade seinen Symbolcharakter konstituiert hatte" [2].

Diese Unfaßbarkeit ist *das* Konstitutionsprinzip moderner Kunst. Syntax und zugeschriebene Intentionalität treten be-

---

[1] Bloch (1964), S. 41.
[2] Bloch (1964), S. 206.

wußt auseinander. Malewitsch encodiert seine Bilder nach etwa 1913 entsprechend auf eine vierfache Weise. Sie gelten
ihm als Beispiele einer neuen Naturanschauung, welche die
Intensität einer energetischen Natur unverstellt, ohne jeden
ikonischen Zeichengebrauch, zur Darstellung bringt: die Natur wird im visuellen Energetismus der reinen Farben zu einer
Metapher ihrer selbst. Die suprematistischen Gestaltungs-
prinzipien treten aus der Natur gerade deshalb direkt hervor,
weil sie keine äußerliche Charakterisierung mehr intendieren,
sondern Natur aus dem Kreationsprozeß des Bildes - einer
Analogie, die über ihr Analogon nicht mehr verfügen kann -
hervortreten laßen. Auf einer zweiten Ebene wird deshalb
Kunst Weltschöpfung als Weltentwurf des Neuen. Das Paradigma der Nichtfigürlichkeit hatte man innerhalb der Kunst
durchaus im Hinblick auf ein Abstrakterwerden der Welt und
einen die Denaturierung der sichtbaren Natur (als „natura na-
turata") vorantreibenden Wissenschaftsbegriff verstanden. Auf
einer dritten Ebene erarbeitet Malewitsch einen sozialrevolu-
tionären, ästhetiktheoretischen Kontext, der die Bildelemente
der Dezentrierung mit den anspruchsvollen Technikmetaphern
des Fliegens, der Radiophonik und dem Pathos einer Überwindung der terrestrischen Bindung des Menschen auflädt. Auf
einer vierten Encodierungsebene schließlich wird dieser neue
symbolische Inhalt im Bild des Malers explizit von der Bildform und den Darstellungsmitteln abgekoppelt. Was dem Betrachter entgegentritt, ist allein noch die Form einer zeitlichen
Bewegung: die Suspendierung des Raumes als Bedingung des
Bildes formuliert die Repräsentation als reflexive Struktur der
Beziehung des Betrachters zum Bild. Das Bild selber - Zei-
chenkonfiguration auf Bildträger - ist außerhalb der Erkennt-
nisleistung des Betrachters nicht mehr existent. Als so existie-
rendes zeigt das Bild auch nicht mehr die Semantik einer
künstlerischen Hoffnung. Im Hinblick auf Semantik zeigt es
überhaupt nichts mehr. Der Zusammenhang zwischen Geist-
philosophie, Sozialrevolution, ästhetischer Emanzipation und
dem Bild besteht exakt darin, nicht mehr als Organisation der

bildnerischen Mittel zu fungieren. Der Zusammenhang besteht
in der Vergegenwärtigung der Tatsache, daß er zerrissen ist
und dies bleiben wird. Diese Meta-Repräsentation wird das
herausragende Merkmal der Kunst des 20. Jahrhunderts in
allen Bereichen werden. Sie besagt nichts anderes, als daß die
Kunst ein semiotisches Meta-Explikationsverhältnis zu sich
selber hat [1]. Auf der entscheidenden, vierten Ebene - der Encodierung als Reflexion des Zusammenhangs der programmatisch postulierten neuen Inhaltlichkeit mit dem syntaktisch
konfigurierten Zeichenmaterial - wird das Bild nur noch durch
seine Begrenzung, die Kontextualität seines Diskurses, die
Wahrnehmung seiner Rezipierbarkeit, durch den Rahmen also, bestimmt. Die wahre, die eigentliche Bedeutung ist nicht
mehr wahrnehmbar. Das Bild zeigt das Bild selber als abwesendes. Das Bild ist nicht mehr das Kunstwerk. Bestand vor-
dem das Kunstwerk in der Objektivierung des Sehens, dann
muß die nichtfigurative Kunst das Sehen nicht nur inszenie-
ren, sondern Gesichtspunkte für das Sehen des Sehens entwik-
keln. Da die Bilder nicht mehr zeigen, was sie meinen, müßen
sie ihre Bildlichkeit im Hinblick nicht nur auf das Zeigen,
sondern auf das Bild selber präziser bestimmen. Selbstreflexion und Selbstreferentialität treten an die Stelle von Denotation
und Repräsentation. Das Wirkliche ist, was das Bild im Hinblick auf sich selber inszeniert. Wirklichkeitserfahrung wird -
auf einer zusätzlichen Ebene - im Medium des Bildnerischen
dadurch radikalisiert, daß sich das Bild nicht allein dem Diskurs des Objektiven entzieht, sondern die Zeigbarkeit seines
Bezugs auf Welt, Wirklichkeit u.ä. verweigert. Das Bild wird
zum Vollzug seines Sich-der-Welt-Entziehens. Es läßt die Repräsentationen leerlaufen. Syntax und zugeschriebene Intentionalität, Bildaussage und Referenzbezug, Darstellung und
sozialrevolutionärer Impuls treten nicht nur auseinander, son-

---

[1]   Daraus ergibt sich ein prinzipiell und schwerwiegend problema-
    tisches Verhältnis von Kunst und Kommunikation. Vgl. Luhmann
    (1991 a), S. 7-45; Luhmann (1991 b), S. 65-74.

dern werden in diesem Auseinandertreten erst als aufeinander bezogene erfahrbar. Die wahre und die fiktive Begründung treten auseinander, erstere ist im Bild nicht wahrnehmbar. Das Bild kollidiert mit dem Bilderrahmen, durch den es erst möglich wird und den es dennoch überschreitet. Das Bild ist in dem Masse da, wie es sich entzieht. Das Bild zeigt sich nur als abwesendes. Die Präsenz des Bildes wird zur Krise seiner Form. Die Bildform, immer noch verweisend auf Referenzialität, läßt die Erwartung der Repräsentation leerlaufen. Die Krise des Bildes wird zum paradigmatischen Bildtheoriemodell der Moderne: der stetigen, unhintergehbaren und ultimativen Entkoppelung von Zeichen und Bedeutung [1]. Kunst repräsentiert nicht nur nicht mehr das Wirkliche, das Bild repräsentiert auch nicht mehr das Bild, sondern nur noch eine relationale Erfahrung in der Sukzessivität der Zeit. Die Intensivierung der Erfahrung sprengt den Reduktionismus des Kontemplativen. Kunst wird zu einem wirklich neuen Medium, zur Selbstreferentialität der sie konstituierenden Elemente, Verfahren, Ausdrücke, auch wenn der Ausdruck „Kunst" eine zu große werkbezogene Kontinuität unterstellt.

Wenn wir Bilder wie Malewitschs, im Stedelijk-Museum Amsterdam befindliches Gemälde „8 rote Rechtecke" von 1915 betrachten, dann ergeben sich in unserem Kontext eine ganze Reihe von Fragen: was ist dargestellt, was hat der Titel für eine Funktion? Ist das Bild die Darstellung von acht roten Rechtecken oder sind diese Rechtecke die Mittel, etwas (anderes) ausdzudrücken? Malewitschs „8 rote Rechtecke" repräsentieren und symbolisieren nichts mehr außerhalb des durch ihre Syntax und die Konzeptualisierung des Titels angezeigten Elementarität des im Bild Sichtbaren. Gerade dadurch aber steht die Syntax nicht mehr für eine Semantik. Kunst ist nicht mehr Repräsentation eines Bildes, sondern ästhetisches Arrangement zur Intensivierung von Erfahrungen. Der Prozeß der Al-

---

[1]   Das gilt nicht im gestaltpsychologischen, wohl aber im bildtheoretischen Sinne. Vgl. Arnheim (1978).

legorese ist endgültig und folgenreich zerbrochen. Zunehmend
entscheidet über Stofflichkeit, Überlieferung und Bestand des
Werkes der diskursive und rezeptionsästhetische Kontext.
Eben dies erzwingt eine intensive Medialisierung der künstle-
rischen Arbeit und bildet im Zusammenspiel von Kunst, Bild-
Invention, visueller Kultur und Bild-Rezeption den alles
überformenden Medien-Zusammenhang für die bildenden
Künste.

6 Kulturmodelle, Kunstgeschichte und Medientheorie

Kulturgeschichte lässt sich typisieren nach dem technisch
implementierten, als mediale Extension von Körpern zu Apparaten eingerichteten Gebrauch der Sinne, den Hierarchien, die
unter ihnen gebildet werden. Als Medien können diejenigen
Grössen gelten, die einem gegebenen Gebrauch der Sinne,
Medien und Kommunikationsflüße modellierend entgegentre-
ten, andere Dominanzen vorschlagen, bestimmte Kanäle be-
vorzugen, einzelne Zeichensysteme mit spezifischen Deu-
tungsansprüchen durchsetzen wollen. Die Marginalisierung
spezifischer Erfahrungen rechnet zu den natürlichen Mechanismen der Kultur- als Mediengeschichte. Die Modellierung
des mediatisierten Sinnengebrauchs ist immer wieder dem
Wechselspiel von majorisierender Zentralisierung partieller
Interpretamente und der Dezentralisierung bisher dominanter
Interpretationen ausgesetzt.
   Es ist der Sache deshalb nicht äusserlich, daß die Entstehung der akademischen Kunstgeschichte - im 19. Jahrhundert
auf den idealisierten Hintergrund einer vernunftvollen und
klaren, optimistischen und fortschrittsgläubigen Renaissance
bezogen - eine Geschichte ist, die sich innerhalb der technischen Massenkommunikation des 19. Jh. abspielt. Im 19.
Jahrhundert hat sie ihre normativen Regeln entwickelt und auf
das historische Material rück-projiziert. Die Herausstreichung

von Bildung, Geschmack und der Rolle der Persönlichkeit nehmen sich allerdings merkwürdig utopisch aus in einer Zeit, in der diese als Regulierungsmodelle aus den sozialen Systemen zunehmend verschwinden. Kontrafaktisch wird deshalb die Vision einer Kulturpyramide nominell durchgesetzt. Der Mythos der Hochkultur wird zwar nicht in dieser Zeit erfunden, wohl aber entscheidend bekräftigt. Was nicht zur Hochkultur gehört, wird einer Subkultur zugerechnet: Über- und Unterordnungsverhältnisse sind mindestens semantisch klar. Dieses Modell hat nur ein Problem: es entspricht weder einer historischen Wahrheit noch einer sinnvollen Signifkanz der Zirkulation von Symbolen. Kunst als hochkulturelle Diskurssemantik ist zugleich ein Dispositiv der Bewertung, Zensierung, Instrumentalisierung und Unterordnung der nicht-hochkulturellen Kulturphänomene, auf deren Integration - wie beispielsweise die Geschichte des Faust-Stoffes zeigt - nicht verzichtet werden kann. Diese Abwertung konstituiert Hochkultur ja erst. Insofern wäre es massiv falsch, Kulturen statisch zu analysieren. Sie sind Dynamisierungsfaktoren. Nach der Einsicht in den Mythos eines pyramidalen Kulturaufbaus kann von einem Zerfall der Kulturpyramide nicht gesprochen werden. Auch macht der Begriff Subkultur keine Sinn. Vielmehr durchdringen und aktivieren sich diese habituell kontroversen Kulturmodelle gegenseitig. Sie sind Medien der Dynamisierung solcher Kontrastbezüge und bilden in ihrem Austausch das entscheidende soziale Medium der Artikulation, Darstellung und Verhandlung von Code-Konflikten. Es ist daran zu erinnern, daß der Dichotomie von Hoch- und Subkultur jene von bürgerlicher und plebejischer Kultur zugrundeliegt. Die plebejische Kultur ist jedoch immer autonom gewesen und koexistiert mit ihrem Riivalen, der bürgerlichen Kultur. Medientechisch und -historisch sind deshalb Errungenschaften und Nutzungen wie der Buchdruck, die Verwendung der Bilder für politische Bildpolemik, die Flugblätter der Reformationszeit[1],

---

[1]   Vgl. Hoffmann (1977), Hoffmann (1983 a), Hoffmann (1983 b);

die Ursprünge und Praktiken der Druckplakate und dergleichen von höchstem Interesse, weil sie zeigen, daß es parallel zur und gleichursprünglich mit der bürgerlichen Kultur
gerade im Bereich der bildenden Künste und Kommunikation
eine Medienkultur gegeben hat, die von jener immer als ple-
bejisch konnotiert worden ist und die tatasächlich genuin plebejische Aneignungsformen aufweist [1]. Umgekehrt: Man findet die von der Avantgarde geforderten und initiierten Kom-
plexitätssteigerungen auch im Bereich der nach- oder nicht-
auratischen Reproduktionskultur. Die Mechanismen der visuellen Kultur lassen sich durch die Referenzsysteme der
Kunstentwicklung [2] und der Kunsttheorie beschreiben, ohne
daß die exemplarische Gültigkeit spezifischer Bildfunktionen
der mythologischen „hohen Kunst" vorbehalten bleiben könnte. Gerade diese stellt sich als historisch nicht mehr ungebrochen wirksame Fiktion heraus: das Studium der Bildmecha-
nismen hat sich auf den Bereich der visuellen Kultur, auf das
imagnäre Museum als Kunst der Montage und Fiktion [3] sowie
auf symbolische Handlungen der Alltagskultur verschoben.
Die paradigmatische Privilegierung der Ästhetik als Bildmoral
ist weder ein unbezwingbares Produkt der historischen Ver-
laufsform von Gegenwartskunst noch eine ästhetiktheoretische
Konstante der Kunst als Beispielgebung des Schönen. Gegenüber der visuellen Kultur ist die Auszeichnung der Kunst im
Sinne ikonologischer, ästhetisch-normativer, geschmackstheo-
retischer oder allegorisch-hermeneutischer Auslegung weder
haltbar noch sinnvoll. Die an der Kunst trainierten Mechanismen ästhetischen Differenzbewußtseins können gerade wegen
der Unterschiedlichkeit der Codes der Kunst von den nicht-
künstlerischen Bildproduktionen beliebig an allen Bildern

Eisenstein (1979), Chartier (1987), Chartier (1992).

[1] Vgl. Bachtin (1987); Thompson (1980); Thuillier (1985); Kaplan (1984).

[2] Vgl. Reck (1991 a); Reck (1993); Reck (1997).

[3] Vgl. Malraux (1987), S. 19-31.

überprüft und ausgelegt werden, unabhängig von Herkunft, Stammbaum und Schichtzugehörigkeit [1].

Deshab kann vor der Unterscheidung in normgeleitete, ästhetisch fundierte Kulturkonzepte an einem einheitlichen und dynamischen Symbolbegriff wie folgt festgehalten werden. Jede intersubjektiv realisierte und extern vergegenständlichte Symbolisierung, deren modellgebende Zeichensysteme von der Encodierung der Signifikanten jederzeit nach kommunikationstheoretischen Regeln unterschieden werden können, kann als „Medium" gelten. Das hiess früher Darstellung, beileibe nicht bloss im Sinne von antiker Bühne und Mimesis, sondern, grundsätzlicher, der jederzeit möglichen Unterscheidung der sachlich verbundenen Komponenten von Darstellung, Darstellungsraum, Dargestelltem und Projektions-Raum des Darstellens. Umformuliert zu einer ausführlicheren Aufzählung der erkenntnistheoretischen Bestimmungselemente dieser Medienkonzeption, ergeben sich für eine Mediengeschichte der bildenden Künste folgende Einsichten. „Medium" bedingt, setzt voraus und impliziert:

- intersubjetiv verwirklichte und extern vergegenständlichte Symbolisierungen;

- die Encodierung und Decodierung von Signifikanten innerhalb eines spezifisch poetischen Codes (mit hohem Indeterminiertheitsgrad, d.h. einer innovativen Mischung von bekannten und unbekannten Signifikanten);

- eine gegebene, aber veränderliche Hierarchie innerhalb modellgebender Zeichensysteme in Bezug auf ein soziales Gebrauchssystem „Kunst";

- eine jederzeit strukturell mögliche, d.h. auf die gesamte Systemsphäre bezogene Unterscheidung von Encodierung/ Decodierung einerseits, modellgebenden Systemen andererseits;

- das Treffen dieser Unterscheidung nach kommunikationstheoretischen Regeln, wobei unter „Kommunikation" verstanden wird eine möglicherweise spannungsvolle, prinzipiell

---

[1] Vgl. Reck (1991 b); Reck (1991 c).

aber unverbrüchliche Einheit zwischen Sender und Empfänger; der Verweiszusammenhang spielt sich so ein, daß dem Empfänger die Intention des Mitteilen-Wollens des Senders ebenso bewußt ist wie dem Sender dieses Intentionalitätswissen des Rezipienten; der eine weiss jeweils um die vom Anderen gewußte Intentionalität.

7 Kunstgeschichte und Künste

Die Determinanten künstlerischer Zeichensysteme sind komplex, die Generalisierung der Aspekte in einem einzigen Medium „Bild" unbefriedigend. Die generalisierende Rede belegt, daß eine strukturelle Medientheorie eine Varante der philosophischen Ontologie darstellt, die prinzipiell von einer überzeitlichen, als allgemein angesehenen Begriffsvorstellung des Bildes ausgegangen ist. Das wirkliche Bild wird dabei, wie in der Hermeneutik Gadamerscher Prägung[1] zu einem sich irgendwie auf irgendetwas, präzise nur auf die durch sie geschaffene eigene Anschaulichkeit beziehenden metaphorischen Ausdruck oder gar zu einer von allen Kontexten abgeschotteten Struktur von Selbstbezeichnung[2]. Die Unterscheidung nach den differenten Determinanten tritt meist hinter phänomenale[3], strukturale[4] oder formal-semiotische[5] Überlegungen zurück, deren methodologische Ausrichtung eher territorial und statisch, nicht dynamisch konzipiert sind. Es ergeht dann etwa eine Stereotypien bildende Rede vom statischen Medium der Bilder, der Augenblickslosigkeit der Gemälde,

---

[1] Vgl. Gadamer (1973), S. 128-137.

[2] Vgl. Böhm (1978); vorsichtiger und differenzierter dagegen Bätschmann (1986).

[3] Vgl. Bryson (1983); Bernhard Waldenfels (1989).

[4] Vgl. Gombrich (1978); Gombrich (1994); Arnheim (1972); Arnheim (1978); Gauthier (1982); Kaemmerling (1979).

[5] Shapiro (1970); Shapiro (1973).

der Insistenz ihrer körperlichen Präsenz als dem genuinen Medium ihrer ikonischen Macht, der Funktion einer Verinnerlichung der Welt, die einem menschlichen Bedürfnis entspreche[1]. Die Hermeneutik[2] ist selbstwidersprüchlich angelegt und begnügt sich in letzter Instanz mit einer von jedem Einzelbild ausgehenden Selbstbeschreibung der formalen Eigenheiten im Namen einer paradox erst im Schweigen zu sich selber kommenden Form von Anschaulichkeit. Diese nie begründete Insistenz auf Singularität führt dazu, daß viele in vielem alles beliebige sehen können. Das Bild wird so zur medialen Bestätigung der es konstituierenden Ausdrücke instrumentalisiert. Daß Bilder erst in Kontexten faktisch und lebendig realisiert werden und das Medium des Bildes nicht seine syntaktisch organisierte Form, sondern seine Form die Aktivierung pragmatischer Kommunikation ist, wird wegen einer nicht unberechtigten, aber zu pauschalen Ablehnung jeder funktionalistischen Betrachtung der Kunst [3] übersehen.

Welche Kategorien von Medialität werden in der bisherigen Beschreibung der Kunst und Kunstgeschichte überhaupt verwendet? Dazu können vier Thesen formuliert werden: 1. Alle Theoriebildung der Kunstgeschichte ist durchweg konnotiert mit Archaik, Handwerk, Entäusserungsontologie, romantischer Genialität und humanistischen Persönlichkeitsidealen. Dazu gehört das Insistieren auf der gleichzeitigen körperlichen Anwesenheit von Werk und Betrachter sowie, damit evident verbunden, die latent bis manifest apokalyptische Denunzierung aller Verflüchtigungstechniken und immateriellen Informationsflüssen, die als Absentierungs- und nicht als Anwe-

---

[1] Vgl. Berger (1992), S. 87. Solche Darlegungen kranken u.a. daran, daß sie die hermeneutische Wut des Verstehens (Hörisch, 1988) einem semiotisch differenten Medium schlicht aufpropfen. Es gibt ernsthafte Argumente dafür, daß im Unterschied zum Lesen von Schrift und Texten Bilder nicht gelesen, sondern nur erkannt werden können.

[2] Zur Kritik der Hermeneutik vgl. auch Reck (1991 d), S. 240-252.

[3] Als Beispiel: Busch (1987).

senheitsmedien interpretiert werden [1] 2. Die Tendenz der Kunst gerade im 20. Jh ist eine radikale und permanente Ausweitung der künstlerischen Stoffe, wodurch Form zum Medium und Material wird. 3. Die mediale Durchdringung der Form ist einsehbar nur, wenn Kunst als Meta-Diskurs, aber nicht auf der Ebene der Materialität ausgezeichnet wird. 4. In der Kunst ist die medientheoretisch bedeutsame Fernanwesenheit nichts anderes als die Internationalisierung von Anspruchsniveau, diskursiven Standards, Auftragskonkurrenz, Prestige-Öffentlichkeit, wobei die Strategien des visuellen Operierens und ein zunehmend technisch-operatives Bild-Ingenieurtum die Konstruktion plausibel anschaulicher Verbindlichkeiten nach medialen Prozessfaktoren variabel halten. Kunst erweist sich gerade in der Gegenwart als eine dem antiken Kairos-Modell vergleichbare Fähigkeit zur Rhetorisierung ihrer Ausdruckssprache. [2] Symbolische Formen sind immer Medien der Vermittlung diesseits aller Substanzen und Ontologien. [3]

Der für kunsthistorische Theoriebildung schier unüberwindliche Hang zur Gegenstandsreferenzialität - die objektiviert und nicht interpretativ behauptet wird - ist, was eine medientheoretische Selbstreflexion der Kunstgeschichte und ein Gewahrwerden ihrer intrinsischen Produktivität für die Paradigmatik der visuellen Kultur und der technischen Bilder verhindert. Zwar ist der Status von Absichtserklärungen zwischen abstraktem Wunsch und Forschungspostulat schwer zu bestimmen. Dennoch scheint es mir nicht illegitim, postulatorische Äußerungen im Sinne von diagnostischen Zeugenschaf-

---

[1] In aller intendierten und methodologisch auch realen Fortschrittlichkeit besteht selbst Belting (1995), S. 170 auf diesem Modell.

[2] Buchheim (1986), bes. S. 94 ff; in ganz anderer Perspektive ist mehrfach beobachtet worden, daß die Kunst des 20. Jahrhunderts der Ästhetik der Antike nicht nur näher steht als den gesamten Bemühungen der Zwischenzeiten, sondern ihr praktisch homolog ist; vgl. Grassi (1979).

[3] Vgl. Cassirer (1953), Bd. 1, S. 6 ff.

ten auch als analytische Komponenten der Branche zu werten. Wenn Lavin dafür plädiert [1], Kunstgeschichte als Studium von Bildbedeutungen zu verstehen und damit als Teil einer Ikonographie zu werten, der sich kein vom Menschen je erschaffenes Bild entziehen könne, dann privilegiert er offensichtlich diejenige Bildkontrolle, welche die ästhetische Versuchung und Intensität durch nachschaffende Erfahrungen auf eine vorab geordnete Ontologie gegenständlicher Propositionen verpflichtet. Kunstgeschichte als Inhaltsdeutung ohne Wissenschaft von spezifischen visuellen Form-Dynamiken muss natürlich an der Zeitstruktur nicht nur der technischen Massenmedien, sondern auch der elektronischen Kunst scheitern. Die zu erarbeitende Perspektive einer intrinsisch-medientheoretischen Reflexion der Kunstgeschichte läßt sich dagegen in etwa so umreissen:

„Was Paik und Abe mit ihrem audiovisuellen Synthesizer schon vor zwei Dekaden noch mit videographischen Mitteln realisierten, nämlich die dialogische Herstellung von visuellen Kompositionen nach primär musikalischen Gesichtspunkten, hat sich seltsamerweise in der Computeranimation eher wieder zurückentwickelt bzw. fließt noch wenig in sie als ästhetisches Produktionsprinzip ein: die Ablösung vom einzelnen Bild, vom Gemälde als dominanter Referenzfläche, als kunsthistorischem Paradigma schlechthin, hin zum Modus des Zeitbildes, zur elektronischen Vision der Relationen, der Verbindungen und Trennungen, der Komposition komplexer Zeitstrukturen, deren Erfahrung uns real verwehrt oder noch ganz unbekannt ist" [2].

1986 hatte Warnke noch festgestellt, zwar könne das Fach Kunstgeschichte wissenschaftlich, methodisch und personell den Ausgriff auf Medienwissenschaften und deren Gegenstände von der Trivialkunst über Fotografie und neue Medien bis zu den Massenmedien als den Regulierungsapparaten des ge-

---

[1]   Vgl. Lavin (1992), S. 17.
[2]   Zielinski (1993), S. 23.

sellschaftlich Imaginären nicht verkraften, müsse aber dennoch einsehen, daß sie überlebensfähig einzig durch diese Ausweitung sein könne [1]. 1992 scheint Warnke diesen Anspruch preisgegeben zu haben.

> „Die neuen visuellen Massenmedien, welche die Aufgabe der handwerklichen Bildproduktion in den modernen Demokratien übernehmen, arbeiten mit zahlreichen Motiven, Rezepten und Techniken, mit denen schon die alten Künste erfolgreich gewesen waren. Im Sinne eine rigorosen Aufklärung mag man bedauern, daß die politische Meinungsbildung noch immer weniger mit Hilfe diskursiver Argumente als mit Hilfe visuelle Inszenierungen oder optischer Reizwerte ausgebildet wird, so daß von dem gegenwärtigen System als einer „Telekratie" gesprochen wurde. Vielleicht aber ist man den Bedürfnissen der Menschen näher, wenn man vorurteilsfrei untersucht, warum sie sich sinnlich vor Augen führenden Argumentationen zugänglicher zeigen als rational ausgeklügelten Sätzen" [2].

8 Diskurs und Zeichen. Zur Mediatisierung der visuellen Komunikation

Kunst ist abschliessend durch ihre Diskurse bestimmt. Die Kunstgeschichte ist nicht der einzige, aber ein wesentlicher Diskurs der Kunst. Er hat die Musealisierungskonzeptionen des 18. und 19. Jahrhunderts entscheidend mitbestimmt. Die Praxis der Kunst hat sich am ästhetischen Absolutismus der Musealisierung, der ästhetischen Vollendung und Transformation der Geschichte ausgerichtet. Kunstgeschichte schreibt in der intrinsischen Imagination der Kunst die Chrono-Linearität des Museumsgedankens fort. Kunstgeschichte ist also auch ein Medium, ein Rahmen für einen sachlich unhaltbaren, faktisch aber äusserst erfolgreichen westlichen Universalismus

---

[1] Warnke (1986), S. 21.
[2] Warnke (1992), S. 28.

der Kunstgeschichte [1]. Für diese konstituiert Medienfeindlichkeit das angestammte eigene Terrain, an dessen Grenze sich die internen Regeln legitimieren und reproduzieren. Selbst in den fortgeschrittensten Positionen [2] bleibt Medientheorie ein mittlerweile auf andere überwälztes Postulat für eine durch die Kunstgeschichte längst und absichtsvoll dissoziierte Gobaltheorie visueller Kultur. Dazu reicht die schiere Behauptung, Mediengeschichte und Kunstgeschichte bildeten, wenn auch einstweilen, verschiedene Disziplinen, weil sie verschiedene Themen hätten [3]. Das Werk wird auf seine je präsente Einzelgestalt als stilbildende Monade reduziert. Der kunstgeschichtliche Medienbegriff wird auf seine biologischen und physikalischen Komponenten verkürzt. Mediale Kunst wird beschrieben nur in Bezug auf die Fragen der Manipulation von Kontaktmaterie. Wenn Medientheorie auf Fragen der Technik und Kommunikation reduziert und Kunst dem Feld des exemplarisch Schönen und Wahren überschrieben wird, dann beraubt sich die Kunstgeschichte in dem Maße, wie sie Medientheorie als Beschreibung der neuen technischen Medien konzipiert und auslagert, der notwendigen Einsicht in ihre vielfältigen und komplex verästelten medientechnologischen, medienhistorischen und medientheoretischen Grundlagen. Eine umfassende Bildgeschichte und Theorie der visuellen Kommunikation ist in der aktuellen Kunstgeschichte weiter aus dem wissenschaftlichen Bewußtsein entfernt denn je. Sie wird parallel dazu und im Handumdrehen selber zur theoriefähigen Domäne einer wachsenden künstlerischen Praxis, die keine Probleme hat mit der experimentellen Ankoppelung des Kunstprozesses an Kommunikations- und Informationstechnologien der jeweils neuesten Geräte- und Programmgenerationen. Kunstwissenschaftliche Darstellungen des Verhältnisses von Kunst und Technik, die Kunst einzig als Praxis der ikonographi-

---

[1] Vgl. dazu und im folgenden: Belting (1995), S. 7-13, 164-171.
[2] Belting (1986); Warnke 1986.
[3] Belting (1995), S. 12.

schen Motivverwendung ernst nehmen [1], zielen am Problemfeld weit vorbei.

Medien sind materielle Modellierungen von Kultursystemen sowohl auf der realen wie der symbolischen und der imaginären Ebene.

> „Weil die Kultur materiell geworden ist, vermögen wir heute zu begreifen, daß sie in ihren Strukturen und Fuktionen schon imer materiell oder materialistisch gewesen ist. Für diese Entdeckung besitzen wir „Postzeitgenossen" ein Wort - das den älteren Sprachgebrauch, in dem von Gattungen und Formen die Rede war, ersetzt hat -, und das ist natürlich das Wort Medium und insbesodere dessen Plural Medien, das drei relativ unterscheidbare Signale in sich vereint: das einer Kunstform oder einer speziellen Form künstlerischer Produktion, das Signal einer bestimmten Technologie, die generell um einen zentralen Apparat oder eine Maschine organisiert ist, und schliesslich das Signal einer gesellschaflichen Institution." [2]

Erst eine medienhistorische Methode der Bildanalyse differenziert die phänomenale Unüberbrückbarkeit von Sprache und Bild. Die Autonomisierung der Kunst., die auf jede Abbildlichkeitsfunktion verzichtet hat, hat die Autonomisierung ihrer Medien zur historischen Voraussetzung [3]. Bilder gibt es ohne Form und Stoff, ohne Gestaltgebung, nicht. Verstofflichungen sind an bestimmte mediale Gesetzlichkeiten gebunden. Im strikten Sinne gibt es „das Bild" nur als Denkraum einer strukturalen Vereinheitlichung dessen, was an Determinanten immer eine Mischung von veränderlichen und unveränderlichen Faktoren darstellt. Dafür ist der Begriff eines dynamischen und je spezifischen Zusammenspiels der Aktanten von

---

[1] Ein lehrreiches jüngeres Beispiel einer Ikonographie der technischen Medien ohne medientheoretische Konklusion und Implikation ist Severin (1994).

[2] Jameson (1994), S. 177.

[3] Vgl. Warncke (1987), S. 15 ff.

Greimas [73] ebenso brauchbar wie der Begriff der Ausdruckssubstanz, in der Hjelmslev [83] Ausdruck und Inhalt, die bei de Saussure getrennten „signifiant" und „signifié" vereinheitlicht. Sowohl für Inhalt wie für Ausdruck ist eine formale und substanzielle Fundierung anzunehmen. Kunst als Zeichensystem ist nicht Wirklichkeit, sondern wird wahrnehmbar gegenständlich, indem sich substantielle Komponenten und formale Dispositionen als Ausdruck und Inhalt vorübergehend zu einer Einheit zusammenfinden. Diese Einheit kann als Medium bezeichnet werden.

Medium und Zeichen müssen deutlicher als in der folgenden Äusserung unterscheidbar bleiben.

> „Bild und Zeichen sind laut Husserl keine Zutaten, die eine Außenwelt der Dinge verdoppeln, sondern Medien, in denen die Wirklichkeit selber sich auf spezifische Weise darstellt, und sei es in der Form widersinniger bzw. unsinniger Bedeutungen."[1]

Das heißt zunächst nämlich wenig mehr als daß „Medium" immer ein System von Mitteln für die Produktion, Distribution und Rezeption von Zeichen ist, wobei dieses System den in ihm produzierten Zeichenprozessen bestimmte gleichbleibende Beschränkungen auferlegt. Diese formale Definition wird erst dann substanziell, wenn bereichsspezifisch Medienbegriffe differenziert werden. Im Hinblick auf die formale Charakterisierung sind für die bildenden Künste der codebezogene, der technologische und der kulturelle Medienbegriff die entscheidenden Distinktionskategorien. Der codebezogene Medienbegriff charakterisiert die Zeichensysteme nach Regeln, mit Hilfe derer Benutzer bei der Zeichenherstellung den Botschaften Zeichenträger, bei der Rezeption den Zeichenträgern Botschaften zuordnen. Der technologische Medienbegriff charakterisiert die Zeichensysteme nach den technischen Mitteln, die bei der Herstellung von Zeichenprozessen zur Bearbeitung und

---

[1]   Waldenfels (1989), S. 333.

Spezifizierung der Kontaktmaterie eingesetzt werden, durch welche die physische Verbindung zwischen dem Produktionsorgan des Senders und dem Rezeptionsorgan des Empfängers hergestellt wird. Der kulturelle Medienbegriff schliesslich charakterisiert die Zeichensysteme nach dem Zweck der zu übermittelnden Botschaften gemäss der Differenzierung von Textsorten, Gattungen und rhetorischen Topoi. Der für bildende Künste entscheidende Medienbegriff fragt also primär nach dem Zweck der Botschaften und nach den Eigenheiten des künstlerischen Kommunikationsprozesses. Die in den üblichen kunstgeschichtlichen Methoden davon isolierte Betrachtung zur Sphäre von Sinn und Bedeutung reduziert diesen Prozeß auf eine mehr oder weniger monologische Rolle eines atomisierten Autors. Bedeutung kann dagegen als Intentionalität, nämlich als durch Zeichen gefügte Vergegenständlichung/ Wirkung nur kommunikativ verstanden werden, egal, ob die künstlerische Einheit zufällig oder motiviert, konventionalisiert oder innovationsfixiert zustandegekommen ist.

9 Kurzes Fazit, Ausblick: Kunst, Theorie, Alltagskultur, Medienprozesse

Die Provokation technischer Medien wirkt im Feld der bildenden Künste in eine doppelte Richtung. Sie zielt auf eine Künstlichkeit der Technikgesellschaft, die das Symbolische der Kultur radikal prägt und deren Archive und Speicher verändert hat. Die ästhetische Dimension des Alltagslebens verbindet über zahlreiche Kommunikationstechnologien Wissenschaft mit kulturellen Rhetoriken, die auch instrumentalisiert nicht mehr ins Selektionsmuster prätendierter Hochkultur passen. Damit ist das zweite Moment einer Irritation benannt: Nicht nur ist unklar, was unter die Sachverhalte „Kunst" zu fassen ist, wenn Kunstwerke immer schneller auf Kontexte einer raffiniert stilisierten Lebenswelt treffen, welche Kunst als Design behandelt. Da sich die diskursive Semantik langsamer

ändert als die Produktionstechnologien und das soziale In-
strumentarium der kommunikativen Symbolmodellierung, erscheint eine die bisherigen Hintergrundsannahmen subjektiver
Souveränität und autonomer Persönlichkeitskultur unreflek-
tiert verwendende Theorie der Kunst weder als Materie der
Kunstproduktion geeignet, noch als Kategoriengerüst für die
Untersuchung ihrer Rezeption. Umso hartnäckiger allerdings
wird an der Fiktion der Kunst-Autonomie durch Abwertung
der Alltagsästhetik festgehalten. Medientechnologien haben
die gesamte Kultur, bildende Künste wie Alltag, nachhaltig
verändert und eine normative Selektion monolithisch kultur-
fähiger Symbole faktisch unmöglich gemacht. Medientheorie
läßt sich entsprechend nicht aus der Verlängerung der Kunsttheorie, der Wissenschaft von ihrer Geschichte oder einer ästhetischen Theorie herleiten. Sie verweist vielmehr insistent
auf die diesen zugrundeliegenden, lange unbemerkt gebliebe-
nen Probleme. Verkürzt laufen diese alle auf eine Abkoppelung
der Kunst als Text von Kunst als Symbolsystem hinaus. Traditionelle Kunstgeschichte kapituliert deshalb nicht nur vor
den neuen, technischen Medien, sondern erfährt an deren Re-
flektion ein Ungenügen gegemüber ihren eigenen Phänomen-
Bestimmungen. Nur so ist zu verstehen, daß Kunstgeschichte
immer wieder abstrakt für Medienanalysen plädiert und sich
dennoch zunehmend auf die Ikonographie und Hermeneutik
vortechischer Bilder beschränkt. Sie wendet ihre Kategorien
als Texterfassung des Visuellen an. Viele seiner Phänomene
hat sie, parallel zur neuzeitlichen Konstitution der Kunst im
Medium des identifizierenden und disziplinierenden Sehens in
die banale Kultur des Gemeinen abgedrängt. Ihre Theorie hat
dennoch immer wieder beansprucht, für die Erschließung des
Sehens einen zentralen Platz innerhab der Mediengeschichten
der neuzeitlichen Episteme einnehmen zu können. Nach ihrer
Überzeugung versammeln sich die wesentlichen Bildungs-
Diskurse im Bannkreis einer selbstreferentiellen Ästhetik sin-
gulärer Kunstwerke, gelesen als Wissenschaft ihrer historischen Entstehung, deren Geltung allerdings nie im Medium

der Technikgeschichte, sondern nur als deren singuläre Exklusion verstanden wird. Diesen Platz einer zentralisierenden Interpretation der Episteme und der Ästhetik nehmen heute die technischen Medien, insgesamt die visuelle Kultur, inklusive einer darin marginalisierten Kunst, ein. Methodische Konsequenzen eines Einbezugs von Apparate-Analysen und dezidiert subjektiv-narrativen Poetiken wären in dieser Hinsicht aufschlussreich zu machen und zu bekräftigen [1]. An ihnen lassen sich die Sprache des Imaginären, die Dynamik der Wünsche, die Funktionslogik des Symbolischen, die Konstruktionsprinzipien des Realen ausgezeichnet studieren. Kunstgeschichte, die den Anspruch preisgegeben hat, zur wesentlichen Wissenschaft der Bilder werden zu können, ist in diesem Prozeß zur Quellenforschung einerseits, zur Moraltheologie des erzieherischen Scheins und des Guten im Bild der schönen Seele für habituell gebildete Individuen verkommen.

Ein Streit um die Methodologien der Kunstgeschichte ist nie wirklich geführt worden. Es rächt sich die zu lange gepflegte Ausgrenzung von semiotischen, strukturalistischen, visuell-kommunikativen, apparate-, technik- und diskurstheoretischen Methoden. Dieser Sachverhalt wird parallel zur kunstexternen Explosion neuer Bildtechnologien verstärkt. Nicht die Kunst, aber die Kunstgeschichte zieht sich auf Begriffskonzepte zurück, die sichtlich vortechnischen Residualitäten huldigen.

Kunst ist jedoch nicht definierbar über die Theorie der Wahrnehmung, die Theorie des Schönen, die Stofflichkeit ihrer Gegenstände, die Hierarchie von Themen, die Instrumentalität einer moralisch-ästhetischen Zweckhaftigkeit, die Gebote von Information und Kommunikation. Das, was eine Definition sein kann, ist, was über solche Instrumentalisierungen

---

[1]   Vgl. Zielinski (1989); Baudry (1980 a); Baudry (1980 b); Comolli (1971/2); Comolli (1980); für eine bewußt die individuellen, situativen Erzählungen integrierende Methodologie vgl. Ulmer (1993).

hinausschießt, ein Rest. Dieser Rest ist, was aktiv im Medium Bild als Mediatisierung der bildenden Künste prozessiert. Dessen Dynamik ist weder ontologisch noch nominalistisch faßbar. Kunstgeschichte im medialen Kontext und eine Mediengeschichte der bildenden Künste können doppelt bestimmt werden: sie reflektieren jeweils konkurrentielle und oppositionelle Modellierungen der kognitiven und sensuellen Dominanzhierarchien von visuellen Erklärungs- und Erkenntnisansprüchen der Welt im Medium des Symbolischen wie des Imaginären. Und sie stellen zwei der wichtigsten Schnittstelle von „cross-cultural"-Transformationsbewegungen dar, die ihrerseits einen wesentlichen Schlüssel zum Verständnis der Mediengeschichte der bildenden Künste im Medium visueller Kommunikation bilden.

10 Literaturverzeichnis

[1]   Adorno Theodor W. (1978): *Über einige Relationen zwischen Musik und Malerei* (1965), in: ders.: „Gesammelte Schriften", Bd. 16, Frankfurt, S. 628 ff.

[2]   Alberti, Leone Battista (1972): *Della Pittura*, Basel, 1540; lat. u. engl. *On Painting and on Sculpture*, hrsg. v. Cecil Grayson, London 1972.

[3]   Argan, Giulio Carlo (1989): *Kunstgeschichte als Stadtgeschichte*, München.

[4]   Arnheim, Rudolf (1972): *Anschauliches Denken. Zur Einheit von Bild und Begriff*, Köln.

[5]   Arnheim, Rudolf (1977): *Zur Psychologie der Kunst*, Köln.

[6]   Arnheim, Rudolf (1978): *Kunst und Sehen. Eine Psychologie des schöpferischen Auges*, Neufassung, Berlin/ New York.

[7]   Aleida Assmann: *Die Ent-Ikonisierung und Re-Ikonisierung der Schrift*, in: "Konstruktionen des Erinnerns. Transitorische Turbulenzen 1", hrsg. v. Hans Ulrich Reck, Kunstforum Bd. 127, Köln, S. 134 ff.

[8]   Bachtin, Michail (1987): *Rabelais und seine Welt*, Frankfurt.

[9]   Baecker, Dirk (Hrsg.) (1993): *Kalkül der Form*, Frankfurt.

[10]   Barthes, Roland (1985): *Die helle Kammer. Bemerkungen zur Photographie*, Frankfurt.

[11]   Bätschmann, Oskar (1986): *Einführung in die kunstgeschicht-liche Hermeneutik*, Darmstadt.

[12]   Baudry, Jean-Louis (1980 a): *Apparatus*, in: Hak Kyung Cha, [77] S. 41-62.

[13]   Baudry, Jean-Louis (1980 b): *Ideological Effects of the Basic Cinematographic Apparatus*, in: Hak Kyung Cha, [77] S. 25-37.

[14]   Baxandall, Michael (1977): *Die Wirklichkeit der Bilder. Male-rei und Erfahrung im Italien des 15. Jahrhunderts*, Frankfurt.

[15]   Baxandall, Michael (1990): *Ursachen der Bilder. Über das historische Erklären von Kunst*, Berlin.

[16]   Bayer, Andreas (Hrsg.) (1992): *Die Lesbarkeit der Kunst. Zur Geistes-Gegenwart der Ikonologie*, Berlin.

[17]   Belting, Hans u.a.(Hrsg.) (1986): *Kunstgeschichte. Eine Ein-führung*, Berlin.

[18]   Belting, Hans (1990): *Bild und Kult. Eine Geschichte des Bil-des vor dem Zeitalter der Kunst*, München.

[19]   Belting, Hans (1995): *Das Ende der Kunstgeschichte. Eine Revision nach zehn Jahren*, München.

[20]   Berger, John (1989): *Das Leben der Bilder oder die Kunst des Sehens*, Berlin.

[21]   Berger, John (1992): *Das Kunstwerk. Über das Lesen von Bil-dern*, Berlin.

[22]   Bloch, Ernst (1964): *Geist der Utopie*, (unveränderter Nach-druck der bearbeiteten Neuauflage der zweiten Fassung von 1923), Frankfurt.

[23]   Boehm, Gottfried (1969): *Studien zur Perspektivität. Philoso-phie und Kunst in der frühen Neuzeit*, Heidelberg.

[24]   Boehm, Gottfried (1978): *Zu einer Hemerneutik des Bildes*, in: *Die Hermeneutik und die Wissenschaften*, hrsg. v. Hans-Georg Gadamer/ Gottfried Boehm, Frankfurt.

[25]   Boehm, Gottfried (Hrsg.) (1994):*Was ist ein Bild?*, München.

[26]   Bohn, Volker (Hrsg.) (1990): *Bildlichkeit*. Internationale Bei-träge zur Poetik, Bd. 3, Frankfurt.

[27]   Bredekamp Horst/ Diers, Michael/ Schoell-Glass, Charlotte (Hrsg.) (1991): *Aby Warburg. Akten des internationalen Sympo-sions Hamburg 1990*, Weinheim.

[28] Bredekamp Horst (1993 a): *Antikensehnsucht und Maschi-nenglauben. Die Geschichte der Kunstkammer und die Zukunft der Kunstgeschichte*, Berlin.

[29] Bredekamp Horst (1993 b): *Die Kunstkammer als Ort spieleri-schen Austauschs*, in: „Künstlerischer Austausch. Akten des XXVIII. Internationalen Kongresses für Kunstgeschichte", hrsg. v. Thomas W. Gethens, Berlin, Bd. 1, S. 65-78.

[30] Brown, George Spencer (1969): *Laws of Form*, London.

[31] Bryson, Norman (1981): *Word and Image. French Painting of the Ancien Regime*, New York/ Melbourne, Cambridge University Press.

[32] Bryson, Norman (1983): *Vision and Painting*, New-Haven.

[33] Burckhardt, Jacob (1985): *Die Kultur der Renaissance in Itali-en*, Stuttgart.

[34] Buchheim, Thomas (1986): *Die Sophistik als Avantgarde nor-malen Lebens,* Hamburg.

[35] Busch, Werner (Hrsg.) (1987): *Funkkolleg Kunst. Eine Ge-schichte der Kunst im Wandel ihrer Funktionen*, 2 Bde, München/ Zürich

[36] Butor, Michel (1992): *Die Wörter in der Malerei*, Frankfurt.

[37] Cassirer, Ernst (1953): *Philosophie der symbolischen Formen*, 3 Bde, 2. Aufl., Darmstadt.

[38] Chartier, Roger (Hrsg.) (1987): *L'Usage de l' Imprimé*, Paris.

[39] Chartier, Roger (1992): *L'Ordre des Livres: Lecteurs, Auteurs, Bibliothèques en Europe entre XIVe et XVIIIe Siècle*, Aix-en-Provence.

[40] Comolli, Jean-Louis (1971/2): *Technique et idéologie*, in: Ca-hiers du Cinéma, No. 229 - 234/ 235 und 241, Juni 1971 bis Ok-tober 1972, Paris.

[41] Comolli, Jean-Louis (1980): *Machines of the Visible*, in: de Lauretis/ Heah , S. 121-142.

[42] Debray, Régis (1991): *Cours de Médiologie Générale*, Paris.

[43] Debray, Régis (1992): *Vie et mort de l'image. Une histoire du regard en Occident*, Paris.

[44] Dreier, Thomas (1993): *Urheberrecht im Zeitalter digitaler Technologie. Bericht über ein WIPO-Symposium an der Harvard University*, in: „GRUR INT. 1993", S. 742 ff .

[45] Eco, Umberto (1973): *Das offene Kunstwerk*, Frankfurt.

[46] Eisenstein, Elizabeth L. (1979): *The Print Press as an Agent of Change. Communications and Cultural Transformations in early-modern-Europe*, 2 Bde, London/New York/Melbourne, Cambridge University Press.

[47] Elias, Norbert (1969): *Über den Prozeß der Zivilisation,* 2 Bde, Bern.

[48] Fiedler, Conrad (1977): *Schriften über Kunst,* Köln.

[49] Francastel, Pierre (1951): *Peinture et Société,* Paris.

[50] Francastel, Pierre (1965): *La Réalité Figurative,* Paris.

[51] Francastel, Pierre (1967): *La Figure et le Lieu. L'Ordre Visuel du Quattrocento,* Paris.

[52] Francastel, Pierre (1970): *Etudes de Sociologie de l'Art. Création Picturale et Société,* Paris.

[53] Francastel, Pierre (1983): *L'Image, La Vision et l'Imagination. l'Objet filmique et l'Objet plastique,* Paris.

[54] Gadamer, Hans-Georg (1973): *Wahrheit und Methode,* 3. erw. Aufl., Tübingen.

[55] Gauthier, Guy (1982): *Vingt Leçons sur l'Image et le 'sens,* Paris: edilio. Collection Médiathèque.

[56] Geller, Paul Edward, (1993): *Neue Triebkräfte im internationalen Urheberrecht,* in: „GRUR INT", S. 526 ff.

[57] Genette, Gérard (1993): *Palimpseste. Die Literatur auf zweiter Stufe,* Frankfurt.

[58] Genette, Gérard (1994): *L'OEuvre de l'art. 1. Immanence et transcendance,* Paris.

[59] Gibson, James J. (1973 a): *Die Wahrnehmung der visuellen Welt,* Weinheim/ Basel.

[60] Gibson, James J. (1973 b): *Die Sinne und der Prozeß der Wahrnehmung,* Bern u.a.

[61] Ginzburg, Carlo (1981): *Erkundungen über Piero. Piero della Francesca - ein Maler der frühen Renaissance,* Berlin.

[62] Ginzburg, Carlo (1983): *Spurensicherungen. Über verborgene Geschichte, Kunst und soziales Gedächtnis,* Berlin.

[63] Goldstein, Paul (1993): *Copyright in the New Information Age,* in: „UFITA 121" , S. 5 ff.

[64] Gombrich, Ernst H. (1978): *Kunst und Illusion. Zur Psychologie der bildlichen Darstellung,* Stuttgart.

[65] Gombrich, Ernst (1981): *Aby Warburg. Eine intellektuelle Biographie,* Frankfurt.

[66] Gombrich, Ernst H. (1984): *Bild und Auge,* Stuttgart.

[67] Gombrich, Ernst H. (1987): *Die Entdeckung des Sichtbaren*, Stuttgart.

[68] Gombrich, Ernst H. (1994): *Das forschende Auge. Kunstbetrachtung und Naturwahrnehmung*, Frankfurt/ New York:.

[69] Goodman, Nelson (1973): *Sprachen der Kunst. Ein Ansatz zu einer Symboltheorie*, Frankfurt.

[70] Grassi, Ernesto (1979): *Die Macht der Phantasie*, Frankfurt.

[71] Grasskamp, Walter (1981: *Museumsgründer und Museumsstürmer. Zur Sozialgeschichte des Kunstmuseums*, München.

[72] Gregory, R.L. (1966): *Eye and Brain*, London.

[73] Greimas, Algirdas J. (1966): *Sémantique Structurale*, Paris.

[74] Gumbrecht, Hans Ulrich (1978): *Funktionen parlamentarischer Rhetorik in der französischen Revolution. Vorstudien zur Entwicklung einer historischen Textpragmatik*, München.

[75] Gumbrecht, Hans Ulrich/ Pfeiffer, K. Ludwig (Hrsg.) (1986): *Stil. Geschichten und Funktionen eines kulturwissenschaftlichen Diskurselementes*, Frankfurt.

[76] Gumbrecht, Hans Ulrich/ Pfeiffer, K. Ludwig (Hrsg.) (1989): *Materialität der Kommunikation*, Frankfurt.

[77] Gumpert, Gary (1986): *The Mediation of Values*, Oxford/New York/Toronto.

[78] Hak Kyung Cha, Teresa (Hrsg.) (1980): *Apparatus. Cinematographic Apparatus: Selected Writings*, New York.

[79] Haskell, Francis (1990): *Wandel der Kunst in Stil und Geschmack. Ausgewählte Schriften*, Köln.

[80] Haskell, Francis (1993): *Die schwere Geburt des Kunstbuchs*, Berlin.

[81] Hauser, Arnold (1953): *Sozialgeschichte der Kunst und Literatur*, München.

[82] Hauser, Arnold (1974): *Soziologie der Kunst*, München.

[83] Hjelmslev, Louis (1953): *Prolegomena to a Theory of Language*, Baltimore.

[84] Hocke, Gustav René (1987): *Die Welt als Labyrinth. Manierismus in der europäischen Kunst und Literatur*, Reinbek

[85] Hofmann, Werner/Syamken, Georg/Warnke, Martin (Hrsg.) (1980): *Die Menschenrechte des Auges,* Über Aby Warburg, Frankfurt.

[86] Hoffmann, Konrad (1977): *Typologie, Exemplarik und reformatorische Bildsatire*, in: Josef Nolte u.a. (Hrsg.), *Spätmittelalter und frühe Neuzeit*, Stuttgart, S. 189 ff.

[87] Hoffmann, Konrad (1981): *Alciati und die geschichtliche Stellung der Emblematik*, in: Walter Haug (Hrsg.), „Formen und Funktionen der Allegorie, Symposion Wolfenbüttel 1978", Stuttgart.

[88] Hoffmann, Konrad (1983 a): *Die reformatorische Volksbewegung im Bilderkampf*, in: Gerhard Bott (Hrsg.), „Martin Luther und die Reformation in Deutschland, Katalog Germanisches Nationalmuseum Nürnberg", S. 219 ff.

[89] Hoffmann, Konrad (1983 b): *Einleitung*, in: „*Ohn' Ablass von Rom kann man wohl selig werden"*. *Streitschriften und Flugblätter der frühen Reformationszeit*, hrsg. vom Nationalmuseum Nürnberg, Nördlingen.

[90] Hörisch, Jochen (1988): *Die Wut des Verstehens - Zur Kritik der Hermeneutik*, Frankfurt.

[91] Innis, Harold A. (1950): *Empire & Communications*, London/New York/Melbourne.

[92] Jameson, Frederic (1994): *Surrealismus ohne das Unbewßte*, in: *Philosophische Ansichten der Kultur der Moderne*, hrsg. v. Andreas Kuhlmann, Frankfurt: Fischer.

[93] Janson, Horst W. (1982): *Form follows function or does it? Modernist design theory and the history of art*, Maarssen.

[94] Kaemmerling, Ekkehard (Hrsg.) (1979): *Bildende Kunst als Zeichensystem 1. Ikonographie und Ikonologie*, Köln.

[95] Kandinsky, Wassily (1952): *Über das Geistige in der Kunst* [1912], Bern.

[96] Kandinsky, Wassily (1955): *Punkt und Linie zu Fläche. Beitrag zur Analyse der malerischen Elemente* [1926], Bern.

[97] Kaplan, Stephen L. (1984): *Understanding Popular Culture in Europe from the Middle-Ages to the 19th Century*, Berlin/New York/Amsterdam.

[98] Kemp, Martin (1990): *The Science of Art. Optical themes in western art from Brunelleschi to Seurat*, New Haven/ London.

[99] Kemp, Wolfgang (Hrsg.) (1985): *Der Betrachter ist im Bild. Kunstwissenschaft und Rezeptionsästhetik*, Köln.

[100] Kepes, Gyorgy (1970): *Sprache des Sehens*, Mainz/ Berlin.

[101] Kepes, Gyorgy (Hrsg.) (1967): *sehen + werten. Untersuchungen über heutige wissenschaftliche und künstlerische Leistungen und deren Integration in der modernen Welt*, 6 Bde, Brüssel 1967.

[102] Kern, Stephen (1983): *The Culture of Time and Space 1880-1918*, Cambridge.

[103] Kittler, Friedrich (1987): *Aufschreibesysteme 1800/1900*, 2. erw. und korr. Aufl., München.

[104] Kittler, Friedrich (1993): *Draculas Vermächtnis. Technische Schriften*, Leipzig:.

[105] Klein, Robert (1970): *La forme et l'intelligible. Écrits sur la Renaissance de l'art moderne*, Paris.

[106] Lauretis, Teresa de/ Heath, Stephen (Hrsg.) (1980): *The Cinematic Apparatus*, London/ Basingstoke.

[107] Lavin, Irving (1992): *Ikonographie als geisteswissenschaftliche Disziplin („Die Ikonographie am Scheidewege")*, in: Beyer (Hrsg.).

[108] Lessing, Gotthold Ephraim (1988): *Laokoon oder über die Grenzen der Malerie und Poesie*, hrsg. v. Kurt Wölfel, Frankfurt.

[109] Luhmann, Niklas (1991 a): *Weltkunst*, in: Niklas Luhmann u.a.: *Unbeobachtbare Welt: Über Kunst und Architektur*, Bielefeld.

[110] Luhmann, Niklas (1991 b): *Wahrnehmung und Kommunikation*, in: Stillstand/ switches 1, hrsg. v. Harm Lux und Philip Ursprung, Shedhalle Zürich.

[111] Luhmann, Niklas (1994): *Die Ausdifferenzierung des Kunstsystems*, Bern.

[112] Lüscher, Rudolf M. (1988): *Henry und die Krümelmonster. Versuch über den fordistischen Sozialcharakter*, o.J., Tübingen.

[113] Malraux, André (1987): *Das imaginäre Museum*, Frankfurt/ New York.

[114] Marr, David (1982): *Vision. A Computational Investigation into Human Representation and Processing of Visual Information*, San Francisco

[115] Maur, Karin von (Hrsg.) (1980): *Vom Klang der Bilder. Die Musik in der Kunst des 20. Jahrhunderts*, München.

[116] Moholy-Nâgy, László (1967): *Malerei-Fotografie-Film*, Neue Bauhausbücher (1927), Reprint Mainz.

[117] Moles, Abraham A. (1990): *Die thematische Visualisierung der Welt*, in: „Tumult. Zeitschrift für Verkehrswissenschaft, Nr. 14 „Das Sichtbare", München

[118] Motte-Haber, Helga de la (1990): *Musik und bildende Kunst. Von der Tonmalerie zur Klangskulptur*, Laaber.

[119] Mukarovsky, Jan (1967): *Kapitel aus der Poetik*, Frankfurt.

[120] Mukarovsky, Jan (1974): *Studien zur strukturalistischen Ästhetik und Poetik*, München.

[121] Mukarovsky, Jan (1989): *Kunst, Poetik, Semiotik*, Frankfurt.

[122] Nagel, Bart (1994): *Fare Use. Universal Image Coding Process Protects Creativity*, in: „mondo 2000, 12/ 94", S. 2 f

[123] Nagel, Bart (1995): *Is that UIC?*, in: „mondo 2000, 13/ 95", Berkeley, S. 6 f

[124] Panofsky, Erwin (1975): *Sinn und Deutung in der bildenden Kunst*, Köln.

[125] Panofsky, Erwin (1979): *Die Renaissancen der europäischen Kunst*, Frankfurt.

[126] Panofsky, Erwin (1980): *Studien zur Ikonologie. Humanistische Themen in der Kunst der Renaissance*, Köln.

[127] Panofsky, Erwin (1985): *Aufsätze zu Fragen der Kunstwissenschaft*, Berlin.

[128] Picht, Georg (1987): *Kunst und Mythos*, 2. Aufl., Stuttgart.

[129] Reck, Hans Ulrich (1991 a): *Der Streit der Kunstgattungen im Kontext der Entwicklung neuer Medientechnologien,* in: Kunstforum International, Bd. 115, Köln, S.81-982.

[130] Reck, Hans Ulrich (1991 b): *Der Betrachter als Produzent? Zur Kunst der Rezeption im Zeitalter technischer Medien*, in: Weinheim, S. 129-142.

[131] Reck, Hans Ulrich (1991 c): *Der Widerstand des Konstruktiven und die Autonomie der Bilder,* in: „Strategien des Scheins. Kunst-Computer-Medien", hrsg. v. Peter Weibel/ Florian Rötzer, München, S.23-54.

[132] Reck, Hans Ulrich (1991 d): *Grenzziehungen. Ästhetiken in aktuellen Kulturtheorien*, Würzburg.

[133] Reck, Hans Ulrich (1992): *Medientheorie und -technologie als Provokation gegenwärtiger Ästhetiken*, in: Jörg Huber [Hrsg.], „Wahrnehmung von Gegenwart", Basel/ Frankfurt, S. 169-188

[134] Reck, Hans Ulrich (1993): *Die Kunst und die Werke. Eine nominalistische Theorieskizze*, in: „Die Sprache der Kunst. Die Beziehung von Bild und Text in der Kunst des 20. Jahrhunderts", hrsg. v. Eleonora Louis/ Toni Stooss, Kunsthalle Wien/ Frankfurter Kunstverein, Stuttgart

[135] Reck, Hans Ulrich (1994): *Zugeschriebene Wirklichkeit. Alltagskultur, Design, Kunst, Film und Werbung im Brennpunkt von Medientheorie*, Würzburg.

[136] Reck, Hans Ulrich (1997): *Referenzsysteme von Bildern und Bildtheorie*, in: *Bild und Reflexion. Paradigmen und Perspektiven gegenwärtiger Ästhetik*, hrsg. v. Birgit Recki/ Lambert Wiesing, München.

[137] Reck Hans Ulrich (1995): *Das Hieroglyphische und das Enzyklopädische*, in: „Sampling", hrsg. v. Hans Ulrich Reck/ Mathias Fuchs, Wien.

[138] Riha, Karl (1971): *Cross-Reading und Cross-Talking. Zitat-Collagen als poetische und satirische Technik*, Stuttgart.

[139] Schapiro, Meyer (1970): *On some problems in the Semiotics of Visual Art: field and vehicle in image-signs*, in: ders.: "Sign, Language, Culture", Paris; deutsch in: Boehm, Gottfried (Hrsg.) (1994): "Was ist ein Bild?", München: Fink, S.253-274.

[140] Schapiro, Meyer (1973): *Words and Pictures: On the Literal and the Symbolic in the Illustration of a Text*, The Hague.

[141] Schlosser, Julius von (1993): *Tote Blicke. Geschichte der Porträtbildnerei in Wachs. Ein Versuch*, Berlin.

[142] Schmidt, Siegfried J. (1994): *Medien=Kultur?*, Bern.

[143] Steiner, Reinhard (1991): *Prometheus. Ikonologische und anthropologische Aspekte der bildenden Kunst*, München.

[144] Settis, Salvatore (1982): *Giorgiones „Gewitter". Auftraggeber und verborgenes Sujet eines Bildes in der Renaissance*, Berlin: Wagenbach.

[145] Severin, Ingrid (1994): *Technische Vernetzungen und ihre Auswirkungen auf zeitgenössische Kunst*, in: „Technik ohne Grenzen", hrsg. v. Ingo Braun/ Bernward Joerges, Frankfurt, S. 212-250 und 386-409.

[146] Sloterdijk, Peter (1993): *Medien-Zeit. Drei gegenwartsdiagnostische Versuche*, Stuttgart.

[147] Thompson, Edward P. (1980): *Plebejische Kultur und moralische Ökonomie. Aufsätze zur englischen Sozialgeschichte des 18. und 19. Jahrhunderts*, Frankfurt/Berlin/Wien.

[148] Thuillier, Guy (1985): *L'Imagerie Quotidienne au XIXe Siècle*, Paris.

[149] Ulmer, Gregory (1993): *Teletheory. Grammatology in the Age of Video*, New York.

[150] Vasari, Giorgio (1983): *Vite de' più eccellenti pittori, scultori ed architetti italiani*, (1550/ 1568), deutsch von L. Schorn und E. Foerster, Stuttgart 1832, neu hrsg. v. J. Kliemann, Worms.

[151] Wade, Nicholas (1982): *The Art and Science of Visual Illusions*, London/ Boston.

[152] Waldenfels, Bernhard (1989): *Die Rätsel der Sichtbarkeit. Kunstphänomenologische Betrachtungen im Hinblick auf den Status der modernen Malerei*, in: „Kunstforum" Bd. 100, Köln, S. 331-341.

[153] Warburg, Aby (1980): *Ausgewählte Schriften und Würdigungen*, hrsg.. v. Dieter Wuttke, Baden-Baden.

[154] Warburg, Aby (1988): *Schlangenritual. Ein Reisebericht*, Berlin.

[155] Warncke, Carsten-Peter (1987): *Sprechende Bilder - sichtbare Worte. Das Bildverständnis in der frühen Neuzeit*, Wiesbaden.

[156] Warnke, Martin (Hrsg.) (1973): *Bildersturm. Die Zerstörung des Kunstwerks*, München.

[157] Warnke, Martin (1976): *Bau und Überbau. Soziologie der mittelalterlichen Architektur nach den Schriftquellen*, Frankfurt.

[158] Warnke, Martin (1985): *Hofkünstler. Zur Vorgeschichte des modernen Künstlers*, Köln.

[159] Warnke, Martin (1986): *Gegenstandsbereiche der Kunstgeschichte*, in: Belting u.a. (Hrsg.)

[160] Warnke, Martin (1992): *Politische Ikonographie*, in: Beyer (Hrsg.).

[161] Weibel, Peter (1987): *Von der visuellen Musik zum Musikvideo*, in: „Clip, Klapp, Bum. Von der visuellen Musik zum Musikvideo", hrsg. v. Veruschka Body/ Peter Weibel, Köln.

[162] Wind, Edgar (1981): *Heidnische Mysterien in der Renaissance*, Frankfurt.

[163] Wittkower, Rudolf (1983): *Allegorie und der Wandel der Symbole in Antike und Renaissance*, Köln.

[164] Zielinski, Siegfried (1989): *Audiovisionen. Kino und Fernsehen als Zwischenspiele in der Geschichte*, Reinbek.

[165] Zielinski, Siegfried (1993): *Zum (Selbst-)Verständnis elektroapparatischer Bilderproduktion - Zwischen Mathematik und Imagination*, in: „Reflexionen zu Kunst und neuen Medien", hrsg. v. EIKON/ Medien, Kunst. Passagen, Wien

Telefon:
Medienwege - von der einseitigen Kommunikation zu mediatisierten und medial konstruierten Beziehungen

Joachim R. Höflich

Die Anfangsjahre - das Telefon als Medium einseitiger Kommunikation oder als Protomassenmedium

Anfänglich drang das Telefon vor allem als ein Medium zur Übertragung von Musik in das Bewußtsein der Öffentlichkeit. Davon zeugt der 1888 erschienene Roman des amerikanischen Journalisten Edward Bellamy, dessen Protagonist durch einen unfreiwilligen Zeitsprung in das Jahr 2000 der Stadt Boston gelangte. Dort erfährt er von einer anregenden Innovation: „Es gibt eine Masse Musikzimmer in der Stadt, welche akustisch vollständig den verschiedenen Arten von Musik angepaßt sind. Diese Musiksäle sind durch Telephon mit allen Häusern der Stadt verbunden, deren Insassen die geringe Musiksteuer zu zahlen willig sind, und Sie können sicher sein, es gibt niemand, der es nicht wäre. Das Musikkorps eines jeden Saales ist so zahlreich, daß, obgleich jeder einzelne Ausführende oder jede Gruppe von Ausführungen nur eine kurze Partie hat, das tägliche Programm 24 Stunden ausfüllt. ... Die Programme sind so angeordnet, daß die gleichzeitig in den verschiedenen Sälen zur Aufführung kommenden Stücke eine Wahl erlauben, nicht nur zwischen Instrumental- und

Volksmusik und zwischen verschiedenen Instrumenten,
sondern auch zwischen ernster und heiterer Musik, je nach
Geschmack und Stimmung".[1] Dieses Beispiel spiegelt
nachgerade die Zeitgebundenheit und, nebenbei, auch die
Grenzen technischer Visionen wider. Dem Telefon wurde
nämlich in seinen Anfangsjahren eher eine Funktion als
„musikalisches Totalinstrument",[2] vor allem i.S. einer telefonisch ermöglichten Ausdehnung des Präsenzpublikums
- in der, wie man heute sagen würde, Live-Übertragung -
eingeräumt, denn als Medium wechselseitiger, technisch
vermittelter Kommunikation. Es ist wohl nicht ganz zufällig, daß Bellamy gerade Boston als Ort seiner Erzählung
gewählt hat - eine Stadt, die sich schon sehr früh durch eine hohe Telefonnutzung auszeichnete und von der aus
Graham Bell nicht einmal ein halbes Jahr nach der Patentierung seiner Erfindung den von ihm auf einer Orgel ge-
spielten „Yankee Doodle" im Juli 1876 nach New York
übertrug. Noch ohne große öffentliche Resonanz auszulö-
sen, hatte Bell kurz zuvor schon das Telefon auf der Welt-
ausstellung in Philadelphia vorgestellt. Dessen Präsentationen des Telefons durch eine einseitige Übertragungen,
bevorzugt von Musik, prägten sicherlich die öffentliche
Vorstellung von dieser kommunikationstechnologischen
Neuerung. Schon die anfänglichen technischen Unzuläng-
lichkeiten wirkten nutzungserschwerend: Je größer die zu
überbrückende Distanz wurde, um so weniger war die
Stimme zu hören. Angewiesen auf akustisch starke Ton-
quellen, schienen sich wiederum Musik und Gesang besonders gut zu Demonstrationszwecken zu eignen. Daß das
Telefon in seinen Anfangsjahren insbesondere, wenn auch
nicht ausschließlich, mit der Übertragung von Musik assoziiert wurde, lag auch daran, daß alternative Nutzungskonzepte fehlten und deshalb auch kaum eine Konkurrenz

---

[1] Bellamy, Edward (o.J), S. 93.
[2] Genth, Renate/Hoppe, Joseph (1986), S. 44.

zur bereits etablierten elektrischen Telegraphie gesehen wurde. Als aufgrund schleppender finanzieller Einkünfte die Erfindung Bells der Western Union Telegraph Company gegen 100 000 Dollar zum Kauf angeboten wurde, lehnte diese ab. „What use could this company make of an electrical toy?"[1] Dies sollen die Worte des Präsidenten der Western Union, William Orton, gewesen sein, der es nicht einmal für notwendig erachtete, das Patent nur deshalb zu erwerben, um keine zukünftige Marktkonkurrenz zu bekommen.

Als ein Medium wechselseitiger Kommunikation wirkte das Telefon zunächst eher befremdlich; in die Ferne zu hören war (und ist) wohl einfacher als fernzusprechen.[2] Die einseitige Übertragung von Musik hat einen unbefangenen Zugang zu diesem neuen Medium sicherlich erleichtert. „Damit umging man", wie König vermerkt, „nicht nur das heikle, anfänglich noch technische, aber auch soziale Problem des Hin- und Rücksprechens, sondern stellt den rätselhaften technischen Apparat Telefon in einen positiv besetzten Nutzungszusammenhang."[3] Allerdings haben die öffentlichen Demonstrationen die Möglichkeiten des neuen Kommunikationsgerätes zur Herstellung technisch vermittelter Beziehungen eher verdeckt. Auch auf den in Europa gepflegten Elektrizitätsausstellungen erregte das unterhal-

---

[1] Vgl. Aronson, Sidney H. (1977), S. 20; vgl. auch: Basse, Gerhard (1977), S. 92.

[2] Hin und wieder findet man noch Berichte über Telefonneulinge, die einen späten Aufschluß über das Verwunderliche der Wechselseitigkeit beim Telefonieren geben. Als Therese Hollerieth anläßlich ihres einhundertsten Geburtstages von ihrem Enkel aus Leipzig an den Hörer gerufen wurde, war dies ihr erster unmittelbarer Telefonkontakt und die Jubilarin, der überhaupt nicht klar war, daß sie selbst etwas sagen mußte, saß zunächst nur da und schwieg. Vgl. Brandl, Toni (1994), S. 59.

[3] König, Wolfgang (1994), S. 154.

tende Moment weit mehr Aufsehen als dessen - von Bell immer wieder verkündeten und damals visionär anmutenden - Kapazitäten als Medium interpersonaler Kommunikation. Besondere Aufmerksamkeit erweckten telefonische Opern- und Theaterübertragungen auf der Éxposition Internationale d'Électricité in Paris im Jahre 1881, in der zwei Säle im Palais d'Indusrie, ausgestattet mit jeweils zehn Doppel- Kopfhörern, eine Verbindung mit der Opéra und dem Théâtre Français herstellten.[1] Wohl nicht minder beeindruckten das Publikum die telefonischen Musikübertragungen anläßlich der ein Jahr später inszenierten Internationalen Elektrizitätsausstellung in München, während die ebenfalls dort aufgebauten Schilderhäuschen, die einen Kontakt mit einer Dialogstation ermöglichten, nur auf begrenztes Interesse stießen, wenn nicht sogar, schon aufgrund der Künstlichkeit der Präsentationssituation, zu Unsicherheit und Ratlosigkeit führten.[2] Im Verbund mit der Elektrizität, die in den Jahren 1880 bis 1920 die moderne großstädtische Zivilisation zu durchdringen begann,[3] galt das Telefon als ein technisches Kuriosum, dessen Alltagstauglichkeit erst noch unter Beweis gestellt werden mußte. Die geschah in den USA relativ schnell, während in anderen Ländern, und hier vor allem mit Blick auf Europa, die Entwicklung weitaus langsamer vonstatten ging.

Trotz konkurrierender Verwendungsweisen des Telefons als Gesprächsapparat hielt sich gleichwohl das, wie Aronson es nennt, „Radiokonzept des Telefons".[4] Dieses war jedoch nicht nur gestützt auf öffentliche Demonstrationen, die das neue Medium zum einen einer breiten Öffentlichkeit vorstellen und, zum anderen, zu einem Anschluß an das Telefonnetz motivieren sollten, sondern durchaus von eigenen (einschließlich kommerziellen) An-

[1]   Vgl. Marvin, Carolyn (1988), S. 209.
[2]   Genth, Renate/Hoppe, Joseph (1986), S. 42.
[3]   Vgl. Schievelbusch, Wolfgang (1993), S. 76.
[4]   Aronson, Sidney (1977), S. 20.

wendungsinteressen getragen. In den USA beispielsweise
diente das Telefon über die musikalische Unterhaltung
hinaus u.a. auch zur Übertragung von Gottesdiensten und
Ansprachen oder als Nachrichtenmedium bei Wahlen,
während interessanterweise die Übertragung von Sporter-
eignissen noch dem Telegraphen vorbehalten blieb. Wenngleich telefongeschichtliche Marginalien, sind hierbei auch
die europäischen Theatrophone oder Elektronphone zu erwähnen. In Paris beispielsweise wurden, initiiert durch die
Österreicher Marinovich und Szarvady, Münzfernsprecher
in Betrieb genommen, die, installiert in den ersten Hotels,
Restaurants oder in Clubräumen, erlaubten, gegen eine
entsprechende Gebühr fünf oder zehn Minuten aus den
Vorstellungen des Théatre Français, dem Odéon oder verschiedenen Varietes mitzuhören.[1] 1891 wurde, in Anlehnung an das Vorbild des über die Jahrhundertwende hinaus
bestehenden „coin-in-the-slot" Théatrophones von Paris,
nach einigen Vorläufen auch in London ein Electrophone
mit Opern- und Theaterverbindung im noblen Savoy Hotel
angeboten.[2] Zudem wäre noch das bis 1898 bestehende
Theatrophon in der Berliner Urania zu nennen, das sich
ausschließlich der Übertragung von Opern widmete. In einem kleinen Kabinett, zu dem wegen des starken An-
drangs nur für eine Viertelstunde Zutritt gewährt werden
konnte, wurde bis zu 12 Personen gleichzeitig ermöglicht,
die Darbietungen zu hören.[3]

In einer Zeit, als die radioähnliche Nutzung des Telefons so langsam dem Rundfunk zu weichen begann und es
dafür um so mehr als ein Medium wechselseitiger Gespräche erkannt wurde, revitalisierte man in Bayern noch einmal die Idee des Operntelefons, ja feierte es sogar als besondere bayerische technische Leistung der zwanziger Jah-

---

[1] Vgl. Genth, Renate/Hoppe, Joseph (1986), S. 44.
[2] Marvin, Carolyn (1988), S. 210
[3] Vgl. Genth, Renate/Hoppe, Joseph (1986), S. 46.

re. Am 17. Juni 1924 wurde diese Leistung zwanzig geladenen Pressevertretern durch die Übertragung von Wagners „Walküre" vorgeführt und am 1. Oktober desselben Jahres mit etwa 900 Anschlüssen offiziell in Betrieb genommen. Die Situation des Hörers beschreibt dabei Feudel wie folgt: „Man hat den Telefonhörer am Ohr, das Textbuch und vielleicht auch, wenn man musiksachverständig ist, die Partitur vor sich liegen, und wohnt trotzdem musikalisch der Aufführung einer Oper bei, obwohl man irgendwo, nur nicht im Theater selbst ist."[1] Zu einem „fernmusiken" oder „fernopern" wurden auf der Seite des Sendeortes an jedem Notenpult und verteilt auf der Bühne einhundert Mikrophone angebracht, auf der Seite der Empfänger erhielten die Teilnehmer zwischen zwei und acht Doppelkopfhörer für den häuslichen Anschluß, mit denen sie, ohne daß der herkömmliche Telefonverkehr beeinträchtigt wurde, an den Opernaufführungen in sterophoner Qualität teilnehmen konnten. Für Personen, die über keinen eigenen Telefonanschluß verfügten, gab es zudem seit dem 4. Oktober 1924 noch öffentliche Opernstuben.

Sicherlich war es vermessen, allein in der Tatsache der Übertragung von Opern via Telefon eine besonders rühmenswerte Leistung zu sehen, wenngleich die Übertragungsqualität die theatrophonischen Vorgänger, aber auch des damaligen Rundfunks, der sich nicht annähernd mit der telefonischen Alternative messen konnte, übertraf. Interessant ist im Zusammenhang mit dem Münchner Operntelefon, daß es im Vergleich zu vorgängigen Projekten deshalb besondere Beachtung erfahren hat, weil das bereits etablierte dialogische Telefon nun zweckentfremdet auch zur Übertragung von Musik - nicht umgekehrt wie in der Frühphase des Mediums - Verwendung fand.[2] Wäh

---

[1] Feudel, Willi (1976), S. 1.

[2] Für Becker widerlegt im übrigen das Beispiel des bayerischen Operntelefons, daß die Nutzung des Telefons zur Übertragung von Musik nur in dessen frühen Jahren wichtig gewe

rend die Teilnehmerzahl des aufkommenden Radios suk-
zessive zunahm, verlor das Operntelefon an Bedeutung.
Anfang des Jahres 1928 hatte es mit 3503 Teilnehmern
seinen höchsten Stand erreicht[1] und mußte - schon aus
Kostengründen - schließlich zum 31. August 1930 seinen
Dienst aufgegeben. Auf eine besondere Weise wird dabei
der Übergang vom Telefon zum Radion symbolisiert, indem im darauffolgenden Monat zwischen 12 Uhr und
14.15 Uhr und ab 18 Uhr das Radioprogamm via Draht
übertragen worden ist.

Die radioähnlichen Nutzungen des Telefons, die wie gesehen sogar über dessen Anfangsjahre hinausgingen,
machten dieses zu einer Art Massenmedium oder einem
Proto-Rundfunksystem[2] und deren Teilnehmer zu einem
dispersen Publikum. Programme wurden indessen nicht eigens für das Telefon fabriziert, sondern von öffentlichen
Aufführungsorten - der Oper, dem Theater, dem Varieté
usw. - übernommen und an ein telefonisch verlängertes
Publikum weitergeleitet. Unter Gesichtspunkten, daß Massenmedien Programme liefern, ist das ehemalige Telefon
allerdings nur eingeschränkt als Massenmedium zu bezeichnen. Anders ist dies bei dem ungarischen Phänomen
der Telefon-Zeitung, dem Budapester Telefon-Hirmondó
(Telefon-Bote), der noch bis in den Zweiten Weltkrieg
hinein bestand.[3] Charakterisiert wurde die sprechende Zei-

---

sen sei: "Genau das Gegenteil ist richtig. Zumindest in Europa
haben die soziale Aneignung des Telefons und der Prozeß einer funktionalen Zuordnung dieses Mediums in Konkurrenz
zu anderen Produkten und Diensten so lange gebraucht, daß
erst die 20er Jahre eine Eindeutigkeit hervorbrachten"
(Becker, Jörg, (1989 [6a]), S. 21).

[1] Feudel, Willi (1976), S. 17.
[2] Marvin, Carolyn (1988), S. 222
[3] Vgl. u.a.: Briggs, Asa (1977), S. 50ff; Genth Renate/Hoppe,
Joseph (1986), 45; Kukan, Adalbert [27], Marvin, Carolyn
(1988), S. 223ff.; Szabo, Miklós [50].

tung durch dessen Gründer und ehemaligen Mitarbeiter Edisons, Tivadar Puskás, wie folgt: „Meine Telephon-Zeitung unterscheidet sich von allen bisher bestandenen Zeitungen vorzüglich dadurch, dass sie nicht auf dem Wege der Druckerpresse erzeugt wird, und auch nicht bestimmt ist, gelesen zu werden, sondern dass dieselbe gesprochen und daher all' ihre Artikel, Nachrichten und sonstige Mittheilungen durch Vermittlung des Telephons direct den Gehörorganen des Publikums zuführt."[1] Puskás kannte vermutlich die Idee der Theatrophone aus jener Zeit, als er in Paris lebte und er soll, Marvin zufolge, bei der Installation zur Pariser Elekrizitätsausstellung mitgeholfen haben.[2] Da sich Puskás nicht alleine mit einem unterhaltenden Medium begnügen, sondern Nachrichten aller Art in direkter Konkurrenz zu herkömmlichen Zeitungen einem interessierten Publikum unterbreiten wollte, bot er zu diesem Zwecke ein Vollprogramm an, das dem späteren Radio kaum nachstand.[3] Beginnend mit einem Tageskalender, Wiener Nachrichten, neuesten, nachts eingetroffenen Telegrammen und Auszügen aus dem Amtsblatt folgten wiederholt Börsenberichte und Tagesnachrichten und in der Nacht musikalische Darbietungen des königlich ungarischen Opernhauses oder Vorstellungen des Volkstheaters, später dann noch ein Konzert des Telefon Hirmondó. Zweimal täglich gab es telefonische Korrespondentenberichte aus Wien, die Kultursendungen wurden durch Studiogespräche ergänzt, ebenso im Angebot war ein telefonischer Fremdsprachenunterricht in Englisch, Französisch und Italienisch. Mit dem Telefon-Boten wird auch eine

---

[1]   Puskás, Theodor (1893), S. 456.
[2]   Marvin, Carolyn (1988), S. 223/224.
[3]   Das Programm des Telefon-Hiermondó ist z.B. folgender Quelle zu entnehmen: O.N. (1896), S. 440/741; vgl. auch das bei Szabó, Miklós (1994), S. 106 abgedruckte Programm vom 12. September 1887.

„Pioniertat auf dem Gebiet des Sensationsjournalismus"[1] verbunden: Als am 24. August 1903 eines der größten Budapester Kaufhäuser gänzlich ausbrannte, berichtete der Hirmondó live vom Schauplatz der Brandkatastrophe.

Szabó beschreibt das Publikum des Hirmondó als ein durchaus heterogenes, bestehend aus dem aufstrebenden, interessierten Bürgertum, dem nachrichtenhungrigen Kaufmann, dem wißbegierigen, Rennwetten abschließenden kleinen Angestellten sowie gelangweilten Hausfrauen und Rentnern, denen nachmittags und abends Unterhaltung „im buchstäblichen Sinne frei Haus" geliefert wurde.[2] Über Nutzer und Nutzungen des Hirmondó ist gleichwohl wenig bekannt. Obwohl die Inanspruchnahme der Informations- und Unterhaltungsdienste des Telefon-Hirmondó keineswegs teuer waren, handelte es sich doch um ein elitäres Medium, das gemessen an der Gesamtbevölkerung Budapests nur etwa 1% als registrierte Zuhörer hatte.[3] Der beachtliche Anteil von Börsennachrichten am Tagesprogramm zeigt darüber hinaus dessen Bedeutung für die Geschäftswelt, für die im übrigen das Telefon nicht nur als Informationsmedium schon sehr früh von Bedeutung war (vgl. später).

Projekte, die den Budapester Telefon-Hirmondó zum Vorbild hatten, wie beispielsweise der Telephone Herald of Newark, New Jersey,[4] konnten dessen Erfolg nicht wiederholen oder kamen, wie in Wien, Paris, Brüssel oder Berlin, über ein Versuchsstadium nie hinaus.[5] Gesamt gesehen blieb die radioähnliche Nutzung des Telefons nur einer Minderheit vorbehalten, wenngleich diesbezügliche Relikte in Form vielfältiger telefonischer Auskunftdienste

---

[1] Szabó, Miklós (1994), S. 105
[2] Vgl. Szabó, Miklós (1994), S. 105.
[3] Im Jahre 1900 hatte der Hirmondó 6437 Abonnenten bei 733 358 Budapester Einwohnern.
[4] Vgl. Marvin, Carolyn (1988), S. 228ff
[5] Vgl. Kukan, Adalbert (1983), S. 52.

bis in die heutige Zeit hineinragen. Radioähnliche Nutzungen des Telefons, allerdings mit einer „interaktiven" Komponente, können auch im Zusammenhang mit der Funktion von Telefon-Operatoren gesehen werden, die nicht nur als technische Vermittlungs- und Schaltinstanzen, sondern auch als Nachrichtenquellen fungierten und die telefonisch angeschlossenen Teilnehmer z.B. über Feuersbrünste, Flutkatastrophen, vermißte Personen, Fahndungen, Verbrechen, Sportereignisse oder andere Vorkommnisse informierten.[1] Dies war gekoppelt an die Institution der vor allem im ländlichen Raum der USA etablierten Party Lines, die eine Reihe von Nutzern (hier: Farmergemeinschaften) zusammenschlossen und dabei ein, absichtsvolles oder zufälliges, gleichwohl nicht immer erwünschtes Mithören der Gespräche mit sich brachten. Das Telefon diente in diesem Zusammenhang einerseits als ein Medium der Individualkommunikation, andererseits als ein Distributionsmedium, das es gestattete, Botschaften an die angeschlossenen Teilnehmer simultan zu vermitteln, so daß ihm sowohl Eigenschaften der brieflichen Kommunikation als auch der Zeitung zugesprochen wurden.[2] Mit einer Zunahme der Telefonanschlüsse wurde indessen eine persönliche Beziehung zum, meist weiblichen, Operator aufgelöst respektive anonymisiert. Daß in der Folge „Call-in-Sendungen" lokaler Radiostationen in den USA durchaus positiv angenommen wurden, erklärt sich sicherlich auch daraus, daß sie an eine Praxis des öffentlichen Telefonierens und damit an die Funktionen des Telefon-Operators anknüpfen konnten.

---

[1] Vgl. Aronson, Sidney (1977), S. 32.
[2] Vgl. Briggs, Asa (1977), S. 48.

Gebrauch und kommunikative Praxis - der Umweg über die geschäftliche Kommunikation

Das Telefon liefert einen anschaulichen Beleg dafür, daß Gebrauchsweisen nicht durch eine Technik determiniert sind, sondern daß eine gewisse Gestaltungsoffenheit besteht, oder in der Sprache der Diffusionsforschung, daß mit dem Aufreten eines technischen Artefaktes Nutzungsmöglichkeiten neu erfunden („reinvention") werden, d.h. daß Gebrauchsweisen von Innovationen im Prozeß der Adaption und Implementierung - und möglicherweise gegen die unsprünglich vorgesehenen Verwendungsabsichten von Herstellern oder Vertreibern - durch die Anwender, wenn auch nicht individualistisch reduzierbar, verändert werden. Statt einer dominant technikzentrierten Betrachtung, bei der insbesondere die erfinderischen Leistungen einzelner Pioniere des Fernsprechwesens[1], wie Alexander Graham Bell (1847-1922), Elisha Gray (1835-1901), dem Bell mit der Patentierung seiner Erfindung nur knapp voraus war, Philipp Reis (1834-1874), mit dem sozusagen der deutsche Anteil an der Erfindung unterstrichen wird, oder Charles Bourseul (1829-1912), der in einem Aufsatz im Journal „L'Illustration de Paris" mit dem Titel „Téléphonie électrique" bereits im August 1848 das Prinzip des Telefons grundlegend darstellte, je besondere und unterschiedliche Würdigung erfahren, läßt sich die Entwicklung des Telefons als eine Geschichte des Telefonierens, d.h. als eine Geschichte sich wandelnder Aneigungs- und Gebrauchsweisen und sich verändernder Nutzungskonzepte beschreiben. Die zentrale Frage lautet also: Was machen - im jeweiligen historischen, sozialen, kulturellen Zusammenhang - die Menschen mit dem Telefon? Und weiter: Welchen semiotisch-bedeutungsvollen Platz nimmt das Telefon

---

[1] Vgl. z.B. Klein, Wolfgang [24].

im Gefüge kommunikativer Praktiken eines Kollektives (einer Kultur, Gesellschaft, Gruppe) ein?

Reduziert man das Telefon nicht allein auf dessen technische Eigenschaften, sondern versteht es als ein soziales Konstrukt, das durch die damit verbundenen Gebrauchsweisen charakterisiert ist, so wird gleichsam die sich wandelnde soziale Bedeutung des Mediums hervorgehoben. Ändern sich die Gebrauchsweisen, dann ist dasselbe technische Gerät im sozialen Sinne nicht identisch. D.h.: Trotz unveränderter physikalisch-technischer Grundlage der elektrischen Signalübertragung und -vermittlung ändert sich das, was unter Telefonieren jeweils verstanden wurde.[1] Geht man von der radioähnlichen Nutzung aus, so ließe sich das Telefon nachgerade als ein Vorkapitel in der Geschichte der Massenkommunikation, insbesondere des Rundfunks, einordnen. Da seitens der Kommunikationswissenschaft das Telefon immer noch ein „vernachlässigtes Medium"[2] ist, wundert es nicht, daß es auch bei mediengeschichtlichen Betrachtungen kaum auftaucht. Das Radio-Konzept des Telefons markiert indessen nicht allein einen abgeschlossenen historischen Zeitraum, sondern ein Nutzungskonzept, das mit einer „interaktiven" Nutzung, einer Verwendung als Medium der technisch vermittelten interpersonalen Kommunikation, verwoben war (man denke an das Münchner Operntelefon, das eingehenden Anrufen Priorität einräumte), bzw. schon sehr früh mit anderen Gebrauchsweisen konkurrierte. Zugleich wird damit unterstrichen, daß, um mit Rammert zu sprechen, „mit seiner Erfindung ein technisches Gerät noch nicht automatisch seinen Weg in den alltäglichen Gebrauch gefunden hat. Es muß erst von der Gesellschaft und ihren Akteuren kulturell angeeignet und in ihre Praxis eingebaut werden."[3] Die Be-

---

[1]   Vgl. Becker, Jörg (1989 [6a]), S. 15
[2]   Vgl. Fielding, Guy/Hartley, Peter [18].
[3]   Rammert, Werner (1989), S. 82.

deutung kultureller Orientierungskomplexe für die Aneignung von Technik illustriert Rammert am Beispiel der unterschiedlichen Diffusionsgeschwindigkeit des Telefons in den USA, Großbritannien, Deutschland und Frankreich.[1] Verglichen mit den anderen Ländern wurde das Telefon in den USA nicht nur viel früher aufgenommen, sondern dessen Verbreitung ist auch weitaus schneller verlaufen. Es erstaunt, daß die Entwicklung andererorts sogar so langsam von statten ging. Hierzulande rangierte das Auto lange Zeit vor dem Telefon, mit dem erst in den 70er Jahren die Hälfte aller Haushalte ausgestattet war. Gründe für diese ungleiche Entwicklung sieht Rammert insbesondere in der gesellschaftlichen Kommunikationsweise und als Ausdruck der politischen Kultur der jeweiligen Länder. Die raschere Annahme des Telefons als Instrument technisch vermittelter Kommunikation läßt sich Rammert zufolge aus der Informalität der amerikanischen Kommunikationskultur[2] ableiten, während in den anderen Ländern kulturelle Modelle einer monologischen Kommunikation (Frankreich), hierarchisch-autoritäre Muster (Deutschland) oder traditionelle und förmliche Muster der Kommunikation (Großbritannien) einer schnelleren Verbreitung entgegenstanden. Unterschiedliche Diffusionsverläufe sollen im folgenden allerdings nicht näher betrachtet werden, sondern die, gleichwohl kulturalistisch getragene, Ausformung von telefonbezogenen Gebrauchsweisen.

Gebrauchsweisen sind durch die Eigenschaften der jeweiligen Technologien zwar präformiert, aber, wie schon erwähnt, nicht determiniert. Generell läßt sich festhalten: Jedes Artefakt ermöglicht in verschiedenen Situationen (mehr oder weniger) vielfältige Nutzungsweisen und ist somit hinsichtlich potentieller Bedeutungszuschreibungen relativ offen. So gesehen ist das Telefon ein herausragen-

---

[1] Rammert, Werner [43], [44].
[2] Rammert, Werner (1990), S. 35.

des Exempel für eine Technologie, die relativ große, wenn auch nicht beliebige, Freiheitsgrade der Nutzung und damit Potentiale distinkter Aneignungsweisen eröffnet. Mit Blick auf das Telefon beinhalten diese, Beck folgend, „sinnliche Aneignung, individuelle Bewertung, die Entwicklung einer „Telefon- und Telefonierkultur", aber auch das partielle Eingreifen in die weitere Technik- und Dienstentwicklung des Telefons."[1] Indem sich Menschen eine Technik zu eigen machen, werden bestimmte Gebrauchsweisen sozial präferiert und mit dem Artefakt assoziiert. Ebenso kristallisieren sich im Zuge der Eingrenzung möglicher Gebrauchsweisen spezifische Bedeutungen heraus: das Artefakt wird codiert, d.h. es etablieren sich Codes, die für eine medienbezogene Bedeutungszuschreibung stehen und die eine Bedeutungsoffenheit des Artefakts bzw. eine bestehende „interpretative Flexibilität"[2] einschränken.[3] Aneignung umfaßt also im besonderen das bedeutungsvolle-symbolische Moment, die Aneignung von Bedeutung, die wiederum auf einem Prozeß des gegenseitigen Anzeigens gründet: Die Bedeutung wird durch den Umgang konstituiert und dadurch angeeignet, indem man auf andere Bezug nimmt. Eine individuell-motivationale Begründung reicht somit nicht hin, um den sozialen Charakter der Gebrauchs zu ergründen, erst recht, weil dieser sozio-kulturell eingebunden, gerade im Falle eines interaktionsermöglichenden Mediums wie dem Telefon, von anderen Mitnutzern - genauer: von Netzwerken telefonisch miteinander verbundener Mitnutzer - abhängig ist und schließlich ökonomischen und politischen Einflüssen unterliegt.

Unter Veralltäglichung einer Technik versteht Rammert die massenhafte Verbreitung eines Gerätes, das „als ver-

---

[1]   Beck, Klaus (1989), S. 56.
[2]   Pinch, Trevor J/Bijker, Wiebe E. (1987), S. 44
[3]   Vgl. auch: Höflich, Joachim [23].

trautes Element des Inventars und seine selbstverständliche Nutzung in den täglichen Praktiken der Kommunikation"[1] seinen Platz im jeweiligen Milieu findet. Hieran anknüpfend soll die Veralltäglichung distinkter Aneignungsweisen so verstanden werden, daß sich ein standardisierter Gebrauch ausbildet, d.h. ein relativ beständiges System regelgeleiteter Symbol- Bedeutungsverknüpfungen, mit dem eine Wahl zwischen alternativen interpersonalen Bedeutungen gewissermaßen vorweggenommen wird. Der Hinweis auf einen standardisierten Gebrauch bedeutet also, daß sich bestimmte soziale Gebrauchsweisen und damit verbundene Regeln durchsetzen, festigen und mit dem Kommunikationsmedium verbunden werden. Im Rahmen einer kommunikativen Praxis wird dergestalt der Gebrauch an die Konstitution von medienbezogenen Bedeutungen gekoppelt. Eine massenhafte Verbreitung muß dabei nicht unterstellt werden, sondern nur, daß sich in einem Kollektiv gemeinsame Vorstellungen von der Verwendungsweise bestimmter Technologien festigen, die dann im Gefolge der Diffusion generalisiert werden, aber immer auch gruppenspezifisch variieren. Allemal impliziert der Gebrauch von Artefakten eine bestimmte Definition adäquaten Verhaltens. Dies gilt nicht nur im Sinne einer technischen, sondern auch und gerade einer sozialen Beherrschung des Geräts. Wenn also von einem standardisierten Gebrauch gesprochen wird, ist damit nicht eine willkürliche oder individuell eigenwillige Verwendung gemeint, sondern ein korrekter, sozial angemessener Gebrauch. Um adäquate von nicht adäquaten Verwendungsweisen zu scheiden, sind Kriterien in Gestalt von Regeln erforderlich, auf deren Grundlage eine solche Unterscheidung möglich wird. Indem man die Regeln im Umgang mit technischen Artefakten, wie dem Telefon, erlernt, eignet man sich gleichermaßen deren Bedeutung an.

---

[1]   Rammert, Werner (1989), S. 83.

Ein standardisierter Gebrauch meint also: Es kann von einem konsentierten Regelbestand ausgegangen werden, der einen sozialen Gebrauch ermöglicht und damit zu gemeinsamen medienspezifischen Bedeutungszuschreibungen führt. Unter Aneignung ist also, einen Schritt weitergehend, die Aneignung von (nicht nur technischen) Regeln des Gebrauchs zu verstehen, die angemessene und unangemessene Verhaltensweisen spezifizieren und einen sinnstiftenden Charakter haben. Ein standardisierter Gebrauch steht für spezifische Nutzungskonzepte, die, wie ja das Beispiel Telefon belegt, niemals starr sind: Mit der Veränderung von Gebrauchsweisen werden bisherige Regeln obsolet, revisionsbedürftig oder neue Regeln erforderlich. Erst recht gilt dies für den Fall, wenn ein Medium neu eingeführt wird. Technologische Entwicklungen sind dialektisch mit der Änderung des vorherrschenden Regelsystems verbunden.[1] Das bisherige Regelsystem bestimmt zunächst einen möglichen Verwendungsrahmen technologischer Neuerungen - bestehende Regelsysteme prägen, selegieren und strukturieren den Gebrauch technologischer Entwicklungen, begrenzen oder eröffnen bestimmte Nutzungsoptionen. Da eine neue Technologie einen notwendigen Regelungsbedarf mit sich bringt, führt dies dazu, daß bisherige Regeln reinterpretiert und modifiziert werden und/oder, daß sich neue Regeln ausbilden, die sich gegen die Regeln einer bestehenden Praxis durchsetzen müssen. Jedes Medium der Kommunikation erfordert also nicht nur technikbezogene Anpassungsleistungen, sondern die Ausformung und Koordination spezifischer, von der Face-to-Face-Kommunikation abweichender Regeln. Dies mag auch die anfänglichen Widerstände und Unsicherheiten in den frühen Jahren des Telefons und zugleich dessen Annahme als Medium zur Übertragung von Musik und Theaterstücken erklären. Schon um potentielle Nutzer zu über-

---

[1] Vgl. Burns, Tom R./Flam, Helena (1987), S. 393

zeugen, daß sie des Telefons bedürfen - und damit ist nachgerade ein kommerzielles Interesse angezeigt - mußte den Amerikanern, wie Aronson feststellt, zunächst beigebracht werden, wie und zu welchem Zweck sie das Telefon verwenden können. Werbemaßnahmen zielten entsprechend darauf, die Möglichkeiten des neuen Mediums zu verkünden, wobei den formalen Modalitäten der Nutzung zunächst vor den Verwendungsweisen Priorität eingeräumt wurde,[1] während hierzulande die Propagierung der formalen Kommunikationsabäufe vor allem einen reibungslosen Ablauf des Telefonierens sicherstellen sollte. Mußte das Telefon einerseits die Widerstände einer Praxis der persönlichen Kommunikation von Angesicht zu Angesicht überwinden, konkurrierte es auf der anderen Seite mit den Verwendungsweisen des bereits etablierten Telegraphen, mit dem es sogar gleichgesetzt oder zu dessen effektiver Ausnutzung es herangezogen wurde. Die deutsche Post benutzte im letztgenannten Sinne das Telefon seit 1877, um ihre Telegraphiedienste in den ländlichen Raum auszudehnen und vor allem profitabel zu machen. Dazu wurden auf Telefonstationen Telegramme aufgenommen und fernmündlich zu Stationen mit Schreibtelegraphen weitergegeben.[2] Die Verquickung von Telefon und Telegraph zeigt sich insbesondere im Rahmen der geschäftlichen Nutzung, die dabei ein weiteres intermediäres Nutzungskonzept einschloß.

Im Jahr der Pariser Elektrizitätsausstellung wurde in Berlin das erste Fernsprechamt eröffnet und im selben Jahr, am 14. Juli 1881, das erste deutsche Fernsprechbuch, das „Verzeichnis der bei der Fernsprecheinrichtung Betheiligten", herausgegeben. Dieses „Buch der 94 Narren"[3] belegt die Bedeutung des Telefons für die Geschäftswelt

---

[1] Vgl. Aronson, Sidney (1977), S. 25.
[2] Vgl. König, Wolfgang (1994), S. 154.
[3] Basse, Gerhard (1981), S. 132

und insbesondere für das Bank- und Kreditgewerbe. Schon sehr früh fand das Telefon dort Verwendung. In Boston beispielsweise ließen sich bereits ein Jahr nach der Patentierung fünf Banken Bell-Telefone installieren. Hinsichtlich der geschäftlichen Nutzung konkurrierte das Telefon indessen mit dem Telegraphen. Trotz der außerordentlichen Erweiterung des telegraphischen Privatdienstes entfiel nur etwa ein Zehntel der Inanspruchnahme auf eigentlich private Zwecke der Nachrichtenübertragung, der große Rest war der geschäftlichen Kommunikation, den Börsen, dem Zeitungswesen, insbesondere aber auch Handel und Schiffahrt, vorbehalten.[1] Noch vor dem Telefon hatte sich der Telegraph mit weltweiten Vernetzungen etabliert, so daß sich das Telefon nicht nur gegen diese bestehende Praxis technisch vermittelter Kommunikation durchsetzen mußte, sondern zunächst auch nach denselben Nutzungsmustern wie beim Telegraphen verwendet wurde.[2] Die Telegraphie hatte vor allem eine verkehrstechnische Ergänzungsfunktion, die beispielsweise durch statistische Nachweise der Firma Krupp belegt ist: die Telegraphie wurde zusammen mit der Zahl der Pferde, der Schmalspurbahnen oder der Eisenbahnwaggons unter der Rubrik „Verkehrseinrichtungen" geführt.[3] Dem schloß sich i.S. eines Transportkonzeptes zunächst das Telefon in einer Funktion als „sprechender Telegraph" an. Hierzu stellt Reinke fest: „Die ersten Telefonanschlüsse stellten in mehrfacher Hinsicht keinen außergewöhnlichen kommunikationstechnischen Neueinstieg für die Unternehmen dar. Vielfach wurde anfänglich bei der Nutzung des Telefons ein Anwendungsmuster fortgesetzt, das bereits die Verwendung des Telegraphen als Kommunikationsmittel in starkem Maße bestimmt hatte: Die Beförderung von Gütern nachrichten-

---

[1] Vgl. Oberliesen, Rolf (1982), S. 113.
[2] Vgl. auch: Flichy, Patrice (1994), S. 144ff.
[3] Vgl. Reinke, Herbert (1988), S. 17.

technisch zu erleichtern und zu unterstüzen."[1] Lange Zeit
blieb der Telegraph neben dem Telefon als technisches
Medium der betrieblichen Kommunikation bestehen. Die
telegraphische Kommunikation wurde, wie dies ähnlich
bei neuen Kommunikationstechnologien immer wieder
festzustellen ist, durch das neue Medium Telefon zunächst
eher ergänzt als ersetzt. Dies änderte sich in dem Maße, in
dem das Telefon nicht zuletzt aufgrund betrieblicher Ex-
pansionen und des damit einhergehenden Koordinations-
und Kommunikationsbedarfs zwischen verschiedenen Be-
triebseinheiten statt informationstechnischer Ergänzungen
der Gütertransportmittel organisatorische Kommunikationsfunktionen übernahm.

Das Telefon diente zur Übermittlung von Anweisungen;
wer sich (in diesem Falle als Geschäftsmann) ein Privatte-
lefon zulegte, der verfolgte, laut Flichy, den Zweck der
„Allgegenwart".[2] In diesem Sinne zitiert McLuhan einen
älteren Chef mit den Worten: „Ich rufe sie nachts an, wenn
sie nicht auf der Hut sind."[3] Ausgangs des vorigen Jahrhunderts waren die ersten innerorganisatorisch genutzten
Telefone der oberen Hierarchieebene vorbehalten, ganz zu
schweigen davon, daß unteren Ebenen die Möglichkeit zu
telefonischen Außenkontakten kaum eröffnet wurde. Der
hierarchisch begrenzte Zugang zum Telefon mag dabei
auch erklären, daß trotz der Bürokratisierung von Großor-
ganisationen explizite Regelungen zur Handhabung des
Telefons weitgehend fehlten. Eine der wenigen ausdrücklich telefonbezogenen organisatorischen Regeln der Firma
Krupp aus dem Jahr 1887 bezog sich Reinke zufolge auf
die Protollierung von Telefongesprächen. Um Mißver-
ständnisse zu vermeiden, sollten Telefonate, die über An-
gelegenheiten von vorübergehender und nebensächlicher

---

[1]   Reinke, Herbert (1988), 21.
[2]   Flichy, Patrice (1994), S. 149.
[3]   McLuhan, Marshall (1970), S. 262.

Bedeutung hinausgehen, ähnlich wie bereits in Fällen tele-graphischer Nachrichten, schriftlich bestätigt werden.[1]

Am Rande sei noch die militärische Variante des Transportkonzepts des Telefons erwähnt. So wie der Erste Weltkrieg die Verbreitung des Telefons im Privatbereich stark bremste, brachte er eine andere Art des Durchbruchs der Telefonie mit sich: Das Erfordernis der Koordination geographisch separierter Truppenteile führte an einem intensivierten Einsatz des Telefons nicht vorbei [2] und erzeugte im Bewußtsein der Öffentlichkeit, zumal getragen durch Dartellungen in den damaligen Massenmedien, eine Vorstellung von einem, vor allem im Westen ausgetragenen, Telefonkrieg.[3] Der militärische Einsatz dieses neuen Geräts stieß bei den oberen Militärs indessen durchaus auf eine gewisse Skepsis. Diesem machte der statusnivellierende Effekt des Telefons und die Möglichkeit zu hierarchieübergreifender Kontaktnahme zu schaffen. „Die dem Telephon immanenten Prinzipien des Dialogs, der Reziprozität, des leichten Zugangs und der Gleichheit der Gesprächspartner wirkten wie eine Provokation auf ein adliges Offizierskorps, das den allmählichen und geordneten Fluß von Informationen nach oben und von Befehlen nach unten kultiviert hatte."[4] Doch auch hier wich alsbald die Skepsis der Einsicht des militärischen Nutzens.

Obwohl bei der wissenschaftlichen Auseinandersetzung mit neuen Informations- und Kommunikationstechnologien das Feld der organisatorischen Medienverwendung besonderes Forschungsinteresse erfährt, bleibt das Telefon dabei weitgehend ausgespart. Organisationen übernahmen hierbei bereits, wie auch bei späteren kommunikationstechnologischen Neuerungen, eine Vorreiterrolle. Doch wird dadurch auch die Verwendung im Privaten bestimmt?

---

[1]   Vgl. Reinke, Herbert (1988), S. 43
[2]   Vgl. auch: Becker, Jörg (1989 [6b]), S. 69.
[3]   Genth, Renate/Hoppe, Joseph (1986), S. 81.
[4]   Genth, Renate/Hoppe, Joseph (1986), S. 62

Gerade was die unter Rationalitätsgesichtspunkten erfolge Verwendung von Kommunikationstechnologien über den beruflich-geschäftlichen Alltag hinaus anbelangt, legen sogenannte Übergriffsthesen eine in der Folge sich ergebende Rationalisierung des privaten Alltags nahe, indem gleichsam auch Muster des organisatorischen Mediengebrauchs diffundieren. Daß solche Thesen zu kurz greifen, kann beiläufig auch am Beispiel des Telefons gezeigt werden. Dieses dringt eben nicht nur, mit womöglich destruktiver, kommunikationszerstörender Kraft, in den Alltag ein, sondern wird dort moduliert und je eigen in kommunikative Praktiken sozialer Kollektive eingebaut.

Das Telefon als Beziehungsmedium

Die heutige Selbstverständlichkeit der Telefonnutzung war nicht von Anfang an zu unterstellen. Das galt für die Art und Weise der Handhabung wie auch für die Nutzungszwecke. Zum einen sind aufgrund medienbedingter Codiergrenzen prozedurale Regeln, die den formalen Ablauf telefonischer Kommunikation überhaupt erst ermöglichen, erforderlich, zum anderen Medienregeln, die besagen, zu welchem Zweck das Telefon zu nutzen oder dessen Gebrauch zu unterlassen sei[1]. Erst wenn sich solche Regeln (temporär) gefestigt haben, kann von einem standardisierten Gebrauch gesprochen werden. Gefordert wurde eine Etikette des Telefonierens, wie beispielsweise in „Telephony" vom September 1906, wo zu lesen ist: „The more general becomes the use of the telephone the more pressing the necessity grows for a code of rules that might be named: „How to telephone."[2] Zu einer guten Form des Telefonierens gehörten nicht nur grundlegende prozedurale

---

[1] Vgl. Höflich, Joachim R. [22]; Höflich (1996), S. 202 ff.
[2] O.N. (1906), S. 186

Gebrauchsregeln, sondern auch Hinweise auf eine Zurück-
haltung beim Telefonieren, die, eingedenk immer wieder
festgesteller sozio-emotionaler Ausbrüche, sowohl einen
höflichen Umgangston[1] als auch eine Berücsichtigung
der jeweiligen Kommunikationsanlässe erfordere. Das Telefon sollte weder für formale Einladungen oder deren Bestätigung, noch für Beileidsbezeigungen oder Danksagun-
gen für Hochzeitsgeschenke verwendet werden. Zudem sei
es keine gute Form, wenn eine junge Frau einen Mann, sei
es zuhause und erst recht nicht im Büro, anruft.[2] Die aufgrund noch fehlender sozialer Gebrauchsregularien bestehenden Unsicherheiten spiegelten sich insbesondere in Be-
fürchtungen eines unerwünschten Eindringens in die Privatsphäre ohne Rücksicht auf bestehende Statusdistanzen.
Eine Schutzzone ließ sich dabei errichten, indem einge-
hende Anrufe durch das Hauspersonal entgegengenommen
wurden, oder wie Flichy vermerkt, indem man telefonieren
ließ: „Das Telefon gehörte wie das Automobil zu den Din-
gen, die das Bürgertum nicht eigenhändig zu bedienen
wünschte."[3] Die Nutzung des Telefons zum Zwecke technisch vermittelter Wechselgespräche hin zu einem Bezie-
hungskonzept, wurde zunächst noch nicht in Erwägung
gezogen. Erst in den 30er Jahren propagierte die Telefon-
werbung insbesondere eine Verwendung zur Kommunikation im Verwandten- und Freundeskreis[4] - eine Funktion,
die heute vor allem mit dem Telefon verbunden wird.

Der Nutzen des Telefons steigt mit der Anzahl der potentiell zu erreichenden Kommunikationspartner. Um dem
gerecht zu werden und die Funktion als Beziehungsmedi-
um erfüllen zu können, muß eine kritische Masse von Mitnutzern erreicht werden. Sollen bestehende Bezie-

---

[1]   Vgl. auch: Mullet, Mary B. [33].
[2]   Vgl. O.N. (1907), S. 132. Vgl. hierzu auch die Ausführungen
      von Pool, Ithiel de Sola (1983), S. 137ff.
[3]   Flichy, Patrice (1994), S. 200.
[4]   Flichy, Patrice (1994), S. 151.

hungsstrukturen Bestand haben, so erfordert eine neue Kommunikationstechnologie einen universellen Zugang, d.h. die Möglichkeit, alle bisherigen Kommunikationskontakte technisch vermittelt aufrechtzuerhalten respektive bisherige Kommunikationspartner durch das Medium zu erreichen. Ist dies nicht der Fall, so besteht die Gefahr, daß sich das Kommunikationsnetz in zwei Subgruppen, die Mediennutzer und den Rest der Nichtnutzer, aufteilt, wobei dies bei einem unterstellten Interesse der Medienverwender, bereits vorhandene Beziehungen auch medial aufrechtzuerhalten, den Nutzen eines neuen Mediums begrenzen würde.[1] Ist eine kritische Masse erreicht, dann steht allerdings einer beziehungsverlängernden Nutzung zumindest potentiell nichts mehr entgegen.

Wie Claisse vermerkt, kann sich auch die Institution Telefon einem Prozeß der gesellschaftlichen Reglementierung nicht entziehen.[2] Telefonanlässe sind, mit anderen Worten, Ausdruck einer sozialen Normierung von Gebrauchsweisen und damit einer kommunikativen Praxis, die dem Telefon einen festen Platz im Rahmen alltäglicher Kommunikationsaktivitäten zuweist. Eine faktische Normierung ergibt sich durch einen distinkten Gebrauch, der wiederum Kommunikationsanlässe erwartbar macht. Das Telefon ist wie gesagt ein Medium, dessen Gebrauch insbesondere an bestehende Sozialkontakte anknüpft - telefonische Netzwerke sind medial verlängerte soziale Netzwerke - und damit ein „Eindringen" Fremder legitimati-

---

[1] Vgl. Markus, M. Lynne [30]. Eine Nutzung vor dem Bestehen einer kritischen Masse i.e.S. ist indessen nicht ausgeschlossen, allerdings verbunden mit einem neuen Nutzungskonzept, nämlich den Gebrauch in Subgruppen, die als distinkte elektronische Gemeinschaften womöglich gänzlich losgelöst von vorgängigen Sozialkontakten sind und neue Foren der Kommunikation eröffnen (man denke an die Nutzung des Computers als Kommunikationsmedieum).

[2] Vgl. Claisse, Gerard (1989), S. 275.

onsbedüftig („Entschuldigen Sie, daß ich mich in dieser Sache an Sie wende") respektive ein Aushandeln von Telefonanlässen erforderlich macht, die ansonsten unter Bekannten als gegeben akzeptiert werden. Die häufigsten Kommunikationspartner sind, wie durch eine repräsentative Studie bestätigt,[1] Verwandte (28%): Freunde (ca. 19%) und Bekannte (12%). Die telefonischen Netzwerke überlappen, ja decken sich gar mit den Netzen der persönlichen Kommunikationsbeziehungen; umfangreiche Primärbeziehungen spiegeln sich in der Anzahl der Telefonkontakte wider. Das Telefon wird so gesehen dann zu einem Problem, wenn die Beziehungen ein Problem darstellen.[2] Es schafft, um mit Aronson zu sprechen, eine „psychologische Nachbarschaft"[3] und damit eine elektronisch ermöglichte soziale Nähe, die um so deutlicher wird, wenn das Telefon ausfällt. Verwandtschaft, Nachbarschaft und Freundschaft repräsentieren für den frühen Soziologen Ferdinand Tönnies Typen von Gemeinschaften, die für ihn für „alles vertraute, heimliche, ausschließliche Zusammenleben"[4] stehen. Zumal der Begriff im Kontext neuer Formen und Foren computervermittelter Kommunikation revitalisiert wird, ließe sich, ohne den Rückgriff auf Tönnies übergebührlich strapazieren zu wollen, von telefonisch ermöglichten „elektronischen Gemeinschaften" sprechen, deren Mitgliedschaft nachgerade an vorgängige Kommunikationsbeziehungen geknüpft ist und deren Fortbestehen ohne phyische Präsenz ermöglichen. Unter Bedingungen technischer Vermittlung wird die „community" somit nicht allein durch ein Zusammenleben (i.S. von Tönnies): sondern durch ein Zusammenkommunizieren getragen.

---

[1]   Vgl. Adler, Johannes (1992), S. 11.
[2]   Vgl. z.B. auch: Lange, Ulrich (1993), S. 209.
[3]   Aronson, Sidney (1977), S. 306.
[4]   Tönnies, Ferdinand (1926), S. 3.

Trotz internationaler Telefonnetze ist das Telefon ein Medium der Nahraumkommunikation.[1] Ein weiterer Hinweis auf die Funktionalität des Telefons hinsichtlich der Aufrechterhaltung bestehender Sozialkontakte ist darin zu sehen, daß es zur Ankündigung, Terminierung oder Absage von Kontakten benutzt wird: Über ein Viertel der Gespräche gelten der Vereinbarung oder Bestätigung von Verabredungen.[2] Wie sich hierbei - schleichend und unbemerkt - kommunikative Regeln des Zusammenlebens verändert haben, zeigt sich kontrastierend am Beispiel einer „telefonarmen Gesellschaft", wie der ehemaligen DDR. Schon mangels privater Telefone gab es keine ausgeprägte Kultur der telefonisch vermittelten Besuchsankündigung, ganz abgesehen davon, daß der Verdacht, bespitzelt zu werden, das Telefonierverhalten beeinflußte.[3]

Mit Blick auf die Nutzung des Telefons wird in der Literatur zwischen Verwendungsweisen mit relativ klar umrissenen Handlungszielen (wie die Organisation von Aktivitäten oder die Inanspruchnahme von Dienstleistungen) und solchen, die wesentlich durch ein Kontaktinteresse markiert sind, und somit zwischen einer sach- und personenorientierten[4] oder instrumentellen und intrinsischen Nutzung[5] unterschieden, wobei in einer neueren Studie vorgeschlagen wird, diese noch um das Moment der Rückerversicherung (verweisend darauf, daß es der Familie und Freunden gut geht und daß im Falle von Notfällen Hilfe bereitsteht) zu erweitern.[6] Es ist nun nicht entscheidend, welchen Anteil die jeweiligen Nutzungen unter Ge-

---

[1]   Vgl. z.B. Dordick, Herbert S. (1983), S. 31.
[2]   Vgl. Adler, Johannes (1992), S. 7.
[3]   Vgl. Schimmel, Frank/Mettler-Meibom, Barbara [48]; vgl. auch: Braun, Ottmar L./Lange, Klaus [10].
[4]   Claisse, a.a.O.:263.
[5]   Vgl. z.B. Noble, Grant [34].
[6]   Vgl. Dimmick, John W./Sikand, Jaspreet/Patterson, Scott J. [15].

sichtspunkten durchaus abweichender empirischer Ergebnisse haben. Eindeutig ist indessen, daß hier geschlechtsspezifische Besonderheiten auftreten: Männer zeichnen
sich eher durch ein instrumentell-sachbezogenes, Frauen
durch ein intrinsisch-personenorientiertes Telefonieren
aus. Wenngleich das Verhältnis von Geschlecht und Technik einer vertiefenden Analyse bedürfte, kann zumindest
festgehalten werden, daß der Gebrauch von Technik bzw.
hier des Telefons in gesellschaftlichen Werthaltungen,
Normen und Rollenvorstellungen gründet. Verfolgt man
die Argumente einer „Feminisierung des Telefons", dann
kann ein wesentlicher Grund in der Trennung von öffentlicher (männlicher) und privater (weiblicher) Sphäre gesehen werden. Da das Telefon insbesondere zur Organisation
familiärer und beziehungsbezogener Belange herangezogen wird und diese wiederum vor allem als Domäne der
Frau gelten, ist es nicht verwunderlich, daß Frauen mehr
telefonieren als Männer, zudem für beide Geschlechter
Frauen die häufigsten Kommunikationspartner sind. Das
Telefon dient dergestalt nicht nur zur Aufrechterhaltung
von Sozialbeziehungen durch die Frau, sondern fungiert
gleichermaßen als geschlechtsspezifisches Substitut für soziale Außenkontakte. Sieht man in der Rollenverteilung
innerhalb des Haushalts bzw. der Familie einen wesentlichen Bestimmgrund für die Telefonnutzung, so würde dies
allerdings auch bedeuten, daß sich mit deren Veränderung
auch andere Muster des Telefongebrauchs ergeben. Wenn
es aber stimmt, daß Frauen anders als Männer telefonieren
(und erst recht: kommunizieren), dann reicht der Rekurs
auf häuslich-familiäre Rollenverteilungen nicht mehr aus.

Gebrauchsweisen des Telefons sind indessen nie ein für
allemal festgelegt. Bezogen auf aktuelle Entwicklungen
läßt sich eine Dialektik des Gebrauchs dergestalt ausmachen, daß Probleme und Begrenzungen telefonvermittelter
Kommunikation nach Lösungen suchen, die ihrerseits wieder neue Probleme mit sich bringen. Zu erwähnen sind

insbesondere: - Ortsgebundenheit versus Mobilität (Funktelefon).

Das Telefon war bislang ein Medium der häuslichen Kommunikation. Unerwartet schnell hat sich indessen das Funktelefon im Auto oder als tragbares Handy verbreitet, die es gestatten, ohne Bindung an den Raum (eine entsprechende technische Infrastruktur und geographisch nicht behinderte Empfangsmöglichkeit vorausgesetzt) zu telefonieren. Allerdings stößt man hierbei auf ein paradox anmutendes Erreichbarkeitssyndrom: Das Mobiltelefon sichert zwar ständige Erreichbarkeit, doch will man für andere keineswegs immer erreichbar sein. Schließlich muß auch die Umwelt von allgegenwärtig Telefonierenden verschont werden. Es gibt bereits eine Reihe von Orten, wie beispielsweise die römische Oper, an denen die Verwendung der Funktelefons ausdrücklich untersagt ist,[1] und nachdem die Klagen der Gläubigen massiver geworden sind, wollen italienische Priester zukünftig ihr Mobiltelefon während der Beichte abstellen.[2]

Ubiquitäre Erreichbarkeit versus Abschottung und Kontrolle (Anrufbeantworter und Caller ID)

Ein Anrufbeantworter ermöglicht, daß Kontaktversuche auch bei Abwesenheit nicht vergebens sind, zudem ist er als Gesprächsfilter ein Mittel zur Kontrolle eingehender Anrufe: Man wartet zunächst, wer anruft und geht u.U. dann erst an den Apparat. Ähnlich gibt es beim Funktelefon eine Anrufsperre, die indessen durch einen VIP-Code für bedeutsame Personen außer Kraft gesetzt wird. Anrufbeantworter sind indessen eine zweischneidige Angelegenheit, denn was geschieht, wenn keiner anruft? Dies hat Ro-

---

[1]   Vgl. Strieder, Swantje [49].
[2]   Vgl. O.N. [38].

sen prägnant formuliert: „Jeder kann jeden Anruf ablehnen, aber es gibt keine Garantie, daß jeder auch die Anrufe erhält, die er ablehnen könnte."[1] In der Diskussion steht schließlich die allerdings noch kaum verbreitete Rufnummernanzeige (Caller ID), mit der der Anrufer schon beim Kontaktversuch zu identifizieren ist, dabei aber die Anonymität des Anrufers z.T. unerwünscht (man denke an die Telefonseelsorge) aufbricht.

Medium der Beziehungsverlängerung versus Medium der Kontaktanbahnung (Party Lines)

Dieser Punkt soll eingedenk der angesprochenen Beziehungsdimension etwas ausführlicher beschrieben werden. Das Telefon führt zu keiner sozialen Isolierung, aber es ist auch kein Medium zur Anbahnung kommunikativer Kontakte. Zudem ist es ein Medium, das Dritte eigenlich nicht mit einplant. Dies ist bei sogenannten Party Lines, als einer besonderen Form telefonisch konstituierter „electronic communities", anders. In Amerika finden solche Party Lines, oder „party chat lines", wie sie dort offiziell heißen, reges Interesse, und es hat sich ein florierender Markt ausgebildet. Auch in Deutschland gibt es solche Lines, die, wenn auch noch in den Anfängen, durchaus Resonanz finden. Das Phänomen ist allerdings nicht neu. Die für die USA kennzeichnende ausgeprägte Nachfrage nach Telefonverbindungen im ländlichen Raum verlangte eine rasche wie auch ökonomische Lösung. In den frühen Jahren des Telefons waren, zumal im ländlichen Raum, Party Lines deshalb keine Seltenheit, eine Koppelung von mehreren Anschlüssen üblich. Allerdings konnte dabei auch nicht von einer telefonischen Privatsphäre gesprochen werden. Noch heuzutage, so berichtet Wigand, gibt es in den

---

[1]   Rosen, Jay (1994), S. 368.

USA und in Kanada eine Reihe von Telefongeräten, die, meist im ländlichen Bereich, an Party Lines angeschlossen sind.[1]

Jede Kommunikation erfordert - schon deshalb, weil immer Ungewißheiten hinsichtlich des Gegenüber bestehen - eine „Konstruktion anderer Kommunikationspartner",[2] und erst recht impliziert telefonvermittelte Kommunikation, in den Worten von Bülow, eine „Fiktionalisierung des nicht sichtbaren Gesprächspartners und seiner situativen Einbindung"[3], doch tritt dieses Moment bei Party Lines besonders hervor: Party Lines eröffnen statt einem privaten einen öffentlichen elektronischen Kontakt mit bislang Fremden, d.h. zu Personen, mit denen vorher keine Face-to- Face-Beziehungen bestanden haben und mit denen meist unter Pseudonym kommuniziert wird. Die Kommunikation wird von bisherigen Vertrautheitszusammenhängen herausgelöst; die Beziehungen sind in dem Sinne konstruktionsbedürftig, daß von der außermedial meist unbekannten Person nur, von ihr selbst offenbarte, Facetten bekannt sind, die es im Kontext der gemeinsamen Telefonssitation zum Zwecke einer bezugsermöglichenden Medienidentität imaginativ zu ergänzen gilt.[4] Diese Art der Telefonnutzung hat durchaus Gemeinsamkeiten mit Formen computer-vermittelter Kommunikation, mit denen

---

[1] Vgl. Wigand, Rolf T. (1990), S. 246

[2] Krippendorf, Klaus (1994), S. 106.

[3] Bülow, Edeltraud (1990), S. 306.

[4] Man könnte auch von einer Kommunikation im Cyberspace sprechen und damit den Begriff weiter verwenden, als dies bisher im Zusammenhang mit dreidimensionalen computergeschaffenen "virtuellen Welten" geschah, in denen man sich unter Zuhilfenahme sogenanter head-mounted displays "bewegt". Ähnlich benutzt Tribe den Begriff Cyberspcae, "um die volle Ansammlung von computervermittelten Audio- und/oder Videointeraktionen damit zu umfassen", zu denen er im übrigen auch das Telefon zählt. (Vgl. Tribe, Laurence H. (1994), S. 154).

man das Aufkommen neuer „virtueller Gemeinschaften"
verbindet, allerdings mit dem Unterschied, daß hier mündlich, dort schriftlich kommuniziert wird, aber in beiden
Fällen der Aspekt der „community" betont, womöglich sogar visionär überhöht wird.[1] Indem sich Personen in Party
Lines telefonisch einklinken, werden sie Teil einer „elektronischen Gemeinschaft", die Wigand wie folgt beschreibt: „Party Lines ermöglichen, daß sich Gemeinsamkeiten ausbilden können, die über lange Zeit, also Monate
und Jahre, hinweg bestehen können. Solche Gemeinschaften kommen nur aufgrund der Party Line-Idee in Verbindung mit dem Telefon zustande, d.h. sie - oder zumindest
ihre Struktur - würde ohne diese Idee und Technik wohl
sonst kaum zustandekommen."[2] Die Teilnehmer entziehen
sich gewissermaßen den Konventionen und Verpflichtun-
gen der (direkten) Alltagskommunikation, indem sie in einer elektronischen Welt beliebig anonym ein- und aussteigen. Im besten Sinne könnte man Party Lines mit einem
elektronischen Marktplatz vergleichen, auf dem man sich
zu einem kurzen Gespräch trifft, sie sind aber auch, wie
Wigand es nennt, eine „Fast Food-Gemeinschaft", eine
„Drop-In-" oder „Drive- Trough-Gemeinschaft"[3], die Kontakt ohne Berührung, Kommunikation ohne Verpflichtung
ermöglicht.

Party Lines, die sich ausschließlich sexuellen Themen
widmen bzw. erotische Phantasien bedienen wollen, haben
sich hierzulande offenkundig, zumindest wenn man pene-
trant auftauchende Annoncen als Indiz dafür nimmt, als
eine besondere Form der Geschäftemacherei etabliert. Zu
solchen Diensten gehören in den USA beispielsweise
„Dial-a-Porn" oder „Life-Phone", das Live-Telefon-Sex
anbietet - allerdings sind, wie Gumpert lakonisch hinzu-

---

[1]   Höflich (1997).
[2]   Wigand, Rolf (1989), S. 297.
[3]   Wigand, Rolf (1989), S. 252.

fügt, „romantische Betrachtungen Verliebter am Telefon"
von der Diskussion ausgeschlossen.[1] Die rechtliche Situation hat dazu geführt, daß Konferenzschaltungen in
Deutschland nur von der Telekom angeboten werden und
deshalb die erotischen Wünsche von Nutzern über das
Ausland befriedigt werden müssen. Offenkundig ist diese
Verwendungsweise des Telefons einzureihen in die auch
durch andere Kommunikationstechnologien, einschließlich
dem Internet, eröffnete Angebote, die elektronisch vermittelte sexuelle Gratifikationen - oder was auch immer - versprechen. Solche ausschließlichen sexuellen Kontakt-Lines
sollen hier nicht weiter interessieren, zumal hierbei der Beziehungsaspekt nur im Kopf des Nutzers besteht und sich
ansonsten in der Kasse des Anbieters niederschlägt. Eine
besondere Erscheinung eines telefonisch konstituierten
Treffpunktes ist im übrigen die sogenannte „Villa", die
dem telefonischen Besucher, dem „Villanauten", die Möglichkeit gibt, mittels Steuerung durch die Telefontastatur
verschiedene Räume eines imaginären Hauses aufzusu-
chen.[2] Man kann dabei mit anderen ins Gespräch kommen
(aus rechtlichen Gründen aber nur so, daß einer nach dem
anderen spricht) und es können sich sogar Bekanntschaf-
ten anbahnen.

Seit 1985 gibt es auch in Deutschland Party Lines, die
hier Telefontreffs heißen, öffentliche Konferenzschaltungen also, die gemeinsame Gepräche ermöglichen und vor
allem nicht vordergründig sexuellen Themen reserviert
sind. Zunächst hatte die Bundespost in Düren zwei Leitun-
gen für öffentlich Konferenzschaltungen zur Verfügung
gestellt und in der Folge dann in Köln eingeführt. Der
Kölner Telefontreff war Gegenstand einer wissenschaftlichen Untersuchung, so daß sich hierüber einige Aussagen

---

[1]   Gumpert, Gary (1989), S. 156.
[2]   Vgl. Augstein, Jakob [3].

machen lassen.[1] Das Verhältnis von Männern zu Frauen ist 60:40. Nicht selten erfolgt die Teilnahme auch während anderer Aktivitäten, z.B. wärend des Fernsehens, eines Videofilmes, oder Computerspiels und manche Teilnehmer verbringen sogar die ganze Nacht am Telefon. Zentrales Motiv ist, „sich zu unterhalten", „sich was zu erzählen", doch kann sich aufgrund des häufigen Teilnehmerwechsels ein eigentliches Thema kaum aufbauen; kurze Sequenzen gegenseitiger dialogischer Befragung nach einem stereotypen Muster bestimmen das Geschehen.[2] Das Beispiel des Kölner Telefontreff zeigt zwar, daß man sich nicht in dem Maße wie im sonstigen Alltagsleben an gesellschaftliche Konventionen zu halten hat. Es gelten keine zeitlichen Regeln und die informelle Du-Form wird über alle Altersgrenzen hinweg verwendet. Man hat es allerdings nicht mit einem regelungsfreien Zustand, sondern damit zu tun, daß andere Regeln als sonst üblich den Umgang bestimmen. Eine ungeschriebene Regel ist z.B., daß sich, durch einen Gong angekündigte, neu hinzukommende Nutzer mit einem Pseudonym anmelden und dabei nach ihrem Alter, Aussehen, Standort respektive Stadtteil gefragt werden. Trotz Anonymität will man also die Identität der Mitnutzer, ohne die eine mediale Bezugnahme kaum möglich ist, einkreisen. Doch selten kommt es, obwohl dies prinzipiell nicht ausgeschlossen ist, zu persönlichen Begegnungen.

Gebrauchsweisen des Telefons sind, so läßt sich resümieren, in einem durchaus dynamischen Sinne zu verstehen, Aneigungen eines Mediums nie abgeschlossen, es sei denn, eine technische Innovation wird gleich von Anfang an verweigert, wie dies beispielsweise bei der konservativen Bruderschaft der Amischen („The Old Order Amish of Pennsylvania") der Fall war, die im Jahr 1909 das Telefon

---

[1]   Vgl. Leky, Gisela/Schumacher, Heidemarie [29].
[2]   Leky, Gisela/Schuhmacher, Heidemarie (1989), S. 13.

aus ihren Häusern verbannte, mit der Folge, daß dies sogar
zu einer Spaltung der Gemeinde geführt hat.[1] Technik-
Prognostiker hatten bislang nicht unbedingt eine glückli-
che Hand. Mal eilten ihre Voraussagen den faktischen
Entwicklungen, mal diese, wie im Falle des Funk- bzw.
Mobiltelefons, den (noch jüngsten) Prognosen voraus.[2]
Hinsichtlich des Wandels von Gebrauchsweisen wäre es
ein Fehler, das Telefon nur alleine, losgelöst von kommunikativen Praktiken einschließlich der Verwendung anderer Kommunikationsmedien zu betrachten. Auch wird die
Verwendung des Computers als Medium der Beziehungs-
anbahnung telefonische Nutzungsmuster verändern und
womöglich zu telefonischen Kontakten ohne vorausgehen-
de Sozialkontakte führen oder letztere über diesen Weg
überhaupt erst einleiten. Sollte das Bildtelefon Einzug halten, so wird damit Telefonieren erneut verändert, allemal
der Reiz des Nicht(ein)sehbaren telefonischer Intimität genommen.[3] Bei dem Wandel, den neue Medien für eine
Kommunikationsgemeinschaft mit sich bringen, wird sich
allem Anschein nach das Telefon trotz sich ändernder Gebrauchsweisen weiterhin behaupten. Wie ein Blick auf die
Entwicklung des Telefons zeigt, waren die unterschiedlichen Nutzungskonzepte nicht allein Ausdruck eines zeit-
geschichtlichen Abschnittes, sondern standen in Konkurrenz zueinander oder überschnitten sich. Statt eines einzigen standardisierten Gebrauchs werden zukünftig vermehrt
multiple Nutzungsweisen, die zudem gruppenspezifisch
und lebensstilgetragen variieren, in den Alltag eingehen
und nebeneinander bestehen. Aber hier gelangt man wieder in den Bereich von Prognosen, die bekanntermaßen ja
selten stimmen.

---

[1] Vgl. Zimmerman Umble, Diane [54].
[2] Vgl. Becker, Jörg (1994), S. 420.
[3] Vgl. Lange (1997).

Literatur

[1]   Adler, Johannes (1992): *Telefonieren in Deutschland. Wissenschaftliches Institut für Kommunikationsdienste (WIK)* : Diskussionsbeitrag Nr. 97, Bad Honnef, Oktober

[2]   Aronson, Sidney H. (1977): *Bell's Electrical Toy, What's the Use? The Sociology of Early Telephone Usage.* In: Pool, Ithiel de Sola (ed.): „The Social Impact of the Telephone", 2nd ed., Cambridge, Massachusetts and London, S. 15-39.

[3]   Augstein, Jakob (1993): *In der Villa ist Sex verboten.* In: „Süddeutsche Zeitung", Nr. 268, 19/21.11.1993:XIII

[4]   Basse, Gerhard (o.J.): *100 Jahre öffentlicher Fernsprechdienst in Deutschland.* In: „Archiv für deutsche Postgeschichte", Heft 1, S. 124-157.

[5]   Beck, Klaus (1989): *Telefongeschichte als Sozialgeschichte: Die soziale und kulturelle Aneignung des Telefons im Alltag.* In: „Forschungsgruppe Telefonkommunikation (Hrsg.): Telefon und Gesellschaft. Bd.1: Beiträge zu einer Soziologie der Telefonkommunikation", Berlin, S. 45-75.

[6]   Becker, Jörg (1989): *Telefonieren und sozialer Wandel.* In: ders. (Hrsg.): „Telefonieren. Hessische Blätter für Volks- und Kulturforschung", Band 24, Marburg, S. 7-30.

[7]   Becker, Jörg (1989): *Die Anfänge der Telefonie. Zur Industrie- und Sozialgeschichte im ausgehenden 19. Jahrhundert.* In: Becker, Jörg (Hrsg.): „Telefonieren. Hessische Blätter für Volks- und Kulturfoschung", Band 24, Marburg, S. 63-76.

[8]   Becker, Jörg (1994): *Aus der Geschichte lernen? Die Zukunft des Telefons.* In: Becker, Jörg (Hrsg.): „Fern-Sprechen. Internationale Fernmeldegeschichte, -soziologie und -politik", Berlin, S. 410-423.

[9]   Bellamy, Edward (o.J.): *Das Jahr 2000. Ein Rückblick auf das Jahr 1887.* Stuttgart (orig. 1888).

[10]   Brandl, Toni (1994): *Hundertjährige greift erstmals zum Telephon.* In: „Süddeutsche Zeitung", Nr. 221, 24./25.9., S. 59.

[11]   Braun, Ottmar L./Lange, Klaus (1993): *Geschichten um das Telefon aus den neuen Bundesländern. Bürger diskutieren ihre Erfahrungen mit dem Telefon im privaten Alltag.* Wissen-

schaftliches Institut für Kommunikationsdienste (WIK). Diskussionsbeitrag Nr. 113. Bad Honnef, Juli.

[12]   Briggs, Asa (1977): *The Pleasure Telephone: A Chapter in the Prehistory of the Telephone*. In: Pool, Ithiel de Sola (ed.): „The Social Impact of the Telephone", 2nd ed., Cambridge, Massachusetts and London, S. 40-65.

[13]   Bülwo, Edeltraud (1990): *Sprechakt und Textsorte in der Telefonkommunikation*. In: Forschungsgruppe Telefonkommunikation (Hrsg.): „Telefon und Gesellschaft." Bd.2. Internationaler Vergleich - Sprache und Telefon - Telefonseelsorge und Beratungsdienste - Telefoninterviews, Berlin, S. 300-312.

[14]   Burns, Tom R./Flam, Helena (1987): *The Shaping of Social Organization. Social Rule System Theory with Applications,* London u.a.

[15]   Claisse, Gerard (1989): *Telefon, Kommunikation und Gesellschaft - Daten gegen Mythen*. In: Forschungsgruppe Telefonkommunikation (Hrsg.): „Telefon und Gesellschaft." Bd.1: Beiträge zu einer Soziologie der Telefonkommunikation, Berlin, S. 55-282.

[16]   Dimmick, John W./Sikand, Jaspreet/Patterson, Scott J. (1994): *The Gratifications of the Household Telephone. Sociability, Instrumentallity, and Reassurance*. In: Communication Research, 21, S. 643-663.

[17]   Dordick, Herbert S. (1983): *Social Uses for the Telephone.* In: „Intermedia", 11, S. 31-35.

[18]   Feudel, Willi (1976): *Telefonische Opernübertragungen aus der Staatsoper in München. Eine besondere bayerische technische Leistung der zwanziger Jahre*. In: „Archiv für Postgeschichte in Bayern", Nr. 1, München, Juli, S. 1-21.

[19]   Fielding, Guy/Hartley, Peter (1987): *The Telephone: A Neglected Medium*. In: Cashdan, Asher/Jordin, Martin (eds.): „Studies in Communication", Oxford, S. 110-124.

[20]   Flichy, Patrice (1994): *Tele. Geschichte der modernen Kommunikation*, Frankfurt/M.

[21]   Genth, Renate/Hoppe, Joseph (1986): *Telephon! Der Draht an dem wir hängen*, Berlin.

[22]   Gumpert, Gary (1989): *Tele-Sex im Informationszeitalter*. In: Becker, Jörg (Hrsg.): „Telefonieren. HessischeBlätter für Volks- und Kulturforschung"; Band 24, Marburg, S. 155-164

[23] Höflich, Joachim R. (1989): *Telefon und interpersonale Kommunikation. Vermittelte Kommunikation aus einer regelorientgierten Kommunikationsperspektive*. In: Forschungsgruppe Telefonkommunikation (Hrsg.): „Telefon und Gesellschaft", Bd.1: Beiträge zu einer Soziologie der Telefonkommunikation. Berlin S. 197-220.

[24] Höflich, Joachim R. (1991): *Normative und semiotische Aspekte technisch vermittelter Kommunikation*. In: „Communications", 16, S. 73-89.

[25] Höflich, Joachim R. (1996): Technisch vermittelte interpersonale Kommunikation. Grundlagen - organisatorische Medienverwendung - Konstitution "elektronischer Gemeinschaften". Opladen.

[26] Höflich, Joachim R. (1997): "Electronic communities" as social worlds: Towards a sociosemiotic analysis of computer mediated interpersonal communication. In: Noth, Winfried (ed.): Semiotics of the Media. Sate of the Art, Projects, and Perspectives. Berlin, New York, S. 507-517.

[27] Klein, Wolfgang (1977): *Pioniere des Fernsprechwesens*.In: „Archiv für deutsche Postgeschichte", Heft 1, S. 4-15

[28] König, Wolfgang (1994): *Nutzungswandel, Technikgenese und Technikdiffusion. Ein Essay zur Frühgeschichte des Telefons in den Vereinigten Staaten und Deutschland*. In: Becker, Jörg (Hrsg.): „Fern-Sprechen. Internationale Fernmeldegeschichte, -soziologie und -politik", Berlin, S. 147-172.

[29] Krippendorf, Klaus (1994): *Der verschwundene Bote. Metaphern und Modelle der Kommunikation*. In: Merten, Klaus/Schmidt, Siegfried J./Weischenberg, Siegfried (Hrsg.): Die Wirklichkeit der Medien. Opladen, S. 79- 113.

[30] Kukan, Adalbert (1983) : *Telefon-Hirmondo. Der Telefon-Bote in Budapest*. In: Kultur und Technik, 7, S. 50-53.

[31] Lange, Ulrich (1993): *Telefonkommunikation im privaten Alltag und die Grenzen der Interpretation*. In: Meyer, Sibylle/Schulz, Eva (Hrsg.): „Technisiertes Familienleben. Blick zurück und nach vorn", Berlin, S. 203-232.

[32] Lange, Ulrich (1997): Rettet das Telefon! Ein Plädoyer für verlinktes Sprechen. In: Zeitschrift für Semiotik, 19, S. 265-290.

[33] Leky, Gisela/Schumacher, Heidemarie (1989): *Aspekte mediengebundener Kommunikation am Beispiel Telefontreff Köln.* In: „Massenmedien und Kommunikation", 56, S. 1-26.

[34] Markus, M. Lynne (1987) : *Toward a „Critical Mass" Theory of Interactive Media. Universal Access, Interdependence, and Diffusion.* In: „Communication Research", 14, S. 491- 511.

[35] Marvin, Carolyn (1988): *When Old Technologies Where New. Thinking About Electric Communication in the Late Nineteenth Century.* New York, Oxford.

[36] McLuhan, Marshall (1979): *Die magischen Kanäle. Understanding Media.* Frankfurt/M.

[37] Mullet, Mary B. (1892): *How We Behave When We Telephone.* In: „American Magazine", 86, Nov., S. 44-45 und 95.

[38] Noble, Grant (1987): *Discriminating Between the Intrinsic and Instrumental Domestic Telephone User.* In: „Australian Journal of Communication", 11, S. 63-85.

[39] O. N. (1896): *Telefon-Zeitung.* In: „Zeitschrift für Elektrotechnik", 14, S. 470-742.

[40] O. N. (1906): *Etiquette of the Telephone.* In: „Telephony", 12/3, Sept., S. 186-187.

[41] O. N. (1907): *Telephone Good Form.* In: „Telephony", 14/3, Sept., S. 132.

[42] O. N. (1994): *Telephonische Absolution.* In.: „Süddeutsche Zeitung", Nr. 290, 17./18. Dezember, S. 16.

[43] Oberliesen, Rolf (1982): *Information, Daten, Signale. Geschichte technischer Informationsverarbeitung.* Reinbek bei Hamburg.

[44] Pinch, Trevor J./Bijker, Wiebe E. (1987) : *The Social Construction of Facts and Artifacts: Or How the Sociology of Science and the Sociology of Technology Might Benefit Each Other.* In: Bijker, Wiebe E./Hughes, Thomas T./Pinch, Tervor J. (eds.): „The Social Construction of Technological Systems", Cambridge, Mass., London, S. 15-50.

[45] Pool, Ithiel de Sola (1983): *Forecasting the Telephone: A Retrospective Technology Assessment.* Norwood, New Jersey.

[46] Puskas, Theodor (1893): *Organisation und Einrichtung einer Telephon-Zeitung.* In: „Zeitschrift für Elektrotechnik", Nr. 26, S. 456.

[47] Rammert, Werner (1989): *Wie das Telefon in unseren All-tag kam... Kulturelle Bedingungen einer technischen Innovation und ihrer gesellschaftlichen Verbreitung.* In: Becker, Jörg (Hrsg.): „Telefonieren. Hessische Blätter für Volks- und Kulturforschung", Band 24, Marburg, S. 77- 90

[48] Rammert, Werner (1990): *Telefon und Kommunikationskultur. Akzeptanz und Diffusion einer Technik im Vier-Länder-Vergleich.* In: „Kölner Zeitschrift für Soziologie und Sozialpsychologie", 42, S. 20-40.

[49] Reinke, Herbert (1988): *Die Einführung und Nutzung des Telefons in der Industrie des Deutschen Reiches, 1880-1939. Eine Untersuchung westdeutscher Großunternehmen.* MPIFG Discussion Paper 88/6. Köln.

[50] Rosen, Jay (1994): *Gleiches Recht auf Ungleichheit: Zur Soziologie des Arufbeantworters.* In: Becker, Jörg (Hrsg.): „Fern-Sprechen. Internationale Fernmeldegeschichte, -soziologie und -politik", Berlin, S. 368-371

[51] Schievelbusch, Wolfgang (1993): *Lichtblicke. Zur Geschichte der künstlichen Helligkeit*, Frankfurt/M.

[52] Schimmel, Frank/Mettler-Meibom, Barbara (1993): *Kommunikation (fast) ohne Telefon. Soziale Netzwerke in der ehemaligen DDR.* In: Mettler-Meibom, Barbara/Bauhardt, Christine (Hrsg.): „Nahe Ferne - fremde Nähe. Infrastrukturen im Alltag", Berlin S. 101-110

[53] Strieder, Swantje (1991): *Was Kleines fürs Ego. Italiens Männer entdecken das tragbare Telefon.* In: „Die Zeit", Nr. 22, 24.5., S. 77.

[54] Szabo, Miklós (1994): *Aus der Geschichte des Telefon-Boten (Telefon-Hirmondó) in Budapest.* In: Becker, Jörg (Hrsg.): „Fern-Sprechen. Internationale Fernmeldegeschichte, -soziologie und -politik", Berlin, S. 98-108.

[55] Tönnies, Ferdinand (1926): *Gemeinschaft und Gesellschaft. Grundbegriffe der reinen Soziologie.* 6. und 7. Aufl., Berlin.

[56] Tribe, Laurence H. (1994): *Die Verfassung im Cyberspace: Gesetz und Freiheit jenseits der elektronischen Grenze.* In: Faßler, Manfred/Halbach, Wulf R. (Hrsg.): „Cyberspace. Gemeinschaften, virtuelle Kolonien, Öffentlichkeiten", München, S. 153-175.

[57]   Wigand, Rolf T. (1990): *Gemeinsamkeit statt Zweisamkeit - Telefonkonferenzen und Party Lines.* In: *Forschungsgruppe Telefonkommunikation* (Hrsg.): „Telefon und Gesellschaft", Bd.2. Internationaler Vergleich - Sprache und Telefon - Telefonseelsorge und Beratungsdienste - Telefoninterviews. Berlin, S. 243-254.

[58]   Zimmerman Umble, Diane (1990): *Das Telefon als kulturelle Bedrohung: Die Sicht der Amischen Mennoniten.* In: Becker, Jörg (Hrsg.): „Fern-Sprechen. Internationale Fernmeldegeschichte, -soziologie und -politik", Berlin, S. 173-182.

COMPUTERGRAPHIK UND RADARTECHNOLOGIE.

Zur Geschichte der Beleuchtungsmodelle in computergenerierten Bildern.

Axel Roch

Wenn man ein Ziel sehen kann,
dann kann man auch davon ausgehen,
daß man es zerstören kann.

W. J. Perry

Die Bilder der neuen Medien glänzen mit ihrer photorealistischen Sauberkeit und surrealistischen Fremdheit. Eines der prominentesten Verfahren, Bilder im technischen Medium Computer zu erzeugen, heißt „Raytracing"[1] . Unter diesem Begriff versammelt die Computer community ein spezifisches Modell der Generierung von Bildern. Ein virtueller Punkt, den Computergraphikern zufolge das Auge, schießt Strahlen in eine Welt von Körpern. Diese Strahlen erhalten je nach Reflexions- oder Brechungseigenschaften der Körper eine neue Richtung. Die Farbe der Lichtprojektile läßt sich in Abhängigkeit der Beleuchtungsquellen determinieren. Dadurch erhält jedes Pixel des computergenerierten Bildes eine Farbe, die sich aus zurückgelegtem Weg und mehreren Beleuchtungsquellen zusammensetzt. Das „klassische" Raytracing-Verfahren ist 1980 von Turner Whitted auf den Punkt, d.h. auf den Algo-

---

[1] (dt. Strahlverfolgung)

rithmus, gebracht worden. Das Computerbild nach Whitted ist ein rekursiver Algorithmus, der Transparenz, Brechung und Relexionseigenschaften virtueller Körper zu einem „realistischen" Bild synthetisiert.

Fig. 1: Die Beleuchtungsgleichung dieses Bildes lautet

$$I = I_a + k_d \sum (N \cdot L) + k_s S + k_t T$$

mit I als Illumination, k als Reflexionskoeffizienten, d als diffusen, s als regelmäßigen (specular), t als transparenten und a als ambienten Beleuchtungsverhältnissen. $\sum (N \cdot L)$ ist gleich dem Cosinus des Einfallswinkels.

Die Mathematik der Beleuchtung im Bild von Whitted griff auf ein breites Spektrum vorhandener Gleichungen zurück. Diese ersten „Shading"-Modelle experimentierten ihrerseits mit verschiedenen mathematischen Operatoren aus bekannten Gesetzen der Wissenschaftsgeschichte, im besonderen der geometrischen Optik und Photometrie. Um den Bildern der neuen Medien einige Reflexionen in Theorie und Geschichte anzufügen, sei also ein wissenschaftshistorisches Fenster in der Geschichte des Lichtes geöffnet.

Geometrische Optik und Photometrie in der Frühgeschichte der Beleuchtungsmodelle

Die klassische Lehre vom Licht unterscheidet zwei Richtungen: Erstens die Katoptrik als die Lehre der Reflexionseigenschaften und zweitens die Dioptrik als die Lehre der Brechungsgesetze. Während das 18. Jahrhundert die Geschichte des Lichtes um die Photometrie erweiterte, verlieh bereits das 17. Jahrhundert der Optik eine Aufwertung durch technologische Neuerungen. Die zunehmende Bedeutung des Fernrohres bestimmte besonders die Fragestellung der Brechungsgesetze. Die Anordnung der Linsen und das Modell der Lichtstrahlen rückten das Fernrohr in verschiedenste Zweckkontexte, sei es die Beobachtung von Himmelskörpern oder als Hilfsmittel bei der Übertragung von Nachrichten. Das Fernrohr diente dem Empfänger in der Fackeltelegraphie als Filter gesendeter Signale[1], die mit bloßem Auge nicht sichtbar sind.

Es ist René Descartes (1596-1650), der im Anhang zum „Discours de la Méthode" von 1637 der Dioptrik einen Text widmete. Seine Modellierung der Lichtbrechung zeichnete sich dadurch aus, daß er ein Brechungsgesetz verwendete, das zuvor von Willebrord Snellius (1591-1626) im Jahre 1621 aufgestellt wurde. Descartes verdeutlichte seine Brechungs- und Reflexionsgesetz an dem praktischem Problem der Reflexion von Kanonenkugeln im Wasser[2]. Der Wasserspiegel reflektiert die Kanonenkugel bei geringem Einfallswinkel total, der Wasserspiegel bricht die Richtung der Kanonenkugel bei großem Einfallswinkel. Die Verbindung von Kugeln und Strahlen als Modell des Lichtes liegt dem ehemaligem Büchsenmeister bzw. Artillerieoffizier Descartes nicht fern. Das Auge bei Descartes, das die Lichtteilchen wie eine Camera obscura empfängt, wird von gespiegelten und gebrochenen Lichtprojektilen beschossen.

---

[1] Aschoff (1981), S. 12ff.
[2] Leisegang (1954), S. 80.

Die theoretische Optik bei Descartes führt zu bestimmten Aspekten in der computergraphischen Bildgenerierung, wie etwa Transparenz oder Lichtbrechung. Das Wissen über die Refraktion des Lichtes ist später von Augustin Jean Fresnel (1788-1827) auf eine erweiterte Theorie gebracht worden. Die geometrische Optik im Kontext von Descartes beschreibt die Reflexion von Licht immer nur als Totalreflexion[1]. Descartes diskutiert zwar die Reflexion auch an rauhen Oberflächen[2], aber die analytische Exaktheit seiner Optik führt zum diskursiven Ausschluß unregelmäßiger Reflexionen. Das Schleifen der Linsen und Gläser gehört zum methodischen Handwerk eines Optikers. Die klassische Optik kennt also keine material-spezifischen Reflexionen, und Descartes hätte das Raytracing-Bild von Whitted nicht denken können. Eine Glaskugel kann nämlich den Lichtstrahl brechen und gleichzeitig unregelmä-ßig reflektieren. Was die geometrische Optik an den compu-tergenerierten Bildern also nicht verdeutlichen kann, sind materialabhängige Reflexionsgesetze, wie sie in der Beleuch-tungsgleichung von Turner Whitted auftreten. Rauhe Kanten in der klassischen Optik würden das Sichtbare verrauschen und die Sicht trüben. Derjenige Teil in der Geschichte der Be-leuchtung, der zum ersten Mal die Reflexion in Abhängigkeit der Krümmung lichtreflektierender Oberflächen verhandelt, ist, um ein weiteres Fenster zu öffnen, die Photometrie.

Die Wissenschaftsgeschichte nennt als „Erfinder" der Pho-tometrie Pierre Bouguer (1698-1758) und Johann Heinrich Lambert (1728-1777). Photometrie ist die Technik der Bestim-mung einer Lichtstärke auf gegebenen Flächen. Sogenannte Photometer können die Lichtverteilung auf glatten und rauhen Oberflächen messen, woraus empirische Gesetze für die Licht-reflexion an Oberflächen ableitbar werden. Pierre Bouguer gibt im ersten Abschnitt seines „Essai d'optique sur la gradati-on de la lumiere" von 1729 ein photometrisches Gesetz an: die

---

[1]   Seit der Antike ist die Spiegelreflexion (Einfallswinkel = Refle-xionswinkel) bekannt.

[2]   Leisegang (1954), S. 75/144.

Lichtintensität auf einer Fläche verhält sich proportional zum inversen Abstandsquadrat der Leuchtquelle. Dieses Beleuchtungsgesetz, das zunächst dem Newtonschen Gravitationsgesetz gleicht, erhält von Bouguer im postum erschienenen Werk „Traité d'optique sur la gradation de la lumiere" von 1760 eine Erweiterung. Die Lichtintensität ist nicht nur vom Abstand abhängig, sondern zusätzlich vom Einfallswinkel des Lichtes[1]. Bouguer schrieb die Leuchtverhältnisse einer Experimentalanordnung ab, die mit verschiedenen Objekten wie Metallen und Spiegeln Differenzen in der Lichtverteilung erzeugte. Er stellte aber, was die winkelabhängige Reflexionseigenschaften angeht, nur Tabellen auf. Johann Heinrich Lambert dagegen konnte im gleichen Jahr in seinem Werk „Photometria sive de mensura et gradibus luminis, colorum et umbrae" von 1760 eine photometrische Grundformel für die Lichtreflexion vorlegen. Die absolute Helligkeit auf einer Flächeneinheit ist dem Sinus des „Ausflusswinkels" (der Winkel zwischen Lichtstrahl und Oberfläche) proportional[2]. Lambert trägt der Oberflächenkrümmung der reflektierenden Flächen dadurch Rechnung, daß er die empirisch gefundenen Werte trigonometrisiert. Diese Relation ist heute, betrachtet man den Winkel nicht in Bezug auf die Oberfläche, sondern in Bezug auf die Oberflächennormale, als Lambertsches Kosinusgesetz bekannt. Das reflektierte oder, wie Lambert es äquivalent nennt, das emittierte Licht auf einer Oberfläche ist proportional zum Kosinus des Einfallswinkels. Die Helligkeit eines Himmelskörpers für den Betrachter auf der Erde ist also vom Phasenwinkel Sonne-Himmelskörper-Erde und von der Oberflächenkrümmung des Planeten abhängig. Die idealen lichtreflektierenden Sterne sind, wie eine leuchtende Kugel, an allen Stellen gleichmäßig hell.

Die Photometrie, die im 18. Jahrhundert die Helligkeit der Gestirne in einer Formel operationalisiert, gilt in der Compu-

---

[1] Bouguer (1760/1961), S. 59.
[2] Lambert (1760/1892), S. 57.

tergraphik als „Vorläuferin" der diffusen Reflexion. Photometrie und geometrische Optik koexistieren tatsächlich in der
Frühgeschichte der Beleuchtungsmodelle. Aber auch Lamberts
Kosinusgesetz erklärt die heute und seit dem Beginn der Computergraphik übliche Materialphysik der virtuellen Körper
nicht. Lamberts photometrisches Grundgesetz ist in der Computergraphik um einen kleinen aber entscheidenden Parameter
erweitert: einem Oberflächenkoeffizienten, der einen Bruch
zwischen Photometrie und Oberflächenphysik markiert. Kein
Computergraphiker behandelt heute reflektierende Körper und
lichtemittierende Quellen schlicht gleich, wie es Lambert in
der Analyse der Leuchtverhältnisse am Himmel tat. Geometrische Optik und Photometrie scheinen nicht alles zu plausibili-
sieren, was wir in einem computergenerierten Bild sehen.
Kaum ein Held in der Geschichte der Computergraphik war
Optiker und baute Ferngläser, und wohl keiner beschäftigte
sich mit den Leuchtverhältnissen der Planeten. Sowohl das
Modell der geometrischen Optik als auch die Mathematik der
Photometrie finden eine andere Anwendung in der Computergraphik, als es aus dem 17. und 18. Jahrhundert bekannt ist.
Den spezifischen Bruch, den die Computergraphik zwischen
materialabhängigen und -unabhängigen Eigenschaften mach-
te, ist an zwei frühen Beleuchtungmodellen sichtbar.

Ende der sechziger Jahre entwickelte das IBM Research Center vor allem durch Arthur Appel einen der ersten Raytracer.
Appel simulierte das Rasterdruckverfahren, vor allem um den
Informationsgehalt von Objekten in technischen Zeichnungen
aufzuwerten. Tiefe oder Material des Objekts erweitern die
möglichen Aussagen der darstellenden Geometrie. „Machine
generated photographs might replace line drawings as the
principal mode of graphical communication in engineering
and architecture"[1]. Appel schlug neben Algorithmen zur
Schattenberechnung die Kombination von Beleuchtungsmo-

---

[1]   Appel (1968), S. 37.

dellen und Strahlverfahren vor[1]. Die Lichtintensität einer Fläche entspricht dem klassischen photometrischen Grundgesetz. Ausgehend von einer Lichtquelle verteilen sich Strahlen im Raum. An den Punkten, an denen die Strahlen eine Fläche des Objekts schneiden, ermittelt Appel nach dem Lambertschen Kosinusgesetz die Schattierung der Fläche.

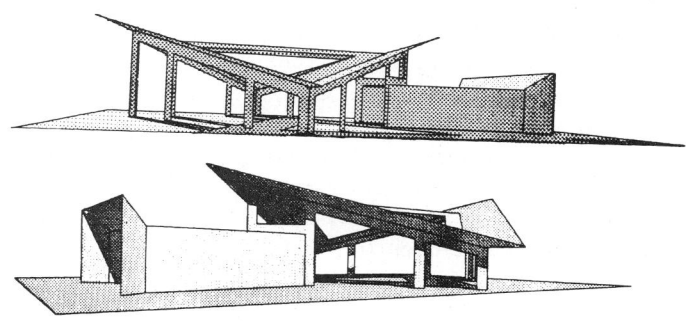

Fig.2: Die Beleuchtungsgleichung dieses Bildes lautet
$I = S \, (Cosine \, L) / D^2$. mit I als Lichtintensität, D als Abstand, S als Intensität der Lichtquelle und L als Inzidenzwinkel.

Mit über 1000 zufällig orientierten Strahlen konnten die meisten Flächen erfaßt und durch einen weiteren Algorithmus von den unsichtbaren Flächen getrennt werden. Appel, der seine Methoden gar nicht Raytracing nannte, konnte also Schattierungen von Objekten über zufallserzeugte Strahlen ermitteln. Genau wie die Photometrie des 18. Jahrhunderts die Helligkeit von Planeten und Monden aus der Winkelrelation von Sonne, Himmelskörper und Erde berechnet, so kann die frühe Com-

---

[1] In diesem Sinn ist das Strahlverfahren auch eine Variante des Problems der Hidden-Line-Algorithmen bzw. der „visible-surface determination" (vgl. Foley (1990), S. 666).

putergraphik Graustufen von Objektflächen in Abhängigkeit von dem Betrachter und von genau einer und nur einer Lichtquelle generieren. Einziger Unterschied: das inverse Abstandsquadrat wirkt sich nur bei astronomischen Abständen aus und kann daher in der Computergraphik vernachlässigt werden. Die Nachteile dieses Verfahrens liegen auf der Hand. Das zeitintensive Random-shooting und die Beschränkung auf nur eine Lichtquelle läßt die Objekte entweder unberechenbar oder unrealistisch erscheinen. In einer technischen Zeichnung sind parallele Flächen nicht einmal differenzierbar, weil sie gleich stark beleuchtet sind.

Den entscheidenden Schritt, der mit einem kleinen Bruch zur Photometrie anhebt und in die Richtung des Whitted-Raytracer führt, unternehmen zwischen 1968 und 1971 Robert A. Goldstein und Roger Nagel im Namen der Mathematical Applications Group, Inc. (MAGI). Bei Goldstein und Nagel lassen sich Veränderungen in der Mathematik der Beleuchtung ablesen: Erstens eine andere photometrische Grundgleichung, zweitens die Umkehrung der Richtung der Strahlverfolgung und drittens die Kopräsenz von diffusen, regelmäßigen und ambienten Beleuchtungsverhältnissen. Alle drei Differenzen transformieren erheblich die Gleichungen der klassischen Photometrie. Ausgehend vom Auge des Betrachters bzw. der Blende einer Kamera kreuzen Strahlen die Objekte und ermitteln pro Strahl (nicht pro Fläche) die Intensität des Lichtes. Die ökonomische Eleganz des damals sogenannten Backward-Raytracing erlaubte die Schattierung nicht nur von Flächenstücken, sondern von einzelnen Punkten in einem generierten Bild.

Das Raytracing-Verfahren von MAGI tritt aus den Gesetzen von geometrischer Optik und Photometrie deutlich heraus. Es zeichnet sich durch die Einführung eines Oberflächenkoeffizienten, der Unterscheidung zwischen ambienter, diffuser und regelmäßiger Beleuchtung und durch die Umkehrung der

Fig. 3: Die Beleuchtungsgleichung dieses Bildes lautet
$I = I_0 * k * \cos(i) + A_0$. mit I als Illumination, I_0 als Leuchtkraft der
Lichtquelle, k als Reflexionskoeffizient, i als Einfallswinkel und A
als ambiente Beleuchtung.

Strahlrichtung aus. Die Körper bei MAGI sind um körperspe-
zifische Koeffizienten ergänzt, die die Einsprungadresse der
Oberflächenphysik in der Computergraphik bilden werden.
Die Tatsache, daß Goldstein und Nagel ihre Bildgenerierung
zum ersten Mal „geometric ray tracing" nennen[1], gibt einen
Hinweis. Denn diejenige Technologie, die sich im 20. Jahrhundert auch mit dem Problem der Reflexion an Oberflächen
auseinandersetzte, mit Strahlmodellen operierte und diese
Strahlmodelle ebenfalls Raytracing nannte, kreist um das Sen-
den und Empfangen von elektromagnetischen Wellen, und
heißt nicht Optik, nicht Photometrie, sondern Radar.

---

[1]   Goldstein (1971), S. 25.

RADAR - RAdio Detection And Ranging

Radar ist eine Technologie, die sich mit der Ausbreitung und Reflexion von elektromagnetischen Wellen beschäftigt. Heinrich Hertz, der elektromagnetische Wellen technisch realisierte, stellte in seinem berühmten Experiment 1886 fest, daß elektromagnetische Wellen an Körpern reflektiert werden[1]. Im Jahr 1904 patentierte der Ingenieur Hülsmeyer seine Erfindung, die als Navigationshilfe fremde Schiffe mit Radiowellen erfassen und eine Kollision vermeiden konnte. Das Gerät von Hülsmeyer, das über die Bewegung von metallischen Objekten Auskunft gibt[2], fand aber keinen Auftraggeber für weitere Forschungen oder für eine Serienproduktion. Es dauerte insgesamt ein viertel Jahrhundert, bis Radiowellen nicht nur zur Übermittlung von Nachrichten, sondern auch für die Erfassung von Objekten eingesetzt wurden. Erst in den zwanziger Jahren hatten auch die Spezialisten der Radiotelegraphie über See, wie Guglielmo Marconi, eine neue Anwendung der Kurzwellen diskutiert: die Zielerfassung feindlicher Objekte.

Vor dem Zweiten Weltkrieg forschten die meisten Nationen unabhängig an der Möglichkeit der Feindfrühwarnung mit Radiowellen[3]. Damit aber nicht nur die reine Daßheit des Feindes, sondern auch dessen Washeit bzw. Abstand zum Erfassungsgerät Gegenstand von Radar ist - RADAR heißt ja RAdio Detection *And Ranging* - hielten die Ingenieure zwei Verfahren bereit: Erstens die Messung der Phasenverschiebung von kontinuierlichen Signalen und zweitens die Zeitmessung der Echos von starken und diskreten Impulsen. Im Fall der Interferenz von kontinuierlichen Signalen gibt die Analyse von Lissajousschen Figuren auf Oszilloskopen Auskunft über den Abstand der Reflexionsoberfläche oder des zweiten Senders zum ursprünglichen Sender. Das zweite Verfahren der

---

[1]   Ridenour (1947), S. 13.
[2]   Möller (1995), S. 250.
[3]   Möller (1995), S. 66ff und Guerlac (1987), S. 59ff.

Abstandsbestimmung sendet keine kontinuierlichen Signale, sondern diskrete Impulse. Solche Puls-Echo-Meter messen die Zeit, die zwischen ausgestrahltem Impuls und reflektiertem Echo vergeht. Mit der bekannten Übertragungsgeschwindigkeit elektromagnetischer Wellen kann der Abstand des Senders zur Reflexionsfläche berechnet werden.

Das sogenannte „pulse-ranging" ist als Methode spätestens seit 1855 bekannt. Mit der Explosion von Sprengstoffen auf dem Wasser, also der Produktion von quasi-diskreten Schockwellen, versuchte man die Tiefe eines Meeres zu bestimmen. Die Verlegung von Nachrichtenkabeln unter Wasser benötigte dringend ein Bild der Tiefenverhältnisse in den Meeren. Der Erste Weltkrieg hat sonische und supersonische Echolote hervorgebracht, die sogar fähig waren, U-Boote zu detektieren. In der Zeit zwischen den beiden Weltkriegen versuchte man auch Flugzeuge mit solchen supersonischen Altimetern zu erfassen[1]. Diesen Methoden der akustischen Abstandsmessung stehen die Abstandsmessungen mit Radiowellen gegenüber. Vor dem Zweiten Weltkrieg bestimmte man Entfernungen mit der Puls-Echo-Methode, beispielsweise zu geodätischen Zwecken oder zur Höhenbestimmung der Ionosphäre[2]. Die Abstandsmessung zu Flugzeugen fand in England besondere Aufmerksamkeit.

Wie wichtig die Abstandsmessung gerade von Flugzeugen war, zeigt die Gründung des „Committee for Scientific Survey of Air Defense" im Jahre 1934. Unter der Leitung von Robert Watson-Watt, nach dem Weltkrieg zum „Sir" geadelt, gab diese Institution die Richtlinien der Entwicklung im Bereich Radar vor. Die Forschungen der Ingenieure bilden die defensive Strategie der Engländer deutlich ab. Zwischen den Weltkriegen wuchsen die Luftstreitkräfte zu einer immer größeren Bedrohung heran. Jede Nation mußte in einem potentiellen Luftkrieg mit Flugzeugen fertig werden, die nicht nur eine hohe

---

[1]   Guerlac (1987), S. 64ff.

[2]   Der Kennelly/Heaviside-Layer wurde so 1925 von Breit und Tuve bestimmt (vgl. Guerlac (1987), S. 63).

Zerstörungskraft in leistungsstarken Motoren trugen, sondern auch ihre Zielgenauigkeit aus mittlerer Höhe mit Hilfe von Leitstrahlsystemen perfektionierten. Ohne Frühwarnsysteme und Abfangtaktiken wäre kein Luftangriff abwehrbar gewesen. Großbritannien im besonderen konnte die materialintensive Taktik der ständigen Luftüberwachung mit Beobachtungsflügen nicht durchführen, wie sie noch im Ersten Weltkrieg üblich war[1]. Die Royal Air Force stellte sich auf Verteidigung ein[2].

Die strategisch-technische Antwort der Engländer war, mit Hilfe von Radioimpulsen die angreifenden Flugzeuge zu erfassen und deren Abstand zur Bodenstation zu bestimmen. Zwischen 1935 und 1938 installierte England am Ärmelkanal ein Frühwarn-Radarsystem, das sogenannte „chain home", das auf einer Wellenlänge von 6 - 13 m operierte[3]. Die Bodenstationen allein konnten einen Luftangriff zwar melden, nicht aber abwehren. England entwickelte deshalb auch Radargeräte für Abfangjäger, die die nächtliche Interzeption des Feindes in der Luft ermöglichten. Noch vor Ausbruch des Zweiten Weltkrieges sollten 30 Nachtabfangjäger der Royal Air Force mit AI-Radargeräten[4] ausgestattet werden[5]. Neben der Bekämpfung des Feindes in der Luft, bereitete sich England auch auf die Kontrolle des Feindes zur See vor. ASV-Radargeräte[6] sollten die See von Flugzeugen aus überwachen. Die Produktion von kleinen Luftradargeräten erzwang die Erforschung eines neuen Bereichs im elektromagnetischen Spektrum: die Mikrowellen. Nur kleinere Antennen und damit geringere Wellenlängen waren mobil und platzsparend genug, um einen Angriff

---

[1]   Möller (1995), S. 68.
[2]   Guerlac (1987), S. 127.
[3]   Guerlac (1987), S. 144.
[4]   AI steht für Airborne Interception.
[5]   Guerlac (1987), S. 150.
[6]   ASV steht für Air-to-Surface Vessel.

von Bombern abzuwehren oder eine Bedrohung auf der See einzuschätzen[1].

Die Forschungen im Mikrowellenbereich sind während der Kriegsjahre nicht mehr in England, sondern in den USA weitergeführt worden. Im Frühling 1940 ging mit dem Chefingenieur Sir Henry Tizard die Technologie des Mikrowellenradars von Großbritannien an die zweite Front der Westalliierten über, den Laboratorien im Inland von Amerika. Verschiedene Institutionen der Vereinigten Staaten beschäftigten sich damals mit „Radar" zu unterschiedlichsten Zwecken. So hat das Naval Research Laboratory Radiowellen zur Navigation auf See eingesetzt. Das Signal Corps verwendete Radar zur unterstützten Lenkung von Suchscheinwerfern in Luftabwehrsystemen. Die U.S. Army baute an radargestützten Frühwarnsystemen. Das National Defense and Research Committee (NDRC) vergab den Zuschlag eines neuen Radar Laboratoriums an das Massachusetts Institute of Technologie (MIT). Das MIT experimentierte nämlich mit Mikrowellentechnik im Rahmen des Problems Blindlandeanflug. Das Radiation Laboratory am MIT zählte am Ende des Zweiten Weltkriegs über 4.000 Beschäftigte und brachte mehr als 1.000 „Technical Reports" hervor. Parallel zu den Bell Laboratories, die am Whippany Lab im Auftrag der Army und der Navy Radartechnologie erforschten, gründete also das NDRC das sogenannte „Rad Lab", das zivile, akademische und militärische Forschungsgruppen integrierte[2]. Der technische Mittelpunkt von Radar im Mikrowellenbereich war das in England entwickelte „cavity magnetron", ein Generator, der die Erzeugung von starken und kurzen Impulsen unter 1,5 m beherrschte.

Nachdem in den ersten Kriegsjahren Radargeräte rein praktisch einsatzfähig gemacht wurden, bildete sich 1942 am Radiation Laboratory eine Gruppe zur theoretischen Beschreibung von Radarkomponenten. Die „Group 42", Nachfolgerin

---

[1]   Möller (1995), S. 69.
[2]   Ridenour (1947), S. V.

der „Propagation Group" unter der Leitung von Donald E. Kerr, beschäftigte sich ausführlich mit mathematischen Modellen der Ausbreitung und Zerstreuung elektromagnetischer Wellen. Um die Effektivität und Reichweite eines Radarsystems zu bestimmen, mußten geometrische und elektrische Eigenschaften der am Echo beteiligten Reflexionsoberflächen sowie andere atmosphärische Effekte von den Forschern mathematisch operabel gemacht werden[1]. Im Zusammenhang mit diesen Forschungen sind mathematische Techniken entstanden, die für die Frühgeschichte der Computergraphik von entscheidender Bedeutung sind. Für das Verhältnis Computergraphik und Radar ist wichtig, daß mit jedem Quantensprung in der Beherrschung des elektromagnetischen Spektrums die Art und Weise der Ausbreitung und der Reflexion in Abhängigkeit verschiedener Objekte neu zu spezifizieren ist. Es war genau und erst Mikrowellenradar, das den historisch-medialen Möglichkeitsrahmen bestimmter Aspekte in der frühen Computergraphik bereitstellte.

Oberflächenkoeffizienten

Seit 1935 war es niemand anderem als Robert Watson-Watt klarer, daß eine Interzeption des Feindes durch Kampfjäger in der Nacht eine besondere Problematik mit sich bringt: die Differenzierung zwischen Freund und Feind, „Identification of Friend and Foe" (IFF)[2]. Es war wohl genau diese Kombination von „Early Warning" und „Airborne Interception", die Watson-Watt dazu veranlaßte, erstens systematisch die Reflexionskoeffizienten verschiedenster Flugzeugtypen zu bestim-

---

[1] (vgl. Guerlac (1987), S. 633 : „For predictions about general radar coverage to be possible, it was necessary to observe the influence of the electrical and geometrical properties of the surface over which microwaves are transmitted".)

[2] Guerlac (1987), S. 367.

men[1] und zweitens experimentell jedem Flugzeug einen frequenzabhängigen Verstärker zur Identifikation mitzugeben. Jeder Abfangjäger sollte mit der reflektierten bzw. der reflektierten und verstärkten Energie der Suchimpulse den Freund vom Feind unterscheiden können. Wegen auftretender Unsicherheiten sind die ersten experimentellen Methoden der Signalanalyse und -verstärkung schnell vor besseren Verfahren der Signalkodierung zurückgewichen. Die ganze Erfahrung der Freund/Feind-Unterscheidung ging im Rahmen des Technologietransfers 1940 an Amerika über, das bis zu diesem Zeitpunkt auf visuelle Identifizierungen angewiesen war.

Das MIT sollte den Wunsch der Briten erfüllen, die Technologie der AI- und ASV-Geräte weiter zu verbessern. Wichtigster Punkt war die Beherrschung des Mikrowellenbereichs, da die meisten Radargeräte mobil in der Luft eingesetzt wurden. Die Engländer, die die Mikrowellen auch als Offensivwaffe zur Navigation entdeckten[2], brauchten vor allem Radarsysteme zur Überwachung der See[3]. Das Radiation Laboratory bestimmte deswegen im Kontext verschiedener Radarsysteme empirische Reflexionskoeffizienten von Oberflächen, sowohl der Küste als auch des Wassers. Ab 1943 fanden empirische Messungen der Reflexionskoeffizienten einzelner Objekte statt[4]. Diese Messungen dienten nicht der Identifizierung eines Objekts, wie noch bei Watson-Watt, sondern der Reichweitenbestimmung einer Radareinheit. Jedes neue Radargerät

---

[1]   Guerlac (1987), S. 150.

[2]   Das Gerät H2S auf 9 cm löste herkömmliche Leitstrahlsysteme ab, da es Erde und Wasser zur Navigation sichtbar machte. Die Deutschen gingen in der Radartechnik nie unter 50 cm. Der wissenschaftliche Glaube, daß Radarwellen vom Boden unter 50 cm wie Lichtwellen weggespiegelt werden, änderte sich 1943 bei der Entdeckung eines Navigations-Radars im abgeschossenen Bomber von Rotterdam (vgl. Möller (1995), S. 69).

[3]   Neben ASV-Systemen waren auch SSV-Systeme (Surface-to-Surface Vessel) von kriegstechnischer Bedeutung.

[4]   Guerlac (1987), S. 635.

ist nur dann operabel, wenn der Erfassungsbereich eines Such-
strahls bestimmbar ist. Das Rad Lab maß deswegen Reflexionskoeffizienten des Landes und der See unter verschiedenen meteorologischen Bedingungen. Der Zweite Weltkrieg erweiterte den Elektromagnetismus und im besonderen die physikalische Optik um endlose Tabellen empirischer Werte und
Kurven, die zu einer eigenen Wissenschaft avancieren sollten:
der Oberflächenphysik. Der Zweite Weltkrieg überträgt nicht
mehr nur Radiowellen, sondern beginnt sie zu verarbeiten.

Während also die Beleuchtung in den Graphiken von Appel
reine Photometrie ist, scheinen die Bilder bei MAGI auf Impulse aus der Radartechnolgie zu verweisen. Die Oberflächenkoeffizienten der virtuellen und geometrischen Körper sind
nicht in der Wissenschaftsgeschichte vor dem Zweiten Weltkrieg lokalisierbar. Physikalische Optik und Elektromagnetismus begreifen Reflexionen von Körpern nicht objektspezi-
fisch[1]. Aber auch die Unterscheidung und die Kopräsenz von
regelmäßigen und diffusen Reflexionseigenschaften eines
Körpers, wie wir sie im bildgebenden Verfahren von Whitted
sehen, ist für Radar im Mikrowellenbereich typisch.

Das multiple Signalecho

Neben geometrischen und elektrischen Einflüssen der Refle-
xionsflächen auf das vielfach reflektierte Signal war eine bestimmte Behandlung des Echos von besonderer Bedeutung.
Parallel zur Wiederbelebung der geometrischen Strahltheorie
forschten die Kollegen von Kerr an der Effektivität von Radarsystemen zur Erkennung und Verfolgung von Feinden auf
oder direkt über dem Wasser. Das Problem, mit dem die For-
scher kämpften, waren störende Fluktuationen im Radarecho.

---

[1]   Stratton (1941), S. 510.

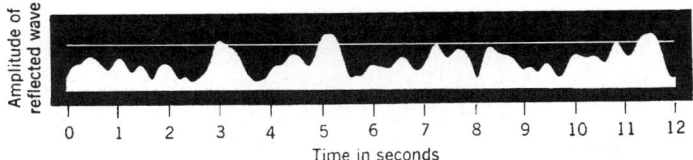

Fig.4: Die rauhe See stört die Interpretation des Radarechos als feindliches Objekt (Mittellinie).

Experimentelle Untersuchungen an Küstenlinien sollten diese Fluktuationen in der Zielerfassung von Radarsystemen erklären[1]. Die mathematische Lösung der Ingenieure beschrieb das Signalecho als zusammengesetzt aus diffusen und regulären Anteilen. Seit 1943 wird es üblich, ein Radarecho als Linearkombination von „specular reflections" und „diffuse scattering" zu verstehen. Radarsysteme im Mikrowellenbereich, die die Reflexionseigenschaften der Wasseroberfläche im Echo berücksichtigen mußten, gaben vom Ziel kein deutliches Signal. Radar auf 10 cm oder 3 cm mußte schon den meteorologischen Kontext berücksichtigen, um einsatzfähig zu sein. Auf einer Wellenlänge von 3 cm kann starker Regen das gesamte Radarsystem deaktivieren. Der problematischste Faktor, der die Effektivität von Radarsystemen im Mikrowellenbereich beeinflußte, war die Reflexionseigenschaft des Wassers. Je härter bzw. kurzwelliger der Radarstrahl, desto größer ist der Einfluß des Wassers auf das Echo, und je kleiner die zu erfassenden Objekte, desto genauer muß das Echo interpretiert werden.

---

[1] Besonders 'low-angle' Radarsysteme hatten mit den Fluktuationen und Vieldeutigkeiten des Signalechos zu kämpfen. Das 'habor defense system' SCR-582 auf 10 cm und das 'truckborne-radar' XT-2 auf 3 cm verkörperten das Problem der 'low-grazing-angle detection'.

Fig.5: Die rauhe See (rechts) verdeckt mögliche Ziele
auf dem Radarschirm.

Es war genau der Reflexionskoeffizient des Wassers, der sich
ganz und gar nicht gleichmäßig verhielt. Die Bedeutung der
Störung des Wasserspiegels in der Interpretation des Radarechos zeigt eine Simulation von Donald E. Kerr, als er 1942
mit Zylindern und Kugeln Attrappen deutscher U-Boote baute,
und deren Erfassung vor der Küste auf Deer Island unter va-
riablen Bedingungen des Wetters untersuchte. Im Herbst 1943
lag der Theoriegruppe des Radiation Laboratorys der prakti-
sche Befund auf der Hand: Der Zustand des Wassers stört Radarsysteme, deren Echo auf der Wasseroberfläche reflektiert[1].
Bei der Erfassung von Oberflächenobjekten zur See und bei

---

[1]   (vgl. Guerlac (1987), S. 635 : „The study of the fluctuation of ra-
      dar echos was a problem of interest because fluctuations did not
      seem to be due to changes in atmosphere refraction..." und Guer-
      lac (1987), S. 636 : „...fluctuation of such echos [echos from
      overwater targets] are connected with changes in the reflection
      from water surface.")

der Verfolgung von Flugobjekten über dem Wasser stört ein neutraler Feind, die Wasseroberfläche, das Radarecho. Der Zweite Weltkrieg machte überhaupt erst aus dem Wasser*spiegel* eine Wasser*oberfläche*.

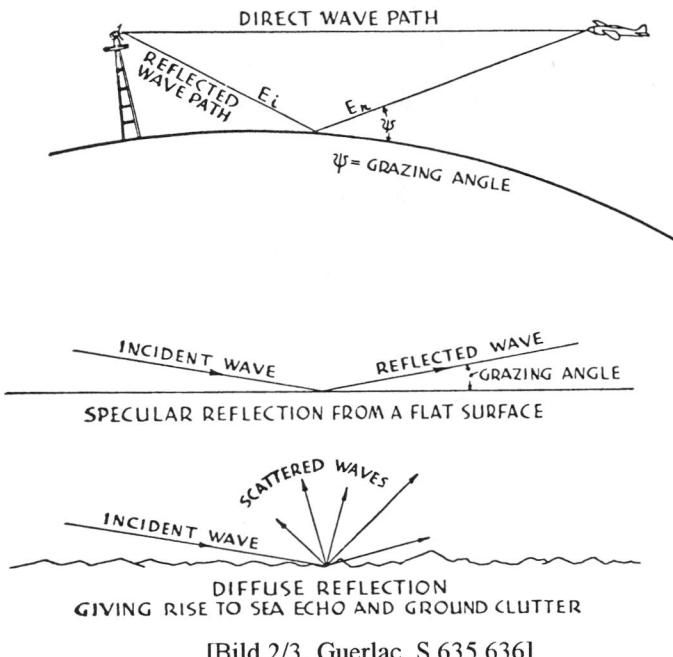

[Bild 2/3, Guerlac, S.635,636]

Fig. 6,7: Reflexionseigenschaften von Boden und See.

Radarsysteme im Mikrowellenbereich sind deutlich effektiver bei normalem und glattem Seegang, da die kurzwelligen Radarimpulse weggespiegelt werden. Ist die Wasseroberfläche bei starkem Seegang grob, verdeckt die See die Sichtbarkeit der Feinde über Wasser. Im Vergleich zu Zerstörern lassen sich kleine Gegenstände, wie U-Boot-Türme und -Periskope

oder kleine Schnellboote, schwer detektieren, genausowenig
wie sich Flugzeuge verfolgen lassen, die direkt über der Wasseroberfläche fliegen. Es ist aber vor allem die strategische
Notwendigkeit, deutsche U-Boote beim Auftauchen sofort zu
finden und zu zerstören, die die Unterscheidung und die Kopräsenz von regelmäßigen und diffusen Reflexionseigenschaften in einem multiplen Signalecho einführte. Erst und einzig
die Wasseroberfläche in ihrer Bewegung, relativ zum Radargerät oder absolut durch den meteorologischen Kontext, besitzt sowohl die Eigenschaft der diffusen (bei starkem Seegang) als auch die Eigenschaft der regelmäßigen (bei Windstille) Reflexion. Die Schlacht im Atlantik macht die Oberflächen der Dinge gleichzeitig glatt und rauh. Die Westalliierten
gewannen bekanntlich genau 1943 die Schlacht im Atlantik
und den U-Boot-Krieg zu ihren Gunsten, noch bevor die Deutschen ihre U-Boot-Türme mit „Wasserfällen" tarnen oder ihre
U-Boot-Schnorchel mit elektromagnetischen „Sümpfen" verkleiden konnten[1]. In dem Dreieck von rauher Wasseroberfläche, glattem Wasserspiegel und feindlichem Objekt auf oder in
der Nähe des Wassers entsteht die Kopräsenz von regelmäßigen und diffusen Signalanteilen in einem Radarecho.

Computergraphik und Radartechnologie

In der Theoriegruppe des Radiation Laboratory prallen unter
dem Druck, Kriegsgeräte zu optimieren, geometrische Optik
und Elektromagnetismus im Radarkontext aufeinander. Die
geometrische Optik in der Propagation Group war aber nicht
eine Vereinfachung der Reflexionsgesetze elektromagnetischer
Wellen, sondern diente als Alternative zur Wellentheorie in
der Beschreibung eines Streuungsfeldes wie das der Schnorchel deutscher U-Boote[2]. Geometrische Optik fand weiter,

---

[1]   Möller (1995), S. 77.
[2]   Guerlac (1987), S. 628.

wenn auch nicht besonders fruchtbar, in der Theorie der atmosphärischen Ausbreitung von Mikrowellen eine Anwendung.
In bestimmten Fällen ist geometrische Optik als Beschreibung
der atmosphärischen Brechung ausreichend. Dieses geometrische Modell nannte John E. Freehafer im November 1943
„Raytracing"[1]. Raytracing war jenes Verfahren, den Einfluß
von Regen, Wasserdampf und anderen meteorologischen Bedingungen auf die Ausbreitung von Mikrowellen geometrisch-
mathematisch zu modellieren. Angesichts der hohen Produktion von vielen Prototypen waren die Ingenieure in dem großen Radiation Laboratory genauso wie die „Anwender" in
Kriegsgebieten dankbar um jede Vereinfachung in der theoretischen Charakterisierung eines Radargerätes.

Als Donald E. Kerr, der auch die Reflexionskoeffizienten
von Boden, Flüssen und der See bestimmte, 1942 zum ersten
Mal die Reflexion von Mikrowellen an geometrischen Körpern studiert, die nichts anderes als geometrische Attrappen
deutscher U-Boote waren[2], enstand der Prototyp von Raytracing. Das Verfahren, einen Strahl zu verfolgen, heißt daher
schlicht, daß besonders die Radartechnologie einen gesendeten
Radarimpuls auf seinem mehrfach reflektiertem Weg verfolgt
und das Echo als Feind wahrnehmen kann, je nach Signal-
Rausch-Verhältnis. Es mag sinnvoll erscheinen, daß die Brechung und die Transparenz eines geometrischen Strahls in der
Computergraphik aus der klassischen Optik ableitbar ist. Daß
aber unregelmäßige Reflexionen an Oberflächen nicht nur
einfach als diffuse Reflexionen angeschrieben werden, sondern
sich für jeden Körper spezifisch aus diffuser *und* regelmäßiger
Reflexion zusammensetzen, das ist ein Geschenk der Radartechnologie. Es war genau Mikrowellenradar, das den Oberflächen der Dinge erstens Oberflächenkoeffizienten und zweitens diffuse und gleichzeitig regelmäßige Reflexionseigenschaften prädizierte.

---

[1]   Guerlac (1987), S. 638.
[2]   Guerlac (1987), S. 637.

Das Beleuchtungmodell von Cook/Torrance

Wie sehr die Computergraphik von der Radartechnologie pro-
fitiert, ist auch an einem komplexen Beleuchtungsmodell
sichtbar. Das sogenannte Cook/Torrance-Beleuchtungsmodell
erlaubt die Generierung von Bildern mit quasi-metallischen
Objekten. Diese Oberflächen können durch die mathematische
Modellbildung der Reflexion elektromagnetischer Wellen bei

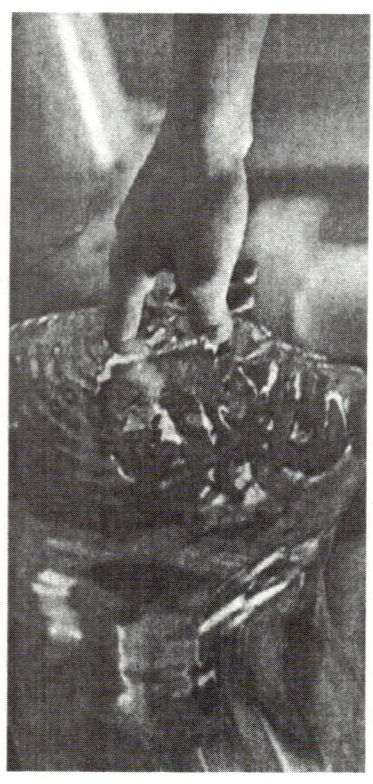

Fig. 8: Szene aus dem Film „The Abyss" von 1989.

niedrigem Einfallswinkel erzeugt werden[1]. Ausgehend von der bidirektionalen Reflexion[2] schreiben Cook/Torrance ihr Beleuchtungsmodell direkt von der Radartechnologie ab. Zwei Streuungsfelder gelten bei Cook/Torrance auch für die Wahrnehmung im visuellen Spektrum, das normalverteilte Gauß-modell und die Beckmann-Distributionsfunktion[3].

Der Finger der Schauspielerin „taucht" in die „computergraphische Wasseroberfläche". Kurz darauf stellt die Protagonistin fest, daß modernste Computergraphik aus „Salzwasser" besteht. Wir können historisch-genealogisch präzisieren: nordatlantisches Salzwasser.

Die Streuungsfelder des Beleuchtungsmodelles von Cook/ Torrance lauten:

$$D_1 = c\,e^{-(\alpha/m)^2}$$

$$D_2 = \frac{1}{4m^2\cos^4(\alpha)}\,e^{-[\tan(\alpha)/m)]^2}$$

D_1: Gauß; D_2: Beckmann
mit α als Inzidenzwinkel, m als „slope" und c als const.

Diese Distributionsfunktionen sind in der allgemeinen Theorie rauher Oberflächen von Bedeutung und dienen der Berechnung des „Back-Scattering" von normalverteilten Oberflächen. Nach dem Zweiten Weltkrieg werden rauhe Oberflächen für verschiedenste Bereiche modelliert. Ob Radiokommunikation

---

[1]   Die Theorie der 'off-specular reflection' findet ihre genealogische Rückverweisung im Kontext der 'low-grazing-angle detection' des Zweiten Weltkrieges.
[2]   Die Bidirektionale Distributions-Reflexions-Funktion (BDRF) stellt eine statistische Neuformulierung des Reflexionsgesetzes der Antike dar, allerdings für Körper mit rauhen Oberflächen.
[3]   Cook (1982), S. 12.

(und die Reflexion am Boden, auf See oder in troposphäri-
schen Schichten), ob Radioastronomie (Reflexionseigenschaften des Mondes und anderer Planeten) oder ob Akustik
(Schalldämpfung und -absorption), in allen Bereichen beziehen sich die Reflexionsgesetze auf den Problemkontext von
Radar[1]. Der Mond, die Troposphäre oder eine Schallwand reflektieren wie das Wasser des Zweiten Weltkrieges. Tatsächli-
che, empirische Messungen für Reflexionseigenschaften an
rauhen Oberflächen liegen nämlich besonders ausführlich für
Radar vor. An genau diesen empirischen Kurven orientieren
sich die theoretischen Streuungsfelder von Cook/Torrance[2].
Die Distributionsfunktionen in der Computergraphik von
Cook/Torrance sind direkt den Theorien der Streuung an rauhen Oberflächen entlehnt und verweisen damit auf das spezifische Problem des Zweiten Weltkrieges zurück, das mit feindli-
chen Objekten auf oder in der Nähe der Wasseroberfläche
kämpfen mußte. „In radar, rapidly fluctuating reflections from
facets of the surface of the sea, known as „sea return" or „sea
clutter", may seriously impair effective signals from targets on
or near the surface of the sea; in a rough sea the target may be
obscured alltogether"[3]. Das Beleuchtungsmodell von Cook/
Torrance ist ein Sprung im und ein Technologietransfer innerhalb des elektromagnetischen Spektrums: „In particular, mo-

---

[1] Beckmann (1963), S. 4.
[2] Als Cook/Torrance sich für eine dieser Theorien entscheiden, ha-
     ben sie ein breites Spektrum an Auswahl oder um die Reflexionen
     über die Geschichte der Computergraphik selber zu streuen: Ne-
     ben Beckmann widmeten sich dem ernsten Problem der Streuung
     bei elektromagnetischen Reflexionen noch andere: 1952 Isako-
     vich, 1953 Ament, 1953 Eckart, 1954 Feinstein, 1954 Davies,
     1957 Beckmann, 1957 Twersky, 1960 Ament, 1958 Spetner, 1951
     Rice, 1937 Ornstein/Van-der-Burg, 1959 DuCastel/Spizzichino,
     1954/57/59 Bullington/Beckmann usw... (vgl. Beckmann (1963),
     S. 70)
[3] Beckmann (1963), S. 4.

dels for the scattering of radar and infrared radiation from surfaces are available and are applicable to visible wavelengths."[1]

Zusammenfassung

Computergraphische Beleuchtungsmodelle erhalten also wichtige Impulse aus keiner anderen Kriegsstrategie als aus der
Radartechnologie. Die MAGI-Gruppe nennt ihr Bildgenerie-
rungsverfahren nicht nur zum ersten Mal überhaupt Raytracing, sondern der MAGI-Raytracer führt mit dem material-
spezifischen Reflexionskoeffizienten die Oberflächenphysik in
der Computergraphik ein. Während Photometrie nur die reflektierte Lichtintensität und den Abstand des Betrachters zum
Objekt und zur Leuchtquelle verknüpft, ist es genau Radar,
was Reflexionsgesetze und Materialeigenschaften miteinander
korreliert. Es ist deswegen auch nicht verwunderlich, daß genau der MAGI-Raytracer die Strahlrichtung in den Beleuch-
tungsmodellen umkehrte. Bei Appel von IBM war der Bildschirm noch eine passive Photoplatte einer hochentwickelten
Camera obscura. Im Raytracer von MAGI ist das computerge-
nerierte Bild und jedes einzelne Pixel eine aktiv generierte
Impulsantwort der Objekte. Der Raum eines Raytracing-Bildes
ist ein Signalraum von Radarimpulsen.

Es ist also nicht allein der photometrische Glanz der Sterne
oder eine reflektierende Kanonenkugel, sondern auch das
„Blip" eines möglichen Feindes auf dem Radarschirm, welches der Computergraphik ihre spezifische Mathematik
schenkte. Der Bildschirm selber ist, historisch betrachtet, ein
Radarschirm. Spätestens die radarvernetzten Verteidigungs-
systeme Whirlwind und SAGE implementierten die Strategie
einer taktischen Echt-Zeit-Kontrolle eines Kriegsgebietes auf
Monitoren. In diesem Sinn ist also die radartechnische Signalverarbeitung seit dem Zweiten Weltkrieg, die auf dem

---

[1] Cook (1982), S. 12.

Monitor als Blip auftaucht, das historische Apriori eines Pixels in computergenerierten Bildern. Frühe Beleuchtungsmodelle der Computergraphik vermischen Photometrie, geometrische Optik und Mikrowellenradar. Komplexere Beleuchtungmodelle der Computergraphik stellen einen direkten Technologietransfer aus Radar im Infrarotbereich dar. Der Satz von Admiral Gorschkow, daß „der Sieger des nächsten Krieges derjenige sein wird, der das elektromagnetische Spektrum am besten benutzt"[1], kann also auch für manche Helden in der Geschichte der Computergraphik gelten. Der Betrachter eines Computerbildes sieht nicht eine Welt des menschlichen Auges und sichtbarer Wellenlängen, sondern er sieht ausgewählte Intervalle des elektromagnetischen Spektrums und die Oberflächen sichtbar gemachter Feinde. Die Strategie von Radar kulminierte im Gegenzug in einer Technologie, mit der auch ein Raytracing-Programm seine Probleme hätte: die Unsichtbarkeit der Stealth-Technologie. Die Logik der Täuschung von Stealth-Bombern und -Jägern zeigt auf die Sichtbarkeit der virtuellen Dinge in der Computergraphik. Die Stealth-Flugzeuge, die einem Radarschirm und einem Raytracer keine Antwort auf einen Impuls geben, sind der blinde Fleck der Computergraphik.

Es sind erstens Materialkoeffizienten, zweitens die für die Computergraphik charakteristische und eigentlich widersprüchliche Beschreibung der Objekte als diffus und gleichzeitig regelmäßig reflektierend, und es ist drittens die Theorie rauher Oberflächen, die in der Generierung eines Computerbildes auf dem Bildschirm als verborgenes U-Boot des Zweiten Weltkrieges auftaucht. Genau in dem Moment, als im 19. Jahrhundert die Puls-Echo-Methode als Explosion von Sprengsätzen an der Wasseroberfläche zur Tiefenbestimmung der See eingeführt wurde, zersplitterte sich der reflektierende Spiegel des Wassers in eine gestreute Oberfläche von Mikrofacetten. Die Puls-Echo-Methode verlängerte sich dann in die

---

[1]   zitiert nach Virilio (1989), S. 160.

Sonarortung von U-Booten. Genau in dem Moment, als deutsche U-Boote beim Auftauchen den Wasserspiegel wiederum durchbrachen, entstand eine signaltechnische Praxis, die die Oberflächenphysik in der Computergraphik und ihre mathematischen Techniken hervorbrachte. Genau deswegen besitzen die Objekte der Computergraphik keine analytischen und glatten Oberflächen, wie in der Optik von Descartes, sondern führen eine Material- und eine Oberflächenphysik mit sich, die genealogisch nur mit einer Geschichte der Signalverarbeitung korrelierbar ist. Im Kontext von Signaltechniken konstituieren sich Methoden, die die Bilder der neuen Medien ausmachen. Descartes Kanonenkugel explodierte als Impuls an der Wasseroberfläche. Telegraphiekabel müssen gelegt und Feinde gefunden werden. Aus artilleristischer Optik wurde radartechnische Signalverarbeitung. Radar macht die signaltechnische Ästhetik computergenerierter Bilder lesbar.

Literaturverzeichnis

[1] Appel, Arthur (1968): *Some techniques for shading machine renderings of solids*, in: „Spring Joint Computer Conference", S. 37-45

[2] Aschoff, Volker (1981): *Aus der Geschichte des Telegraphen-Codes*, in: „Rheinisch-Westfälische Akademie der Wissenschaften", Vorträge N 297, Opladen

[3] Beckmann, Petr et al. (1963): *The Scattering of Electromagnetic Waves from Rough Surfaces*, New York

[4] Bouguer, Pierre (1961): *Optical Treatise on the Gradation of Light*, Toronto

[5] Cook, Robert L. et al. (1982): *A Reflectance Model for Computer Graphics*, in: „ACM Transactions on Graphics", Vol.1, Nr.1, S.7-24

[6] Foley, James D. et al. (1990): *Computer Graphics. Principles and Practice*, Addison-Wesley

[7]   Goldstein, Robert A. et al. (1971): *Visual simulation*, in: „Simulation", Vol. 16, Nr.1, S. 25-31

[8]   Guerlac, Henry E. (1987): *RADAR in World War II*, The History of Modern Physics, Vol. 8, American Institute of Physics

[9]   Kerr, Donald E. (1951): *Propagation of Short Radio Waves*, MIT Radiation Laboratory Series, Vol.13, New York

[10]   Lambert, Johann Heinrich (1892): *Photometrie*, Ostwalds Klassiker der exakten Wissenschaften, Nr. 31-33, Leipzig

[11]   Leisegang, Gertrud (1954): *Descartes Dioptrik*, Meisenheim am Glan

[12]   Möller, Eberhard (1995): *Kurs Atlantik. Die deutsche U-Boot-Entwicklung bis 1945*, Stuttgart

[13]   Ridenour, Louis N. (1947): *Radar System Engineering*, MIT Radiation Laboratory Series, Vol.1, New York

[14]   Stratton, Julius A. (1941): *Electromagnetic Theory*, New York

[15]   Virilio, Paul (1989): *Die Sehmaschine*, Berlin

[16]   Whitted, Turner (1980): *An Improved Illumination Model for Shaded Display,* in: „Communications of the ACM", Vol. 23, Nr. 6, S. 343-349

GLEICHSCHALTUNGEN

Über Normen und Standards der elektronischen Kommunikation

Friedrich A. Kittler[1]

Die elektronische Kommunikation ist nachgerade, in Tief-
druckanzeigen, Werbefernsehsendungen und selbst in Ta-
gungsprogrammen, zum einzigen Inhalt von Kommunikation
arriviert. Nur ihre Normen und Standards fristen weiterhin
das Dasein von Kleingedrucktem. Auf ASCII und DOS, ISA
und ANSI stoßen die sogenannten Endanwender immer erst
dann, wenn etwas schiefgeht. Und seitdem das Mensch-Ma-
schinen-Interface auch noch Benutzerfreundlichkeit vorspie-
gelt, ist die Katastrophe kaum wieder gutzumachen, weil Normen und Standards jedem Benutzereingriff entzogen bleiben.
Elektronische Kommunikation, die nicht ausschließlich zwischen elektronischen Geräten läuft, sondern als Medium auch
noch Leute oder Sinnesorgane einschleift, ist allemal Dissimu-
lation ihrer Standards. Es gäbe überhaupt kein Fernsehbild zu
sehen, wenn die Augen im Fünfundzwanzigstelsekundentakt
auch noch einzelne Bildzeilen und Pixel unterscheiden könnten. Es gäbe auf CD-Platten gar keine Musik zu hören, wenn
die Ohren bei einer Abtastfrequenz von 43 Kilohertz lauter
diskrete Amplitudenwerte wahrnehmen würden. Medienstan-
dards, wie Pflichtenhefte und Normungsausschüsse, Postver-
waltungen und Ingenieurbüros sie aufgestellt haben, sind also

[1] Prof. Dr. Friedrich A. Kittler, Manfred-von-Richthofen-Straße 20,
D-10967 Berlin, Tel.: ++49 30 7858127. Dieser Text ist zuerst er-
schienen in: Klaus Peter Deucher (Hrsg.), Interface. Elektronische
Medien und künstlerische Kreativität, Hamburg 1992, S. 175-183.

strategische Maßnahmen, deren Sieg über unbewaffnete Sinne von vornherein eingeplant oder gar garantiert ist. Jedes Interface unterläuft Wahrnehmungsschwellen und trägt seinen Namen Interface aus purem Spott. Die ungeschriebene Geschichte technischer Normen ist demnach eine Kriegsgeschichte.

Nur in der guten alten Zeit, als Gutenberg seine Druckerpresse nicht etwa zur Vervielfältigung, sondern zur Verschönerung von Büchern entwickelte,[1] fiel ein Medienstandard, der wohl überhaupt der erste war, mit einem Stil zusammen. Nach Lacans Diktum praktizierten die Setzerkästen mit ihren Bodonis und Garamonds, lange vor jeder entsprechenden Theorie, schon einen Strukturalismus der Ersetzungen und Platzvertauschungen.[2] Um aber solche Ersetzbarkeiten aus Handwerkergeheimnisen in Massenware zu verwandeln, mußten erst, aus einem eben vermessenen Boden, moderne Generalstäbe ihre Nationalheere stampfen. Das revolutionäre Urmeter, dessen Maß der Erdumfang zwar nicht war, aber doch sein sollte, gab bekanntlich die erste Norm im technischen Wortsinn ab. Weniger bekanntlich ermöglichte dasselbe Meter auch eine erste Standardisierung, deren ganzer Zweck es war, die Waffen von Napoleons Großer Armee einigermaßen austauschbar zu machen. Mit industriell hergestellten Ersatzteilen, die nicht mehr nur an ein einziges Gewehr paßten, hörte der sogenannte Mensch auf, das sehr buchstäbliche Maß aller Dinge sein. Anstelle von Zoll, Fuß und Elle, diesen körpereigenen, deshalb aber auch nur relativen Maßen, die den Griechen ihre Menschendefinition vormals eingegeben hatten, trat eine menschenlose Direktschaltung zwischen Erde und Waffe, wie sie in zwei Weltkriegen denn auch zur Pulverisierung ganzer Erdstriche geführt hat.

Napoleons Große Armee war darin allerdings nur ein Vorspiel. Auf seinen Begriff kam das amerikanische Laster modu-

---

[1] Vgl. Michael Giesecke, *Der Buchdruck der frühen Neuzeit*, 1994.
[2] Vgl. Jacques Lacan, *Das Drängen des Buchstaben im Unbewuß-ten*. Schriften, hrsg. Norbert Haas, Olten-Freiburg/Br. 1973-1980, Bd. II, S. 26.

larer Wiederholung", wie Thomas Pynchons Weltkriegsroman
es getauft hat,[1] selbstredend erst in den USA. Ein Vierzehn-
jähriger namens Samuel Colt segelte 1828 als Schiffsjunge
nach Ostindien und erfuhr noch an Bord seine technische Er-
leuchtung: den nach ihm benannten Revolver. Colts, wie sie
nicht zufällig von jedem Westernfilm gefeiert werden, zielen
mit ihren sechs Schüssen nicht mehr von einem Mann auf einen anderen Mann, sondern von einem Weißen ziemlich
gleichzeitig auf sechs Indianer oder Mexikaner. Weshalb Colonel Colt, dessen Waffenfabrik 1842 schon wieder Bankrott
gemacht hatte, erst fünf Jahre später, im amerikanisch-mexi-
kanischen Krieg, Ruhm und Vermögen erwarb: Auf Bestel-
lung der US-Regierung verließen 1000 Handfeuerwaffen pro
Tag Colts Revolverfabrik in Hartford/Connecticut. Der Colt
brachte aber nicht nur die Neuerung, sechs bewegte Ziele in
raschester Folge abschießen zu können, während zeitgenössische Soldaten noch immer eine ganze Minute brauchten, um
die nächste Patrone in ihren Vorderlader-Gewehrlauf zu schie-
ben, sondern er revolutionierte den industriellen Herstellungs-
prozeß ganz allgemein und grundsätzlich. Wie Colonel Colt
zu Werbezwecken seinen staunenden Besuchern immer wieder
gern vorführte, war es machbar, sechs Colts mit je sechs
Schüssen auf einen Tisch zu legen, sie dann alle in ihre kleinsten Bauteile auseinanderzunehmen, daraufhin kräftig zu
schütteln und am Ende - trotz dieser artifiziellen Einführung
von Statistik oder Rauschen - aus den geschüttelten Einzeltei-
len doch wieder sechs funktionstüchtige Colts zusammenzu-
bauen. Mit anderen Worten: Colt erfand das Prinzip der industriellen Serienproduktion. Die Schußserie in der Zeit und die
Geräteserie im Raum waren nur zwei Aspekte einer einzigen
Standardisierung, die Amerika bitter nötig hatte. Während
nämlich alle möglichen Auswanderer mit allen möglichen anderswo unverlangten Berufen ins Land der unbegrenzten Se-

---

[1] Thomas Pynchon, *Gravity's Rainbow. Die Enden der Parabel*,
    Reinbek 1981, S. 545.

rialität strömten, hielten nur zwei Berufsgruppen an Europa und ihren besseren Arbeitsbedingungen fest: die Facharbeiter und die Militärs.[1] Und siehe an: Colts Revolver machte in seiner Herstellungstechnik den einen Mangel wett, in seiner Schußtechnik den anderen. Das Zeitalter der Gleichschaltung starteten also weder Kunstwerke noch Unterhaltungsmedien, sondern Waffensysteme. Schnellfeuerwaffen, von Colts Revolver über Gatling und Maxim bis zum Maschinengewehr, haben zunächst dafür gesorgt, daß fast alle Gelben, Braunen, Roten dieser Erde zu Untertanen von Kolonialimperien, Telegraphenagenturen und Medienkonzernen werden mußten, wenn sie nicht - wie 1898 in der Schlacht von Omdurman - vor sechs britischen Maschinengewehren 80 Prozent ihrer Mannschaften einbüßen wollten. Erst später, im Ersten Weltkrieg nämlich, griff diese Gleichschaltung auch auf entsetzte Weiße über,[2] die aber im Überlebensfall einen neuen Trost erfahren durften: Spielfilmabende und Radiosendungen.[3]

So wurden ausgerechnet die Opfer waffentechnischer Gleichschaltung zum Publikum der medientechnischen. Denn was im Frontkino oder Heimatlazarett an Spielfilmen lief, hatte auch nur den Revolver zum Modell: Alle Aufnahmegeräte für bewegte Bilder gehen auf Mareys chronophotographische Flinte zurück, die ihrerseits, wie der Name schon sagt, auf Gatlings Revolvergeschütz zurückgeht.[4] Mit ihren 25 Einzelbildern pro Sekunde überbietet die Filmkamera knapp, aber gerade noch hinreichend die Bewegungsauflösung des Auges, leistet also für die Medientechnik, was das Maschinengewehr (nach Jüngers Analyse) für die Kriegstechnik geleistet hat: die

---

[1] Vgl. William H. McNeill, *The Pursuit of Power, Chicago 1982.*
[2] Vgl. John Ellis, *The Social History of the Machine Gun*, London 1975.
[3] Vgl. Friedrich Kittler, *Grammophon Film Typewriter*, Berlin 1986, S. 149 und 199.
[4] Vgl. Paul Virilio, *Guerre et cinéma, I: Logistique de la perception*, Paris 1984, S. 121f.

historische Liquidierung von „freiem Willen, Bildung, Begeisterung" und allen übrigen Ehrentiteln des Individuums.[1]

Alles andere als Zufall ist es deshalb, daß der Deutsche Normenausschuß DNA mit seiner Deutschen Industrienorm DIN im Ersten Weltkrieg entstand. Nach Michael Geyers Analysen hat dieser Krieg das alteuropäische Verhältnis von Soldat und Waffe radikal verkehrt, also nicht mehr Waffen den Soldaten, sondern Soldaten den neuen Massenvernichtungssystemen untergeordnet.[2] Als Maß aller Dinge und Soldaten jedoch brauchte die Waffe selber ein Maß, das ihr das nach Hindenburg benannte, aber von Ludendorff geplante Rüstungsprogramm denn auch bescherte: In Zusammenarbeit zwischen WUMBA, dem Waffen- und Munitionsbeschaffungsamt der Obersten Heeresleitung, und VDI, dem Verein Deutscher Ingenieure, wurde an einem sonnigen Maitag 1917 die DIN-Vorschrift verbindliche Norm für alle Rüstungsbetriebe.[3] Wobei der federführende Ingenieur, Unteroffizier Heinrich Schaechterle, wie um die historische Brücke zum Bürgerkrieg, dieser ersten industriellen, aber eben noch nicht nationalen Standardisierung zu schlagen, das amerikanische Laster modularer Wiederholung vorher im Ursprungsland studiert hatte.[4]

Aus dem Hindenburgprogramm gingen aber neben Ludendorffs letzter gescheiterter Offensive auch Massenmedien wie das Mittelwellenradio und der Tonfilm hervor. Für Unterhaltungsmedien, die durch massenweise Distribution nachgerade definiert sind, also tausende von Filmprojektoren auf dieselbe Tonwiedergabe und Millionen von Radioempfängern auf dieselbe Amplitudenmodulation normieren müssen, kam das

---

[1]   Vgl. Ernst Jünger, *Der Arbeiter. Herrschaft und Gestalt*, Hamburg 1932, S. 104.

[2]   Vgl. Michael Geyer, *Deutsche Rüstungspolitik 1860 - 1980*, Frankfurt/M. 1984, S. 101f.

[3]   Vgl. Bruno Helm, *50 Jahre Deutscher Normenausschuß*, hrsg. vom Deutschen Normenausschuß, Berlin-Köln 1967, S. 22.

[4]   Vgl. Bruno Holm, 1967, S. 21.

neue Verfahren, Leute Maschinen anzupassen, wie gerufen.
Nur daß dieser Übergang von der Waffenstandardisierung zur
Medienstandardisierung die Militanz noch steigerte. Gerade
weil Analogmedien - von der Schallplatte über Radio und
Film bis zum Fernsehen - ohne Normierung gar nicht auskom-
men, stehen ihre Normen im Kreuzfeuer industrieller und nationaler Konkurrenzen. Bereits um die schlichte Glühbirne
von 1890 entbrannte ein Krieg zwischen Edison und Westing-
house, Gleichstrom- und Wechselstromspeisung, den Westing-
house als größerer Konzern für sich entscheiden konnte.[1] Damit aber standen auch schon die ersten elektrischen Normen
fest: die Netzfrequenz von 50 europäischen oder 60 amerikanischen Hertz und die Netzspannung von 220 Volt als höchster
Wert, bei dem Edisons Glühlampenwendel noch nicht in
Flammen aufgingen.[2] Und weil elektronische Medien Information sind, die das Medium Elektrizität als ihre Energie oder
Umwelt immer schon voraussetzt, hatte selbst die Glühlam-
pennormierung ebenso ungeplante wie durchschlagende Effekte. Die Bildwechselfrequenz etwa beträgt beim europäischen
Fernsehstandard 50 Hertz und 60 Hertz beim amerikanischen
- nicht aber, um sinnesphysiologisch optimale Bilder zu liefern, sondern einfach um Interferenzen oder Brummschleifen
der jeweiligen Netzspannung zu vermeiden. Die Maße oder
Normen eines Mediums sind eben nicht der sogenannte
Mensch, sondern - frei nach McLuhan - immer ein anderes
Medium. Und je mehr die Unterhaltungselektronik in Medien-
verbundschaltungen aufgeht, also wie das Radio die Platten-
industrie oder wie das Fernsehen den Spielfilm gleichschaltet,
desto enger, aber auch gespannter wird ihr Normengeflecht.
Alle Schwierigkeiten, die die drei ehemaligen Weltkriegsfun-
ker Vogt, Engl und Massolle bei der Entwicklung des Ton-
films hatten, rührten aus der Verschiedenheit optischer und

---

[1]   Vgl. Ronald W. Clark, *Edison. Der Erfinder, der die Welt veränderte*, Frankfurt/M. 1981, S. 152-156.
[2]   Vgl. Ronald W. Clark, 1981, S. 153.

akustischer Speichernormen, die gleichwohl synchronisiert werden mußten. In diesem Normengeflecht erscheint dann, was den Endanwendern unter Medienbedingungen Schönheit heißt und fast immer ein Kompromiß zwischen Ingenieuren und Marketingexperten ist. Nach Ingenieursmaßstäben könnte das Fernsehbild völlig problemlos - wie in Japan seit mehreren Jahren - mit einer Bildwechselfrequenz und einer Einzelpunktauflösung glänzen, die mit den analogen Standards des 36-mm-Spielfilms gleichziehen würden. Aber gegenüber der wohl teuersten Umrüstung aller Mediengeschichte ziehen die Marketingexperten es vor, den Übergang zu einer inkompatiblen Zukunftstechnologie in lauter halbkompatible Schritte aufzulösen. Die Folge ist bis heute ein Fernsehbild, das die Gesichter von Quizmastern und Sonntagspolitikern schon deshalb über alle Maßen privilegiert, weil seine Pixelauflösung nur Nahaufnahmen und keine Totalen wie im Spielfilm gestattet. Dem Normengeflecht gegenüber kommen aber auch jene selbsternannten Künstler, die im Radio Radiokunst oder auf dem Computer Computerkunst versprechen, immer schon zu spät. Das Medium als durchstandardisiertes Interface hat, lange vor jeder Einzelproduktion, nicht bloß diejenigen Entscheidungen bereits getroffen, die einstmals im freien ästhetischen Ermessen von Künstlern oder Handwerkern lagen, sondern eben auch Entscheidungen, deren Effekte die Wahrnehmung gar nicht mehr kontrollieren kann. Mit anderen Worten: wo unter den handwerklichen Bedingungen alteuropäischer Künste der Stil - nach Buffons Wort - als Mensch selber paradieren konnte, einfach weil keine Grammatik die Wortstellung und keine Malerschule die Farbenpalette restlos zu regeln vermochte, leeren technische Standards den Spielraum stilistischer Selektionen. Und solange die selbsternannten Medienkünstler, statt die Normungsausschüsse zu besetzen und das heißt an den elementaren, aber nicht selten unmöglichen Voraussetzungen ihrer Produktion zu rütteln, diese Voraussetzungen einfach hinnehmen, liefern sie auch nur Eigenreklamen der jeweils herrschenden Norm. Als eine Rundfunkredakteurin namens Ingeborg Bachmann ein Hörspiel namens *Zikaden* schrieb, die ja bekanntlich im obersten Frequenzbereich von Menschenohren singen, setzte das den eben eingeführten UKW-Funk so zwingend voraus, wie Mittelwelle und Amplitudenmodulation, bei einer mageren Grenzfrequenz von 9 Kilohertz, all die schönen Zikaden herausgefiltert hätten.

Es gibt also keine Medienkunst, sondern nur eine Kunst der Medien, die Umwelt mit ihren Normen zu überziehen. Als die Waffenfirma Remington & Sons, weil unmittelbar nach einem siegreich beendeten Bürgerkrieg begreiflicher Absatzmangel herrschte, die eben entwickelte Schreibmaschine in ihre Produktionspalette aufnahm, war gar nicht zu ahnen, welche Seiteneffekte diese Standardisierung auch des Einzelschreibtischs nach Gutenbergnorm noch zeitigen würde. Die Schreibmaschine entließ zwar keine Medienkunstwerke, aber sie schuf mit der Sekretärin einen Beruf, der mehr als alle anderen die sogenannte Frauenemanzipation trug, und mit ihren unwandelbaren Typen einen Standard, der alsbald vom schlichten Alltag bis zur höchsten Mathematik durchgreifen sollte. „Unter allen Innovationen der industriellen Revolution", schrieb kürzlich der Direktor des französischen Nationalinstituts für Dokumentartechniken, „ist die Schreibmaschine ohne jede Einspruchsmöglichkeit die Innovation mit den einschneidendsten Wirkungen auf den Tertiärsektor und die Organisation des Bürolebens gewesen."[1] Den Alltag von *Wohnen, Bauen, Denken*, wie Heidegger es nannte, erreichte die Schreibmaschine im Zweiten Weltkrieg, als Deutschlands Städte mit ihrem altehrwürdigen, aber brennbaren Stil in Schutt und Asche

---

[1]   Bruno Delmas, *L'introduction de la machine ... ,crire dans l'administration française (vers 1880 - vers 1910)*. In: La machine á écrire hier et demain. Colloque organisé par l'Institut de l'Étude du Livre, hrsg. Roger Laufer, Paris 1982, S. 19: „De toutes les innovations de la révolution industrielle, la machine á écrire est, sans conteste possible, celle qui a produit les effets les plus profonds dans le secteur tertiaire, dans les méthodes, l'organisation et la vie des bureaux."

sanken. Für die jungen Architekten in Albert Speers Ministerium für Rüstung und Kriegsproduktion ein willkommener Anlaß, den Wiederaufbau dieser Städte von vornherein als Normierung zu planen. So entwickelte ein gewisser Neufert, nachmals Architekturprofessor an der TH Stuttgart, noch mitten im Weltkrieg den Rasterbau aus standardisierten Betonzellen, die ein winziger Eingriff dann in Wohnzimmer, Schlafzimmer, Küchen undsoweiter verwandeln konnte. Zur ästhetischen Begründung seiner Innovation jedoch berief sich der Architekt auf die gute alte Schreibmaschine mit ihren Standardtypen.[1] Dieselbe Schreibmaschine avancierte ziemlich gleichzeitig aber auch ganz prinzipiell zur Norm der Norm. Alan Turings Diskrete Universale Maschine, dieser Prototyp aller Computer, die gebaut wurden und gebaut werden können, entstand 1936 aus dem Versagen eines britischen Schulkindes, den Anforderungen seiner Public School an eine individuell durchstilisierte Handschrift zu genügen. Turing brauchte das „ungemein primitive" Schreibmaschinenmodell,[2] das er einst als tintenklecksender und schlecht benoteter Mathematikschüler entworfen hatte, nur noch aufs reine Prinzip zu reduzieren, um eine Maschine zu erfinden, die alle anderen Maschinen und damit auch alle Menschen, sofern sie nur rechnen, sein kann. Diese Mathematik vollständig beschreibbarer endlicher Schritte auf einem Papierband, das lediglich das Lesen, Schreiben und Löschen einzelner Zeichen erlaubt, erwies sich als Inbegriff von Berechenbarkeit überhaupt. Computer, mit anderen Worten, sind genormte Mathematik. Schon als Charles Babbage, ein ganzes Jahrhundert vor Turing, im Auftrag einer britischen Admiralität, der ja an Navigations- und Ballistiktabellen dringend gelegen sein mußte, zwei mechanische Rechenmaschinen plante, war der Nutzeffekt zwar

---

[1] Vgl. Werner Durth, *Deutsche Architekten. Biographische Verflechtungen 1900-1970*, 2. Aufl. Braunschweig-Wiesbaden 1987, S. 152-156.

[2] Andrew Hodges, *Alan Turing: The Enigma*, New York 1983, S. 14.

noch kein einsatzfähiger Computer, aber eine weitgehende
Normierung aller Schrauben, Muttern und Gewinde bei Bri-
tanniens Feinmechanikern.[1] So legte ausgerechnet eine unge-
baute Maschine den Grund für eine Weltmarktposition. Wovor
Babbage allerdings zurückschreckte, war die nur konsequente
Normierung auch der Mathematik selber. Deshalb durften die
Lochkarten, die seiner Rechenmaschine (nach dem Vorbild
von Jacquards Webstuhl) Daten vom Typ mathematischer
Variabeln eingaben, nie und nimmer vom selben Format wie
die Lochkarten sein, die seiner Rechenmaschine Befehle vom
Typ mathematischer Algorithmen eingaben.[2]

Genau dieser Unterschied zwischen Herren und Knechten,
Befehlen und Daten ist es aber, dessen Abschaffung zur elektronischen Kommunikation von heute geführt hat. Compute-
risierung heißt bekanntlich, alle Daten, Adressen und Befehle
intern völlig unterschiedslos als Binärzahlen zu behandeln
und zwischen diesen Typen lediglich im Interface zu unterscheiden, also wenn Input oder Output des Systems auf Leute
treffen sollen, die im Unterschied zu Alan Turing mit nackten
Binärzahlen noch nicht zurechtkommen.[3] Turings Prinzip-
schaltung von 1936 allerdings war unendlich langsam, ihr Papierband unendlich lang. Um die auf Zeichenmanipulation re-
duzierte Mathematik auch praktizieren zu können, mußte die
Zeit selber auf einen digitalen Standard kommen. Es war, wie
Wolfgang Hagen gezeigt hat, die erste Atombombenexplosion
in den Wüsten New Mexicos, die John von Neumann die nach
ihm benannte Computerarchitektur eingab.[4] Denn nur unter
der Prämisse eines Arbeitstaktes, der im selben Nanosekun-

---

[1]   Vgl. Anthony Hyman, *Charles Babbage 1791-1871. Philosoph,
      Mathematiker, Computerpionier*, Stuttgart 1987.
[2]   Vgl. Alan Turing, *Intelligence Service. Schriften*, hrsg. Bernhard
      Dotzler und Friedrich Kittler, Berlin 1988, S. 227.
[3]   Vgl. Hodges, 1983, S. 399.
[4]   Vgl. Wolfgang Hagen, *Die verlorene Schrift. Skizzen zu einer
      Theorie der Computer*. In: Arsenale der Seele. Literatur- und Me-
      dienanalyse seit 1870, München 1989, S. 214-221.

denbereich wie jene kriegsentscheidende Explosion lief, wurde
es machbar, beliebige Berechnungen in strikt sequentielle Programme aus einem Digitalspeicher aufzulösen, der gleichermaßen Befehle, Adressen und Daten enthält. Diese „Punkt-
zeit-Logik der Atomexplosion",[1] statt nur ein Standard unter
anderen zu sein, besorgt auch die Standardisierung aller übrigen Variabeln im System. Irgendwelche Spannungsschwan-
kungen etwa, wie sie physikalisch gar nicht zu verhindern
sind, aber irgendwann zwischen den einzig relevanten Takt-
flanken auftreten, spielen in einer diskret gemachten Zeit[2]
überhaupt keine Rolle. Damit aber implementiert die Compu-
ter-Architektur jenes Basistheorem aller Signalverarbeitung,
das nach Nyquist und Shannon beliebige analoge Funktionen
digital zu zerhacken und gleichwohl zu rekombinieren erlaubt,
sofern nur die Abtastfrequenz höher als das Doppelte der
höchsten Nutzfrequenz liegt. Die diskrete Zeit normiert also
nicht bloß, wie die Lochkarten seit Babbage und IBM, Daten-
sätze aus Zahlen oder Lettern, sondern kann auch die Signale
sämtlicher einstiger Analogmedien verarbeiten. Und weil die
ehedem handwerklichen Funktionen von Schnitt und Montage
im Nanosekundentakt ablaufen, ist diese Verarbeitung immer
schon Manipulation auf einer Ebene, die die Manipulations-
möglichkeiten herkömmlicher Künste weit übersteigt. Deshalb
dürften die Unterschiede, die heute noch zwischen Fernsehnorm und Spielfilmnorm, aber auch zwischen Fernsehnorm
und Computermonitornorm bestehen, bald in einem allgemeinen Computerstandard aufgegangen sein. Dafür sprechen
nicht nur die von der Werbung herausgestellten ästhetischen
Gründe, sondern vor allem technische. Nur ein Medium, bei
dem auch die Übertragung, statt Signale einfach abzuschicken,
immer als Zwischenspeicherung über eine diskrete Zeit läuft,
erlaubt es, die mühsamen Abgleichverfahren für jedes einzelne

---

[1] Wolfgang Hagen, 1989, S. 218.
[2] Vgl. Alan Turing, *Intelligence Service. Schriften*, hrsg. Bernhard
     Dotzler und Friedrich Kittler, Berlin 1988, S. 192.

Gerät durch digitalen Selbstabgleich, also durch Selbstnormierung zu ersetzen. Schon die Überlegenheit von SECAM und PAL über die amerikanische Farbfernsehnorm NTSC, deren Akronym Spötter als „Never The Same Colour" entziffert haben sollen, beruhte auf solcher Zwischenspeicherung. Für eindimensionale Signale wie in der Musik oder zweidimensionale wie im elektronischen Imagining, zu dessen Untermenge Fernsehen und Film dann absinken werden, setzt die Digitalisierung also einen Standard, der zum erstenmal in der Mediengeschichte Verbesserungen oder Fortschritte gar nicht mehr nötig hat. Die Mensch-Maschine-Schnittstelle wird, wenigstens solange Leute unter Medienbedingungen nicht selber mutieren und wie einige Romanhelden Pynchons schon eine Sig en Sinnen lernen, perfekt geworden sein. Im Reich der Macht dagegen, etwa bei Wettervorhersagen, Weltraumfahrten und Geheimfunksystemen, gibt es dreidimensionale, vierdimensionale und n-dimensionale Probleme der Signalverarbeitung. Für ihre Echtzeitanalyse sind Computer der heutigen vierten Generation noch viel zu langsam und Von Neumann-Architekturen der Flaschenhals selber. Deshalb wird, jenseits oder vielmehr diesseits der Unterhaltungsindustrie, kein digitaler Standard je Bestand haben können. Das gilt auch und gerade für die Befehlscodes, auf denen als Interface zum Siliziumlayout alle Softwareprogramme und Softwarestandards aufbauen. Im Unterschied zu den natürlichen Sprachen, deren sogenannte Natur eher ein Steuerprogramm von Leuten ist, müssen Maschinensprachen die zulässige Länge ihrer Wörter beschränken, erlauben also immer nur endlich viele Befehle. Das wiederum limitiert die Größe der Daten oder Operanden, die durch einen einzigen Befehl adressierbar sind, und setzt der Rechenleistung demnach Grenzen. Woraus schließlich für jede Steigerung des Datendurchsatzes folgt, daß der auf größere Operanden erweiterte Befehlscode entweder nicht mehr kompatibel oder aber redundant wird. Beide Optionen können fatale Folgen haben. Als die Firma Motorola von 8-Bit- und 16-Bit-Mikroprozessoren auf den 32-Bit-Prozessor 68000 überging, entwarfen die Ingenieure einen neuen, bewundernswert orthogonalen Befehlssatz um den Preis, alle Kompatibilität zu den Vorgängermodellen opfern zu müssen und die Position der Firma im Personal Computer-Markt mithin zu gefährden. Als die Firma Intel, schon aus Konkurrenzgründen, denselben Schritt nachvollzog, nahm sie sehr umgekehrt für die Kompatibilität mit Standard-Software in Kauf, daß der erweiterte Befehlssatz von Redundanzen und Homonymien wimmelte. Damit hat Intel zwar die Marktführerschaft erlangt, aber auch eine Wucherung der Codes ausgelöst, die unter Betriebssystemen und Programmiersprachen nur Unheil anrichtet. Wenn die Kompatibilität mit Microsoft DOS einerseits zum Euphemismus für Veraltetsein und andererseits zur Unumgänglichkeit wird, einfach weil Milliardeninvestitionen den einmal etablierten Standard festschreiben, ist ein Zustand schon absehbar, wo auch formale Sprachen an Undurchsichtigkeit und das heißt an Macht jenen Alltagssprachen gleichkommen, die sie am Ende aller Geschichte abgelöst haben. Software wird, nach Wolfgangs Hagens Formulierung, zum babylonischen „Turm mit undokumentierten Fehlern, heillos verworrenen Dialekten, die niemand mehr nachvollziehen kann".[1]

---

[1] Hagen, 1989, S. 221.

NETZWERKE

Wulf R. Halbach[*]

Einleitung

Daß eine Mediengeschichte Netzwerke thematisiert, scheint – nachdem der Computer nun als Medium identifiziert wurde[1] – auf den ersten Blick nur eine weitere Ausdifferenzierung der Versuche, ein neues Medium analytisch in den (Be-)Griff zu bekommen. Vor dem Hintergrund der mediengeschichtlichen Entwicklungen und den seit Beginn der 90er Jahre weltweit einsetzenden infrastrukturellen Reorganisierungen zeigt sich der Computer jedoch als nur ein Element eines dreiteiligen Medienverbundes von Computer, Interface und Netzwerk. Daß in diesem Dreieck der Computer in den Vordergrund getreten ist, liegt vorrangig daran, daß die technischen Voraussetzungen der – vor allem intel-basierten – Heimcomputer und ihrer Betriebssysteme, die den weitaus größten Teil dieses Bereiches ausmachen, erst in den letzten Jahren „time-sharing" und „multitasking" möglich machten, was auf Großrechnern und Workstations schon seit den späten 60er Jahren Standard ist. Time-sharing und multitasking sind die grundsätzlichen Voraussetzung für einen einigermaßen sinnvollen Netzbetrieb. Die anfänglich militärischen und (natur- und technik-)wissenschaftlichen Inhalte der Netzwerke spielten für das späte kommerzielle und private Interesse an dieser Infrastruktur nur

---

[*] Dr. Wulf R. Halbach, Jahnstr. 17, D-10967 Berlin, Tel.: ++49 30 69409433, Fax: ++49 30 69409435, E-Mail: whalbach@well.sf.ca.us
[1] Vgl.: Norbert Bolz, Friedrich Kittler, Christoph Tholen (1994).

eine sekundäre Rolle, da schon die ersten Jahre der Netznutzung gezeigt haben, wie schnell andere Inhalte und Interessen auf dem Netz transportiert werden.

Es scheint vielmehr so zu sein, daß die Geschichte des Computers eine des Verschwindens ist. Im Moment da er als nur ein Element des Medienverbundes gesehen wird, wird schnell deutlich, daß es gerade die Aufgabe der Interfaces ist, ihn – wie auch die Netzwerke – aus dem Blickfeld des Nutzers verschwinden zu lassen. Das gilt für seine einzelnen Komponenten, wie auch für das System im ganzen. Die Einführung der verschiedensten Netzwerktechnologien distribuieren – und dissimulieren damit – sogar CPU und Speicherplatz. In der Folge wird man also davon ausgehen, daß Computer, Interface und Netzwerk als Medienverbund, als Einheit verstanden werden müssen, da in dieser die Errungenschaften und Funktionalitäten der Informationsgesellschaft verborgen liegen.

So ist es gerade die Unsichtbarkeit der grundlegenden Strukturen und deren technische Dispositive, die zu der anhaltenden Interneteuphorie geführt hat. Aus dieser Perspektive haben die Heimcomputer nämlich durch ihre Verbreitung dieser Technologie ein so vertrautes Erscheinungsbild gegeben, daß hinter harmlosem Spielgerät und bunten Oberflächen (Interfaces) dissimuliert wird, was eigentlich von millionenfachen Nutzern tagtäglich praktiziert, thematisiert, aber in der gesellschaftlichen Bedeutung kaum problematisiert wird: Mit dem Medienverbund *Computer-Interface-Netzwerk* ist eine Einrichtung zur Kommunikation entstanden, welche die globale Gesellschaft mit ihren spezifischen Kommunikationsbedürfnissen zur Organisation einer solchen Gesellschaft überhaupt erst möglich macht. Wie zum Beispiel der chappsche Flügeltelegraph den spezifischen Kommunikationsbedürfnissen eines sich zunehmend zentralistisch organisierenden republikanischen Frankreichs entsprach, da mit ihm „die [...] Entfernungen [schrumpfen] und riesige Bevölkerungsgruppen

gewissermaßen an einem einzigen Punkt versammelt"[1] werden und „die Einheit der Republik [...] dank der innigen und
augenblicklichen Verbindung, die sie [die Erfindung des optischen Telegraphen] zwischen allen ihren Teilen herstellt, gefestigt werden"[2] kann, so kann man diesen Medienverbund als
eine infrastrukturelle Reaktion auf die Globalisierung der Gesellschaften verstehen. Die erfolgreiche Inszenierung nationaler Einheit und später die der auf Geschwindigkeiten ausgerichteten Kriegsführung Napoléons machte die Kontrolle der
„riesigen Bevölkerungsgruppen" von einem Punkt aus notwendig. In der konsequenten Weiterentwicklung hochgeschwin-
diger Kriege wird aber gerade die Konzentration der Befehls-
gewalt an einem Punkt mit dem Moment zu einem Problem,
da sich die Zerstörungsgewalt der Kriegsführung schneller
entfalten kann, als ein Befehl seine Empfänger erreicht. So ist
es mit der Entwicklung von Nationalstaaten zu einer Weltgesellschaft auch nicht weiter verwunderlich, daß eines der vorrangig behandelten Themen der Kommunikation unserer Gesellschaft heute Kommunikation selber ist. Die darin zum
Ausdruck gebrachte nachdrückliche Betonung der ermöglichten individuellen Chancen und die immer wiederkehrende
Frage nach der globalen individuellen Erreichbarkeit mutet
wie ein Leitmotiv an und wird als solches genutzt: *„The Global IBM Network: A Solution for a small planet"*[3]. Dabei geht
es allerdings weniger um die individuellen Chancen, als vielmehr um die Okkupation der Bewußtseine für die Belange der
Gesellschaft, weshalb das in der permanenten Erreichbarkeit
verborgene Schwellenproblem möglicher Kommunikation
auch ignoriert werden muß. Organisiert sich die gesellschafts-
organisierende Gewalt dezentral, muß die permanente Er-

---

[1] Claude Chappe – nach der ersten Vorführung im Nationalkonvent
     – an Lakanal, zitiert nach Patrice Flichy (1994), S. 26.
[2] Bertrand Barère (Mitglied des Wohlfahrtsausschusses), in: „Le
     Moniteur universel", 18. August 1794, zitiert nach Paul Flichy
     (1994), S. 26.
[3] IBM in seiner Werbung für das neue IBM-Thinkpad.

reichbarkeit des Individuums zur Tugend und Bürgerpflicht erhoben werden. Damit wird auch eine Veränderung der kommunikativen Grundhaltung manifestiert: während Mobilmachungen bisher das Resultat (national-)staatlichen Kommunikationseinsatzes waren, Empfänger zu erreichen, findet mit der Dezentralisierung ein „Outsourcing" staatlichen Kommunikationsverhaltens statt. Den Empfängern wird es zur Pflicht, sich bereit zu halten, wodurch sie sich in einem Zustand der „permanenten Mobilmachung" befinden.

Zentralisierung – Dezentralisierung

Seit dem 8. Februar 1996 trägt das Internet Trauer. Viele Home-Pages wurden für 48 Stunden mit einem schwarzen Hintergrund versehen und tragen das blaue Band der *Free Speech Online Campaign* die von der *Electronic Frontier Foundation*[1] [EFF] ins Leben gerufen wurde. Am 1. Februar 1996 verabschiedete nämlich der US-Kongreß den *Telecommunication Decency Act*, der am 8. Februar 1996 von Bill Clinton rechtskräftig unterzeichnet wurde. Der *Communication Decency Act of 1995*[2] ist eine Ergänzung des *Communications Act of 1934*, der selber eine Reaktion auf die steigende Nachfrage privater Telephonanschlüsse und die Einführung des Selbstwählverfahrens ist[3]. Die Möglichkeit der synchro-

---

[1] Vgl. dazu: URL: http://www.eff.org
[2] Der volle Titel lautet: *Broadcast Obscenity and Violence – Obscene, Harassing, and Wrongful Utilization of Telecommunications Facilities.*
[3] Vgl. dazu: Bernhard Siegert (1990). 1898 wurde in Kansas City die erste Vermittlungszentrale nach Almon P. Strowgers Selbstwählprinzip aufgerüstet. Da Strowgers Implementierung durch das „Hebdrehwählverfahren" aber das sogenannte „Big City Problem" produzierte, werden erst mit dem Einsatz des „Maschinen-Verfahrens" 1921 (1. Einsatz im Atlantic Office Ohama, Nebraska) die Vermittlungsstellen obsolet.

nen und gleichzeitig unvermittelten/unkontrollierten Kommunikation über bundesstaatliche Grenzen hinweg schien einen Regulierungsbedarf zu erzeugen. Dies schon allein deshalb, weil dadurch interstaatliche Verbrechen „organisierbar" zu werden schienen. Dabei ist interessant zu beobachten, daß die gesamte Rechtsprechung der USA in den frühen 30er Jahren ein Problem des Föderalismus entdeckt, das in dem föderalen Anspruch auf zentrale Regulierung und der dezentralen Struktukturierung des Landes in einzelne Bundesstaaten verborgen liegt. Dieser Konflikt wird mit modernen Infrastrukturen und nicht zuletzt mit den Möglichkeiten der synchronen interstaatlichen Kommunikation durch nichtvermittelte Telephongespräche so virulent, daß das 1908 gegründete *Bureau of Investigation* 1935 eine Umstrukturierung, neue Kompetenzen und eine Umbenennung in *Federal Bureau of Investigation* [FBI] erfährt, um so zu einer Bundespolizei zu werden. Analoge Regulationsbedürfnisse und -versuche werden in den 50er Jahren erneut sichtbar, als niemand anders als der Vater des amerikanischen Vize-Präsidenten Albert Gore, maßgeblich die gesetzlichen Grundlagen für das *interstate highway system* erarbeitet. Daß auch zu diesem Zeitpunkt die Kompetenzen der amerikanischen Bundespolizei erweitert werden, verwundert nicht.

Das *tertium comparationis* dieser Beispiele liegt in dem Widerspruch verborgen, der offensichtlich wird, wenn infrastrukturelle Maßnahmen, die nicht zuletzt aus ökonomischen Erwägungen heraus notwendig werden, auf legislative und exekutive Dispositionen der Gesellschaftsstrukturen treffen, die nicht mehr den – durch eben diese Maßnahmen geförderten – Bewegungs- und Kommunikationsgewohnheiten und -selbstverständlichkeiten entsprechen. Es sind genau diese infrasturkturellen Maßnahmen, die es ermöglichen die traditionellen lebensweltlichen Grenzen von Raum und Zeit immer mehr zu überwinden. Daß mit dem Moment, da Interaktion die mit ihr wirksam werdenden wechselseitigen Zusicherungsverhältnisse auf die Bandbreite technischer Medialisierbarkeit verlegt, sich die individuellen und gesellschaftlichen Erfahrungen und Konzeptionen von Gesellschaft in Raum und Zeit verändern, ist offensichtlich[1]. Eine Orientierung der legislativen und exekutiven Parameter an diesen Erfahrungen und Konzeptionen ist so lange noch relativ einfach möglich, da ein Wegenetz im kontrollierbaren Raum aufgebaut wird, oder ein Netz aus Telephonkabel, das im Moment des höchsten regulativen Exesses einfach gekappt werden kann, da es im Grunde aus Punkt-zu-Punkt-Verbindungen besteht. Auf dieser Ebene stellt das Internet keine Neuigkeit dar. Neu an der momentanen Debatte um das Verhältnis zwischen Staat, Gesellschaft, deren Infrastrukturen und Formen der Regulierung ist das Faktum, daß die diskutierte Infrastruktur sich aus ihrer Struktur und der ursprünglichen Konzeption heraus jeglicher Zentralisierung und damit jeglicher Regulierung im traditionellen Sinn entzieht.

Ein Medienverbund: Computer-Interface-Netzwerk

Bislang hat es innerhalb der traditionellen Geisteswissenschaften und ihrer medienorientierten Abteilungen viel Mühe bereitet, den Computer als Medium thematisierbar zu machen[2]. Dies ist um so auffälliger, als die Geschichte dieser Disziplinen zeigt, daß erst der Computer und die aus seiner Einführung resultierenden disziplinären und gesellschaftlichen Veränderungen, die daraus erwachsende Infragestellung und die immer drängender werdenden Legitimationsanfragen an diese Disziplinen zu einer Beschäftigung mit der Medialität der Kommunikationen geführt hat. Damit wird nicht gesagt, daß es an medientheoretischen Fragestellungen gefehlt hätte – die

---

[1]   Vgl. dazu: M. Ethan Katsh (1995).

[2]   Als nachgerade abschreckendes Beispiel für ein professionelles Vernachlässigen dieses Mediums mögen die 9 ½ Seiten zum Thema in: Werner Faulstich (1994), S. 146-155 dienen.

verschiedensten Propädeutika innerhalb der Disziplinen, die
sich um die gesellschaftlichen Funktionen und die Möglichkeiten der Rhetorik, der Schrift, des Buchdrucks und der Literatur bemühen, sind bekannt. Doch die institutionelle Veran-
kerung solcher Fragestellungen unter einem eigenen Curricu-
lum, welches dann auch vorranging diese Bereiche plus vielleicht Radio, Film, Fernsehen und Video beinhaltet, sind erst
seit den 80er Jahren beobachtbar. Daß sich aus dieser diszipli-
nen-politischen Marginalisierung heraus nun ein Medienverbund anheischig macht, eine metamediale Position einzuneh-
men, da in seiner infrastrukturellen und gesellschaftlichen Expansion eine Gleichschaltung von Sprache, Text, Radio, Film,
Fernsehen und Video unter seiner Dominanz statthat, scheint
eher Ratlosigkeit, denn Erstaunen bei den klassischen human-
wissenschaftlichen Disziplinen hervorzurufen.

Während Kommunikationssysteme gängiger Weise als –
technische – Systeme definiert werden, die durch ein (Schlüs-
sel-)Medium bestimmt sind und gerade durch dieses unterschieden werden[1], läßt sich bei einem Medienverbund nicht
mehr ein einzelnes Schlüsselmedium als dominant bestimmen.
Wie der Medienverbund zwischen Gutenbergs Buchdruck (zur
Vervielfältigung von Texten unter etablierten Standards) und
der camera obscura (zur Reproduktion von Bildern zur Illustration von Büchern), in den spätestens mit E.T.A. Hoff-
manns literarischer Illusionsmaschinerie die Literatur (als „innere Peripherie der Leserinnen") integriert wird[2], so ist auch
der Medienverbund „Computer-Interface-Netzwerk" als ein
System zu verstehen, das mit technischen Möglichkeiten eben
nicht körperliche Zusammenhänge herstellt, sondern grundsätzliche physiologische Trennungen überwindet. Wenn in der
Mediengeschichte bisher zwei oder mehr Medien verbunden
wurden solche Trennungen – zum Beispiel der Trennung zwischen Optik und Akustik – zu überwinden um aus „laufenden

---

[1]   Vgl. z.B.: Michael Giesecke (1994), S. 57.
[2]   Vgl.: Ralph Konitzer (1994).

Bildern ohne Ton" und „laufendem Geräusch ohne Bild" den Tonfilm entstehen zu lassen[1] – zu überwinden, wird im Vergleich damit auch die neue Qualität des Verbundes „Computer-Interface-Netzwerk" deutlich. Es ist nicht nur so, daß alle bisherigen Einzelmedien unter diesem Medienverbund gleichgeschaltet werden, sondern darüber hinaus auch so, daß damit eben alle Sinne angesprochen werden können und sollen.[2] Damit sind in einem Verbund zum ersten Mal in der Mediengeschichte alle physiologischen Trennungen überwindbar geworden. Das bedeutet, neben einer wahrhaften Multimedialität des Medienverbundes, vor allem die potentielle Verfügbarkeit aller Sinne zur Kommunikation. Damit einher geht also die Rückführung der Kommunikation in interaktive Nahwelten, wodurch auch zeitliche und räumliche Trennungen kommunikativ auflösbar werden. Aber gerade diese Aufhebung ist Ziel medialer Einrichtungen seit der Erfahrung des Verlustes der nahräumlichen Zusicherungsverhältnisse in kopräsenten Interaktionssituationen durch die Einführung eben solcher Medien. Die medialen Angebote, das Hier-und-Jetzt als lebensweltliche Grenze der menschlichen Kommunikation auszudehnen, sind in der Selbstverständlichkeit, mit der wir diese Medien und den Begriff der Telekommunikation benutzen, angenommen worden. Ungewollt ist damit aber auch der Verlust der Zusicherungsverhältnisse durch nahräumliche Kontrollmöglichkeiten und damit eine Komplexitätssteigerung und gesteigerte Unwahrscheinlichkeit des Gelingens der Kommunikation eingeführt worden. Noch deutlicher werden Akzeptanz und Probleme der *Telematik* in der scheinbar problemlosen Verbindbarkeit einer neuen Vielheit von Systemen. Wirtschaftliche, politische, technische und sogar psychische Systeme werden neuen – technischen – Kompatibilitätsanforderungen unterworfen.

---

[1]   Friedrich A. Kittler (1993/94).
[2]   Das gilt in virtuellen Realitäten auch für haptische und bei den Versuchen Morton Heiligs auch für olfaktorische Eindrücke. Vgl. dazu: Wulf R. Halbach (1994b).

Gleichzeitig aber wird die Gleichschaltung der traditionellen Medien und der Zusammenschluß dieses Verbundes im Interface selber zu einem Thema technischer und körperlicher Normierung.

Aus medien- und kommunikationstheoretischer Sicht ist der Medienverbund *Computer-Interface-Netzwerk* schon allein deshalb höchst interessant, weil erst durch diesen Verbund ein neues Massen- *und* Broadcastmedium entstanden ist. Die in dieser Konstellation erfahrbar werdenden neuen Nahwelten[1] erzwingen eine weitere Ausdifferenzierung soziologisch orientierter Medien- und Kommunikationstheorien. Die in der Mediengeschichte belegbare Ausdifferenzierung der Medien von der Sprache, über die Schrift, den Buchdruck bis hin zu den Massenmedien Funk und Fernsehen ist getragen durch eine Leistungssteigerung der technischen Einrichtungen im Bezug auf die Möglichkeiten der Fernkommunikation und auf die Überwindung der Unwahrscheinlichkeit der Kommunikation. Geht man davon aus, daß Gesellschaften gerade durch Kommunikation möglich und organisiert werden und schon mit der Einführung der Schrift nicht mehr ausschließlich an Kommunikationen in Anwesenheit der Kommunikationspartner gebunden war, wird Kommunikation, die in der Lage ist das hic-et-nunc als Ort des Adressaten zu überwinden zur Voraussetzung für die räumliche Ausdehnung von Gesellschaften. Offensichtlich sind die von Niklas Luhmann aufgezeigten Folgeprobleme im Bezug auf die Wahrscheinlichkeit solcher Kommunikation angesichts ihrer Unwahrscheinlichkeiten: (a) die Unwahrscheinlichkeit des Verstehens, (b) die des Erreichen des Empfängers und (c) die des Erfolgs/der Annahme der Kommunikation[2]. Problematisch ist hier – so Luhmann – allerdings nicht allein das Funktionieren einer bereits begonnenen Kommunikation, sondern schon im Vorfeld die Bereitschaft zur Aufnahme der Kommunikation, wenn nicht die

---

[1] Vgl.: Manfred Faßler, Wulf R. Halbach (1994).
[2] Vgl.: Niklas Luhmann (1991).

Überwindung der Unwahrscheinlichkeiten annähernd gesichert ist. Da soziale System aber ohne Kommunikation nicht sind, werden die Unwahrscheinlichkeiten der Kommunikation zu denen der Gesellschaft, weshalb die Mechanismen, sie zu überwinden und in Wahrscheinlichkeiten zu überführen, soziale Systeme organisieren.

Das Funktionieren technischer Einrichtungen der Kommunikation löst zwar bestimmte Probleme die mit der Erreichbarkeit des Empfängers zu tun haben, doch wird gleichzeitig die Unwahrscheinlichkeit des Verstehens und des Erfolgs der Kommunikation erhöht. Das wird sehr schnell deutlich, wenn man sich die unterschiedlichen Zusicherungsverhältnisse und Aufmerksamkeitsgarantien erinnert, die bei Kommunikationen unter Anwesenheit der Partner und bei Fernkommunikationen genutzt werden. Räumliche und zeitliche Distanzen machen taktile, visuelle u.a. Interaktionen zur Kontrolle der Kommunikation unmöglich und erhöhen damit die Kommunikationsschwelle, die zu überwinden davon abhängt, ob das Funktionieren einer Kommunikation als wahrscheinlich angenommen werden kann oder nicht. Das bedeutet, daß technische Einrichtungen der Kommunikation die Kommunikation selber nicht verbessern, sondern unwahrscheinlicher machen. So hat die Einführung der Schrift ein bewegliches und zeitbeständiges Medium der Kommunikation zur Verfügung gestellt, welches jedoch das Verstehen (ohne Interaktion der Kontrolle kann ich mich viel schwieriger des Gemeinten und vermeintlich Verstandenen versichern) und das Annehmen (ohne die körperliche Kopräsenz des Kommunizierenden ist die Ablehnung des Kommunikationsangebotes viel einfacher) unwahrscheinlicher macht. Darüber hinaus mag das Erreichen des Empfängers im technisch/physikalischen Sinne bei zum Beispiel einem Brief oder einem Testament zwar garantiert sein, doch zum Erwirken der Aufmerksamkeit für dieses Kommunikationsangebot muß bedeutend höherer Aufwand getrieben werden. Ein gutes Beispiel dafür sind die immer größer werdende Farbenpracht, der Gestaltungsaufwand und die Höhe der versprochenen Gewinne bei Werbebriefen, die immer häufiger sogar persönlich adressiert und strukturiert werden. Dennoch aber werden sie meistens umgehend im Altpapiercontainer entsorgt, worauf hin sie – ausgestattet mit der Wichtigkeit, der Dringlichkeit und mit dem (momentan noch anhaltenden) Aufmerksamkeitspotential eines neuen technischen Mediums – nur wenige Tage später gefaxt oder per elektronischer Post verschickt, wieder auf dem Schreibtisch landen. Mit den neuen Medien sind weitere Bemühungen um die Aufmerksamkeit des Adressaten und um die Kommunikationsannahme ohne größere Schwierigkeiten denkbar.

Aus dem oben Gesagten, wird deutlich, daß generalisierte Kommunikationsmedien die Unwahrscheinlichkeiten der Kommunikation in Wahrscheinlichkeiten transformieren sollen und dafür eine so komplexe Semantik aufbauen müssen, daß diese in der Lage ist, unwahrscheinliche Gesellschaftsstrukturen aufzufangen und in Normalität zu überführen. Solche Medien überwinden dazu spezifische Schwellenprobleme, die die Kommunikation, noch bevor sie beginnt, scheitern lassen würden.

Grundsätzlich muß man davon ausgehen, daß die neuen Medien, als Massenmedien, als Broadcastmedien und als Interaktionsmedien im Verbund eine neue Qualität gesellschaftlicher Kommunikation eröffnet haben. Massen- und Broadcastmedien sind vor der Einführung des Computer nicht unterschieden worden, dennoch macht diese Unterscheidung Sinn, wenn man den Computer als Massenmedium versteht, dem es bis zur globalen Vernetzung an Verbreitungsmöglichkeiten gefehlt hat. Gleichwohl müssen wir ihn auch deshalb als Massenmedium verstehen, weil nicht nur die statistische Verteilung und die Nutzung von Geräten im primären, sekundären und tertiärem Sektor dafür sprechen, sondern auch die Inhalte, die zu der zitierten neuen kommunikativen Qualität geführt haben, die durch ihn transportiert und anschlußfähig gemacht wurden. So ist es heute kein Problem für IBM, ein neues Produkt mit den Worten: „Ist es nicht schön [das neue

IBM-Thinkpad]? – Die Technologie die Menschen verbindet",
zu bewerben. Ganz offensichtlich haben sich hier „unter dem
Schutz einer verfügbaren Funktion [neue Formen entwickelt,
die ihr Endziel erreichen], indem sie in einen anderen funktionalen Kontext überwechseln, wobei sie ihren eigenen Start
als bereits vorher angepaßtes Vorausschreiten nutzen"[1]. In der
oben zitierten Werbung ist – wohlgemerkt – die Rede von einem tragbaren Computer, der nicht vernetzt ist und Menschen
[in diesem Fall Asiaten und Kaukasier] nur um einen Tisch
herum zusammenbringt. Allerdings wird hier und anderswo
eine semantische Engführung zwischen Computer, Kommunikation und globale Gesellschaft bestätigt, die durchaus in der
Lage ist, funktionale Notwendigkeiten des Gesellschaftssy-
stems in eine anschlußfähige Form zu bringen. Die technische
Voraussetzung, aus den verschiedensten Gesellschaften der
Welt eine globale Gesellschaft mit ihren je eigenen Öffentlichkeiten kommunikativ zu organisieren, ist der Medienverbund
„Computer-Interface-Netzwerk". Um jedoch Kommunikation
unter diesen Bedingungen möglich zu machen und die überaus
unwahrscheinliche Gesellschaftsstruktur zu normalisieren,
muß der symbolische Code „Kommunikation" ein spezifisches
Schwellenproblem überwinden und eine Semantik entwickeln,
die das Gelingen der Kommunikation, die diese globale Gesellschaft organisiert, erwartbar macht.

Das Netz

Der Medienverbund „Computer-Interface-Netzwerk" schreibt
seine eigene Geschichte und dokumentiert diese auf eine er-
staunlich transparente Weise in seinen Strukturen und Funktionen, die selbstreferenziell permanent auf die Entstehungs-
und Normierungsgeschichte verweisen, wobei die relevanten
„Dokumente" als Metadaten in diesem und durch diesen Ver-

---

[1] Niklas Luhmann (1993), S. 353.

bund archiviert sind. Als Steve Crocker im April 1969 den ersten „Request for Comment" [rfc] als internes, nichtoffizielles Arbeitspapier der Network Working Group [NWG][1], die gerade dabei war das Standardprotokoll zum Datenaustausch zwischen den ersten Netzrechnern zu definieren, verfaßte, war ihm nicht klar, daß „diese Notizen sich durch das selbe Medium verbreiten würden, das in diesen Notizen diskutiert wurde"[2]. Inzwischen gibt es fast 1500 RFCs und mehrere hundert Memos, die keine Standards festlegen, aber über diese informieren (For Your Information [FYI]).[3]

Aber nicht nur die technischen Normierungen, auch die sprachlichen Besonderheiten und diskursiven Strukturen werden in ihrer Entstehung dokumentiert. Mit der 1975 von Raphael Finkel am Stanford AI Lab compilierten *Jargon File*, die den „Hacker Jargon" der Technokulturen am MIT AI Lab, am Stanford AI lab (SAIL) und der alten ARPANET AI/LISP/ PDP-10 „Gemeinden", (Bolt, Beranek and Newman (BBN), Carnegie-Mellon University (CMU), Worcester Polytechnic Institute (WPI) et. al.) dokumentierte ist über die Jahre eine Art Handbuch der (Netz-)Sprache und des -verhaltens entstanden, das inzwischen auch als „Hardcopy" zu einem Best-

---

[1]   Zu diesem Zeitpunkt bestand die Network Working Group aus Steve Carr, Utah, Jeff Rulifson und Bill Duvall, SRI, Steve Crokker und Gerard Deloche, UCLA, deren Aufgabe die Standardisierung der Host-Software, die Festlegung der Strategien der Netzwerknutzung und die Durchführung der ersten Experimente mit dem Netzwerk war. Vgl. dazu: Steve Crocker (1969). In diesem Memo ist besonders interessant, daß es keinen technischen Standard im eigentlichen Sinne, sondern die Dokumentation – und damit die diskursive Formierung der Standards standardisiert.

[2]   Steve Crocker (1987), [Übers. d. A.].

[3]   Grundsätzlich können diese Memos heute von allen Netzteilnehmer vorgeschlagen werden; ob sie in die Liste der relevanten RFCs aufgenommen werden, entscheidet für die NWG Jon Postel am USC Information Science Institute (postel@isi.edu).

seller geworden ist[1] und sich versteht als „gemeinschafliches Erbe der Hackerkultur"[2], als „umfassendes Kompendium des Hackerslangs, das viele Aspekte der hackenden Tradition, ihrer Folklore und ihres Humors beleuchtet" und die Sprache dokumentiert „die die Hacker untereinander zum Spaß, zur sozialen Kommunikation und für technische Debatten nutzen"[3]. Wichtig ist, festzuhalten, daß dieses Handbuch tatsächlich als eine Art „Manual" der Sprache und des sozialen Verhaltens im Netz ständig zitiert wird.

Wie sehr zum Beispiel das „Hacker's Dictionary" diskursbestimmend funktioniert, wird sehr deutlich, wenn man das rekursive Verhältnis zwischen der inzwischen berühmten *Neuromancer-Trilogie* von William Gibson und dem „Dictionary" selber betrachtet. William Gibson schreibt sich in den Medienverbund „Computer-Interface-Netzwerke" ein, indem er die Kernthemen der Bemühungen um Künstliche Intelligenz (K.I. / A.I.), der Interfaceentwicklung im Bereich virtueller Realitäten (V.R.) und der Netwerktechnologie aufgreift. Diese Themen werden mit Hilfe vieler Begriffe aus der „jargon file" umgangssprachlich vorgestellt, wodurch die Romane eine sehr große Resonanz aus den Reihen der Informatiker etc. erfahren haben. Gleichzeitig aber prägt Gibson den Begriff „Cyberspace", der nicht nur – mit vielen anderen seiner Umschreibungen und Metaphern – von der „Netzgemeinde" angenom-

---

[1] Guy Steele (1983) (Coautoren: Raphael Finkel, Don Woods, Mark Crispin, Richard M. Stallman und Geoff Goodfellow). Die ursprüngliche Datei (AIWORD. RF[UP,DOC]) hat seit 1975 vielfältige „Herausgeber" gehabt und ihre Geschichte ist als Vorspann jeder neuen Version aktualisiert. Vgl.: Gutenberg (1992).

[2] Hier ist wichtig anzumerken, das der Begriff „Hacker" nicht pejorativ gebraucht wird, sondern eine Person mit hohem technischem Geschick bezeichnet. Vergleiche dazu den gleichnamigen Artikel im *Hacker's Dictionary*. Zur Geschichte des Begriffs und der „Hackerkultur" vgl. das in diesem Umfeld auch sehr häufig zitierte: Steven Levy, (1984).

[3] Jargon10.txt [Übers. d. A.].

men und in die nächste Version der „jargon file" aufgenommen wird, sondern auch zu einem von den traditionellen Medien akzeptierten Begriff für den immateriellen Raum der durch Netzwerke angebotenen Daten avanciert. Daß dadurch eine vorschnelle Vermischung zwischen den Themenbereichen VR und Netzwerke stattfand, war kaum zu verhindern[1].

Nuklear-elektro-magnetisches Pulsieren

Mit der Aussage: „Die Tatsache, daß die Erde rund ist, ist von den Militärs noch niemals in Betracht gezogen worden", zitiert Paul Virilio General Chassin[2] und markiert damit ein konzeptuelles Dilemma militärischer Weltkonstruktion. Als am 3. September 1958 die Marine der Vereinigten Staaten von Amerika drei Atombomben in einer Höhe von 500 Kilometern zündete, bestätigte sich, was schon 1932 von Cristofv, einige Jahre später von Arthur Holly Compton und 1945 von Enrico Fermi vermutet worden war: Die Zündung eines nuklearen Sprengkopfes setzt nicht nur thermische Strahlung (Hitze- und Lichtblitz), Luftdruck- und Stoßwellen, radioaktive Strahlung und radioaktiven Niederschlag frei, sondern auch einen durch die ã-Strahlung erzeugten nuklearen elektro-magnetischen Puls (NEMP). Dieser elektromagnetische Sturm mit Spitzenleistungen von bis zu 50.000 Volt pro Meter (bei einem Gefechtskopf von einer Megatonne), mit einem Überdeckungsbereich, der in Abhängigkeit von der Detonationshöhe dem Tangentenradius entspricht, macht alle elektrischen Einrichtung in diesem Bereich unbrauchbar[3] und kehrt sich damit auch gegen diejenigen, die die Bombe gezündet haben. „Starfish" eine 1,5 Mt-Wasserstoffbombe, 400 Kilometer über dem Johnston-Atoll gezündet, sorgte noch in 1000 Kilometern Entfer-

---

[1] John S. Quaterman (1990).
[2] Paul Virilio (1992), S. 197.
[3] Vgl. Johannes Wilhelm u.a. (1985).

nung vom „Ground-Zero" für Stromausfälle und elektrische Störungen. In Oahu, Hawaii, welches 1800 Kilometer entfernt ist, brannten 300 Straßenlaternen durch und diverse Prüfgeräte vielen aus.

Mit der höchsten Wahrscheinlichkeit würde die C^3-Kette [Communication, Command, Control] im Falle einer nuklearen Auseinandersetzung massiv gestört, wenn nicht gar komplett unterbrochen.

Als 1957 die ehemalige UdSSR mir Sputnik den ersten künstlichen Erdsatelliten in seine Umlaufbahn schoß, wurde deutlich, daß die USA ihren technologischen Fortschritt, den sie nach dem zweiten Weltkrieg durch deutsche Ingenieure aus Penemünde und Nordhausen zu halten gehofft hatten, verloren hatte. Deutlich wurde aber auch, daß Raketen, die Satelliten transportieren, ebenso atomare Sprengköpfe über die Vereinigten Staaten tragen können. Die Konsequenz daraus ist die Schaffung einer einzigartigen Forschungsinfrastruktur, nämlich der Advanced Research Projects Agency (ARPA), die, als Abteilung des Departments of Defence (DoD), die folgenden wissenschaftsstrategischen und -politischen Bemühungen, den verlorenen Vorsprung gegenüber der UdSSR aufzuholen, koordiniert.

Hot Potato Routing

Damit sind Kernwaffen zu einem bedrohlichen Sender geworden, andere befehlstragende Sender auszuschalten. Die im Falle einer militärischen Auseinandersetzung überlebenswichtige Kette von Command-Communication-Control wird offensichtlich unterbrochen. Als also Paul Baran im Sommer 1961 im RAND briefing [B-265] vor ausgewählten Mitgliedern der United States Air Force sein Konzept eines *Distributed Communications Network* vorschlug, war die Bedrohung der Communication-Command-Control-Kette durch den Nuklear-elektro-magnetischen Puls eines atomaren (Erst-)Schla-

ges wohl bekannt und das NETZ war geboren. Die grundsätzliche Idee bei einem distribuiertem Netzwerk ist die, daß kein
zentraler Punkt der Kommando- und Kommunikationsstruktur
ausgemacht werden kann, der – wie in einem zentralisierten
Netzwerk – zerstört werden könnte. Die nach einem fremden
<u>und</u> nach einem eigenen Erstschlag übrigbleibenden Knoten
[...] wären in der Lage, die Verbindungen – um die zerstörten
Knoten herum – wieder aufzubauen. Dieses „Prinzip der Red-
undanz" setzt auf die Multiplizität der Verbindungen, um den
Schaden für das gesamte Netz und damit für die C^3-Kette
möglichst gering zu halten. In einem solchen Netzwerk ist jeder Knoten mit jedem benachbarten verbunden und nicht wie
in einem zentralisierten Netz mit nur wenigen. Um also zwei
Punkte miteinander zu verbinden, gibt es eine Vielzahl von
Möglichkeiten, die im Gegensatz zur kürzesten oder schnell-
sten Verbindung benutzt werden können, wenn ein Knoten
zerstört ist. Das Konzept des „Hot-potato routings" sieht vor,
daß

> all traffic is converted to digital signals and blocked into standar-
> dized-format packets of data. Each packet of data, or „message
> block," is rubber-stamped (sic!) with all the signaling information
> needed by other stations to determine optimum routing of the
> message block[1]

und dies bei jedem denkbaren Zustand des Netzes und seiner
Knoten. Jeder Nachrichtenblock enthält die Anschriften des
Senders und des Empfängers und einen „handover number
tag", der mit dem Absetzen der Sendung auf Null gesetzt, mit
jedem neuen Link inkrementiert wird, so daß die Zeit, die eine
Nachricht benötigte, und die Pfadlänge beim Empfang und
damit die zeitliche Gültigkeit, abzulesen ist. Außerdem ist eine Checksumme, die aus der Nachricht selber errechnet wird,
implementiert, so daß fehlerhafte oder „veränderte" Nachrichten erkannt werden. Bei dieser Implementierung eines

---

[1]   Paul Baran (1964), S. 38.

Nachrichtensystems kommt dem einzelnen Knoten weitaus geringere Bedeutung zu als in traditionellen Netzwerken, die sich auf jeden einzelnen Knoten verlassen müssen, und das Netz kann selber in „Echtzeit" auf veränderte Situationen reagieren. Schon 1968 wurden die ersten Versuche zur Implementierung des ARPANETs aufgenommen, sowie erste experimentelle „packet-switching networks" an den *National Physical Laboratories* (NPL) und an der *Société International de Télécommunications Aéronautiques* (SITA) eingerichtet. Die Entwicklung solcher Systeme ist also zeitgleich in Europa und den USA aufgenommen worden; das amerikanische ARPANET hat die Entwicklung dann aber entscheidend vorangetrieben. Sieben Jahre nach dem Vortrag Barans und 3 Jahre nach dem Erscheinen des Memorandums, veröffentlicht im Oktober 1967 die *Association for Computing Machinery* (ACM) das grundsätzliche Konzept für das ARPANET, das am 1. September 1969 mit dem ersten ARPANET „Information Message Processor" (IMP) an der UCLA installiert wurde. Weitere Knoten wurden kurz danach am *Stanford Research Institute* (SRI), an der UCSB und der University of Utah, die als erste Station ein „remote logging" ermöglichte, eingerichtet. Die ersten IMPs – Honeywell 516s – hatten nur 12 Kb Speicher, galten aber als die mächtigsten Minicomputer der Zeit.[1]

Die benutzte Technik des „packet-switching" entspricht ganz der baranschen Konzeption eines verteilten – damit kaum zerstörbaren – Netzes. Hier werden die Nachrichten in einzelne „packets" zerlegt und getrennt an den Adressaten geroutet, um dort wieder zusammengesetzt zu werden. Das hat den Vorteil, daß mehrere befehlsgebende Instanzen die gleiche Verbindung nutzen können und daß fehlerhafte Blöcke erneut – möglicherweise über einen anderen Weg – gesendet werden,

---

[1]   Henry Edward Hardy (1993).

ohne daß die korrekten Elemente davon betroffen sind[1]. Als 1982 das Transmission Control Protocol (TCP) und das Internet Protocol (IP) als offizielle Standards für das ARPANET eingeführt wurden und dadurch verschiedene heterogene Netzwerke über Gateways miteinander verbunden werden konnten, war das eigentliche Internet geboren.

Das MetaNetz

Das Internet ist also das Ergebnis der in den frühen 60er Jahren begonnenen Bemühungen um sichere Netzwerktechnologien, eben solchen die auch nach nuklearen Auseinandersetzungen nicht durch den unausweichlichen NEMP (nuclear electromagnetic puls) zerstört würden. Ursprünglich als militärische Kommandostruktur für den Ernstfall und als interuniversitäres Forschungsnetz geplant, ist es international so schnell gewachsen, daß die ursprünglich implementierte 32 Bit lange IP-Adressierung, i.e. die ein-eindeutige Anschrift eines jeden Host-Rechners (z.B. 194.221.222.10) des Internets inzwischen an ihre Grenzen kommt und an der Implementierung der IP Next Generation [IPNG] gearbeitet wird. Laut Mark K. Lottor gab es im August 1981 218 Host-Rechner im Internet, im Januar 1992 waren es dagegen schon 727.000 Hosts. Heute sind es weltweit bereits mehr als 8.000.000, wovon über 2.500.000 in Europa und ca 700.000 in Deutschland stehen[2]. Weltweit wächst das Internet im Moment mit durchschnittlichen 17 % im Monat. Alle diese Rechner haben mindestens eine IP-Adresse, die meisten aber mehrere, da, hierar-

---

[1] Zur Geschichte der Netzwerke vgl. auch: Michael Hauben (1992); F. Heart / A. McKenzie / J. McQuillan / D. Walden (1978); Leonard Kleinrock (1976); Ed Kroll, (1989); John S. Quaterman, (1990); Lawrence G. Roberts (1988).

[2] Laut: RIPE DNS Hostcount.

chisch gesehen, unterhalb dieser Hosts weitere local Netze angeordnet sind.[1]

Als Bob Metcalf 1973 in seiner Dissertation an der Harvard
University seine Ideen zum *Ethernet* – einem Local Area Network [LAN] zum Aufbau eines Netzwerkes zum Beispiel in
einem Bürokomplex oder einer privaten Wohnung – vorschlug, welches grundsätzlich auch die Möglichkeit einer
Verbindung zum Internet vorsieht, waren die grundsätzlichen
Voraussetzungen zur Schaffung eines globalen Netzwerkes
mit Teilnehmern auch außerhalb öffentlicher Einrichtungen
geschaffen.

Auch wenn es schon vor den digitalen Medien Kommuni-
kationsnetzwerke[2] gegeben hat, so wird eine weitere Einzig-
artigkeit deutlich, wenn man die Möglichkeiten eines solchen
Netzes bedenkt. Als die Firma NeXT 1991 mit dem von Richard Crandall entworfene Programm *Zilla* ein Netzwerk vorschlug, das in der Lage sein sollte, nicht nur weltweit verteilte
Daten „lokal" zugänglich zu machen, sondern die Rechenleistung aller angeschlossenen NeXT-Rechner zur Bewältigung
eines spezifischen Problems zugleich zu nutzen, so daß ein
Netzwerk von 100 NeXTs – als „virtueller Superrechner" – so
rechenstark wie ein Cray 2 sein würde[3], wurde deutlich, daß
in Zukunft die Leistungen eines vernetzten EDV-Arbeits-
platzes nicht mehr allein von verteilten (distributed) Daten bestimmt würden, sondern vielmehr von global verteilten Re-
chenleistungen. Dabei muß der einzelne Nutzer, seit dem 1983
an der University of Wisconsin entwickelten *Name-Server*,
auch nicht mehr den exakten Pfad zu einem anderen Rechner
kennen. Damit ist aber das Netzwerk zu einer dezentral funk-
tionierenden/rechnenden Einheit geworden, die kaum mehr
von dem Funktionieren eines Subsystems abhängig ist.

---

[1]   Vgl. dazu: Mark K. Lottor (1992).
[2]   Vgl. zum Beispiel: Bernhard Siegert (1993).
[3]   Benjamin Wooley (1993), S. 126.

Das World-Wide-Web

Es muß eine Warnung gewesen sein, als Samuel Weber zu seinen Studenten sagte „Once you are down in the stacks, you are caught in a web." Er kann nicht die zwar große, dennoch aber räumlich beschränkte Milton S. Eisenhower Library der Johns Hopkins University, Baltimore gemeint haben. Wohl eher waren aber die Stacks der *Bibliothek aller Bücher* gemeint, in welcher man sich im Netz, im Gewebe aller Zitate, aller Verweise verfängt. Bibliotheken und Archive sind die sichtbarsten Monumente von Kommunikation, ohne die Kopräsenz der Partner, und sie sind der Beleg dafür, daß wir durch die Mediengeschichte gelernt haben ohne die wechselseitigen Zusicherungsverhältnisse der Interaktion miteinander umzugehen. Gleichzeitig sind sie aber auch Beleg dafür, wie sehr sich gerade die Strukturen unseres Wissens und die unserer Erinnerung verändern und wie sehr sich diese Strukturen an der jeweiligen Schlüsseltechnologie einer Gesellschaft orientieren. Zwar werden die Bibliotheken nicht verschwinden, doch ganz sicher eine andere materielle Basis erhalten. Eine Basis, die in seiner Grundstruktur schon 1945 von Vannevar Bush mit „Memex"[1] – der ersten hypertextuellen (wenn auch mechanischen) Verknüpfung von (multimedialen) Daten – vorgeschlagen wurde. Damit verändert sich aber auch die Kommunikationsstruktur unserer Gesellschaft und damit die Gesellschaft selber. Es sind gerade die Medien- und Kommunikationswissenschaften, die sich um die materielle Basis, deren technischen Determination und um die daraus resultierenden kognitiven Prädispositionen bemühen müssen, damit die neu eingeführten und / oder ausgeklammerten Differenzen beobachtbar bleiben.

So ist das Internet inzwischen nicht mehr nur darauf ausgelegt, elektronische Nachrichten und/oder Programmdateien zu verschicken. Der letzte Schritt, der es so populär und me-

---

[1] Vannerar Bush (1945).

dienwirksam gemacht hat, ist das world-wide-web und seine browser. Das Web wurde ursprünglich 1989 von Tim Berners Lee bei CERN entwickelt und 1993 mit dem ersten Browser „Mosaic" von der NCSA für die Internetnutzer einsetzbar. Mit diesem Protokoll ist aus dem Netz eine Struktur geworden, die jeder Windowsnutzer benutzen und erweitern kann. Unter dem world-wide-web (oder kurz: WWW) müssen man sich einen global distribuierten Hypertext vorstellen, dessen Elemente auf allen Hostrechnern dieser Welt verteilt auf den lokalen Rechnern angezeigt werden. Das, was dort zu einer riesiegen Bibliothek zusammenwächst, ist nicht mehr allein ein Gewebe aus Texten, sondern beinhaltet außerdem stille und bewegte Bilder, Musik und Echtzeitunterhaltungen. Inzwischen sind auch die ersten virtuellen Realitäten auf Text- (MUDs) und Graphikbasis integriert worden. Zu all dem sind keine Großrechner oder Workstations mehr nötig, der Heim-PC wird zum Element dieser weltweiten Struktur, die immer mehr kommerzielle und private Anwendungen findet. Zu Beginn dieser Woche habe ich zum ersten Mal über das Internet ein Radioprogramm gehört und telephoniert. Wenn schon eine einzige Bibliothek die Gefahr (oder den Reiz) in sich birgt, daß wir uns im Gewebe der Verweise verfangen, wie groß ist der Reiz dann erst in einem Netz von potentiell allen Bibliotheken dieser Welt?

Diese Strukturen haben wir durch die traditionellen Massenmedien als *Cyberspace* zu beschreiben gelernt. Als William Gibson 1982 diesen Begriff prägte, war auf der einen Seite kaum antizipierbar, welche Konjunktur er haben sollte. Andererseits füllte er aber eine begriffliche Nische, die den ganzen Bereich dezentraler, heterogener und telematischer digitaler Kommunikation beheimatet. Daß seine Definition des Cyberspace als „konsensuelle Halluzination" und „als graphische Repräsentation" von Daten aller Computersysteme weltweit noch wenig erklärte, und daß die technische Implementierung mittels neuronaler Schnittstelle (Interface) noch keine erwartbare Chance der Realisierung kannte, spielte dabei keine Rolle. Mit einem Male war für die traditionellen und neuen Medien benennbar, was an Kommunikationstechnologien aus den DARPA-Projekten heraus nicht nur nach neuen Anwendungsfeldern, sondern auch nach zivilen Märkten suchte. Informatikern (besser: Computer Scientists), DARPA-Mitarbeitern, anderen Insidern und auch William Gibson, der – nach eigener Auskunft – wenig elaboriertes Wissen um Computer hat, war ganz offensichtlich klar, daß in diesem Begriff die von ARPA in den 60er Jahren beauftragte Internet(Netzwerk)-Technologie, mit den von Morton Heilig und Ivan Sutherland thematisierten visioninierten Techniken virtueller Realitäten konvergierten.[1] Und während alte und neue Medien streng nach Marshall McLuhans *globalen Dörfern* von der Realisierung eben jener Kommunikationszusammenhänge – mediengeleitet – träumen[2], werden Netzwerke und globale CPU-Verbände realisiert, in denen schon mit diesem Moment klar wird, daß nur die Möglichkeiten der (neugestalteten) Interaktion an dörfliche Nahwelten erinnern, genau diese aber nicht re-implementieren werden.

Neue globale Öffentlichkeiten

Inzwischen dürfte deutlich geworden sein, daß wir mit der Einführung der neuen Medien nicht nur eine kommunikationstechnische Revolution, sondern gleichzeitig einen neuen Strukturwandel der Öffentlichkeit erleben. Das Funktionieren dieser *virtual communities* ist allerdings in einem viel größeren Maße von den technischen Strukturen der Schnittstellen abhängig. Das Gesetz des Sagbaren ist weniger eines sozialer und/oder rhetorischer Konventionen, sondern dessen, was technisch schaltbar ist.

---

[1] Vgl.: Wulf R. Halbach (1994).
[2] Vgl. zum Beispiel: Benjamin Wooley (1993), S. 123.

Welche politische Bedeutung internationale Netzwerke haben, ist spätestens mit dem fehlgeschlagenen Coup in der
ehemaligen UdSSR im August 1991 deutlich geworden. Während die Internierung Gorbaschows um 09:00h am 19. August
1991 durch eine Nachrichtsendung des CNN bekannt wurde,
das sowjietische Fernsehen über die Ereignisse des 19. und
20. August um den Regierungssitz herum nichts sendete, un-
abhängige Radio- und Fernsehsender geschlossen wurden,
wurde Jelzins Aufruf zur Unterstützung gegen das Kommitee
über Photokopierer, Faxgeräte, elektronische Post und mündlich verbreitet. In dem Versuch, die Kommunikation über die
Ereignisse zu unterbinden, waren Stand- und öffentliche Tele-
phonleitungen, Satellitenverbindungen und Datenleitungen
vergessen worden. Die folgende E-Mail von Vadim Antonov
vom 19. August 1991, 05:01h, die über die RELCOM-Verbin-
dung [RELiable COMmunication] nach Finnland in das internationale Netz gelangte, ist nicht nur mehrfach im Netz, sondern auch in der us-amerikanischen Presse mit vielfältigem
Pathos zitiert worden und gilt als Ausgangspunkt für den in
den folgenden Tagen beobachteten massiven Nachrichtenaus-
tausch zwischen RELCOM und dem internationalen Netz:

> Oh, do not say. I've seen the tanks with my own eyes. I hope we'll
> be able to communicate during the next few days. Communists
> cannot rape the Mother Russia once again![1]

Diese und ähnliche Nachrichten und Appelle wurden von
RELCOM – ein von der Demos Kooperative betriebenes
Netzwerk, das 70 sowjietische Städte miteinander verband und
bis dato nicht einmal ein Jahr in Betrieb war – an alle angeschlossenen Rechner verschickt.[2] Gleichzeitig wurden „inoffizielle" Nachrichten von Interfax, Radio Moscow World Service, der Russian Information Agency, der Northwest Infor-

---

[1]   Zitiert nach: Larry Press (1991).
[2]   Zur (Infra-)Struktur sowjietischer Netzwerke vgl.: Bob Travica;
       Matthew Hogan (1992).

mation Agency [Leningrad] und Baltfax über dieses Medium distribuiert. Jelzins berühmte Rede vom Geschützturm eines Panzers vor dem Regierungssitz wurde bei Demos in den Computer eingegeben, auf dem Netz verteilt, in den USA übersetzt und schon am Abend des 19. August auf den nicht-sowjietischen Segmenten des Netzes verschickt[1]. Das Netz wurde aber auch in der anderen Richtung benutzt; um über den Stand der Ereignisse informiert zu sein, nutzte die Opposition des Coups Telex-Leitungen, um auf die in der „Insight" Datenbank der MCI International, in Piscataway gespeicherten Nachrichten der Associated Press Zugriff zu haben[2]. In der Folge wurde der Nachrichtenverkehr aus dem und in das sowjetische Netzsegment so stark, daß weltweit eine Nachricht verschickt wurde, das Netz nur noch in dringenden Fällen zu nutzen:

> Please stop flooding the only narrow channel with bogus messages (and) silly questions. Note that it's neither a toy nor a means to reach your relatives or friends. We need the bandwidth to help organize the resistance. Please, do not (even unintentionally) help those fascists[3].

Auch wenn öffentliche politische Statements auf dem Internet eigentlich untersagt waren, tauchten über\-all inoffizielle Berichte und Kommentare auf; über CompuServe wurden mittels einer Telephonleitung nach Finnland vor-Ort-Berichte über die Ereignisse in Moskau distribuiert und diskutiert. Mit einem Mal war aus dem Kommunikationssystem für Wissenschaftler und dem Spielzeug von Studenten ein wichtiges Broadcastmedium geworden, „welches aus seiner Natur demokratischer ist, als Massenmedien wie Fernsehen und Zei-

---

[1] David Alan Bozak, Larry Press (1991).
[2] Harding (1991).
[3] Zitiert nach: Larry Press (1991).

tung", da es „keine zentrale Autorität" in Computernetzwerken gäbe[1].

Die grundsätzliche Struktur des Internets als dezentrales, distribuiertes Netzwerk, kennt keinen „Zentralrechner", keinen singulären Zugangspunkt und ist so als Ganzes – ursprünglich gedacht als „post-nukleare Kommandostruktur" – relativ unsensibel was die Zerstörung oder Schließung eines beteiligten Rechners oder Knotens betrifft. Zu dieser eher rhizomatischen Struktur hat auch beigetragen, daß die momentane Entwicklung des Netzes in der ursprünglichen Planung nicht antizipiert wurde. Auch wenn man heute 1997 von nahezu 9 Millionen Computer mit bis zu 80-90 Millionen Nutzern ausgeht, weiß man nicht, wieviele Rechner mit wievielen Nutzern weltweit tatsächlich angeschlossen sind. Daß diese Entwicklung aber als Bedrohung traditioneller Informationsmonopole wahrgenommen wird, zeigen die Debatten um die „freie Meinungsäußerung" auf dem Netz, die Bemühungen um eine zentrale (us-amerikanische) Verwaltung von cryptographischen Schlüsseln, die Diskussionen um „pädagogische" Zugangskontrollen zum Netz und vor allem die fehlende Differenzierung zwischen privaten und öffentlichen Äußerungen im Netzverkehr.[2] Technisch gesehen, kennt das Netz tatsächlich keine „zentrale Authorität" und Hierarchien und vom Standpunkt der sowjietischen Netzteilnehmer bot dieses Medium tatsächlich die Chance des freien Informationszuganges zum Zweck der Demokratisierung. Grundsätzlich jedoch ist keine Medium „demokratischer" als ein anderes. Allein dessen gesellschaftlich legitimierte Nutzung mag es sein und sie ist als solche prädeterminiert durch die „zentrale Autorität" technisch implementierter Normen *und* die sozialen, politischen und kulturellen Zugangsbeschränkungen.

Spätestens mit dem 6. November 1995, da CompuServe auf Drängen der bayerischen Staatsanwaltschaft hin den Zugang

---

[1]   Vadim Atonov, zitiert nach: Larry Press (1991).
[2]   Vgl.: Wulf R. Halbach (1994c), Peter Cassidy (1995).

zu scheinbar pornographietragenden Newsgroups versperrte
und später T-Online den Zugriff auf den Server von *Webcom*
zensierte, der faschistisches Schriftgut zugänglich machte, ist
auch in Deutschland eine Diskussion um die Redefreiheit auf
den Netz möglich. Dies vor allem deshalb, da sich Deutschland in der internationalen Presse „an die Spitze der Internet-
Zensoren" gestellt hat. Daß die deutschen Behörden nur auf
eine us-amerikanische Stimmungslage reagierten, ohne allerdings zu wissen, was genau sie zu tun versuchten, ist in der
Folge schnell deutlich geworden. Auch CompuServe reagierte
auf die Situation in den USA und antizipierte in einem Akt
vorauseilenden Gehorsams die Unterzeichnung des *Telecom-*
munication Decency Acts. Rechtlich war sie nicht gezwungen
auf das Drängen des Staatsanwaltes einzugehen. In dieser
Konstellation erwies sich Deutschland jedoch als ideales Test-
feld für die Durchsetzung von regulativen Maßnahmen. Als
Reaktion auf diese Vorgehensweise nämlich wurde das pro-
blematische Material auf vielen anderen Rechnern „gespie-
gelt" – auch und vor allem vor der linken Netzwerkszene, die
sich mit solchen Maßnahmen nicht abfinden konnte – und so
an ständig wechselnden Orten zugänglich gemacht. Auch das
Deutsche Forschungsnetz [DFN] beteiligte sich anfänglich an
diesen Bemühungen. Nach wenigen Tagen war klar, daß fast
alle weltweiten Rechner gesperrt werden müßten, um den Zugang zu diesem Material zu verhindern (DFN 4 Millionen
Megabyte pro Monat). Daß die bayerische Staatsanwaltschaft
parallel dazu und auch die traditionellen Medien (ZDF) beim
European Computer-Industry Research Center [ECRC], bei
dem in München die deutsche Anbindung an die internationalen Netzsegmente realisiert wird, den Rechner suchten, auf
dem das gesamte Material lagerte, mag als Anekdote gelesen
werden. Daran zeigt sich, wie sehr traditionelles staatliches
Denken um Reglementierung an der neuen Infrastruktur
scheitert.

Mit der neuen Publizität des Netzes haben sich zwar die
Prognosen einiger Medien- und Kommunikationswissenschaft-

ler bestätigt, doch gleichzeitig hat sich das Netz auch tatsächlich grundlegend verändert. Aus einer Einrichtung für Forschung, Lehre und die – oft in den Hintergrund gedrängten – militärischen Einsatzfelder, ist ein Massenmedium geworden, daß nun auch den üblichen Regulierungsversuchen unterworfen ist. Allerdings sind genau diese Versuche nur sehr schwer zu realisieren, da das Netz, so wie wir es kennen, grundsätzlich dezentral und antihierarchisch – eher rhizomatisch – organisiert ist.

Die „Sitte und Sprache" der Nutzer dieser unzivilisierten Bereiche (die sie selbst eröffnet haben) läßt sich nicht so einfach zivilisieren/normieren und auf ein (US-amerikanisches) Zentrum hin vektorisieren. Dabei ist interessant zu beobachten, daß diese Diskussionen um Bürgerrechte *auf den internationalen Datennetzen* von beiden Seiten geführt werden, als bestünde de facto ein Raum, den es gilt, urbar zu machen, zu befreien und zu demokratisieren.

Interfaces oder: „Das Gesetz dessen was gesagt werden kann"

Als 1969 die Details des geplanten ARPANETs der *Advanced Research Projects Agency* (ARPA) vorgestellt wurden, waren die grundsätzlichen Standards für infrastrukturellen Verbund gelegt, der heute – mehr als 1969 – diskursdeterminierend funktioniert.

Bei einem heterogenen Netzwerk wie dem ARPANET und später dem INTERNET und alle anderen, besteht ein grundsätzliches Problem darin, die auf den verschiedenen Systemen darstellten Zeichen auf jedem anderen lesbar zu machen. Der 1968 für diesen Austausch vorgeschlagene und eingeführte Standard Code – der *American Standard Code for Information Interchange* (ASCII) – hat nicht nur die Codierung der auf Netzwerken auszutauschenden Texte festgeschrieben, sondern auch die der später eingeführten Workstations und PCs.[1] Dieser alphanumerische Binärcode, ein 7-Bit-Code, dessen 8-Bit (zu einem Byte) in der Regel der Paritätsprüfung dient, kann genau 10 Ziffern, je 26 Groß- und Kleinbuchstaben, 33 Sonderzeichen und 33 Steuerzeichen darstellen, also 128 Zeichen (0-127). Bei einem Blick auf die Standardtastatur wird offensichtlich, daß zum Beispiel deutsche Sonderzeichen so nicht darstellbar/übertragbar sind. Die von IBM später eingeführte Erweiterung des ASCII um 128 Graphiksonderzeichen verbannt nationale Eigenheiten des Alphabets damit in den Bereich der Graphik, auf welchen nur über Erweiterungen des Betriebssystemsstandards und dem Wechsel der Codepages zugegriffen werden kann. So läßt sich zum Beispiel „ãäÜììá" (griechisch für Buchstabe, Schriftzeichen, und übertragen auch für Schrift, Buch, Brief, Inschrift, Dokument, Gemälde, Wissenschaften, Elementarkenntnisse, Schreiben und Lesen) nicht im ASCII darstellen. Somit ist alles das, was sich nicht mit diesen 256 Zeichen darstellen läßt, nicht übertragbar oder anders: was an Gedanken nicht dem *American* Standard Code for Information Interchange entspricht, kann auch nicht „ausgetauscht" werden.

Auch wenn spätestens seit dem Februar 1882 klar ist, daß eine solche Prädetermination in jedem „Schreibzeug" eingeschrieben ist und so „mit an unseren Gedanken" arbeitet[2], ist das „Schreibzeug"/die Tastatur unter den Bedingungen der Netzwerke zu einem Medium der *Echtzeitkommunikation* geworden, dadurch daß die Buchstaben von Monitor zu Monitor übertragen und dadurch Re-Aktionen ausgelöst werden, die entweder – handelt es sich um eine Zeichensequenz zu einem Befehl – Systemveränderungen, oder – im Falle einer Mensch-

---

[1] Der standardisierende Text von V.G. Cerf, *ASCII Format for Network Interchange*, rfc020, vom 16. Oktober 1969 diskutiert den Gebrauch des *Standard* 7-bit ASCII und ist – wie kann es nach diesem Text auch anders sein – in ASCII auf vielen Servern des Internets zu finden.

[2] Friedrich Nietzsche (1902-1909), Bd. IV, S. 97.

zu-Mensch-Kommunikation – kommunikatives Anschlußver-
halten auslösen. Auch Friedrich Nietzsches – auf seiner inzwischen berühmten Mallig Hansen „gedrückter" – oben zitierter
Brief an Heinrich Köselitz benutzt die Tastatur als Medium
seiner Gedanken. Auch er erlebt damit eine Formierung der
Schreibbewegung und des Schreibbaren, die allerdings erst
1888 in Toronto eine Normierung als „Normaltastatur"
[QWERTYUIOP] erfährt[1]. Dieses noch sehr störanfällige „System" läßt ihn ob der sehr ungewohnten Schreibmotorik be-
merken/fragen: „Wann werde ich es ueber meine Finger brin-
ge, einen langen Satz zu drücken!"[2]

Nietzsche antwortet mit dieser oft zitierten Bemerkung auf
einen Brief Köselitz, der schreibt:

> Nun möchte ich gerne sehen, wie mit dem Schreibapparat mani-
> puliert wird; ich denke mir, dass es viel Übung kostet, bis die
> Zeilen laufen. Vielleicht gewöhnen Sie Sich mit diesem Instru-
> ment gar eine neue Ausdrucksweise an; – mir wenigsten könnte es
> so ergehen; ich leugne nicht, dass meine „Gedanken" in der Mu-
> sik und Sprache oft von der Qualität der Feder und des Papiers
> abhängen [...][3].

Die Qualität von „Feder und Papier" die Köselitz' musikalische und sprachliche Gedanken beeinflussen, bestimmen zwar
die manuelle Produktion von Zeichen (deren Geschwindigkeit,
die Wohlgeformtheit und deren Menge) auf dem Papier, doch
grundsätzlich ist die Zahl der benutzbaren Zeichen nur eingeschränkt durch die Menge der im jeweiligen Zeichensystem
zugelassenen Zeichen. Auch Nietzsche schreibt von einer mechanischen Behinderung durch das Schreibzeug auf dieser
Ebene, wenn er die motorische Ungeschicktheit seiner Finger
und die Länge der „gedrückten" Sätze anführt. Die von Kö-

---

[1]   Vgl. Friedrich A. Kittler (1985), S. 199-201; Otto Burhagen
(1889) und George Richards (1964).
[2]   Friedrich Nietzsche (1902-1909), S. 172.
[3]   ibid., S. 229.

selitz' zitierten Verse vom 17. Februar 1882[1] sind so nicht nur Schriftprobe der Mallig-Hansen, sondern auch dessen, was Friedrich Kittler Nietzsches „Telegrammstil"[2] – und somit tatsächlich eine „neue Ausdrucksweise" – nennt. Doch die Tastatur der Schreibkugel bestimmt das, was gesagt werden kann auch und vor allem durch ihren Zeichensatz. Weder Nietzsches Schreibapparat, noch die 1888 eingeführte „Normaltastatur" sind ebensowenig in der Lage „ääÜììá" auf das Papier zu bringen, ebensowenig wie Köselitz' oder Wagners Noten. In diesem Sinne läßt sich das „Schreibzeug" Koselitz' nicht mit dem Nietzsches vergleichen, weil das zweite als mechanisches „Dazwischen" neue und andere Begrenzungen der schreibbaren Zeichen einführt.

Allerdings läßt das Medium als dessen Interface diese Tastatur fungiert noch handschriftliche mit dem Bleistift vermerkte Korrekturläufe zu. Obwohl Köselitz doch in seinem Brief vom 1. Februar 1882 „die Deutlichkeit der Lettern"[3] explizit lobt, muß Nietzsche handschriftlich und mit Bleistift (nach Peter Gast) – im Sinne Claude Shannons – einen *Korrekturkanal* mitlaufen lassen, um sich der Qualität der durch ein „Interface" produzierten Zeichen zu versichern: „Teufel! Können Sie das auch lesen?!"[4] Notwendig wird dies auf der einen Seite durch die Unzuverlässigkeit der Schreibmaschine und durch die ungewohnte motorische Anforderung, auf der anderen Seite aber durch die „schreibmaschinelle" Produktion der Zeichen.

In Konfrontation mit dem neuen „Schreibsystem" finden sich in der Korrespondenz mit Heinrich Köseliz ein „Medienbruch" – eine „mediale Katachrese" wenn man so will. Auf der einen Seite steht die Inkompatibilität zweier „Aufschreibe-

---

[1] S. 171, Antwort: S. 229.
[2] Friedrich A. Kittler (1985), S. 197.
[3] Friedrich Nietzsche (1902-1909), S. 229.
[4] ibid., S. 172.

systeme"[1] und auf der anderen Seite das Bedürfnis, das neuere durch das ältere korrigierbar zu halten.

Viel deutlicher noch werden die Einschränkungen durch unser „Schreibzeug", wenn wir die Protokolle des Internet und der in der Folge angebotenen Schnittstellen ansehen. Ein großer Teil dessen, was an Kommunikation auf dem Netz abläuft, ist im Moment noch an den textuellen Austausch gebunden, dessen Bandbreite auf die schon zitierten 256 Zeichen limitiert ist. Erinnert man sich daran, daß japanische Texte auf einem Zeichensystem von über 10.000 beruhen, wird damit offensichtlich, daß dieses Interface an allen kulturellen Eigenheiten in seinem Einzugsbereich schreibt und diese im Sinne seines Funktionierens formieren muß. So wird auch offensichtlich, daß der größte Teil dessen, was aussagbar wäre nicht in diese Form der Kommunikation eingehen kann. Es ist kein Zynismus, wenn ich weiter oben so sehr die Betonung auf das *American* im „American Standard Code for Information Interchange" gelegt habe. Auch wenn inzwischen durch die berühmten *Emoticons* Wege gefunden sind, zum Beispiel emotionale Elemente in ihren kulturellen Differenzen in diese Form der Kommunikation zu integrieren, ist die Grammatik des Kommunizierbaren eine Technische geworden.

---

[1] Friedrich A. Kittler (1985).

typical smileys used in U.S./European networks		typical emoticons used in Japanese networks	
:-)	regular smile	(^_^)	regular smile
:-(	sad	(^o^;>)	Excuse me!
;-)	wink	(^ ^;)	cold sweat
:-))	very happy	(^o^)	happy
:-o	Wow!	(*^o^*)	exciting
:-|	Grim	(_o_)	I'm sorry
:-||	anger	(^ . ^)	girl's smile
8-)	smile with glasses	(*^_^*;)	sorry
:^)	happy face	(;_;)	weeping
:^(	unhappy	(^_^;;	awkward

Gerade die kulturell-kontextuellen Elemente der Kommunikation sind kaum transportierbar. Das, was transportierbar ist, erfährt eine Standardisierung, womit gerade kulturelle Differenzen unbeobachtbar werden. In dem Vergleich zwischen us-amerikanischen und japanischen Emoticons wird allerdings sichtbar, daß die Netzgemeinschaft diesen Behinderungen schnell zu begegnen sucht. Da die Einführung neuer ISO-Standards die Einschränkungen des Zeichensystems beheben wird, dient der Verweis auf den ASCII-Standard nur der schnellen Illustration des Problems. Viel dramatischer, da weniger sichtbar, wirkt die Formierung durch Interfaces wenn wir an die EINE Oberfläche – Mircosofts „Windows" in allen Derivaten – denken.

Dilemmata

Die abstrakte Karte der neuen Kommunikations- und Verkehrswege – heute gezeichnet durch die Vektoren der Medien – hat eine Territorialität gewonnen, die real und erfahrbar wird, wie schon die sozialen Räume, eingetragen durch

Chausseen, Eisenbahnnetze und Autobahnen. Es sind Räume
der Kommunikation, befestigt durch Medien der Telepräsenz,
die schon mit dem ersten optischen Telegraphen Claude Chap-
pes 1794 gezeigt haben, daß der Befehl des Souveräns schneller reist als dieser selbst, wenn der Weg der Kommunikati-
on/des Befehls, des Handels und der Migration befestigt/nor-
miert ist. Die Virtualisierung des Befehlshabers erzwingt eine
ebensolche des Territoriums und die Normierung/ Regulierung
von Kommunikation, des Adressaten und der Räume, in der
die Virtualisierung statt hat. Wobei es gerade die Virtualität
ist, die diese Normierung scheitern läßt.

Das, was sich in diesem Umfeld als Opposition gegen Teile
der Kommunikations- und Informationspolitik der Clinton-
Administration etabliert (hat) – institutionalisiert in Organisationen wie der *Computer Professionals for Social Responsi-
bility* (CPSR) oder der *Electronic Frontier Foundation* (EFF)[1]
– ist der politisch aktive Teil dessen, was Howard Rheingold
u.a. *virtuelle Gemeinschaften* (virtual communities) nennen.
Diese Seite, kämpft mit der Struktur die reguliert werden soll
gegen eben diese Bemühungen:

EFF and other civil liberties groups ask that a blue ribbon
be worn or displayed to show support for the essential human
right of free speech. This fundamental building block of free
society, affirmed by the U.S. Bill of Rights in 1791, and by the
U.N. Declaration of Human Rights in 1948, has been sacri-
ficed in the 1996 Telecom Bill.[2]

Die andere Seite ist in einem Dilemma gefangen, das sich
auf zwei Ebenen zeigt:

Plötzlich generiert die infrastrukturelle Meisterleistung des
Kalten Krieges durch den *US High Performance Computing
Act* von 1991 – wodurch *das National Research and Educati-
on Network* [NREN] etabliert wird – und den *US National In-*

---

[1]   Die EFF kann erreicht werden unter den folgenden E-Mail Anschriften: tt eff@well.sf.ca.us oder: tt eff-news@eff.org.

[2]   URL: http://www.eff.org/

formation Infrastructure Act von 1993 ein wachsendes öffentliche Interesse und Nachfrage nach Connectivity. Neben den Möglichkeiten eine flächendeckende und breitgenutzte Kommunikationsinfrastruktur zu schaffen, sollte genau dies ja auch erreicht werden. (Wobei zweifelhaft ist, ob der momentane NetBoom tatsächlich durch diese Gesetzgebung ausgelöst wurde. Vielmehr scheint es so zu sein, daß die Einführung des *World Wide Web* [WWW] 1989 und der Web-Browser *Mosaic* von 1993 dem Internet diese Popularität und Medienwirk- und -aufmerksamkeit beschert hat.)

Auf der anderen Seite sind nun die staatlichen Institutionen (vorrangig das DoD und die NSA) gezwungen an einem *Information Survivability Program* zu arbeiten, das sie gegen einen „electronic attack *upon or through* their supporting computing infrastructure"[1] schützt. Was konzeptuell in den 50er Jahren als unzerstörbar und unkontrollierbar entworfen wurde soll, nun von der Instanz, die sie ins Leben rief, kontrollierbar gemacht werden.

Literaturverzeichnis

[1]   Baran, Paul (1964): *On Distributed Communications: V. History, Alternative Approaches and Comparisons*, (RM-3097-PR) Santa Monica.

[2]   Barlow, John Perry (1991): *Schrecken in San Francisco – Das Gesetz der Waffe regiert den Cyberspace – wie ehemals im Wilden Westen*, in: „die tageszeitung, 27. 7. 1991, S. 13 - 14.

[3]   Bolz, Norbert; Kittler, Friedrich; Tholen, Christoph (Hrsg.) (1994): *Computer als Medium*, München.

[4]   Bozak, David Alan; Press, Larry (1991): *The Internet as an Information Resource*, ES.

---

[1]   ITO Research Programs (1995) [Hervorhebungen d. A.

[5] Burhagen, Otto (1889): *Die Schreibmaschine. Illustrierte Be-schreibung aller gangbaren Schreibmaschinen nebst gründlicher Anleitung zum Arbeiten auf sämtlichen Systemen*, Hamburg.

[6] Bush, Vannevar (1945): *As We May Think*, in: „The Atlantic Monthly", July 1945.

[7] Cassidy, Peter (1995): *Can Pyromaniacs fight Fires?*, in: „Wired", 3.05, S. 84.

[8] Cerf, V.G. (1969): *ASCII Format for Network Interchange*, rfc020, vom 16. Oktober 1969

[9] Crocker, Steve (1969):*RFC-3, Documentation Conventions*, Network Working Group.

[10] Crocker, Steve Crocker (1987): *The Origins of RFCs*, in: Reynolds, Postel (1987).

[11] Faulstich, Werner (1994): *Grundwissen Medien*, München.

[12] Faßler, Manfred; Halbach, Wulf R. (1994a): *Cyberspace. Gemeinschaften – Virtuelle Kolonien – Öffentlichkeiten*, München.

[13] Faßler, Manfred; Halbach, Wulf R. (1994b): *CyberModerne: Digitale Ferne und die Renaissance der Nahwelt*, in: Faßler, Halbach (1994a), S. 21-94.

[14] Feldman, Saul D. (1991): *Telecommunications go to war.* (The Well on-line service's coverage of the Persian Gulf War) (Forum), in: „PC Sources", May 1991, Vol. 2, N. 5, S. 62.

[15] Flichy, Patrice (1994): *Tele. Geschichte der modernen Kommunikation*, Frankfurt: 1994.

[16] Garnham, Nicholas (1990): *Capitalism and Communication. Global Culture and the Economics of Information*, London, Newbury Park, New Dehli.

[17] Gibson, William (1982): *Neuromancer*.

[18] Gibson, William (1986): *Count Zero*.

[19] Gibson, William (1988): *Mona Lisa Overdrive*.

[20] Giesecke, Michael (1994): *Der Buchdruck der frühen Neuzeit*, Frankfurt.

[21] Gumbrecht, Hans Ulrich; Pfeiffer, K. Ludwig (Hrsg.) (1993): *Schrift*, München.

[22] The Project Gutenberg Etext (1992): *The Hackers' Dictionary*, jargn10.txt, The jargon file, version 2.9.10.

[23] Haarmann, Harald Haarmann (1991): *Universalgeschichte der Schrift*, Gießen.

[24] Halbach, Wulf R. (1994): *Interfaces – Medien- und kommuni-kationstheoretische Elemente einer Interface-Theorie*, München.

[25] Halbach, Wulf R. (1994b): *Reality Engines*, in: Bolz, Norbert; Kittler, Friedrich; Tholen, Christoph (Hrsg.), „Computer als Medium", München, S. 231-244. Halbach, Wulf R. (1994c): *Konstruktionen gesellschaftlicher Freiheit oder: Abenteuer im Cyberspace*, in: Manfred Faßler, Wulf R. Halbach (1994), S. 239-253.

[26] Harding, John T. (1991): *Accessing the Truth. Jersey Telex Bases Kept Soviets Abreast of Ongoing Event*, ES. New Jersey.

[27] Hardy, Henry Edward (1993): *The History of the Net*, Master's Thesis, School of Communications, Grand Valley State University: 1993, ftp: // umcc.umich.edu /nethist8.txt.

[28] Hauben, Michael (1992): *The Social Forces Behind the Development of Usenet News*, elektr. Ms.

[29] Heart, F. / A. McKenzie / J. McQuillan / D. Walden (1978): *ARPANET Completion Report*, Washington.

[30] ITO Research Programs (1995): *Information Survivability*, 30. Oktober 1995@ito.arpa.mil.

[31] Katsh, M. Ethan (1995): *Cybertime, Cyberspace and Cberlaw*, 1995, J. Online L, art 1.

[32] Kittler, Friedrich A. (1985): *Aufschreibesysteme 1800 - 1900*, München.

[33] Kittler, Friedrich A. (1989): *Gleichschaltungen. Über Normen und Standards der elektronischen Kommunikation* E.S., Bochum.

[34] Kittler, Friedrich A. (1993/94): *Image*, E.S., Berlin.

[35] Kleinrock, Leonard (1976): *On Communications and Networks*, in „IEEE Transactions on Computers", 1976, Vol. C-25, No. 12, S. 1328 ff.

[36] Konitzer, Ralph (1994): *E.T.A. Hoffmann: „Augen-Blicke". Projektionen*, E.S., Bochum.

[37] Kroll, Ed (1989): *The Hitchhiker's Guide to the Internet*, Network Working Group, RCF: 1118, krol@uxc.cso.uiuc.edu.

[38] Levy, Steven Levy (1984): *Hackers. Heroes of the Computer Revolution*, New York.

[39] Lotter, Mark K. (1992): *Internet Growth (1981-1991)*, Network Working Group, RCF: 1296, SRI International Network Information Systems Center, January.

[40] Luhmann, Niklas (1987): *Soziale Systeme – Grundriß einer allgemeinen Theorie*, Frankfurt a.M.

[41] Luhmann, Niklas (1991a): *Soziologische Aufklärung 3*, Opladen.

[42] Luhmann, Niklas (1991b): *Die Unwahrscheinlichkeit der Kommunikation*, in: Luhmann (1991a), S. 25-34.

[43] Luhmann, Niklas (1993): *Die Form der Schrift*, in: Gumbrecht, Pfeiffer (1993), S. 353.

[44] Nietzsche, Friedrich (1902-1909): *Briefe*, hrsg. von Elisabeth Förster-Nietzsche und Peter Gast, Berlin, Leipzig.

[45] Reynolds, J.; Postel, J. (1987): *RFC-1000, The Request for Comments Reference Guide*, Network Working Group.

[46] Roberts, Lawrence G. (1988): *The ARPANET and Computer Networks*, in: „A History of Personal Workstations", ed. Adele Goldberg, New York.

[47] Siegert, Bernhard (1990): *Das Amt des Gehorchens*, in: Jochen Hörisch, Michael Wetzel (Hrsg.), „Amaturen der Sinne. Literarische und technische Medien 1870 – 1920" München 1990, pp. 83-106.

[48] Siegert, Bernhard (1993): *relais. geschicke der literatur als epoche der post*, Berlin.

[49] Smith, David A. (1991): *Virtual Reality: Promises and Problems*, E.S., Cary.

[50] Steele, Guy (1983): *The Hacker's Dictionary*, New York.

[51] Sutherland, Ivan (1965): *The Ultimate Display*, in: „Proceedings of the IFIP Congress", S. 506-508.

[52] Travica, Bob; Hogan, Matthew (1992): *Computer Networking in the xUSSR: Technology, Uses and Social Effects*, ES, Syracuse.

[53] Press, Larry: *A Computer Network for Democracy and Development*, in: „RISKS-LIST: RISKS-FORUM Digest, Sunday 7 September 1991, Volume 12 : Issue 27", ES.

[54] Richards, George (1964): *The History and Developement of Typewriters*, London (2. Auflage).

[55] Quaterman, John S. Quaterman (1990): *The Matrix: Computer Networks and Conferencing Systems Worldwide*, Bedford, MA.

[56] Virillio, Paul (1992): *Bunker Archäologie*, Carl Hanser Verlag, Wien, München.

[57] Wilhelm, Johannes u.a. (1985): *Nuklear-elektromagnetischer Puls (NEMP) – Entstehung, Schutzmaßnahmen, Meßtechnik*, Sindelfingen: expert-Verlag.

Makromedien

Manfred Faßler

*Erkennen heißt nicht zerlegen und
auch nicht erklären.
Es heißt Zugang zur Schau finden.
Aber um zu schauen, muß man teil
nehmen. Das ist eine harte Lehre.*

A.de Saint-Exupéry, Flug nach
Arras

Strukturwandel des Mediensystems

Dieser Beitrag beschäftigt sich mit der *sozialen Verfassung*
von Medialität, also mit der Art und Weise, in der Medien genutzt, eingesetzt, verwendet, gebraucht werden. „Gebrauch"
wird im vorliegenden Text als eine vielschichtige Handlung
verwendet. Diese entsteht in der Wechselbeziehung von (sozialer, kultureller) „Anwendung" und (individueller) „Aneignung" eines Mediums. Gebrauch ist demnach nie allein durch
die materialen oder formalen Elemente von Medien bestimmt,
sondern stets auch durch die einzelmenschliche Fähigkeit, die
Absichten, Zielsetzungen, Wünsche.

Dieser Gedanke „*Gebrauch von Medien*" wird die vorliegende Argumentation begleiten, ohne daß dieses Erklärungs-
modell ausgeschöpft wird. Ich werde mich konzentrieren auf
die sozial-strukturellen Aspekte von Mediengebrauch. D.h.

„Medium" wird hier vorrangig unter dem Aspekt behandelt, *„Mittel zur Kommunikation"* bereitzuhalten. Wie diese Mittel genutzt rsp. gebraucht werden, ist an anderen Stellen dieses Buches beispielhaft dargestellt. Vorausgesetzt ist hier, daß Medien sozial durchgesetzt sind, also u.a. zur Selbstbeschreibung eines sozialen Systems dienen. „Gutenberg-Galaxis" (M. McLuhan), „television culture" (J. Fiske), Industriegesellschaft, Informationsgesellschaft, „Interface Kultur" (M. Faßler / W. Halbach) sind Beispiele hierfür. Dies schließt die sehr unterschiedlichen Verabredung über Wirkungsbreite und Funktion von Medien und die medieneigene Unterscheidungsbreite mit ein: das Radio hat eine andere Funktion als ein Buch; ein Jerry Cotton Roman hat eine andere Funktion als die gedruckte Verfassung eines Landes.

Der Unterscheidung von „Gebrauch von Medien" und „Mittel zur Kommunikation" (vgl. M. Faßler 1997) liegt der Gedanke zugrunde, daß sich „Vermittlungsfähigkeit" eines Mediums nur einstellt, wenn der angegebene Zeichenspeicher „gebraucht" wird, Moment von Kommunikation ist. Dies berücksichtigt die *materialen Formate eines Mediums* (= so z.B. Papierformate der Zeitungen, gebundene Bücher, Broschüren oder elektronische Speicher, Übertragungskanäle) ebenso wie die *kulturelle Formatierung* (= die Nutzungskonventionen) und die *individuelle Verkörperung der Mediennutzung* (= Alphabetisierung, Medienkompetenz, Computerkompetenz). Ein Medium ist nicht nur ein komplexer, sondern auch ein dichter Zusammenhang. In ihm realisieren sich Selbstbeschreibung, -beobachtung und Selbsteinwirkung eines Systems. Diese dreifache systemische Bestimmung ist die Basis für das hier darzustellende *Konzept der Makromedien*. Dies beinhaltet gerade für rasche Verbreitung des nur *interaktiv* zu „gebrauchenden" Mediums Computer, das Leitzitat immer wieder zu bedenken, daß „man teilnehmen muß, um zu schauen". Dennoch wird der Abstand zur Teilnahme hergestellt und gehalten werden müssen, um Verallgemeinerung garantieren zu können.

Da dieser Beitrag aus der Blickrichtung der Medien- und Kommunikationssoziologie geschrieben ist, kommt den Begriffen der „Handlung" (Inter-Aktion / Inter-Aktivität) und der Handlungsfähigkeit (agency) ein besonderes Gewicht zu. Hier wird allerdings nicht den subjektiven Absichten der Handelnden nachgesucht. Mir geht es um das Verhältnis von menschlichen und nicht-menschlichen Kommunikationsbedingungen. Dabei ist mitgedacht, daß beschriebene Tonscherben, Flugschriften, Bücher, Hausordnungen, Bibliotheken bereits in die Gruppierung „nicht-menschlicher" (= weil eigenmaterieller) Kommunikationsbedingungen gehören. Die Betonung des Terminus „Handlung"/"Aktion" zeigt eine Frage an, die weit darüber hinaus geht: welchen „Aktanten-Status" haben inzwischen Medien erhalten? Betrachtet man die sich täglich vergrößernde Gruppe der *elektronischen Agenten* (wie Netbrowser, Watchdog, Suchprogramme etc.), also die programmierten Medienbereiche, so läßt sich die Frage noch ausweiten: welchen Anteil haben die programmierten elektronischen Aktanten bei der computergestützten Informationsaufbereitung und Kommunikation?

Mit dieser Frage verbindet sich die Einsicht, daß die weitreichenden elektronischen Medien die Verhältnisse und ihre Maße unumkehrbar verändern. Die Dynamik der elektronischen Infrastruktur von Tele-Präsenz (von Telefon, Television, elektronischen Netzen) verändert die Bedingungen der Selbstorganisation von Individuen und sozialen Systemen unumkehrbar. Die Dynamik dieser Veränderung ist u.a. abhängig von der Kommerzialisierung von Kommunikation, von der sozialen Selbstverständlichkeit des Gebrauches von elektronischen Medien, der Wirklichkeitsverabredung über den Status der elektronischen Mediasphäre und dem Lern- und Nutzungsverhalten der Individuen.

Der leitende Gedanke ist:

Die normativen nicht-technischen (i.w.S. kulturellen) Großordnungen wie Herkunft, Zugehörigkeit, Staat, Kirche,

Hochkultur erhalten spätestens mit dem Buchdruck (ab dem 16.Jh.) Konkurrenz von technisch-medialen Großordnungen. Konkurriert wird um das knappe Gut der Aufmerksamkeit, um Erklärungsleistungen, um Überlieferung, um Vermittlung und um Integration. Es ist eine lange Geschichte, in der gedruckte Sprache, gedruckte Bilder, gefunkte Nachrichten, übertragene Telegramme, Photographien oder „gefilmte" Bewegungen dem Menschen zunehmend mehr erzählen und bedeuten, als dies Institutionen tun. Diese, die Medialität benutzend, begünstigen die Entwicklung einer medialen Großstruktur. Ebenso berührt dies die persönlichen Anteile von Kommunikation. Jede technisch-mediale Neuerung bedeutet eine Veränderung des Persönlichkeitsgrades von Kommunikation (K. H. Hörning, D. Ahrens, A. Gerhard 1996, 15). Insofern ist Mediengeschichte stets Verhaltens- und Institutionsgeschichte. Um ihre Relationen wird es hier gehen.

Sicher gab und gibt es Brüche in diesen Entwicklungen. Und es wird diese weiterhin geben. Viele technische Erfindungen waren nötig; etliche kamen nicht zum Zuge; unterschiedliche Schritte ihrer Kommerzialisierung gelangen, manche scheiterten; ebenso lernten die Menschen zu unterschiedlichen Zeiten, mit den „Neuheiten" umzugehen und sich auf die sozialen Reichweiten, kulturellen Bedeutungen und Verhaltenserfordernisse veränderter Integrationslandschaften einzustellen. Vereinfacht kann man sagen: es sind holprige Lerngeschichten von territorialen Großordnungen, wie sie die hoheitlichen Institutionen darstellen, zu nicht-territorialen Großordnungen, wie sie global ausgerichtete Mediensysteme herstellen (R. Münch 1991). P. Lévy spricht von „co-evolution" von Medialität und Wahrnehmung, von menschlicher und künstlicher Intelligenz (1993), H. Balck und R. Kreibich sprechen von „evolutionären Wegen in die Zukunft"(1991). Andere verstehen die Einführung und Durchsetzung von elektronisch-liquiden Medien, wie es die Digitalisierung ermöglicht, als einen Übergang von ortsfester Nutzung zu Datenreisen (T. Wetzstein, H. Dahm, L. Steinmetz, R. Eckert 1995; M. Faßler 1996c). Von einigen Aspekten und einigen Forschungslücken dieser Mediengeschichten als vielschichtigem Lernprozeß wird hier berichtet.

Medienextensionen

Medien sind, so die geläufige Einordnung, Elemente oder Momente von Gesellschaft. *Element* bezieht sich auf ein eher statisches, *Moment* auf ein eher dynamisches Verständnis. Stets werden sie als ein allgemein verfügbarer und zeit- und zumeist auch raumunabhängig nutzbarer Teil von Ordnung verstanden. D.h die Art und Weise ihrer Nutzung ist wiederholbar und von den spezifischen Informationen zunächst unabhängig zu verstehen. Jeder Mensch hat ein intuitives Verständnis dieser Vermittlungsfunktionen. Fast selbstverständlich scheint, daß „Medien" uns „informieren", „unterhalten", daß „sie lügen" oder „manipulieren". In diesen Sprachbildern vom „handelnden Medium" wird vorausgesetzt, daß Medien eigenständig aktiv sind, daß sie unabhängig vom einzelnen Menschen „funktionieren".

Medien sind *Bestandteil der Routinen unserer Alltagswelt.* Obwohl sie für viele in unserer Gesellschaft der *Urform der Kommunikation,* dem face-to-face, vis-á-vis nachgeordnet sind, scheinen sie - im raschen Urteil - bereits längst in die Intimität der Zwischenmenschlichkeit eingedrungen zu sein. Aber auch im wissenschaftlich-skeptischen bis ablehnenden Denken scheinen sie als Systemkomponenten die Lebenswelt „kolonisiert" zu haben (J. Habermas). Obgleich die Debatte um diese Verständnisse dringlich ist, wird sie hier nicht geführt werden. Auch greift dieser Beitrag nicht die interaktionstheoretisch umfassend ausgeleuchtete Situation des face-to-face auf (G. H. Mead 1978; E. Goffman 1977; H. Joas 1992). Er befaßt sich mit den mittelbaren Beziehung zwischen Individuen, Gruppen und Institutionen. Dabei werden zwar die schriftlichen Zeichenordnungen (D. de Kerckhove 1995), Gemälde, Musik, Bücher (M. Giesecke 1991), Zeitungen, Videos mit einbezogen. Sie werden aber als Momente der sozialen Vermittlungs- und Aufmerksamkeitsverteilung (K. W. Deutsch 1966) verstanden. Sie sind Bestandteil sozialer Differenzierungen, der Abgrenzungen und Integrationsmöglichkeiten. Sie liegen immer „dazwischen". Sie können den „nahen Raum" ermöglichen, aber auch zu sprachlich, mimetisch oder habituell unüberwindbaren Abständen führen; sie bergen in sich lange Herkunftsgeschichten, wie das Latein als linguistisches System oder griechische Skulpturen; sie liefern Bedeutungsgeschichten von Mimik, Imitation, Pantomime, Symbolisierung (W. Jung 1995); sie halten eine Fülle von Zeiten, Erfahrungen und Deutungen bereit, wie im Buch, oder sind Systeme der Fernanwesenheit, wie das Telefon oder die computergestützten globalen Kommunikationsumgebungen.

„Medium" ist folglich weder materiell, noch in seiner Ausdehnung oder in seiner Bedeutung ein einheitliches Konzept. Medium ist zunächst der Sammelbegriff für *Vermittlungsbedingungen und -weisen.* Sie sind auf unterschiedliche Sinne des Menschen gerichtet (Gehör, Gesicht, Geruch) und beanspruchen unterschiedliche geistige Leistungen in sehr unterschiedlicher Weise, sei dies passiv-genießerisch, passiv-gehorsam, bewußt-bedenkend oder auch planerisch-entwerfend. Die *Codierungsleistungen,* die ein Mensch beim Lesen einer Zeitung zu erbringen hat, sind denen ähnlich, die er für ein Buch benötigt. Sind Bilder mit gedruckt, so erweitert sich die Anforderung an Entschlüsselung, Interpretation und Verstehen. Bewegen sich die Bilder (Film, Video), erzählen sie und die gesprochene Sprache eine Geschichte, ist diese zeitlich gefügt durch Musik, so sind *Mehrfachkodierungen* erforderlich. Medium zieht also *nicht ausschließlich einen Nutzungsstil oder eine Interpretationsebene* auf sich.

Die Beziehungen von Medium und Nutzung, Wirkung und Rezeption sind ausführlich in anderen Zusammenhängen dargestellt und werden hier nicht vorrangig behandelt (R. Burkart 1995). Im Zentrum der hier als Teil der modernen Mediengeschichte dargestellten Prozesse stehen die *Medien-Extensionen* und ihr Wandel im Verlauf des 20. Jahrhunderts. Es wird kein abgeschlossenes Ergebnis vorgelegt.

Was ist mit *Medien-Extension* gemeint und wie wird sie in den Forschungen berücksichtigt? Der Begriff bezieht sich darauf, daß Medien in noch zu bestimmender Weise „Allgemeinheit anbieten" und diese scheinbar auch vermitteln. „Allgemein" bezieht sich auf den Verbreitungsgrad (Kapazitäten), die Nutzungsmöglichkeiten (technische und kompetenzbezogene) und die anerkannte, weil „verstandene" (symbolisch bildhafte, bezeichnende) Vermittlungsfunktion des Mediums. In den Forschungen zu *Mediengattungen* (S. J. Schmidt, S. Weischenberg 1994), wird diesen Binnendifferenzierungen, die inzwischen in medialen Szenarien erkennbar sind, nachgegangen. Von einer subjektbezogenen und *rezeptionsgebundenen* Forschungsrichtung her beschäftigen sich die Arbeiten zu Bedürfnisstruktur und Mediennutzung (W. Teichert 1975) mit diesem Themenbereich. P. M. Spangenberg greift in seinen Arbeiten über die Verbindung von *Ereignisart und Medium* (P. M. Spangenberg 1992) die Verbindung den Zusammenhang von Ereignis, Konstruktion und Medienausdehnung auf.

Medien-Extension wird im Folgenden in vier Hauptebenen unterteilt:

– *formal*: die in den verwendeten Zeichenordnungen (Ch. Morris 1972; R. Posner 1991) zum Ausdruck kommenden Abstraktionen und Synthesen (semiotisch, mathematisch)

– *material*: der mit den jeweiligen Abstraktionen und Synthesen technik- und mediengeschichtlich verbundene Mediencorpus wie Buch, Telefon, Telegraphie, Television, Zeitung und die damit verbundenen Nutzungsparameter

– *kon-figurational*: über Nutzung als Adaptationsverhalten und lernende Anpassung rsp. innovatorische Veränderung entstehende wechselseitige Bestätigung von Symbol- und Gegenstandsnutzung

– *sozial-relay*: über Nutzung erfolgende Verstärkung von Überlieferungsstilen, Verhaltensordnungen und Wahrnehmungsmustern.

Medien sind insofern durch ihre Extension (strukturelle und vermittelnde Allgemeinheit) eine *bestimmte Art von Speicher*. Sie tragen einen erheblichen Anteil an dem Aufbau von Aufmerksamkeitsbedingungen. Sie lenken durch die Verbindung von Ereignisart, Nachrichtencharakter, Wahrnehmungsinteresse, Wissensdruck oder Entspannung (um nur wenige Aspekte zu nennen) die Verteilung von Aufmerksamkeit und legen die Annahme- und Ablehnungsmöglichkeiten zum Teil fest. Dennoch: sie sind nicht unabhängig von den Kompetenzen der Nutzerinnen und Nutzer zu sehen.

Medium und Kommunikation: eine schwierige Zeitpolarität

Medienextensionen sind in der Medienforschung nicht sehr ausführlich beobachtet und ausdrücklich beschrieben worden. Sie standen immer in Konkurrenz zu Kommunikation, ob als angesichtige oder massenmedial gefaßte Kommunikation. Beobachtbar ist, daß sich Medien- und Kommunikationsforschung in zwei entgegengesetzte Zeitstrukturen teilen. Medientheorien gehen von einem *ex ante* aus; Kommunikationstheorien gehen logisch von einem *ex post* aus.

Wie ist dies gemeint?

– Es wurde schon gezeigt, daß Medien durch die Ebenen ihrer jeweiligen Extension sowie deren Verknüpfung eine Art von Speicherstruktur darstellen. Es handelt sich dabei um Verdichtungen von Aufmerksamkeits- und Verteilungsstrukturen, die vor dem zeitlichen Verlauf der Me-

diennutzung Grenzen bestimmen. Die Nutzungsbreite z.B.
von Zeitung, Fernsehen, Video, Computer prägen sich in
den Modus der Aktualisierung (N. Luhmann) von Vergan-
genem ein. In dieser Form sind Medien wichtige nicht-
menschliche Bestandteile des individuellen oder sozialen
Vermittlungsprozesses. Sie bilden eine Art Hintergrund-
struktur für die Organisation von Verständigung.

– Kommunikation ist im üblichen Sinne eigentlich erst
dann erreicht, wenn die verbal-/text-sprachliche, gestisch
non-verbale, gegenständliche oder symbolische Darlegung
von Verständigungsschritten dazu geführt hat, daß mit dem
Abschluß einer Verständigungssequenz mindestens zwei
Individuen Absichten, Bedeutungen oder Zielsetzungen teilen. Ob sie sich „verstanden" haben oder „verstehen" sei
dahingestellt. In einem schlichten Sinne ist „gelingende
Kommunikation"(J. Habermas) vom Abschluß, d.h. nur von
der vollzogenen Bedeutungsvermittlung her zu bestimmen
oder, wie bei N. Luhmann, über den „Bestandserhalt" eines
Systems. Selbst dann, wie es im wissenschaftlichen Umfeld
gerne getan wird, vom Diskurs gesprochen wird, ist dieser
nur dann erfolgreich, wenn er, trotz seiner prinzipiellen
Offenheit, abgeschlossen wird. Auch dies verweist auf eine
ex-post-Beschreibung von tatsächlich erfolgten, weil empirisch beobachtbaren Verständigungssequenzen. Vor einigen
Jahren beschrieb dies W. Schulz (1971) damit, daß man
den Begriff „Kommunikation (....) genaugenommen nur ex
post, nach Vollzug des Kommunikationsaktes verwenden
kann. Ex ante läßt sich allenfalls ein Kommunikationsvor-
satz oder -versuch feststellen, denn die Verständigung kann
ja ausbleiben."(1971: 90) Zu Recht spricht S. J. Schmidt
(1990) von der „Unwahrscheinlichkeit gelingender Kommunikation" gerade dann, wenn es um die inhaltlich aufge-
ladene Ausdeutung von Kommunikation geht.

Methodisch wird diese Polarität dadurch zu umgehen versucht, daß entweder die alltägliche Rezeption (z.B. M. Schenk

1978/1987; A. Pepitone 1966), die Sender-Empfänger-Struktur oder die Steuerungspotentiale von Massenmedien oder Massenkommunikation beforscht werden (z. B. W. Schulz 1992) Hierdurch sind wichtige und unverzichtbare Erkenntnisse erarbeitet worden. Die Diskrepanz der Zeitmuster für die analytische Beschreibung von Mediennutzung, Medieneinsatz und Kommunikationsprozessen bleibt davon unberührt.

Um der überlieferten aber unschlüssigen Trennung der Zeitgrenzen von Medium und Kommunikation zu entgehen, wird in der vorliegenden Darstellung das Konzept der Makromedien vorgeschlagen. Mit ihm wird versucht, *Medium und Kommunikation einander anzunähern*.

Deshalb widmet sich der vorliegende Beitrag der historischen und sozialen Beschreibung von Medien, und damit ihrer Materialität, ihrer Funktion und ihrer strukturellen *Bedeutung für Kommunikation*. Für ihre Bewertung kann es keinen einheitlichen Maßstab geben. Jedes Medium ist ein Gebrauchsgut, in dem Nutzungsentscheidungen, Macht, Gewaltförmigkeit, Ästhetik nicht ein für allemal gespeichert sind. Ein Medium ist ein Produkt der es nutzenden Gesellschaft, eine Gestalt zeichentheoretischer, transporttechnischer und technokultureller Selbsteinwirkung eines sozialen Systems. Um seine Geschichte erzählen zu können, braucht man immer *Strukturen*, *Materialien* und *Akteure*.

Aproposito Gesellschaft

Überhaupt Gesellschaft: sie ist durch die „globale Vernetzung der Gegenwart ... in immer dichtere kollektive und atomisierte Gleichzeitigkeiten" überführt. (A. Borst 1991, 107) Sie ist Randbedingung globaler Kommunikation und wechselseitiger Abhängigkeiten geworden, eine Region eigenartiger Erinnerungen, ein Fundus ortsfester Selbsbeschreibungen. Gleichwohl ist sie eine Bestandsbedingung für die Formulierung von

Anwesenheit, von Ansässigkeit, von jeglicher Form von Erreichbarkeit. Aber machen wir uns nichts vor: Gesellschaft, als ein überliefertes Off-Line-Konzept mit durchgreifender industrieller, schwerindustrieller, bürokratischer Gesetzmäßigkeit, ist abhängig geworden von On-Line-Umgebungen, von elektronisch gespeicherten, bearbeiteten und übertragenen Informations- und Kommunikationsverbindungen.

Diese Veränderung läßt sich an drei Modellen für die letzten 300 Jahre skizzieren:

Markt	Containement	Netz
: lokale, trans-lokale Märkte; Orts- und Fernhandel	: Fabrik [Produkt.], Labor [Wissensch.], entpersonalisierte, synthetische Ordnung; [Verwaltung]; >> Gehäuse <<	: offene Struktur; Synthese ensteht über Intensität der Nachrichtennutzung; mit der 0/1 symbolischen Konnotation v. Präsenz/Absenz
[dominant im 16.-Anfang 19. Jahrhundert]	[dominant im 19. u. bis Mitte 20. Jahrhundert]	[dominant seit Ende des 20. Jahrhunderts]

Daraus ergibt sich eine wichtige Grundbestimmung:

Überlieferte Selbst- und Umweltvorstellungen von Gesellschaft werden immer schwächer: Gesellschaft ist nicht mehr fest umgrenztes Inland, in dem Nachrichtentransport, Informations- oder Wissenssysteme entweder ausschließlich „hoheitliche" = staatliche Funktionen sind oder massenmediale Sende- und Empfangsmuster aufweisen.

Was ist dann *Gesellschaft*?

Es wird immer schwieriger, dieses stattfindende Beziehungsgebilde eindeutig zu bestimmen. Eingeübt sind Worte wie „Agrar-", „Industrie-", „Dienstleistungs-" oder „Massengesellschaft". Dominierende Bereiche der Versorgung, der

Produktion oder vermeintlich eindeutige Phänomene werden angeführt, um eine lineare erklärende Beziehung zwischen Struktur und Lebensweise herzustellen. Dabei wird noch so getan, als habe „Gesellschaft" eine klare Zeitordnung, eine feste Territorialität und einen zählbaren Bestand von „(R-)Produktionsorten" und „eigener Bevölkerung" (M. Faßler 1996a).

Wir müssen uns daran gewöhnen, daß die computer-verstärkten „gesellschaftlichen Verhältnisse" keine „Polizeistunde" haben (wie die meisten deutschen Städte, um die Erholung für die folgende Arbeit dem Einzelnen erziehrisch nahezubringen), daß sie global 24 Stunden „geöffnet" sind und daß sie kein industriell, landwirtschaftlich oder kulturell ansässiges starres Raumgebilde sind. *Elektronische Sozietät* ist zu einem zivilisatorischen Zustandsgeflecht geworden, *zu Interface-Kultur.*

Die oben angeführte Grundbestimmung läßt sich erweitern: der Umfang, die Verteilung und Verfügung über Nachrichten sowie die Sichtung von Nachrichten durch Individuen, durch die Nutzung (relativ) frei zugänglicher Kommunikationsnetze, haben die Grenzen sozial organisierter Verständigung verändert. Damit verbinden sich derzeit zwei große Prozesse:

– Post, Kommunikation und Nachrichten werden von monopolen staatlichen Amtsbereichen gelöst und zu freien Machtbereichen;

– Produktionswissen, Verteilungswissen, Wissenschaften und Alltagskommunikation werden in wachsendem Maße integriert in ein Gefüge kontinental oder global verteilter Wissensbestände.

– Die offene Gesellschaft wird zu einer technologischen, ökonomischen und zivilisatorischen Notwendigkeit.

Wir befinden uns inmitten eines tiefgreifenden Strukturwandels der Medienssysteme - und treiben diesen voran!

Das Zentrum dieses Strukturwandels ist die immer selbstverständlicher werdende elektronische Bereitstellung (vorge-

ordneter) Information und hierüber aufzubauender Kommunikation. Mit ihr verbindet sich eine bereichsüberschreitende, also nicht in Fabrik, im Büro oder in Verwaltung „eingekam-
merte", sondern offen „komponierbare" und weltweit adressierbare Informations- und Kommunikationstechnologie. Zwar
können wir noch zwischen Sektoren der agrarischen, fabrik-
technischen und administrativen „Produktion" unterscheiden.
Aber: die klassischen Produktions- und Verteilungssystemati-
ken werden zu Peripherien einer globalen Technologie. *Technik, Kommunikation und Individualität werden zu einem medialen Projekt.* Nicht nur die Stellung wesentlicher Techno-
logie- und Medienbereiche zueinander wird verändert. Auch
das Gelingen sozialer Anpassungsleistungen wird immer mehr
in den Bereich individuellen Verhaltens verlegt. Mit den elektronischen Rechnern werden Technik, logistische Weltmodelle
in Form von Programmen und immensen Wissensvorräten als
ein „neues Medium" durchgesetzt (N. Stehr 1995). Dabei
bleibt die körperliche, sinnliche und intellektuelle Notwendigkeit für den Menschen erhalten, zu tasten, riechen, fühlen, zu
schlagen, zu rennen, handelnd und begrifflich zu unterscheiden. Allerdings erzeugt er einen elektronischen Interaktions-
partner, eine gestaltlose Technologie (M. Faßler 1992), mit
der er ko-operieren muß. Diese gesellschaftlich organisierte
interaktive Zu-(sammen)-arbeit von intelligentem Menschen
und intelligenter Maschine beendet das schwerindustrielle
Zeitalter (1870-1950) und die parallele Bürokratisierung der
Welt (1920-1990) (H. Jacoby 1969).

Ein neues Geflecht von Vermittlungsstrukturen entsteht.
Unter Berücksichtigung der angesprochenen Zeiträume unterscheide ich folgende Ebenen:

STRUKTURMEDIEN = kirchliche (historisch geprägt), staatliche, juristische Körperschaften, Normen, Institutionen
und ökonomische Generalisierungen wie Ware und Geld
(in der formativen Gestalt der Fabrik und des Marktes)

Strukturmedien regeln Knappheitsbedingungen: sie verteilen begrenzte Macht, begrenzte Warenmengen und Ressourcen. Sie sind institutionelle Bewirtschaftsformen.

MASSENMEDIEN = Zeitungen, Rundfunk, Fernsehen; damit ist die militärische, technische und politische Konzeption >einer an alle< verbunden; es bezeichnet eine propagandistische, einkanalige, manipulative oder einseitige Gesamtversorgung mit Nachrichten, Bildern, Musiken.
Massenmedien regeln Profitabilität durch die Manipulation eines beliebig vermehrbaren oder wiederholbaren Gutes.

INDIVIDUALMEDIEN = computerbasierte Informations- und Kommunikationsprozesse und die mit ihnen apriori verbundene Mensch-Computer-Interaktivität (MCI).

Mit ihnen verbinden sich nicht nur unterschiedliche Technologien, sondern auch historisch unterscheidbare Medienkonzepte.
Individualmedien ermöglichen (im Idealfall) die beliebige Kombination von Nachrichten und die Herstellung immer neuer Orientierungsräume. (Individualbewirtschaftung)
Diesen unterschiedlichen Strukturen sind jeweils eigene Verhaltensmodalitäten zuzuordnen.
– *Strukturmedien* sind im wesentlichen *Verteilungsmedien*, die von einem relativ festen Bestand an Ressourcen (Waren, Bildung, Geld) und Ordnungsbedingungen ausgehen. Sie sind an Sozialkontakte der Menschen gebunden, an materiale (Ware-Geld) oder symbolische (Hierarchien) Austauschbeziehungen.
– *Massenmedien* sind *Verbreitungsmedien*, die mit immer neuen Aktualitäten oder Phantasien, deren Wiederholung oder Fortsetzungen aller Art arbeiten. Ihr Kennzeichen ist die Mensch-Maschine-Beziehung, für die keine Sozialkontakte erforderliche sind. Das unterlegte einkanalige Be-

fehlsmuster ist theoriegeschichtlich der Hauptgrund, warum Medienkritik mit Technikkritik gleichzulaufen schien. Massenmedien und Massentechniken wurden gleich zwingend und entfremdend interpretiert.

– *Individualmedien* sind *Kommunikationsmedien*, die an nieder- oder höherstufige interaktive Auswahlmöglichkeiten und Fähigkeiten gebunden sind. Diese Interaktivität ist in besonderer Weise verfaßt: (a) sie bildet in sich die Idee der Mensch-Mensch-Beziehung ab, was häufig dazu führt, den Computer zu vermenschlichen oder zu einer „Person" zu machen (was J. Weizenbaum mit dem Programm „ELIZA" begann); (b) zugleich ist „Interaktion" Bestandteil der programmierten Nutzungsmöglichkeiten. Ihre programmsprachliche, folglich ihre technologische Zusammenstellung, führt zu den „Berührungsstellen" (=Interface/ Schnittstellen) zwischen Mensch und elektronischem Medium und bildet insofern das Mensch-Maschine-Muster ab. Allerdings sind die Sozialkontakte und Mensch-Maschine-Beziehungen nur als Erinnerungen an andere Beziehungen „nachgebildet".

Dies klingt an dieser Stelle noch abstrakt. Im Verlaufe des Textes wird über verschiedene technologiegeschichtliche Schritte die Bedeutung dieser Nachbildung dargelegt werden. Die hier vorgeschlagene Unterscheidung von Strukturen besonderer Vermittlungsweisen (= Struktur-, Massen- und Individualmedien) sowie die Unterscheidung damit verbundener „typischer" Verhaltensorganisationen (= Verteilungs, Verbreitung, Kommunikation) soll an dieser Stelle schon aufzeigen: Medien sind weder auf das eine noch das andere reduzierbar. Sie sind in konkreten Verhältnissen hergestellt, durchgesetzt und genutzt und sie sind zugleich an Zeichen, Symbole sowie an technologische Bedingungen gebunden.

Aus logischer Sicht sind Medien voll von historischen Zufällen. Sie sind mehrdeutig und inkonsequent organisiert und werden dies umsomehr, wie das Gelingen sozialer Anpassungsleistung immer mehr individueller Nutzung zugewiesen wird.

Und: wir haben die moderne Probephase einer individualisierenden und zugleich global ausgerichteten Medialität historisch und technologisch verlassen.

Die Dynamik des Strukturwandels ist verwoben mit dem immensen Bedeutungszuwachs von Individualmedien im Vergleich zu Massenmedien und Strukturmedien. Der Computer, der den technologischen Anstoß hierzu gab und gibt, ist zu einem selbstverständlichen Möbel für die cybermoderne Innenausstattung von Büro, Wohnung, Wissen und Sozialkontakt geworden. Er ist ein Designerobjekt (Tastatur von L. Colani für Vobis und Maus für Sicos) und eine in sich weitgehend schlüssig geordnete und elektronisch geschaltete digitale Verhaltens- und Ereignisordnung. Nun sollte man nicht glauben, daß der Hammer, die Fräse, das Fließband, der Bürosessel verschwinden. Auch bleibt die einfache Nutzung eines Haarföns, einer Waschmaschine unverändert „einfach". In den eingeführten Unterscheidungen ist etwas grundlegenderes angesprochen: Technik und Medium sind nicht mehr von ihrer Nutzung und auch nicht von ihrer vielschichtigen, häufig sehr widersprüchlichen Entstehungs- und Durchsetzungsgeschichte zu trennen. In einigen Beiträgen dieses Bandes ist dies ausführlich dargestellt. Hier nun geht es um die soziale Verfassung der Medien, um die Medien als soziale Ordnungen. Und diese sind auch Mediengeschichte(n).

Transformationen von Wahrnehmungs- und Denkformen geordnet nach Leitkonzepten

Bis 12. Jh. die <u>Heilige Schrift</u> als eine ewige Aussagenordnung
    im 12. Jh. Entdeckung der <u>Typographie</u> als Ordnungs- u. Verwaltungsmittel und die Umformung der Schrift in einen endlichen und zu erlernenden <u>Lehrtext</u>

        Konstruktion des <u>Textes als Speicher</u> [Textimmanenz] und des alphabetisierten Gedächtnisses, was die Herausbildung der Ich-Form des Wissens und Glaubens ermöglichte

            Reformatorische Auslegung des Textes
            um 1450 J. Gutenberg erfindet die Herstellung von Buchstaben

um 1490 L. da Vinci zeichnet den vitruvschen Kanon menschlicher Proportionen
um 1609 erschienen zwischen Wolfenbüttel und Straßburg die ersten periodischen Druckwerke allerdings bereits 1541 in Mexiko City

Durchsetzung der Textsprache als Medium der Erzählungen, Romane, Propaganda, Aufklärung und Grundlage für Öffentlichkeit

Ab Mitte 19. Jh.: Industrialisierung, Alphabetisierung, Urbanisierung und damit verbunden eine fortschreitende spezialisierte Verwissenschaftlichung - S.F.B. Morse erfindet 1838 den Telegraph; G. Peano formuliert seine Axiomatik 1889; ...

vom 19.-20 Jh.: - Rezeption der Mathematik in Sozialwissenschaften
   - Etablierung von Mathematik als Sprache
   - semiotische Wende im Sprachkonzept

1904 baute Fleming die Elektroröhre
   1912 baute de Forest den ersten elektronischen Verstärker
      1943 startet der engl. Großrechner COLOSSUS
         1945 startet der us-amerikanische Rechner ENIAC

| Beschleunigung der Zeichen |

Programmierung und die Etablierung von Programmier-Sprachen

Modelle der Endlosigkeit des Textes und das weltweite Konzept der Medienimmanenz

Entwicklung von komplexen Modellen sich selbst elektronisch zuführender Übersetzungs-Sprachen im Computer

Überführung von nachrichtentechnischen Kommunikationskonzepten zu Medientheorien

Karriere der Linguistik (ab 1950)

Karriere der Informatik (ab Mitte der 1960er)

Der wohl wichtigste Schritt besteht darin, zu den Modellen angesichtigen Handelns und den Annahmen konfrontierender oder kolonisierender Mensch-Maschine-Beziehungen, ein Modell der dynamischen, über Rückkanäle möglichen Mensch-Computer-Interaktion zu stellen. Die Schwierigkeit für manche Sozialtheoretiker besteht wohl vor allem darin, daß dies starke Traditionen von Menschenbildern und Gesellschaftsmodellen berührt.

So erklärte M.Weber am Anfang des 20. Jhs Technik/Institutionalisierung als eine Folge eines nicht regulierbaren Überschusses von Zweckrationalität und damit zu einem Phänomen abendländischer Rationalitätsentwicklung. Sie endet, wie Weber bildhaft-resignierend sagt, in einem „stählernen Gehäuse der Hörigkeit", das für den Alltag ebenso gilt wie für Institutionen und vor allem für Politik/Demokratie. A. Gehlen, der über mehrere Jahrzehnte sowohl die Technik- wie die Institutionstheorie prägte, ging davon aus, daß Technik, ihre Handlungsbedeutung und ihr soziales Volumen, daher rührten, daß der Mensch nicht instinktgebunden sei (siehe R. Dölle-Oelmüller/ W. Oelmüller 1996). Aus dieser anthropologischen Offenheit der Sinne entstünde der Bedarf, die Lebenssituationen anders zu schließen, sich Sicherheiten und dauerhafte Bezüge in festen Strukturen zu bilden. Technik und Institution bestimmte er als Instinktprothesen, die dem sinnlichen und physiologischen Körper als Ersatz für etwas anhaften, das er eigentlich nie erfahren hat. Den Prothesen entspricht also keine Körpererinnerung, auch keine paradoxale Instinkterinnerung. Mit Technik, dem metallisch-mechanischen Kleid des selbsterklärten Königs „Mensch", findet dieser zwar keine Genugtuung, aber eine tendenziell statische Sicherheit. In der Schlußfolge liegen Weber und Gehlen nicht weit auseinander, obwohl sie in den Erklärungsansätzen etliches trennt. Dem muß hier nicht nachgegangen werden. Beide mächtigen Theorietraditionen sind Mantel- oder Behälter-Theorien. Sie kommentieren somit die schwerindustrielle und bürokratische Entwicklung. Mit ihnen können aber dynamisch-rückbezügliche Prozesse informatischer Umgebungen nicht erfaßt werden.

Ob nun *Rationalisierungsüberschuß* oder *Organmängel*: in beiden Fällen erscheint *Technik* (aber auch Institution und Medium) als vom Menschen abgesetztes „*Behältnis*". Die von

M.Weber, A. Gehlen und anderen untersuchten Zusammenhänge sind technik- mediengeschichtlich überschichtet. Was
früher technisches (in Fabriken, Kleinserienfertigung, Massenproduktion) und administratives (in öffentlichen und privaten Verwaltungen) Zentrum war, ist zur Peripherie einer neu-
en technologischen Medialität geworden.

Medium (begriffliche Annäherung)

Geht man zunächst davon aus, daß Medien
(a) Verabredungen über Zeichen-Bedeutungs-Verhältnisse
oder Setzungen dieser sind,
(b) deren Codierung, also zeit- und prozeßunabhängige Festlegung, und
(c) deren Speicherung darstellen,
so wird erkennbar, daß ihre Durchsetzung eine besondere Bedeutung für Bestands- und Stabilitätsbeschreibung und -siche-
rung haben. Medium beschreibt also im ersten Schritt notwendige Vermittlung und diese ist mit der technologischen,
edukatorischen, kulturellen und ökonomischen Konstruktion
seiner Reichweite(n) verbunden (W. Schulz 1989). In der Codierung liegt formalisierte Eindeutigkeit vor, deren „Aussage"
veränderbar ist, der pädagogischen, konsumistischen oder di-
rektiven Situation angepaßt werden kann. Funktion des Mediums ist, Verhalten und Denken zu steuern, zu integrieren oder
auch den Entwurf von Neuem zu ermöglichen, - diktatorisch
oder schöpferisch. Die unabweisbare Vermittlung weitet sich
aus, je differenzierter soziale Systeme und je schwächer normative, gesetzte Kultur und Institution werden. Moderne
Struktur- und Massenmedien sind aus diesem Grunde von Anbeginn mit Macht gepaart; sie sind *Integrations- und Herrschaftsinstrumente* (K. Renckstorf 1989; E. Katz / J. G.
Blumler / M. Gurvitch 1974)
   Nun hängt die Wirkung der Medien von der Situation der
Empfänger ab. Strukturmedien sind an die allgemeine Aner-

kennung der Produktions-, Zirkulations- oder Entscheidungs-
ordnungen gebunden. Wird die Geldwährung, werden „abend-
ländische Normen" oder wird das „bürgerliche Recht" nicht
anerkannt, so brechen die Rahmenbedingungen für Handlung
und Integration zusammen. Verweigert der Empfänger nur die
Annahme massenmedialer Beeinflussung, so ist er nicht informiert, vielleicht gelangweilt, möglicherweise auch glück-
lich. Allerdings ist bereits eine neue Situation entstanden: die
technologische Durchdringung aller Lebensbereiche mit dem
interaktiv gebundenen Medium Computer. Die Struktur- und
Massenmedien, Geld- und Warenverkehr, Zeitungen, Bücher,
Bibliotheken, Filme, Musiken sind medial integriert und auf
Individualnutzung bezogen.

Die überlieferten Stabilitäten des Medieneinsatzes werden
durch die Mediennutzung verändert (R. Burkart 1995). Mit
dem Wandel verbinden sich lange Frühgeschichten. Die mediengeschichtliche Time-line der Speicher- und Transport-
Technologien gibt eine hilfreichen Überblick (-> Ausgewählte
Daten). Der Wandel von mediensystemen ist mit vielerlei
Auswahl-, Durchsetzungs-, Erfindungsgeschichten verbunden,
die hier nicht erzählt werden können. Halten wir dennoch fest:
die (globale) elektronische Erreichbarkeit von Individualhaus-
halten, ob durch Radiosendungen, Fernsehen, Telefon, Computern, hat, - neben der Öffnung der Warenmärkte, der globalen Verkehrsinfrastruktur und dem Tourismus -, die Bedingungen für raum-zeitliche Beziehungen und damit für Gesellschaft grundlegend verändert. Den damit verbundenen Fragen
nach *technologischen, territorialen* und *institutionellen
Grenzveränderungen* haben sich ja schon Beiträge dieses Buches vertiefend gewidmet.

Durch die computertechnologischen Entwicklungen ist eine
Welt der anonymen Ko-Präsenz und der weitreichenden Inter-
aktivität entstanden. Diese ist unumkehrbar. Jede elektronische Kommunikation steht heute prinzipiell in globalen Bezü-
gen. Sie ist nicht mehr durch territorial oder institutionell begrenzte Medialität „abschließbar" (auch wenn die islamische

Regierung des Iran im April 1995 alle Satelliten-Schüsseln abmontieren ließ). Der Übergang von strikt national begrenzten sozialen Institutionen der Massenkommunikation zur Globalität des individuellen Nachrichtenbedarfs und -konsums ist unumkehrbar. Dabei hat Ferne dieselbe Entscheidungsbedeutung gewonnen wie die Idee und Empirie erreichbarer Nähe. Dies berührt die formale und materiale Ebene der weiter vorne erläuterten Medienextension und ermöglicht den Begriff des Makromediums zu erläutern:

DEFINITION:
Makromedium bezeichnet die bereichsungebundene, territorial und physikalisch nicht begrenzbare globale Nutzung computerbasierter Kommunikation.

Es ist ein System des elektronischen Datentransports, der Speicher- und Kanalkapazitäten, der Vermittlungsstrukturen und Adressierungen, das zunehmend die drei oben angeführten Vermittlungsstrukturen (und die sozialen Medienkonzepte) integriert. Der Begriff beschreibt darüber hinaus auch den Erhalt, die Erweiterung und die Pflege des Mediums durch dessen Nutzung. Um dies gewährleisten zu können, ist ein hoher Grad an technologischer und kultureller Anschlußfähigkeit erforderlich.

Makromedium erfaßt nicht nur die Vermittlungskapazität eines Bildes, eines Textes, einer musikalischen Komposition. Gemeint ist auch die Hintergrundsstruktur (=Infrastruktur) von Wissen, Gedächtnis, Auswahl und Entscheidung. Infrastruktur beschreibt nicht mehr vorrangig die Bilder und Phantasien einer Schwerindustrie im bürokratischen Mantel: nicht mehr Chausseen, Wasserstraßen, Marktplätze, Kopf-, Sack- oder Durchgangsbahnhöfe, aber auch nicht mehr Departments des Wissens in Fabrik, Universität oder Verwaltung. „Hintergrund" ist kein stabiler repräsentativer Ordnungsrahmen mehr. Er ist selbst, gerade durch den Übergang vom schwerindustriellen Zeitalter in die computergestützten

Nachrichtenordnungen, ein rasch sich verändernder Produkt-
bereich. Infrastruktur ist nicht mehr identisch mit öffentlichen
und hoheitlichen Funktionen (wie Chausseen, Kanäle, Eisenbahnen usw.). Sie ist Moment der individualisierten Kommunikation und der Dynamik von Wissen, Nachricht, Kreativität,
- weltweit.

Ich setze den Begriff „Makromedium" von dem Konzept
„Computer als Universalmaschine" ab, nicht, weil ich die
weltumspannende Einsetzbarkeit anfrage. Allerdings legt das
Wort „Maschine" die Blickrichtung auf Mensch-Maschine-
Relationen fest, und damit auf eine triviale (also nicht interaktive und nicht rückbezügliche) Beziehung. (siehe den Abschnitt: „Gebrauch von Kommunikation")

Hiervon ist ein anderes Konzept unterschieden.

Mikromedium: mit ihm ist die ausschließlich einer Soziali-
tät zugeordnete funktional beschränkte Medialität verbunden.
Es ist ein Binnenmedium wie z.B. eine Binnenwährung
(nationale Währungen) oder ein Transportsystem, daß nur bis
zu den staatlichen Grenzen geht (unterschiedliche Trassen-
breiten bei Zügen) oder Sprachsysteme, die den vorherrschenden Systematiken des Austausches und der Anschlußfähigkeit
nicht oder nur sehr begrenzt entsprechen (so das Verhältnis
von Japanisch, Chinesisch zu der europäischen Alphabetsy-
stematik).

Abstände halten

Gesellschaft existiert als andauernde Konstruktion von Nähe-
beschreibungen, Distanzmustern und deren Vermittlung. Tü-
ren, Zäune, Transportwege, soziale Positionen, Hierarchien
„speichern" funktionale Abstände, Annäherungsmöglichkei-
ten, Sicherheitsabstände und erzeugen menschliche Verhal-
tensbreiten. Ob ich die Straßeneinteilung von Häuserwand-
Fußgängerweg-Fahrbahn-   Verkehrsinsel-Fahrbahn-Fußgän-

gerweg-Parkgrenze betrachte, oder die Zeiteinteilung einhalte,
die regelt, wann Arbeitspapiere, wann Frühstückskaffee, wann
meine Füße auf dem Büroschreibtisch liegen dürfen, stets
stellen sich Abstandsbestimmungen als „eingelebte", „einge-
fleischte" kulturelle, ästhetische, technische Einteilungen dar.

Mit diesen Ensembles von Abständen/Nähen haben wir
ständig zu tun. Wir befinden uns evtl. in einem Fahrstuhl
Schulter an Schulter mit jemandem, von dem uns (politisch)
„Welten trennen", der durch Kleidung, Gesichtsausdruck o.ä.
eine „unüberwindbare Distanz" signalisiert, oder dem ich
„gern einmal näher kommen möchte".

Vieles erfolgt dabei unbewußt. Die Strukturierung des
menschlichen Nahraumes und die Grade interpersonaler Nähe
müssen uns nicht immer klar sein. (E. T. Hall) Hinzu kommen
inszenierte, strategisch vorgefertigte, eher zufällige Raumnut-
zungen und solche, die an Arbeitsverhältnisse, Empfänge,
Rituale, Familienfeste, Bürokultur oder die Verkehrsdichte
während des Berufsverkehrs gebunden sind. Abstand und Nähe, Faßbares und Ent-Fernung gehören zum Grundbestand
sozialer Ordnung. Sie legen die Basis für Identität. In ethno-
kultureller Sicht formulierte W.Sachs noch 1992 radikal:

„ Ein Gedächtnis zu haben, sich auf andere zu beziehen, an einer
übergreifenden Geschichte teilzuhaben, erfordert Teilnahme sowie Nähe. Diese Nähe und Gegenwärtigkeit wird natürlich ausge-
lebt in besonderen physischen Umgebungen wie Plätzen oder
Straßen, Bergen oder Ufern...Dort waren die Vorfahren zu Hause,
dort sind die bedeutsamen Erinnerungen beheimatet und dort ist
man in ein Netzwerk sozialer Bindungen eingelassen und erfährt
Anerkennung durch andere."(111)

Sicher sind Abstände und Nähen auch emotionale Ereignisse
und identitätsreich. Aber mehr als dies sind sie formative
Muster (Strukturen) und figurative Anforderungen (Haltungen).

Strukturen und Haltungen sind in dreifacher Weise geordnet:

I. durch feste Konfigurationen (architektonisch durch Fabriken, Stadtteile, Transportwege, Straßen, Chausseen, Infrastrukturen; normativ: durch Institutionen, die das Innenleben von Gebäuden dastellen, durch Hausordnungen, Fabrikordnungen, Schuldordnungen);

II. durch bewegliche Konfigurationen (Inneneinrichtungen, Sitzordnungen, Gartenanlagen);

III. durch informelle dynamische Konfigurationen (Redesituation, Gespräch, Journalistik, politische Debatten, Öffentlichkeit, Wissenschaftliche Gemeinschaft).

Diese Gestaltungsordnungen erziehen, lenken, prägen. Sie können uns als ritualisierte, als funktionale oder inszenierte soziale Verhaltensgeflechte entgegen kommen. Während eines religiösen Ritus muß der Abstand zwischen Priester, Heiligen Gegenständen, Gemeinde und Helfern gehalten werden; Musiken, Texte und Phasen der Stille teilen den Verlauf in Zeitabständen ein. Beim Squash-Spiel sind Sicherheitsabstände ebenso wichtig wie die Sperrzonen um amtliche Gebäude zwingend sind. In ummauerten Fabrikanlagen sind die Warenwege, die notwendigen Abstände von chemischen Substanzen, die Abgrenzungen von „Blaumännern" und „weiße Kragen Angestellte" festgeschrieben. Bei Siegerehrungen während des Schulsportfestes bis zu Weltmeisterschaften werden raumgreifende Inszenierungen für den Sieger oder die Siegerin unter Profitgesichtspunkten und Marketingsaspekten durchgeführt. Zu diesen Ordnungen gehört die fehlende Transparenz, der verschlossene Beschwerdeweg, die ausgeschlossene Meinung, das unterdrückte Verhalten.

Mit computergestützten Kommunikationsnetzen hat die Übersiedlung verschiedenster gesellschaftlicher Binnenräume (Marktplätze, Schulen, Bibliotheken, Cafes, Nachbarschaften, Konferenzen) in Kommunikationsräume stattgefunden. In ihnen müssen die Grenzen hergestellt, müssen die Unterbrechungen von Informationsströmen und die Übersetzungen in „gebrauchsfähige Medialität" erst erfolgen. Die nicht mehr gegenständlichen Räume, die durch die Nutzung von elektronischen Medien entstehen, stützen und erzeugen Wirklichkeit, da sie eine ständig wachsende Menge an Form-, Verhaltens- und Wirkungsinformationen enthalten. Es entstehen „virtuelle" Welten und Gemeinschaften" (H. Rheingold 1992/ 1994) oder z.B. „virtuelle Unternehmen", in denen der Kunde als Co-Produzent in den Produktionsverlauf integriert wird (W. H. Davidow, M. S. Malone 1993).

Mit der Herausbildung produktiver „virtueller" Räume hat sich ganz nebenbei in den vergangenen 40 Jahren auch die Möglichkeit verändert, von „Gesellschaft" zu sprechen. Verstärkt durch kommunikations- und informationstechnologische Prozesse entsteht folgendes Bild von „Gesellschaft":

– *vorläufige,*
– *informationell rückgekoppelte*
– *kommunikative Systeme,*
– *in denen Datentransport,*
– *Datenverarbeitung und*
– *umfangreiche modellhafte Vorbereitung von Informationen*

wichtiger werden, als alle bisherigen betonierten, gebauten, inszenierten und in Körpern eingeschriebenen Abstandsordnungen. Hier ist die Verbindung zwischen Medienextension und Makrostruktur gut erkennbar.

Die Grenzen, Inland/Ausland, Institutionen werden in eine unüberschaubare Fülle experimenteller Zustände verwoben. Wenngleich eine genaue Beschreibung dieser tiefgreifenden Veränderungen sozialer Selbstbeschreibung und individueller Sozialerfahrung noch aussteht, ist doch offensichtlich, daß wir zunehmend mit Computer-Mensch-Interaktionen zu tun haben, die diese neuen Informationsräume herbeischaffen, in die wir uns durch Nutzung integrieren.

Derzeit stehen die überlieferten strukturellen aber auch psychologischen Muster, Abstände zu bilden, sie einzuhalten, festzuschreiben oder zu überwinden, unter einem immensen Veränderungsdruck. Je mehr sich das Gefühl ausprägt, „das Mediale" rücke uns „auf die Pelle", „gehe unter die Haut" oder „okkupiere unsere Sinne", um so größer wird der Bedarf, Abstand und über ihn Identität zu rekonstruieren. Einfach ist dies nicht, zumal wir uns zugleich an dynamische, mediatisierte Lebensweisen gewöhnen müssen, d.h. an variationsreiche Umgebungen und uns nicht mehr auf fixe Raumkonfigurationen berufen können.

G. Deleuzes schrieb in „Perikles und Verdi", dem Nachruf auf Francois Chatelet:

> „ Es ist eine Kunst, gerechte Distanzen zwischen Menschen zu errichten, keine hierarchischen, sondern geometrische, und weder zu nahe noch zu entfernt zu sein, um zu vermeiden, daß Schläge gegeben oder erhalten werden."

Diese Kunst, Entfernungen zu bilden und zu halten, war Moment griechischer Höflichkeit und körperlichen Wissens in der Polis. Textlich birgt diese Stelle den Kern heutiger Fragen: wie steht es um die Bedingungen kulturell anerkannter Entfernungen und der sie ausfüllenden Abstandsordnungen? Worin bestehen heute die Bedingungen „gerechter Distanzen"?

Mit „Distanz" wird hier die „Kunst der Trennung" verbunden, um ein Wort von M. Walzer zu verwenden (1992)[1], die in Übergängen, Übersetzungen, Koppelungen eingelagert ist.

Unsichtbare Nachrichten und unsichtbare Publicae

Wir sehen uns der Notwendigkeit gegenüber, Entfernungen, Unterschiede und Nähe (= Interaktion), „ohne Ansehen der Person" zu denken. Hierfür muß eine medientheoretische Reformulierung von Handlung, Interaktion und Kommunikation

---

[1]　M.Walzer (1992), S.38-63

vorgenommen werden. Eine vierte Konfiguration für Nähe und Ferne ist dabei zu berücksichtigen:

IV. die zu einer wahrnehmbaren und reflektierbaren Information ausgewählten und zusammengestellten Daten. Information ist in dieser Funktion nicht-entropisch; sie steigert nicht die innere Unruhe, sondern ist Ordnungsimport, weil sie bereits ein Modul vorgängiger Ordnung ist.

Der Rückgang der Bedeutung angesichtiger Interaktion für die Verarbeitung von Information (und ihrer unsichtbaren Herkunft) ist mediengeschichtlich mit der sozialen Figur des „unsichtbaren Publikums" verbunden. Im Grunde gab es diese schon bei der Adressierung von Gesetzen, Beschlüssen, Missionstexten, Erzählungen. Allerdings wandten sich Prediger, Herolde, Ausrufer Geschichtenerzähler an ein sichtbares Publikum. Sie traten mit diesem in Interaktion und vermittelten die Nachricht. Mit der Verbreitung der Lese- und Schreibfähigkeit (Mitte des 19.Jhs.) werden diese Zwischenglieder überflüssig; mit den Bedingungen der Massenkommunikation „spricht" der Sender über das Medium zum unsichtbar gemachten Publikum. Nachricht wird zum Ereignis in einem Medium (Zeitung, Rundfunk, Fernsehen, Film), das das Verstehen der Nachricht bei einem vermuteten Publikum mitorganisieren muß. Dieses schließt sozusagen den vom Sender begonnenen Vorgang ab, indem es durch den Kauf der Nachricht oder das Einschalten des Gerätes die einseitig begonnene Handlung als erfolgreich bestätigt.

D. Horton und R. Wohl (1956) nannten dies ein „simulacrum of conversational give and take", das sie als „para-social interaction" bezeichneten. In ihr wird zwar die notwendige Zweiseitigkeit sozialer Handlung vorausgesetzt. Allerdings ist es die Simulation von gelingender Konversation, die der Verbreitung der Nachricht einen Anfang und ein Ende gibt. Simuliert wird dabei der soziale Verlauf der Interaktion, zu dem ein (durchgetestetes oder experimentelles) Modell der kognitiven Integration des (unsichtbaren) Lesers, Hörers, Zuschauers gehört. In diesem Modell der Massenkommunikation ist Nachricht ohne die reflektierte Bedeutung des Wahrnehmenden gedacht.

Das *Ideal der angesichtigen Kommunikation* ist aufgebrochen:

durch die mediale Realität der Simulation vollständiger Konversation und

die Inszenierung des unsichtbaren Publikums.

Dieser Übergang ist unumkehrbar. Das „Unsichtbare" gehört zu den Massenmedien ebenso wie die Flut des Sichtbar gemachten. Beide Formen greifen in die Verständigungsbedingungen moderner Gesellschaften ein und bilden diese aus.

Kennzeichnend für diese Prozesse ist allerdings, daß das unsichtbare Publikum mit Nachrichten versorgt werden, die ein Modell der Aufnahme, der Wahrnehmung, des Konsumierens beinhalten. Daraus leitete und leitet sich die Kritik der Manipulation ab. Die „para-soziale Interaktion" ist ein Sender-Empfänger-Modell, in welchem dem Empfänger nur eine schmale Zone der selbstgewählten Interpretation bleibt. Entscheidend dabei ist, daß die Nachrichten nicht determinieren, sondern daß sie in ihren Bedeutungen selbst „unsichtbar" sind. Zum „unsichtbaren Publikum" gehören unterdeterminierte „unsichtbare Bedeutungen". Hierin liegt der Manipulationsschlüssel, der bei der Kritik von Massenmedien allerdings wenig berücksichtigt wird.

Derzeit erleben wir eine dreifache Veränderung dieses Manipulationsschlüssels:

– dem unsichtbaren Publikum werden eindeutige, informationell „vorgeordnete" Nachrichten zur Verfügung gestellt

– das unsichtbare Publikum wird selbst zum unsichtbaren Sender eineindeutiger Nachrichten

– und letztlich löst sich die para-soziale Konversation auf in der sozialen Anerkennung von und dem sozialen Bedarf an anonymer, herkunftsungleicher und globaler Interaktion in Echtzeit-Simulation.

Anonymität wird zu einer Kommunikations-, Kreativitäts- und Produktivitätsquelle. Sozialwissenschaftlich zentral ist diese Öffnung der Anonymität in Hinsicht der Kategorie der Anwesenheit, der Vermittlung, der Wahrnehmung, der Handlung und des Subjektverständnisses. Ich werde im weiteren Verlauf noch hierauf zurückkommen. Hier sei kurz der *Bruchpunkt der Entwicklung an dem Anonymitätskonzept* von Alfred Schütz dargestellt.

Anonymität ist bei A. Schütz eine unverzichtbare Konstruktion typischer Erwartungen des Verhaltens mir persönlich unbekannter aber in ihrer Funktion bekannter Menschen. Er führt dafür den Postbeamten an, der den frankierten und richtig adressierten Brief befördert, und dabei seine beruflichen Pflichten erfüllt. In diesem Verlauf erzeugt und bestätigt der Sender eine (funktionale) Selbsttypisierung, wie dies der Postbeamte auch tut. Anonymität ist bei diesen Bedingungen typisch „geschlossen". Sie ist gebunden an Gesetze, Regeln, Vorschriften, Sitten, Gewohnheiten, die die Chance vergrößern, „daß mein eigenes selbsttypisierendes Verhalten den beabsichtigten Zustand hervorbringen wird".(1971,29)

Diese anonym organisierte weitreichende Handlung ist inhaltsarm, da für A.Schütz gilt, daß nur mit niedrigem Anonymitätsgrad ein hohes Maß an inhaltlicher Bestimmung verbunden ist. Er bleibt damit inhaltlich dem Ideal der angesichtigen Kommunikation verplichtet. Kennzeichend für die computergestützten kommunikativen Umgebungen ist aber, daß Anonymität sozial geöffnet wird. Sie wird die Prozeßform daten-, nachrichten- und inhaltsreicher Handlung. Neben den angesichtigen, zwischenmenschlichen Gesprächsweisen ist die anonyme Gesprächsweise etabliert. Für sie gilt: das Ausmaß an inhaltlicher Bestimmung bei Handlungen mit hohem Anonymitätsgrad nimmt deutlich zu.

Ferne und Raum

Die computer-medialen Entwicklungen setzen die Klärung
wissenschaftlicher Konzepte von „Ferne" auf die Tagesordnung. Ferne war und ist ein „schillernde" Kategorie. Fernweh,
Sehnsucht ebenso wie Angst vor Fremdem und nationaler,
kultureller Protektionismus verbinden sich damit. „Ferne" war
offener Raum, (durch europäische Kultur) kolonialisierbares
Territorium, Rohstoffregion, Gold- oder Silberland (Argen-
tinia). Ferne stand für Entdeckungen, Kolonisierungen, Mis-
sionierungen „zur Verfügung"; sie war „primitiv" und lieferte
Stoff für „Fernöstlichen Diwan", Fernhandel und Kolonialwa-
renläden. Inzwischen sind Fernmärkte weitgehend zu Binnen-
märkten geworden (wie z.B. bei EU). Touristisch ist Ferne
noch ein inszeniertes Ereignis, aber keines mehr der Fremde,
der Neugier, des Anderen. Wer die vorgefertigten Reisen nicht
mehr mag, sucht das „Überleben" bei garantierter Wurm-,
Larven- und Blätterversorgung zu trainieren.

In vielen eingelebten Kulturalismen ist Ferne immer noch
territorialer Gegensatz zu Nähe, der Kontinent des Anderen,
dem das Eigene, die Identität, das Sichere gegenüberliegt.
Hierauf bezogen liegen die theoriestrategischen Argumente
der „Kolonisierung der Lebenswelt" bei J. Habermas oder der
„Innen-Außendifferenz" bzw. „System-Umwelt-Beziehung"
bei N. Luhmann nicht weit auseinander. In „The Postmodern
Condition" schlug D. Harvey vor, den Gegensatz von „inter-
nem/externem Raum" zugunsten eines prozeßhaften Raumver-
ständnisses aufzugeben. Dieses anerkennt die „time-space-
compression" und löst sich von Konzepten, die er theoriegeschichtlich in „the relatively isolated worlds...of European
feudalism" zurückdatiert. In Anlehnung an ihn, schlage ich
ein Konzept des *Prozeßraumes* vor.

Das Wort „Prozeß" wird dann zu einem tragfähigen Konzept, wenn *Raum als ein Beziehungsgeflecht* (=Textur, Netz)
verstanden, wenn er also *nicht als physikalischer Raum*
(=Platz) oder als sozialer Raum (=Ort) gedacht wird. Dies ist

in einer sozialwissenschaftlichen Tradition schwierig, in der Raum mit der Vorstellung eines Behälters zusammenfällt. Die Soziologie ist, wie J. S. Dangschat (1994, 336) sagt, eine „raumlose Wissenschaft", ihre Raumkonzepte sind weitgehend banal. Raum ist allenfalls ein metrisches Phänomen, kein relationaler, also prozeßhafter Zustand. In der Maßgröße der „Raumgrenze" bildet sich der Beginn der Ferne ab, das fremde Behältnis.

Die medientechnologischen Entwicklungen scheinen dies dadurch zu verstärken, daß sie die angesichtige Nähe und Anwesenheit von Kommunikationsteilnehmern nicht erfordern. Aber es gibt bei MCI keine „prophylaktische Distanz". Der elektronisch gesteuerte Abstand ist eine Funktion der Schaltungsgeschwindigkeit. Die programmierte Virtualität ist eine neue Figur und Form der Anwesenheit, die Fernanwesenheit. Sie führt eine veränderte soziale Qualität von Nähe und Ferne ein.

Feld, Netz, Medium (begriffliche Vertiefung)

Die modernen Gesellschaften befinden sich in einer merkwürdigen Situation:

⇒ In ihnen sind (elektronische) Kommunikationstechnologien entwickelt worden, denen weitere Spielräume für außergewöhnliche Innovationen zukommen, als dies bei körperlich-motorischen oder mechanischen Selbstdarstellungen der Fall war und ist. Fahrräder, Eisenbahnen oder Automobile ermöglichen weniger kommunikativen Ertrag, als dies Telefone, Television, Video oder Computernetzen tun.

⇒ Dem steht gegenüber, daß noch weitgehend unklar ist, wie der soziale Integrationsgrad der kommunikativen Praktiken zu beobachten und zu bewerten ist. Computertechnologische Innovation und Industrie scheinen Institution, kulturelle Verabredungen und abstrakte soziale Selbstkonzepte „abgehängt" zu haben.

Allerdings sind die Sichtweisen sehr unterschiedlich. Was für die einen „technologies of freedom" sind, weil fachliches und encyclopädisches Wissen für immer mehr Menschen und immer rascher zur Verfügung steht, ist für die anderen eine Bedrohung durch die Herrschaft der Geschwindigkeit oder Beschleunigung (=Dromokratie), weil „alles so furchtbar schnell geht". Beide Meinungen sind in sich schlüssig. Bei beiden fällt allerdings auf, daß sie die Distanz zwischen Körperhaltungen und Medien rsp. den Unterschied zwischen „dem langsamen Gang der Dinge" und der „Beschleunigung durch Digitalisierung" nicht wirklich benennen können. Das „verläßliche Maß für die Freizügigkeit des Kollektivs" (A. Leroi-Gourhan, 1984, 347) sowie das Maß für die „entmündigende" Rasanz (P. Virilio) oder die „Marginalisierung der Sprache" (N. Luhmann) fehlen.

Unklarheiten und Radikalitäten schließen sich an: stellt der Mensch Wirklichkeit durch ihren Gebrauch her (produziert und konstruiert)? Sind „Kultur" und „Zivilisation" zwei „Schaltungsformen" oder „zwei Strategien zum Erzeugen, Speichern und Weitergeben von Informationen durch die Fäden der zwischenmenschlichen Relationen hindurch?" (V. Flusser, 1994,49) Oder muß erst die Maschinisierung zum Abschluß kommen, um das „Subjekt aus dem Bereich der technischen Mittel" zu befreien? (H. Schmidt,1941)

Um etwas näher heran zu kommen, müssen wir aufhören, auf die technologischen Selbstimitationen zu starren, auf die Ideologien der künstlichen Intelligenz, des künstlichen Menschen oder die Rhetoriken von der Prothesen- oder Ersatzkultur. Selbst, wenn Nachrichten nicht nur in 8 Sek. um die Welt gehen, sondern in 1 Sek., sind dies keine Belege für eine universale Transplantation „des Menschen", „der Nachbarschaft", „der Urbanität". Allerdings sind schon die 8 Sek. ein Beleg weitreichender Veränderungen der Verständigungskapazitäten und -kompetenzen. Diese und ihre soziale Formulierung gilt es zu begreifen.

Die „Rechner" werden leistungsfähiger, die Vermittlungen zwischen Gegenstand und Idee, zwischen Wissen, Kommunikation und Handlung werden modelltheoretisch und programmsprachlich abstrakter. Die Immaterialität der „Gegenstandsbereiche" wird immer umfangreicher „gestuft" und damit leichter veränderbar. So können wir einer Nachricht auf dem Monitor nicht ansehen, wieviel tausend Kilometer „sie hinter sich gebracht hat", da sie weder die Materialität eines Briefes, die Herkunftsnationalität einer Briefmarke noch die Datierung eines Absendestempels hat. Noch können wir erkennen, ob sie aus dem Büro, dem Wohnzimmer, der Kneipe von „nebenan" kommt. Wir können architektonische Entwürfe im Computer ohne Schwierigkeiten verändern oder aus elektronischen „Quasselkanälen" ohne sozialen Aufwand aussteigen. Andererseits sind wir dabei, uns an elektronische Erwartungssicherheiten zu gewöhnen, wie wir dies gegenüber Postämtern, Büros und Wohnzimmern und konkreten, anwesenden Menschen tun. Es ist einfach so zu tun, als sei dies alles entweder nichts anderes als die Verläßlichkeit des Angesichts (face-to-face) bzw. dessen immaterielle Kopie (im Mensch-Computer-Interface), oder etwas völlig anderes, gelöst von der Integrität unserer Körperlichkeit und den sozialen Handlungsbedingungen.

Wie kann dies anders als in diesem alternativlosen Gegenüber gedacht werden? In Anlehnung an V. Flusser (1994) unterscheide ich Beziehungsfelder und Beziehungsnetze.

⇨ **Feld**:

Feld bezeichnet einen inhaltlichen oder thematischen Bezug zwischen den Menschen, der als überschaubares „soziales Territorium" organisiert ist. Es ist ein Kurzformel für Nähe und mögliche Handgreiflichkeiten, für intersubjektive Beziehungen und für „einfache Systeme" (N. Luhmann). Es ist eine geographische Denkkategorie. Kein Feld, keine Intersubjek-

tivität existiert für sich allein. Sie ist eine zeit-räumliche Auswahl und eine besondere, vorläufige Verhaltensorganisation,
die in beinahe unvorstellbar komplexer Weise mit anderen
Feldern vernetzt ist, z.B. Familienleben mit Arbeitsprozeß,
dieser mit Kantinengesprächen, mit dem Warten auf den Auf-
zug, Sitzungen des Parteiortsverbandes usw.

⇨ **Netz:**

Was heißt hier nun „vernetzt"? Es bezeichnet die Verbindungen, Querverbindungen, Beziehungsabbrüche unterschiedlichster Art, unterschiedlichster Dauer, Intensität und Qualität
zwischen z.B. Familienverhalten, Berufsverhalten…Erfaßt
sind damit nicht nur die subjektiven Fähigkeiten, bewußt verschiedenste Personen, Situationen und Bedingungen zu verbinden, sondern auch die materialen, sprachlichen, kulturellen
und sozialen Kapazitäten, jemanden zu erreichen, mit ihm eine eigene Situation zu erzeugen, Verabredungen zu treffen.
Wir können die (sozialen) Netze also nur betreiben, weil es
formale Vermittlungssysteme gibt, die sich nicht im Moment
ihres Gebrauchs „aufbrauchen" und die nicht räumlich, regio-
nal, territorial unablösbar gebunden sind.

⇨ **Medium**:

Feld und Netz verweisen folglich auf Medium. Medium ist eine ausdrückliche, prinzipielle Zeichenordnung von Bezie-
hungs- und Verteilungsmustern für Aufmerksamkeit, Komplexität oder Gebrauch. Eine solche Ordnung kann mündlich-
personal (bei Überlieferung durch Erzählung), schriftlich-text-
lich (wie bei Religionen, im juristischen System), geldlich
(wie im finanziellen System) oder auch körperschaftlich-
architektonisch (wie bei politischer oder privater Architektur)
sein.

Jede Auswahl und Entscheidung sozialen Handelns ist medial
gebunden. Sie ist bildlich, sprachlich, über Verhaltensge-
wohnheit, örtliche Verabredungen, überregionale Vorgaben

bestimmt. Damit ist jeder von uns auf Bezeichnungen und Zeichen verwiesen, will man mit dem Bezeichneten (WohnHaus, MalPinsel, BefehlsSprache), etwas tun, etwas erreichen. Der Grad einer bewußten Beteiligung an der Vermittlung wird größer, je abstrakter die Vermittlung organisiert ist (z.B. ein WohnHaus komplett zu entwerfen, ein Bild „vorzudenken", einen Befehl in seinem Verwendungszusammenhang „entziffern"). Dabei kommt dem Medialen die Rolle eines sozialen Scharniers zu. Es ist ein übergreifendes und verallgemeinertes Muster möglicher Beziehungen und Verteilungen von Wissen, Anwendungsmöglichkeiten, Entscheidungsbedingungen.

Jede Verallgemeinerung muß dreierlei leisten können: sie muß

- die (deskriptive) Behauptung,
- die (askriptive) Zuschreibung und
- die (präskriptive) Norm

als zwischen den Menschen gültige Form enthalten. Umgekehrt müssen diese Formen von Menschen geglaubt und als Zusicherungsweisen angenommen und befolgt werden. Wie eine solche Verallgemeinerung, die wir als Funktion des Mediums verstehen, genutzt wird, hängt von zweierlei ab:

- von der Materialität des Mediums und
- von der Kulturalität des Mediums.

Funktion, Materialität und Kulturalität beschreiben zunächst hinreichend die strukturalen Aspekte von Medialität.

Dabei ist jedes Medium an seinen Gebrauch „rückgekoppelt" oder in einer „Rückmeldeschleife" eingebunden, ganz gleich wie abstrakt die ihm eingeschriebene Codierung ist. Dies gilt vor allem auch für Mensch-Computer-Interaktion (-Interface/MCI).

Hervorzuheben ist dabei: *Intersubjektivität ist nicht mehr hinreichend über Angesichtigkeit, Territorialität und Feld bestimmbar.* Sie ist an den *Zustand von Netzaktivitäten* gebunden, sozusagen ein (örtlich nicht fixierbares, immaterielles) Ballungszentrum, ein Knoten, in dem sich Aufmerksamkeiten und Absichten zeitlich begrenzt verdichten.

Abstrakte Umgebung, unsichtbare Partner

Wir haben in den letzten Jahren erfahren, daß Computer physikalisch und programmsprachlich so „gebaut" werden können, daß sie „Verhalten" zeigen, welches über Jahrtausende dem Menschen vorbehalten schien: logisches Denken, Spracherkennen, Formen und Muster erkennen, Abstraktion, Gedächtnis und Auswahl, erzeugen von „erzählenden" Text-, Bild- oder Tonfolgen. Es scheint, als seien die aktuellen Computerarchitekturen, die komplexen und multivalenten Programme und die Wahrnehmungen dieser Potentiale längst Alltag. Erinnert man sich der Zeitungs- und Buchläden, der Zeitungskioske in Bahnhöfen von vor fünf Jahren und vergleicht sie mit derzeitigem Sortiment und Produktplacement, so wird man die Veralltäglichung gut ablesen können: Computer-Zeitungen zu Produkt-, Technologie- und Forschungsbereichen haben die Rezeptbücher, Liebesromane, Hobbyzeitschriften o.ä. aus den guten Placementbereichen verdrängt. Über herkömmliche Druck-, Bild-, Ton-, Film-Medien wird eine populistische Pädagogik betrieben, die die Technologie „bebildert" und „betextet". Zugleich erfolgt innerhalb eines Jahrzehntes die beispiellose soziale Durchsetzung einer elektronischen Technologie der Ferne in Banken, Versicherungen, Produktionsbetrieben, im privaten und wissenschaftlichen Kommunikationsverhalten. Alles längst Alltag also? Wenn ja, welcher Art?

In den vergangenen 15 Jahren (der Personal Computer kam erst Anfang der 1980er auf den Markt) konnten wir sehen, daß nicht nur all jene menschlichen Handlungen, die nach- bzw. abbildbar sind, dem Funktionsspektrum komplexer Rechenmaschinen überlassen werden können. Es breitete sich auch eine

Verunsicherung über den Status des Menschen in den Technologien der Ferne aus. Sollte das „Konzept Mensch" zugunsten einer Universalität von „Kommunikation" zurückgestellt werden? War nicht nur der elektrotechnologische Beweis erbracht, daß das auf sich verweisende genialische Subjekt „tot" ist, sondern auch „der Mensch"? Sicher liefern die Computer überraschende Verknüpfungs- und Übertragungsleistungen. Diese Digitalsemiotik, wie ich den elektronischen Zeichenprozeß nennen möchte, eignet sich für die verschiedensten Ausprägungen der Fern-Kommunikation. Sie bleibt aber in die menschlich entworfenen und genutzten Kommunikationsverfahren eingeordnet, also Moment der Anthroposemiotik (Th. A. Sebeok, R. Posner).

Der Kern der Kontroverse, ob nun „der Mensch", „das Subjekt" oder „die Sprache" tot seien, ist auf eine einzige Frage reduzierbar: sind die codierten Ab- und Nachbildungen

⇒ *Ersatzwelten* oder
⇒ *Zusatzwirklichkeit*?

Allgemein anerkannt ist, daß die für den Computer hergestellten Codierungen Sprachsubstitute sind. Sie setzen ausdrückliches (= bewußtes, distinktes, unterscheidungsreiches) Wissen voraus, werden von diesem „abgelöst" und bilden eine eigene physikalische „Ordnung" der minimalen Spannungsunterschiede. Die theoretischen Unterschiede liegen nun in der Auffassung, welcher Art der Ersatz ist.

Bilden die elektronischen Gegenstands- und Sprachsubstitute

eine 1:1-Beziehung, also einen „strukturellen Ersatz" (Th. A. Sebeok, D. J. Umiker-Sebeok), bzw. ein Paralleluniversum der intelligenten Zeichen-Handlungen (was uns die Forschungen über Künstliche Intelligenz einige Jahrzehnte einreden wollte)?

Oder ist Ersatz im Sinne einer Zweitsprache (W. C. Stokoe) zu verstehen, die an ihre Herkunft zurückgebunden bleibt, aber (im kanaltheoretischen Sinne) weiterreichender und (speichertheoretisch) universaler ist?

Der Disput um Ersatz (oder Prothese) weist in die falsche Richtung. Auch wenn „ersetzt" werden sollte, muß jeder „Ersatz" kulturalisiert sein, Bezeichnungen und Bedeutungen der Nutzung unterstellt sein. Nicht die Struktur allein (=Syntax), sondern der festgelegte Nutzen oder die Kreativität der Umnutzung (=Semantik) sind vorrangig. Ich vertrete hier die These, daß die Computertechnologien nicht Wirklichkeit ersetzen, auch nicht menschliche Intelligenz, sondern eine (wissenschaftlich, ökonomisch, politisch) gebundene, programmierte Zusatzwirklichkeit mit hoher Verknüfungskapazität und offener Funktionalität darstellen. In dieser Zusatzwirklichkeit sind ihr eigene, unterscheidungsreiche Abstands- und Zeitkoordinierungen sowie Gegenstandsmodelle eingeschrieben. Diese Wirklichkeit ist nicht an feste Objekte, an Apparate oder Dinge gebunden, obwohl diese durch die elektronischen Programme über Werkzeugmaschinen, Drucker oder Roboter erzeugt werden können. Die elektronische Wirklichkeit ist auf Handlungen, Wahrnehmungsleistungen, auf geistige Bemühungen verwiesen. Sie sind nicht faßbar und können im herkömmlichen Sinne auch nicht gelagert werden.

Wir ersetzen nichts; nichts ist Ersatz. Aber wir „versetzen" mit dem visuellen Medium der Schrift die Sprache in Raum und Zeit, „versetzen" durch Kameras und Monitore Gegenständlichkeit, Texte und Körperlichkeit usw. Wir nutzen die Physik, die Kombination von Gesetzen, die Formungsmöglichkeit von Materie usw. um „mehr zu erreichen", „weiter zu reichen", „schneller zu sein", als dies die organische Ausstattung unseres Körpers erlaubt. Wir konstruieren eine Gegenständlichkeit, um an sie Funktionserwartungen zu binden, sie als unseren „Erwartungsspeicher" zu nutzen. Um diese Speicher- und Funktionsspektren verfügbar zu halten, werden Zeichen und Zeichensysteme entwickelt. Ohne diese könnten wir keinen Sinn bilden oder gar Sinn in z.B. einer Werkzeugmaschine oder in einer Institution „wiedererkennen". Wir wissen durch

– *Bezeichnung (semiotische Ferne),*

– *durch lernende Anpassung (genetische Erkenntnis),*

– *durch Handhabung (semiotische und körperliche Nähe),*
worum es dabei geht.

Wir „wissen" dies (theoretisch oder praktisch), weil wir dem Anschein trauen, daß ein Tisch „wirklich" ein Tisch ist, eine abgegebene (materiale) Banküberweisung wirklich den Vorgang „Banküberweisung" hervorruft. Soziale Erwartungssicherheit und die aufklärende Rückverfolgung einer Situation sind unverzichtbare Beigaben eines Mediums.

Schwierig wird es nun, da eine technologische Entwicklung in Bewegung gesetzt wurde, in deren Zentrum die zeichenschaltende und zeichenproduzierende Maschine steht. Computer als programmierte, medienintegrierende Maschinen werden selbst zu Medium. Sie werden nicht nur wahrgenommen als eine komplexe Ordnung zeit-räumlichen Versetzens. Es ist eine verteilte Ordnung umfassender sinnlicher Entrückung (=virtuelle Räume) entstanden. Wir nehmen diese als „Oberfläche" wahr, selbst wenn wir über Augen, Ohren, Hände, Körper in sie so „eingebettet" werden, wie wir in Musik, in Film, in Erzählungen „eintauchen", von ihnen „gefangen" werden. Die Erfahrung mit nachgebenden, zurückweichenden Gegenständen in Spielen der virtuellen Welten oder auch die schadlose Verschiebung von Gebäudeteilen in einem Architekturprogramm erlaubt uns, unser Abstraktions- und Modellvermögen zu schulen. Die „Oberflächen" wirken wie kommunikative Verschlußsachen, die sich ihre „Modell-Benutzer" erzeugen. Diese sind im Moment der Nutzung mit in der Oberfläche, Teil der Ent-Fernung, die ein Medium gegenüber der Situation und dem Prozeß aufweisen muß.

Die technologischen Möglichkeiten, gespeichertes Wissen mit Arbeitsfragen, neuen Informationen aus „allen Ecken der Welt" und experimentellen Modellen zusammenzubringen, bewirkten zweierlei:

– die Vorstellungen vom Computer als einzelnem Gerät wichen den Konzepten computer-generierter und -verstärkter Umgebung (computer-based environment)
– die informatischen Modelle vom „fleißigen Rechner" wurden erweitert durch Vorstellungen von der „werkzeugartigen Natur" des Rechners (B. Shneiderman, H. Oberquelle), vom „Kommunikations-partner" (I. Kupka, P. Molzberger), vom Assistenten (GMD), vom medialen Instrument und schließlich vom „instrumentalen Medium" (H. Schellhowe/ F. Nake).

Inzwischen ist es nicht mehr strittig, daß Computertechnologie neuartige soziale Umgebungen bedingt und daß sich eine zeit- und raumunabhängige Medialität entwickelt hat, die neue Formen der Überlieferung, des Gedächtnisses und der Aktualisierung von Wissen bewirken und voraussetzen. Wie sind diese nun mit dem Medium Computer verwoben? Wie kann man die Umgebungen nicht nur ergonomisch für Software, Arbeitsplatz, Netzumfeld usw. portionieren, sondern kommunikations- und handlungstheoretischen Anforderungen zuordnen?
Die Soziologie befaßte sich in sehr unterschiedlichen Weisen mit Medium. Sie suchte immer, die Verallgemeinerungsfähigkeit von „Medium" über Verhalten, reflektierte Handlungen und über Bewußtsein zu bestimmen. Dabei war der Begriff „Medium" an Rationalität, an eine praktisch und ideell geteilte Verallgemeinerung gebunden. Medium war Handlanger der Entwicklung. Medium wurde mit einer wirkmächtigen Reihung von Funktionen verbunden:
die rationalisierende Funktion eines Mediums ermöglichte die regulative Funktion, diese die reflexive Funktion, diese die expressive Funktion und schließlich diese die Funktion der Massennachricht (mißverständlich „Massenkommunikation" genannt);
– die *rationalisierende Funktion* ist im Medium „Geld" ausformuliert, sei es als allgemeines Äquivalent des Warentausches oder in der Kapitalbegrifflichkeit (K. Marx, M. Weber);

– die *regulative Funktion* ist im körperschaftlichen Institutionsbegriff und in „generalisierten Medien" [= Normen, juristische, ethische Codierungen] erfaßt (T. Parsons u.a.);

– die *reflexive Funktion* ist im Sprachhandeln, im diskurstheoretischen Ansatz durchdacht;

– die *expressive Funktion* von Ästhetik, Emotionen usw. ist in Ästhetiktheorien aufgenommen (W. Benjamin, Th. W. Adorno);

– in den Systemen der *„Massennachricht"*(1 an alle) verbinden sich rationalisierende und regulative Funktion in der linearen Sende-Empfängerformel: „an alle".

Zwei Prinzipien ordneten die bisherige Verständigung über Medien: das war die Angesichtigkeit und die Verpflichtung auf das Sprach- rsp. Textprinzip.

Texte im Kanal. Text/Bild

Die allgemeine Verpflichtung auf das Schriftprinzip, das mit der Alphabetisierung erfolgte, wird nicht geschwächt, sondern durch das Schriftprinzip Zahl noch verstärkt. Zugleich tritt es hinter das Bildprinzip zurück, das von nun an hoch-komplexe und deshalb nur noch graphisch erfaßbare Beziehungssysteme gliedert. Es ist das Ende der „reinen" Schriftkultur (Literatur, Textgattungen...), der „reinen" Redekultur (sprachpragmatische Interaktion und Diskursethik) und der „reinen" Arbeitskultur. Es ist das Ende der Mechanik-Mensch-Theorien, aber auch der „Papier-und-Bleistift-Theorie". Computer lassen die Zeichnungen, die Journale, die Planung, die Bilder, das Fernsehen, die Text-Welt neu entstehen, und damit auch die kulturellen, oder wegen ihrer Globalität richtiger genannt: zivilisatorischen Verhaltensmöglichkeiten der Menschen.

Mit der Computertechnologie ist ein Medium entwickelt, das die Abgrenzungen bisheriger Systematiken aufhebt: durch die elektronische und chiptechnologische Umsetzung des seit dem Altertum bekannten kryptographischen Verfahrens, Buchstaben und Ziffern ineinander umzukodieren, ist eine Speichertechnologie immensen Ausmaßes entstanden. Der Einfluß auf Denkformen, auf Gestaltung und Entwurf, auf Wahrheitsformen, interpersonale Konventionen, regionalkulturelle Identitäten ist sicher, aber es fehlen die empirischen Größen, um eine Verallgemeinerung vorzunehmen, wie „die Fabrikgesellschaft", „die Industriegesellschaft", „die Mittelschichtgesellschaft".

Geht man auf die „Klassiker" der *mathematischen Kommunikationstheorie* C. E. Shannon und W. Weaver zurück, so enthält deren Kanalmodell nur die physikalische Seite einer Nachricht, das energetische oder materielle Signal. Dem Signal geht die zeichenhafte Nachricht voraus (im Kopf des menschlichen Senders) und es wird zum Zeichen und zur Mitteilung, wenn der Empfänger mit der Signalfolge etwas anfangen kann. Dem Gehirn der Kommunikationsteilnehmer kommt in diesem Nachrichtenmodell die zentrale „mediale" Tätigkeit zu. Der Kanal (Kabel oder Luft) hat hier nur Übertragungsfunktion. Nicht zu unrecht stellte G. Tembrok dieses karge Kanalmodell mit einem ebensolchen Mediumkonzept gleich.

Durch die Nutzung elektronischer Nachrichten- und Datentechnologien ist ein neuer Wissens- und Kommunikationsraum physikalisch, mathematisch und kulturell hergestellt worden.

Dieser *soziale Zusatzraum ist das Netz*, eine Realität in jedem Bereich, der mit Erhalt, Anwendung oder Neuentwicklung von Wissen zu tun hat. Er muß City-Funktionen erfüllen, muß die elektronische Erreichbarkeit gewährleisten, um urbane Funktionen zu erfüllen, muß Transportleistungen erbringen und Begegnungsräume bereitstellen.

Erreichbarkeit

Die europäischen Industriegesellschaften befinden sich in einem Korridor zwischen den Koordinierungen mechanischer Erreichbarkeit, denen der einkanaligen elektronischen Erreichbarkeit und denen der mehrkanaligen, vor allem mit interaktivem Rückkanal ausgestatteten elektronischen Erreichbarkeit:

– mit *mechanischer Erreichbarkeit* ist die große Differenziertheit der Straßen, Postreiter, Manufakturen, Fabriken, Hausnummern, der strikten Arbeitsteilungen, Bürokratisierungen und Hierarchisierungen gemeint (erinnert sei an die kleine Geschichte von 4711, einer napoleonischen Hausnummer in Köln);

– mit *elektronischer (einkanaliger) Erreichbarkeit* ist die Ausdifferenzierung von Telegraph, Telefon, Rundfunk, Radiogeräten und -programmen, Fernsehgeräten und -programmen, also das System des broadcasting oder des militärischen „an alle!" gemeint;

– mit *elektronischer (interaktiver) Erreichbarkeit* ist die Entwicklung der multimedialen Technologie „Computer" in ihrer noch offenen Ausdifferenzierung über Software, E-Mail, on-line-Kommunikation, bulletin-boards, digitaler Ton- und Bilderfassung, Video-Konferenzen gemeint.

Mit interaktiver elektronischer Erreichbarkeit werden die Verteilungs- und Beziehungsmuster von Gegenwart, Anwesenheit und Selbstvergewisserung verändert. Die materiale und kulturelle Festigkeit des Gedruckten, des Gebauten und des Institutionalisierten wird, sofern digitalisierbar, Anteil der elektronischen semiotischen Maschine - dem Computer. Mit ihm entsteht ein neues soziales Ordnungskonzept: die rasch verbreitete Nachricht als sozialer Operator, in 8 Sek. um die Welt. Zu den bekannten (mechanischen) Transportnetzen von Chausseen, Straßen- Eisenbahn- und Luftverkehr und den globalen Informationsnetzen über Telefon, Kurzwellenfunk und Satelli-

ten, tritt das Nachrichten- und Datenverarbeitungsnetz ISDN-
verbundener Computer.

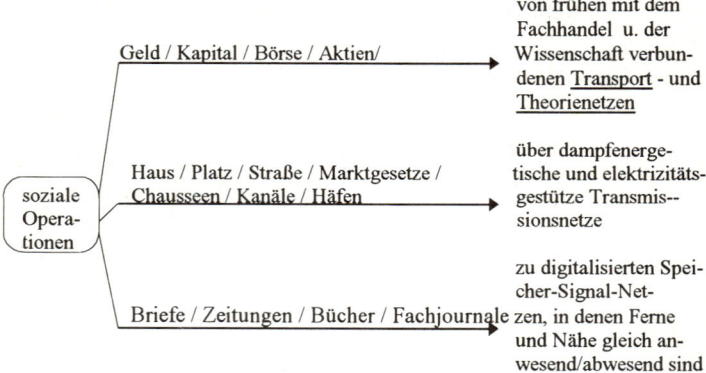

Um strukturtheoretisch erfassen zu können, wie die Überführung von mechanischer zu elektronischer Erreichbarkeit und
Anwesenheit geschieht, wähle ich die Unterscheidung zwischen kommunikativer und synthetischer Anwesenheit.
– *Kommunikative Anwesenheit* ist bestimmt über die symbolischen, vokalsprachlichen und textlichen Aktualisierungslei-
stungen und Perspektivierungen;
– *Synthetische Anwesenheit* ist bestimmt über die gegenständliche, dingliche Ordnung, über Maschinen, Speicher, Infrastrukturen, materielle Produktion.

Die beiden Bestimmungsgruppen beschreiben die Differenziertheit, die sich eröffnet, wenn für soziales kommunikatives
Handeln die gegenständlichen, sprachlichen, körperlichen Dimensionen konstitutiv zusammengedacht werden.
    Der Modus, in dem sie aufeinander bezogen werden, ist In-
teraktion, in der durch technische Medien der Persönlichkeits-
grad der Kommunikation abgenommen hat.
    Nimmt man die zunehmend komplexeren Bezüge (= prin-
zipielle Erreichbarkeit von Ferne, von formativer Fremdheit)
und die heterogenen Bezüge (= prinzipielle Unerreichbarkeit

der Ferne, des formativen Anderen), so kann Anwesenheit nur als systemischer Begriff entwickelt werden, als Netzkonzept oder als System verteilter sozialer Anwesenheit. In ihm gibt es keine feste Vorrangstellung einer Teilsystematik, sei dies nun Sprache, Technik oder Körper.

Sozialtheoretisch können wir nicht von einem einzelnen Medium sprechen, sondern müssen von Mediennetzen sprechen, in denen gelernt, verhalten, gedacht, entschieden, gesprochen und gestritten wird. Mediennetze sind interaktive Geflechte; Makromedien sind strukturelle und interaktive Handlungsordnungen.

Spreche ich von Mediennetzen, so sind vorrangig die Mensch-Computer-Interaktion (MCI) gemeint, die Netze erfordert und Knoten intensiven Datenaustausches erzeugen. Nicht das Spektakel interessiert, sondern die zeitlichen und räumlichen Ordnungen, die mit den computertechnologischen Inszenierungen von Kommunikation verbunden sind. Wichtig ist die Analyse des Gebrauchs dieser Inszenierungen.

Mediennutzung ist Konstruktion des Mediums, der Nachricht und des Konsumenten. Dies ist geläufig. Geläufig ist auch, modernisierte Druck- und Sendemedien unter Begriffen der *Massenkommunikation* (P. F. Lazarsfeld/R. Merton) der *Massenkultur* (B. Rosenberg, D. M. White), der *Kulturindustrie* (Th. W. Adorno) und des Braodcasting zu fassen. Mit diesen Begriffen verband sich der Konformismusverdacht ebenso wie die Befürchtung, „schlechter Geschmack" breite sich aus. In der Bedeutungsfrage lag das Auto polemisch vor dem Radio (Rosenberg/White), dieses vor dem „guten Buch". Diese rhetorische Figur findet sich auch bei N. Postman (1992/93) wieder.

Mit dem Computer treten die Begriffe „Masse" und Broadcasting zurück. S. G. Jones fragt in „CyberSociety": „Is the social actor in cyberspace mass-mediated, a mass-mediator, a public figure, or a private individual engaged in close, special interrelation?" (1995,17)

Globale Kommunikation und individuell-interaktive Nutzung bis zu Konzepten des „individual computing" zeigen eine völlig neue Medienstruktur und Integration des einzelnen Nutzers an.

Literaturverzeichnis

[1]   Baudrillard, J. (1990): *Paradoxe Kommunikation*, Bern.
[2]   Bolz, N., Kittler, F.,Tholen, Ch. (Hrsg.) (1994): *Computer als Medium*, München.
[3]   Boorstin, D. J. (1978): *The Republik of Technology. Reflections on our Future Community*, New York.
[4]   Borst, A. (1991): *Computus. Zeit und Zahl in der Geschichte Europas*, Berlin.
[5]   Braitenberg, V. (1984,1993): *Vehikel. Experimente mit kybernetischen Wesen*, Reinbek b.Hamburg.
[6]   Burkart, R. (1995): *Kommunikationswissenschaft. Grundlagen und Problemfelder*, Wien/Köln/Weimar.
[7]   Compaine, B. M. (1986): *Information Technology and Cultural Change: Towards a New Literacy?*, „ATAS bulletin 3", 91-94.
[8]   Dangschat, J. S. (1994): *Lebensstile in der Stadt. Raumbezug und konkreter Ort von Lebensstilen und Lebensstilisierungen*, in: drs., Blasius, J. (Hrsg.), „Lebenstile in den Städten", S. 335-355.
[9]   Davidow, W. H., Malone, M.S. (1993): *Das virtuelle Unternehmen*, Frankfurt/New York.
[10]   Debord, G. (1978): *Die Gesellschaft des Spektakels*, Hamburg.
[11]   Deutsch, K. W. (1966): *Politische Kybernetik. Modelle und Perspektiven*, Freiburg i. Breisgau.
[12]   de Kerckhove, D. (1995): *Schriftgeburten. Vom Alphabet zum Computer*, München.
[13]   Dölle-Oelmüller, R. /Oelmüller W. (1995): *Grundkurs Philosophische Antrhopologie*, München.
[14]   Faßler, M. (1992): *Gestaltlose Technologien?*, in: drs., W.Halbach, „Inszenierungen von Information. Motive elektronsicher Ordnung", Gießen, S.12-52.
[15]   Faßler, M., Halbach, W. (1994): *CyberModerne: Digitale Ferne und die Renaissance der Nahwelt*, in: dslb., Cyberspace. Ge-

meinschaften - Virtuelle Kolonien - Öffentlichkeiten, München, S.21-95.

[16] Faßler, M. (1996a): *Privilegien der Ferne*, in: drs., M.Zimmermann, J. Will, „Gegen die Restauration der Geopolitik", Gießen.

[17] Faßler, M. (1996b): *Mediale Interaktion*, München.

[18] Faßler, M. (1996c): *Grüße von der Datenreise. Computer als Unversalie*, in: F.Hager et.al.(Hrsg.), „Wer inszeniert das Leben?", Frankfurt/M.

[19] Flusser, V. (1994): *Vom Subjekt zum Projekt. Menschwerdung*, Bensheim und Düsseldorf.

[20] Goffman, E. (1977): *Rahmen-Analyse*, Frankfurt/M.

[21] Hall, E.T. (1959): *The Silent Language*, Greenwich.

[22] Hall, E.T. (1963): *Proxemics - the study of man's spatial relations*, in: Galdston, I. (Hrsg.), „Man's Image in Medicine and Anthropology", New York.

[23] Hamm, B. (1982): *Einführung in die Siedlungssoziologie*.

[24] Harvey, D. (1989): *The Postmodern Condition*, Oxford.

[25] Heinze, D. (1994): *Fortgesetzte Abstraktion und hoher Gebrauchswert - nicht unbedingt ein Gegensatz*, in: Nake, F. (Hrsg.), „Zeichen und Gebrauchswert. Beiträge zur Maschinisierung von Kopfarbeit", Universität Bremen, Informatik Bericht Nr. 6/94.

[26] Höflich, J. (1992): *Interpersonale und technisch vermittelte interkulturelle Kommunikation*, in: Reimann,H.(Hrsg.), „Transkulturelle Kommunikation und Weltgesellschaft", Opladen.

[27] Höller, H. (1993): *Kommunikationssysteme - Normung und soziale Akzeptanz*, Darmstadt.

[28] Hörning, K. H./ Ahrens, D./Gerhard, A. : *Vom Wellenreiter zum Spieler. Neue Konturen im Wechselspiel von Technik und Zeit*, in: „Soziale Welt 1/1996".

[29] Hoffmann-Axthelm, D. (1984): *Sinnenarbeit. Nachdenken über die Wahrnehmung*, Frankfurt/M New York.

[30] Horton, D., Wohl, R. R. (1956/1977): *Mass Communication and para-social interaction: Observations in intimacy at a distance*, in: G. Gumpert, R. Cathcart (Hrsg.), „Inter/media: Interpersonal Communication in a Media World", New York/Oxford, S. 32-55.

[31] Illich, I. (1987): *Schriften lesen im 12. Jahrhundert,* „Einfüh-rungskurs in die Ältere Geschichte, Kurseinheit 5", FernUniversi-tät Hagen.

[32] Illich, I., Sanders, B. (1988): *Das Denken lernt schreiben. Le-sekultur und Identität,* Hamburg.

[33] Innis, H.A. (1950): *Empire and Communications,* hrsg. von D. Godfry, Victoria B. C. (1986).

[34] Ito, Y. (1989): *Information Society Studies Today: Japanese Experiences,* in: Schenk, M., Donnerstag, J.(Hrsg.), Medienöko-nomie, München, S.13-34.

[35] Jakoby, H. (1969): *Die Bürokratisierung der Welt,* Neuwied und Berlin.

[36] Jay, M. (1995): *Was steckt hinter dem Spiegel? Ideologie und die Herrschaft des Auges,* in: „LEVIATHAN 1/1995", 41ff.

[37] Joas, H. (1992): *Die Kreativität des Handelns,* Frankfurt/M.

[38] Jones, S.G. (Hrsg.) (1995): *CyberSociety. Computer-mediated Communication and Community,* London.

[39] Jung, W. (1995): *Von der Mimesis zur Simulation,* Hamburg.

[40] Katz, E./Blumler, J. G./ Gurevitch, M. (1974): *Utilization of Mass Communication by the Indvidual,* in: Blumler/Katz, „The Uses of Mass Communications", Beverly Hills/London.

[41] Kleinsteuber, H.J. (1994): *Der Mythos vom Rückkanal (Teil I),* in: medium, Nr.4; Teil II: Nr.1., (1995).

[42] KtK (1976): *Kommission f. d. Ausbau des technischen Kom-munikationssystems: Telekommunikations-bericht,* Bonn.

[43] Kupka, I. (1984): *Algorithmische Metakommunikation,* in: Schauer, H., Tauber M. J. (Hrsg.), „Psychologie der Computerbe-nutzung", München Wien, S.9-19.

[44] Langendörfer, H., Schnor, B. (1994): *Verteilte Systeme,* Mün-chen Wien.

[45] Lazarsfeld, P. F., Merton, R. K. (1948): *Mass Communication, Popular Taste and Organized Social action,* in: B.Lyman (Hrsg.), „Communication of ideas".

[46] Masuda, Y. (1968): *Joho Shakai Nynnmon, Tokyo* (siehe Y.Ito).

[47] Mead, G. H. (1978): *Geist, Identität und Gesellschaft,* Frank-furt/M.

[48] McLuhan, M. (1964): *Understanding Media,* New York.

[49] McLuhan, M., Powers, B.R. (1989): *The Global Village,* New York.

[50] Molzberger, P. (1984): *Der Computer als Kommunikations-Partner?* in: Schauer, H., Tauber, M. J. (Hrsg.), „Psychologie der Computerbenutzung", München Wien, S.268-311.

[51] Mumford, L. (1970): *Mythos der Maschine. Kultur, Technik und Macht*, Frankfurt.

[52] Müller-Doohm, S., Neumann-Braun, K. (Hrsg.) (1994): Kulturinszenierungen, Frankfurt/M.

[53] Münch, R. (1991): *Dialektik der Kommunikationsgesellschaft*, Frankfurt/M.

[54] Nora, S., Minc, A. (1978): *L'information de la Société*, Paris.

[55] Neuman, W.R. (1991): *The Future of the Mass Audience*, New York.

[56] Oberquelle, H. (1991): *MCI - Quo vadis? Perspektiven für die Gestaltung und Entwicklung der Mensch-Computer-Interaktion*, in: Ackermann, D., Ulich E. (Hrsg.)," Software-Ergonomie '91", Stuttgart, S.9-21.

[57] Parker, E. B. (1973): *Information and Society*, in: Annual Review of Information, Science, and Technology, Vol.8., S.345-373.

[58] Penrose, R. (1991): *Computerdenken. Die Debatte um Künstliche Intelligenz, Bewußtsein und die Gesetze der Physik*, Heidelberg.

[59] Pool, I. de Sola (1983): *Technologies of Freedom. Free Speech in an Electronic Age*, Cambridge MA drs. 1983: „Forecasting the Telephone: A Retrospective Technology Assessment", Norwood, N.J.

[60] Posner, R. 1991: *Kultur als Zeichensystem. Zur semiotischen Explikation kulturwissenschaftlicher Grundbegriffe*, in: Assmann, A., Harth, D. (Hrsg.), „Kultur als Lebenswelt und Monument, Frankfurt/M", S. 37-75.

[61] Pross, H. (1972): *Medienforschung*, Darmstadt.

[62] Rammert, W. (1990): *Materiell - Immateriell - Medial. Die verschlungenen Bande zwischen Technik und Alltagsleben*, in: „Österreichische Zeitschrift für Soziologie 15/1990".

[63] Reichertz, J. (1991): *Aufklärungsarbeit. Kriminalpolizisten und Feldforscher bei der Arbeit*, Stuttgart.

[64] Renckstorf, K. (1977): *Neue Perspektiven in der Massenkommunikationsforschung*, Berlin.

[65] Renckstorf, K. / Wester, F. (1992): *Die handlungstheoretische Perspektive empirischer (Massen-) Kommunikationsforschung,* „Communications 2", S.177-195.

[66] Rheingold, H. (1992): *Virtuelle Welten. Reisen im Cyberspace,* Reinbek b. Hamburg.

[67] Rheingold, H. (1994): *Virtuelle Gemeinschaften. Soziale Beziehungen im Zeitalter des Computers,* Bonn/Paris; Reading,Mass.

[68] Rosenberg, B., White D. M. (1957): *Mass Culture: The Popular Arts in America,* Glencoe.

[69] Sachs, W. (1992): *One World,* in: drs. (Hrsg.), „The Development Dictionary. A Guide to Knowledge as Power", London, S. 102-115.

[70] Schelhowe, H., Nake, F. (1993): *Vom instrumentalen Medium. Kooperation in der Software-Entwicklung unter konfligierenden Leitbildern,* Universität Bremen, „artec-paper 26".

[71] Schenk, M. (1978): *Publikums- und Wirkungsforschung,* Tübingen.

[72] Schenk, M. (1987): *Medienwirkungsforschung,* Tübingen.

[73] Schmidt, S. J. (1990): *Medien, Wir verstehen uns doch?,* Funkolleg Medien und Kommunikation, Weinheim.

[74] Schmidt, S. J./ Weischenberg, S. (1994): *Mediengattungen, Berichterstattungsmuster, Darstellungsformen,* in: Merten/ Schmidt/ Weischenberg (Hrsg.), Opladen.

[75] Schütz, A. (1971): *Zur Methodologie der Sozialwissenschaften,* in: drs., Gesammelte Aufsätze 1, Den Haag.

[76] Schulz, W. (1971): *Kommunikationsprozeß,* in: Noelle-Neumann/Schulz (Hrsg.), Publizistik, Frankfurt/M.

[77] Schulz, W. (Hrsg.) (1992): *Medienwirkungen,* Forschungsbericht DFG, Weinheim VCH, Acta Humaniora.

[78] Schwemmer, O. (1990): *Glanz und Elend der Medienkultur,* in: W.v.Bredow (Hrsg.), „Medien und Gesellschaft", Stuttgart.

[79] Sebeok, Th. A., Umiker-Sebeok,D.J.(Hrsg.) (1976): *Speech Surrogates: Drum and Whistle Systems,* Den Haag.

[80] Seiffert, H. (1971): *Informationen über die Informationen,* München.

[81] Shannon, C. E., Weaver, W. (1976): *Mathematische Grundlagen der Informationstheorie,* München.

[82] Shneiderman, B. (1987): *Designing the User Interface. Strategies for Effective Human-Computer-Interaction, Reading Mass.*

[83]   Short, J., Williams, E., Christie, B. (1976): *The Social Psychology of Telecommunications*, London.

[84]   Stokoe, W. C. (1972): *Semiotics and Human Sign Languages*, Den Haag.

[85]   Stehr, N. (1994): *Knowledge Societies*, London.

[86]   Teichert, W. (1975): *Bedürfnisstruktur und Mediennutzung*, in: „Rundfunk und Fernsehen 3-4 1975".

[87]   Tombrock, G. (1971): *Biokommunikation*, 2.Bde., Berlin.

[88]   Walzer, M. (1992): *Zivile Gesellschaft und amerikanische Demokratie*, Berlin, S.38-63.

[89]   Wetzstein, T./Dahm, H./Steinmetz, L./Eckert R. (1995): *Datenreisende. Eine empirische Untersuchung zu den Nutzern von Computernetzwerken*, Opladen.

[90]   Wilke, J. (Hrsg.) (1984): *Nachrichtenauswahl und Medienrealität in vier Jahrunderten*, Berlin/New York.

[91]   Winkler, H. (1992): *Das Ende der Bilder?*, in: K. Hickethier, I. Schneider (Hrsg.), „Fernsehtheorien", S. 228f.

[92]   Yourdon, E. (1993): *Die westliche Programmierkunst am Scheideweg. Die Schlüsseltechniken der Softwareentwicklung für das 21. Jahrhundert*, München Wien

[93]   Zemanek, H. (1992): *Hat die Informatik den Computer im Griff?* in: W. Langenheder, G. Müller, B. Schinzel (Hrsg.), „Informatik cui bono?", Berlin Heidelberg, S.20-29

AUSGEWÄHLTE DATEN
EINER UNGESCHRIEBENEN GESCHICHTE
DER MEDIENEVOLUTION

Speichern		Transportieren
	9000 v.Chr.	Erfindung des Schlittens
	4000 v.Chr.	Hölzernes Scheibenrad (Sumer)
	3500 v.Chr.	Erste Nutzung von Schall- und Lichtsignalen
3500 v.Chr. Papyrus (Ägypten)		
3500 v.Chr. Sumerer schreiben Rechnungen auf Tontafeln		
	3200 v.Chr.	Erfindung des Karrens
um 3000 v.Chr. Entstehung der Schrift		
3000 v.Chr. Erfindung des Kalenders		
2400 v.Chr. in Indien identifizieren gravierte Siegel den Schreiber einer Nachricht		
2200 v.Chr. das älteste Dokument auf Papyrus		
	um 1800 v.Chr.	das Speichenrad findet Verbreitung
1600 v.Chr. Erfindung des Pergaments		
	1400 v.Chr	Erfindung des Segelschiffs
1400 v.Chr. der älteste Beleg von Schrift in China (auf Knochen)		
1400 v.Chr. Entwicklung eines Alphabetes mitt 22 Buchstaben in Phönizien		

900 v.Chr. Kupferplattendruck (China)
900 v.Chr. in China wird ein Postdienst
            für die Regierung aufgebaut
775 v.Chr. Griechen entwickeln das
            phonetische Alphabet, das
            von links nach rechts ge-
            schrieben wird
530 v.Chr. die Idee einer Bibliothek
            entsteht in Griechenland

500 v.Chr. in Persien kommt die Idee
            eines Postreiters auf
450 v.Chr. Optischer Buchstabentele-
            graph (Griechenland)

400 v.Chr. Chinesen schreiben auf Sei-
            de, Holz und Bambus
105   T'sai lun erfindet das Papier
147   Claudius Ptolemäus (geb.
            70) stirbt. Er ist Wegbereiter
            der optischen Telegraphie
600   in China werden Bücher ge-
            druckt
624   Gänsekiel wird als Schreib-
            feder verwendet
751   Papier wird außerhalb Chi-
            nas hergestellt (das Wissen
            wird über gefangen genom-
            mene chinesische Soldaten
            nach Samarkand exportiert)

900   Kuriere transportieren Regie-
            rungsnachrichten bis in die
            letzten Ecken des römischen
            Reiches

950   gefaltete Bücher ersetzen die
            Papierrollen in China
1000   die Mayas erfinden Schreib-
            papier

1035   Japaner verwenden altes Pa-
            pier um neues herzustellen
1049   Pi sheng baut bewegliche
            Buchstaben (aus Ton)
1116   Chinesen nähen Büchersei-
            ten zusammen

		1200	europäische Klöster kommunizieren über ein Briefsystem
		1200	die Universität Paris beginnt ihren Kurierdienst
		1241	in Korea werden Metalltypen für's Drucken erfunden
1282	in Italien werden dem Papier Wasserzeichen zugefügt		
1298	Marco Polo beschreibt den Gebrauch von Papiergeld in China		
1309	in England wird das Papier eingeführt		
1423	in Europa wird die chinesische Methode des Blockdrucks eingesetzt		
1448	Gutenberg erfindet ein Gerät zum Gießen beweglicher Lettern für den Buchdruck		
1451	Johannes Gutenberg druckt ein deutsches Gedicht		
1452	Metallplatten werden für den Druck verwendet		
1453	Gutenberg druckt mit beweglichen Buchstaben die Bibel		
1500	das arithmetische Plus- und Minussymbol wird in Europa eingeführt		
		1560	in Italien wird die tragbare Camara obscura erfunden
		1565	der auf Papier schreibfähige Stift wird erfunden
1573	erster Einsatz der Brieftaubenpost		
		1609	die erste zugelassene Zeitung erscheint in Deutschland
		1627	in Frankreich wird die registrierte Post eingeführt

1639	die erste gedruckte Presse in den amerikanischen Kolonien		
		1650	in Leipzig erscheint täglich eine Zeitung
1710	in Deutschland entwickelt le Blon den Dreifarbendruck		
1727	Schulze beginnt mit der Wissenschaft der Fotochemie		
1774	schwedische Chemiker erfinden eine Methode, Papier weiß zu machen		
1780	die Stahlfeder beginnt die natürliche Feder zu ersetzen		
1790	die hydraulische Presse wird in England erfunden		
		1791	französisches Optisches Telegraphen Netzwerk
		1791	Einführung eines Netzwerkes der optischen Telegraphie in Frankreich
		1792	in England werden postalische Geldüberweisungen eingeführt
		1794	ein Signalsystem verbindet Paris und Lille
1795	metrisches Meßsystem (Frankreich)		
1798	Senefelder erfindet in Deutschland die Lithographie		
1800	Volta baut die erste elektrische Batterie		
		1810	ein elektro-chemischer Telegraph wird in Deutschland erfunden
1820	H. Chr. Orsted entdeckt den Elektromagnetismus		
1.1.1822	Zeitungscomptoir in Berlin eröffnet		
1826	1. Photo der Weltgeschichte, Niépce (8-Stunden-Belichtung)		

1827	Wheatstone baut in London das Mikrophon		
1829	Daguerre trifft Niépce um di Photographie weiterzuführen		
		1831	Josepf Henry führt die elektromagnetische Telegraphie vor (New York)
		1831	elektromagnetischer Telegraph (Joseph Henry, New York): Reichweite 1 Meile
1832	Phenakistoscope wird in Belgien und das Stroboscope wird in Australien erfunden (Grundlage für den Film)		
1834	Babbage entwirft die analytische Maschine (Vorläufer des Computers)		
		1837	Morse stellt den elektronischen Telegraphen in den USA vor
		1837	Daguerre macht ein Foto in 20 Minuten
		1837	Schreibtelegraph (S. Morse, C. v. Steinheil)
		1837	Morse stellt seine Apparatur der elektronischen Telegraphie vor
1839	Fox Talbot druckt in England Fotos vom Negativ		
1840	in England wird die erste Briefmarke verkauft		
		1844	das erste Telegramm in den USA
		1845	der amerikanische Morse-Code wird Telegraphiestandard
		1846	Erprobung des ersten Telegraphiesenders der Welt durch Popow
1846	beginnt Zeiss in Deutschland die industrielle Produktion von Linsen		

1846	die Doppelzylinder Rotationspresse produziert 8000 Blätter pro Stunde
1846	Bau der Telegraphen-Versuchsstrecken Berlin-Potsdam und München-Nannhofen
1847	Geburtstag von G. Bell

1847	das erste Mal wird der Telegraph als Kommunikationsmittel für die Wirtschaft eingesetzt
1.4.1849	Telegraphenlinie Berlin-Halle-Erfurt-Kassel-Gießen-Frankfurt/Main mit einem Siemens-Zeigertelegraph eröffnet
1849	elektrische Telegraphie für den öffentlichen Verkehr in Deutschland (Zeigertelegraph von Siemens au 5 Linien)
1849	Paul Reuter begründet in Paris eine Pressenachrichtenkonferenz (später: Reuters Telegraphenbüro)
1850	Bildtelegraph von Alexander Bain erfunden
1861	die Telegraphie beendet abrupt die Geschichte der Postreiter

1861	erstes chemisches Verfahren um Photographien farbig zu machen

1862	Caselli sendet in Italien das erste Mal Zeichnungen über Draht
1862	in den USA wird das Papiergeld eingeführt
1863	erste internationale Postkonferenz in Paris
1.2.1870	Versuchsbetrieb der Firmen Siemens Brothers, London,

auf der von ihr erstellten In-
do-Europäischen Tele-
graphenlinie zwischen London und Kalkutta

1870/71 Verwendung von Luftballo-
nen zur Postbeförderung im
deutsch-französischen Krieg
aus den belagerten Fe-
stungen Paris und Metz

1871 Morse testet das erste Kreis-
telefon der Welt: an die
„Telegraphenbruderschaft"

16.4.1871 Übergang der Post und des
Telegraphenwesens an das
Deutsche Reich (außer Bay-
ern und Württemberg)

1872 Todestag von Samuel F.B.
Morse

1873 erstes Farbphoto

1873 Remington beginnt mit der
Schreibmaschinenproduktion

1873 die Standardtastatur
QWERTY (US-Standard)
wird eingeführt

1874 Geburtstag von Marconi

1875 Erste Versuche mit dem
Fernsehen (Carey 1875/ Ni-
phow 1884)

1877 Charles Cros erfindet in
Frankreich den Phonograph

1877 zeitgleich mit ihm erfindet
Edison in den USA den Phonograph

1877 Edison nimmt zum ersten
Mal eine menschliche Stimme mittels eines Pho-
nographen auf (Mary had a
little Lamb)

1887 Muybridge photographiert
ein Pferd in Bewegung

1881 Elektronischer Telegraph
(Francis Ronalds, Großbritannien)

1881	Francis Ronald schlägt der englischen Admiralität ein Netz der elektronischen Telegraphie vor (es wird als unnötig abgelehnt)		
		1884	die Technologie für Ferngespräche ist ausgereift
1885	die Diktiermaschine wird in Büros eingeführt		
1886	Mergenthaler baut die Linotyp-Maschine		
		1886	Elektromagnetische Wellen werden sichtbar gemacht (H. Hertz)
		1886	Richard Sears verkauft Uhren mittels des Einsatzes von Telegraphie
		1887	der Celluloidfilm wird erfunden; er ersetzt die Glasplattenfotographie
		1887	die Comptometer (Mehrfach Funktions-Rechenmaschine) wird produziert
1888	Heinrich Hertz beweist die Existenz von Radiowellen		
1888	der Münztelefonappart wird erfunden		
1888	Emile Berliner läßt das Grammophon patentieren, das mit einer Platte arbeitete, die auf einer Seite graviert war		
1889	Hermann Hollerith zählt die Bevölkerung mit Hilfe des Lochkarten-Systems		
1892	tragbare Schreibmaschinen		
		1894	Marconi erfindet die drahtlose Telegraphie
		1895	die Lumiere Brüder bauen eine tragbare Filmkamera
1895	die Lumiere Brüder lassen den „Cinematographen" patentieren		

1896	die Röntgen-Fotographie wird eingeführt		
1896	Seekabel zwischen Deutschland und Spanien		
		1896	Einführung der ersten Fahrräder in den Postdienst in Berlin
		1897	Marconi telegraphiert drahtlos über eine Strecke von 5 km
		1897	Geburtsjahr des praktischen Funkwesens. Slaby überbrückt 21 km funktelegraphisch
1897	die Schellack-Platte wird eingeführt		
1898	Waldemar Poulsen meldet den ersten magnetischen Rekorder zum Patent an. Genannt wurde dieser „Telegraphon"		
		1899	Telegraphenwegegesetz (Deutschland)
		1899	der Lautsprecher wird erfunden
		1899	Poulsen erfindet in Dänemark eine Methode, Geräusche Klänge magnetisch aufzunehmen (zu sprechen)
1900	die Funktelegraphie wird in Deutschland in den Dienst der Allgemeinheit gestellt		
		1900	die erste nichtöffentliche Vermittlungsstelle für Fernsprechwählbetrieb wird in Berlin in Betrieb genommen
		1900	erstes deutsches Amerikakabel wird in Betrieb genommen
1900	Münzfernsprecher wird in Deutschland eingeführt		

		1901	die erste elektrische Schreibmaschine von Blikkensderfer
		1901	Marconi sendet ein Radiosignal über den Atlantik
		1902	1. Fax
		1904	in Deutschland wird eine Fotographie über Draht übertragen
1904	das Comic-Buch kommt auf den Markt		
1905	Offsetdruck (USA)		
1906	Lee De Forest erfindet die Dreielemente Vakuumröhre		
1906	Aufnahme des Probebetriebes beim Sender Nauen		
1906	Erfindung der Elektronenröhre (R.v. Lieben, Lee De Forest)		
1907	Bell und Howell entwickeln ein Filmprojektionssytem		
1912	die motorisierte Filmkamera ersetzt die Kurbelkamara		
1913	ein tragbarer Phonograph (Tonband) wird produziert		
1918	Poulsens Patent wird in Deutschland zu einem Aufnahmegerät auf der Grundlage eines magnetisierten Drahtes weiterentwickelt		
1919	das Kurzwellenradio wird erfunden		
1920	Tonaufnahmen erfolgen nun elektrisch		
		1920	Versuche mit Hochfrequenztelegraphie zwischen Berlin und Frankfurt/Main (Siemens-Schnelltelegraph)
1920	Absender soll Namen, Stand, Wohnort und Wohnung angeben (postalisches Identifizierungssystem)		
		4.7.1920	Eröffnung der Flugpoststrecke Hamburg-Westerland

21.7.1920 Eröffnung der Flugpoststrek-
ke Berlin-Bremen-
Wangerooge

1920 1. Rundfunkübertragung aus
Königs-Wusterhausen
(Weihnachtskonzert)

1920 Einrichtung von Telegra-
phenbauämtern

1920 in Pittsburg beginnt die Geschichte des kommerziellen
Radios

1921 erste Kurzwellenversuche
amerikanischer Funkamateu-
re

1921 das Wort „Robot" wandert in
die Alltagssprache ein

1922 Todestag von G. Bell

1922 Gründung der Rundfunkge-
sellschaft „Deutsche Stunde"
für drahtlose Belehrung und
Unterhaltung

15.10. Rundfunk-Eröffnungsan-
1923 sprache des Staatssekretärs
Dr. Bredow über den Sender
Königs-Wusterhausen. Be-
ginn des Rundfunks in
Deutschland

1923 zum ersten Mal wird ein Big
Band-Konzert über Radio ge
sendet (New York)

1924 Wechselstromtelegraphie in
Deutschland Frankfurt/Main-
Berlin

1924 erste Linien für den Nacht-
flugverkehr Berlin-Stock-
holm, Stettin- Kopenhagen)

1925 Fernsehbildzerlegeröhre (R.
Hell)

1925 Gründung des Weltrund-
funkvereins

1925 erste elektrisch aufgenom-
mene Schallplatten

1928 Fritz Pfleumer läßt sein Verfahren patentieren, mit dem

magnetisiertes Puder auf
Papier und Filmstreifen fi-
xiert werden kann

	1930	AT & T melden Versuche mit dem Bildtelefon an
1931		Allen Blumlein läßt seine „Binaural"-Aufnahmeme-thode patentieren (Einstieg i die Stereotechnologie)
1932		BASF und AEG/Telefunken entwickeln auf der Basis des Patentes von Pleumer das Magnetband
1933		das singende Telegramm kommt auf den Markt
	1935	Fernsehsender Berlin-Witzleben
1935		erste öffentliche Präsentation des „Magnetophons" von BASF/AEG auf der Berliner Radio-Messe
1936		die Bell-Laboratorien erfin-den eine Stimmen-Erken-nungs-Maschine
1936		Alan Turing's „On compu-table Numbers" beschreibt die allgemeine Nutzung von Computern
1938		das Radiodrama „Krieg der Welten" (Orson Welles) er-zeugt Panik in weiten Teilen der Bevölkerung der USA

Speicherung und Transport rücken technologisch zusammen

1941	Konrad Zuses Z3 ist der erste Computer, der durch Software gesteuert wird
1944	Harvard's MARK 1, der erste digitale Computer, geht an die Arbeit
1945	Clarke entwirft ein System geo-synchronisierter Kommunikationsatelliten
1946	ENIAC beginnt die Ära der modernen elektronischen Computer
1945	Vannevar Bush entwirft MEMEX. Eine Maschine, die eine imense Menge von Informationen speichert und strukturieren kann und sie für den späteren Gebrauch zur Verfügung stellt.
1946	Malin führt das Magnetophon am San Francisco-Institut für Radiotechnik vor und empfiehlt Ampex die Produktion von Tonbandgeräten
1947	ungarische Ingenieure erfinden in England die Holographie
1947	die Transistoren werden erfunden und ersetzen die Vakuumröhre
1947	Sprengung des Senders Tegel
1948	Shannon und Weaver stellen in den Bell-Laboratories ihre Informationstheorie vor
1948	die ersten 200 Modelle des am Ampex produzierten Tonbands kommen auf den Markt
1951	Computer werden kommerziell verkauft
1951	Koaxialkabel setzen sich als Übertragungskanäle weltweit durch
1951	das Ampex-Team stellt das erste Videosystem vor
1952	die Vorwahlsystematik für Telefone wird eingeführt
1954	Transistorradios kommen auf den Markt
1957	der von der UDSSR ins All geschickte Satellit Sputnik (1. künstlicher Himmelskörper sendet zum ersten Mal Signale aus dem Weltall
1957	FORTRAN wird die erste programmiertechnische Hochsprache
1958	das Videoband speichert farbige Bilder
1958	die Stereoaufnahme wird eingeführt
1958	der erste weltweite Stereostandard wird eingeführt
1959	Ampex stellt das erste mobile Videoaufnahmegerät vor
1963	Kommunikationssatelliten werden in eine geo-sychrone Umlaufbahn geschossen
1964	die Olympischen Spiele in Tokio werden weltweit „life" über Satellit übertragen
1964	das Tastentelefon und das Bildtelefon werden eingeführt
1965	Interkontinentale Fernsehübertragung (UDSSR-USA)

1965	Ted Nelson prägt des Begriff „Hypertext"
1966	optische Glasfasern vervielfältigen die Kommunikationskanäle
1966	Xerox verkauft die ersten Telekopierer (Faxmaschinen)
1967	Andy van Dam baut Hypertext Editing System
1968	Doug Engelbart führt NLS, ein Hyoertextsystem vor
1968	der RAM-Mikrochip kommt auf den Markt
1968	Doug Engelbart stellt NLS, ein Hypertext-System, vor
1969	Astronauten senden Fotographien „life" vom Mond
1970	in Deutschland wird die Videodisc vorgestellt
1972	das digitale Fernsehen verläßt die Labors
1972	„Pong" beginnt die Geschichte der computergestützten Videospiele
1972	Philipps stellt die erste Laserdisc vor
1973	der Mikrocomputer wird in Frankreich erfunden
1975	der Mikrocomputer kommt als Bausatz auf den US-Markt
1975	Erdfunkstelle Golm
1976	Apple 1
1976	stationäre Kameras werden über Mikroprozessoren kontrollierbar
1977	in Columbus, Ohio, wird ein Rückkanalexperiment durchgeführt (QUBE)
1978	Die Aspen Movie Map: erste Hypermedia Videodisc
1979	Spracherkennungsmaschinen haben ein Vokabular von 1000 Wörtern
1979	in Japan wird das erste Cellular-Telefon vorgestellt (Handy-Technologie)
1980	Sony führt den ersten Camcorder für den Alltagsgebrauch ein
1980	Sony bringt das tragbare Minitonband auf den Markt (walkman)
1981	IBM bringt seinen PC auf den Markt
1981	der Laptop-Computer wird vorgestellt
1981	die Bearbeitungstechnik „Maus" wird vorgestellt
1981	Ted Nelson entwirft XANADU, ein System, das alle geschriebenen Informationen enthalten soll und dessen Informationen pro Dokument kommerzialisierbar sein sollten
1983	Computerchips können 288.000 bits speichern
1983	TIME nennt den Computer „Mann des Jahres"
1984	der tragbare CD-Player kommt auf den Markt
1984	Fernsehgeräte in Armbandgröße kommen auf den Markt
1984	der ein-Megabyt-Chip kommt auf den Markt
1985	CD-Rom kann 270.000 Seiten eines Textes speichern
1985	synthetische „Text-zu-Sprache-Computer" enthalten 20.000 Wörter
1985	Sony baut ein Radio in Kreditkartengröße
1985	Janet Walker erfindet den „Symbolic Document Examiner"
1986	Einführung von elektronischem Einkaufen in den USA

1987	Markteinführung der Apple-Computer Hyper Card. Beschwingliches Hypermedia Strukturierungssystem
1987	Hypertext Workshops
1989	Tim Berners-Lee stellt World-Wide Web vor
1990	die Videodiskette wird durch Laser-CD weiterentwickelt
1990	ECHT (European Conference on Hypertext)
1993	internationaler Workshop von Hypermedia und Hypertext Standards
1993	Erste Konferenz des WWW-Entwickler
1993	Hypertext Konferenz in Seattle, Washington
1993 (April)	internationaler Workshop zu Hypermedia und Hypertext-Standards in Amsterdam
1993 (Juni)	Mosaik 1.0 für X-Windows wird von dem National- Center for Supercomputing aplications auf den Markt gebracht
1993 (August)	erste Worl-Wide-Wep-Entwickler Konferenz in Cambridge
1994	Weltkonferenz von Educational Multimedia und Hypermedia in Vancouver, Kanada
1994	das Rolling Stones Konzert wird über 200 Workstations weltweit über internet „M bone" verbreitet
1994	um den westlichen Einfluß zu unterbinden verbieten ein Dutzend Staaten den Gebrauch von Satellitenschüsseln für den Nachrichtenempfang
1995	CD-Rom-Disketten speichern einen kompletten Film
1995	Sony stelle den flachen Fernsehschirm vor

REGISTER